근대 상해의
민간단체와 국가

서남동양학술총서
근대 상해의 민간단체와 국가

초판 1쇄 발행／2006년 3월 15일

지은이／이병인
펴낸이／고세현
편집／신채용 이명애
미술·조판／윤종윤 한충현
펴낸곳／(주)창비
등록／1986년 8월 5일 제85호
주소／413-756 경기도 파주시 교하읍 문발리 513-11
전화／031-955-3333
팩시밀리／영업 031-955-3399 · 편집 031-955-3400
홈페이지／www.changbi.com
전자우편／human@changbi.com

ⓒ 이병인 2006
ISBN 89-364-1301-5 03910

* 이 책은 서남재단으로부터 연구비를 지원받아 발간됩니다.
  서남재단은 동양그룹 창업주 故 瑞南 李洋球 회장이 설립한 비영리 공익법인입니다.
* 이 책 내용의 전부 또는 일부를 재사용하려면
  반드시 저작권자와 창비 양측의 동의를 받아야 합니다.
* 책값은 뒤표지에 표시되어 있습니다.

서남동양학술총서

근대 상해의
민간단체와 국가

이병인 지음

창비

21세기에 다시 쓴 간행사

서남 동양학술총서 30호 돌파를 계기로 우리는 작년, 기왕의 편집위원회를 서남포럼으로 개편했다. 학술사업 10년의 성과를 바탕으로 이제 새로운 토론, 새로운 실천이 요구되는 시점이라고 판단했기 때문이다.

알다시피 우리의 동아시아론은 동아시아의 발칸, 한반도에 평화체제를 구축하고자 하는 비원(悲願)에 기초한다. 4강의 이해가 한반도의 분단선을 따라 날카롭게 교착하는 이 아슬한 상황을 근본적으로 해결하는 방책은 그 분쟁의 근원, 분단을 평화적으로 해소하는 데 있다. 민족 내부의 문제이면서 동시에 국제적 문제이기도 한 한반도 분단체제의 극복이라는 이 난제를 제대로 해결하기 위해서는 우선 서구주의와 민족주의, 이 두 경사 속에서 침묵하는 동아시아를 호출하는 일, 즉 동아시아를 하나의 사유단위로 설정하는 사고의 변혁이 종요롭다. 동양학술총서는 바로 이 염원에 기초하여 기획되었다.

10년의 축적 속에 동아시아론은 이제 담론의 차원을 넘어 하나의 학(學)으로 이동할 거점을 확보했다. 우리의 충정적 발신에 호응한 나라 안팎의 지식인들에게 깊은 감사를 표하는 한편, 이 돈독한 토의의 발전이 또한 동아시아 각 나라 또는 민족들 사이의 상호연관성의 심화가 생활세계의 차원으로까지 진전된 덕에 크게 힘입고 있음에 괄목한다. 그리고 이러한 변화가 6·15남북합의(2000)로 상징되듯이 남북관계의 결정적 이정표 건설을 추동했음을 겸허히 수용한다. 바야흐로 우리는 분쟁과 갈등으로 얼룩진 20세기의 동아시아로부터 탈각하여 21세기, 평화와 공치(共治)의 동아시아를 꿈꿀 그 입구에 도착한 것이다. 아직도 길은 멀다. 하강하는 제국들의 초조와 부활하는 제국들의 미망이 교착하는 동아시아, 그곳에는 발칸적 요소들이 곳곳에 숨어 있다. 남과 북이 통일시대의 진전과정에서 함께 새로워질 수 있다면, 그리고 그 바탕에서 주변 4강을 성심으로 달랠 수 있다면 무서운 희망이 비관을 무찌를 것이다.

동양학술총서사업은 새로운 토론공동체 서남포럼의 든든한 학적 기반이다. 총서사업의 새 돛을 올리면서 대륙과 바다 사이에 지중해의 사상과 꿈이 문명의 새벽처럼 동트기를 희망한다. 우리의 오랜 꿈이 실현될 길을 찾는 이 공동의 작업에 뜻있는 분들의 동참과 편달을 바라 마지않는 바이다.

丙戌 元旦
서남포럼운영위원회
www.seonamforum.net

새로운 변화와 모험을 꿈꾸며

이 책을 내기까지 참으로 오랜 시간이 걸렸다. 박사학위논문을 쓰고 난 다음 학회지에 두어 편의 글을 발표하고, 서남재단의 학위논문 발간 지원사업에 지원하여 선정되었다. 이후 학위논문을 수정·보완하는 과정에서 새로 쓴 글을 체제에 맞추어 집어넣거나 일부 내용만을 첨가해 글을 다듬었다. 두어 차례의 수정을 거친 후에 출판사의 교정과정을 거쳐서 책이 나왔다.

박사논문을 포함하여 5년에 걸쳐서 쓴 글들이 모노그래프로 묶여 하나의 책으로 편찬되다 보니 글의 성격이나 글쓰는 방식이 균일하지 않은 문제가 있었다. 어떤 부분은 논문을 갓 쓰기 시작했을 때의 서툰 모습이 그대로 남아 논증이 부족했고, 글을 쓸 당시에는 꽤 흡족했던 부분이 다시 보니 참으로 어수룩하기 그지없다고 느낀 순간, 책을 내는 것에 불안을 느꼈다. 한편으론 어떤 부분은 너무 자세하고 구체적이어서 전공자가 아니라면 재미도 없고 무엇을 말하고 싶어하는지 파악하는 것조차 힘든 것이 아닐까 생각될 정도로 세부적이었다. 글의 수준이 들쑥날쑥한 점도 면할 수 없었다. 가능하면 이런 편차를 줄이고 싶었지만 기술적으로 여러가지 문제에 부딪혀 상당한 어려움이 있었다. 결국 부족한 것은 다음 연구로 보충하고 또다른 공부를 위한 발판으로 삼기 위해 일단 한 단락을 마무리지어야겠다고 생각했다.

박사학위논문을 근간으로 추후의 연구를 추가하고, 새로운 논문을 쓰면서 처음과는 달리 논문 전체를 바라보는 시각과 강조점도 시간에 따라 조금씩 변화했다. 나의 생각이 조금씩 성숙하면서 변한 것도 있지만 한편으론 현실 경험의 투영에 따라 바뀌기도 했다. 비록 중국현대사를 공부하고 중국사를 소재로 논문을 쓰지만 언제나 나의 현실, 한국의 현실에 대한 고민과 관련을 지으려고 애를 썼다.

논문을 시작할 때에는 중국 민간사회의 정치동원에 작용했던 힘을 이해하고 싶었다. 중화민국 전반기에 중국 민중은 어떤 과정을 거쳐 정치활동에 참여하였으며, 단체 결성과 정치활동의 이면에서 작용했던 힘은 무엇인가? 민중의 정치적·사회적 동원의 메커니즘을 이해하고 싶었다. 그리고 국민당과 국민정부는 어떤 방법을 사용하여 민간단체의 정치활동을 통제하였으며, 새로 건립한 국민당체제의 모습은 어떠한 것인가? 즉 민간단체의 정치동원 구조와 국민정부는 민간단체의 정치활동을 어떻게 통제하고 어떤 질서를 만들었는가라는 문제를 해명하고 남경 국민정부의 성격을 이해하려고 했다. 연구목적은 중국의 국가와 사회관계의 특징을 이해하는 것이었다.

이 모든 과정에 핵심적으로 작용한 것은 동향네트워크라고 판단했다. 직업단체와 사회단체의 활동에는 동향네트워크가 작용했다. 그리고 국민당은 수권정당이 된 이후에 각종 민간단체를 통제하고 동향네트워크와 같은 소규모 정체성을 부정함으로써 단합된 '국민'을 만들고 이를 통제하여 '근대국가'로 나아가려 했다고 결론지었다. 민간단체에는 중개자로서의 역할을 부여하고, 각 이익집단 사이의 조절은 국가가 담당하려고 했다. 한편 동향 정체성, 도시민의식, 국민의식이라는 서로 다른 층차의 정체성이 어떻게 상호작용하는가, 1930년대에 존재했던 민간단체들은 국민당이나 국민정부가 만든 체제에서 어떤 활동을 벌였으며 정부와의 관계는 어떠했는가 등의 주제를 좀더 연구해야 할 필요성을 느끼게 만들었다.

이후에는 도시생활에서 인간관계에 중대한 영향을 끼치는 것이 무엇인가에 관심을 쏟으면서 네트워크와 정체성의 문제에 더 관심을 기울이기 시작했다. 그리고 이 주제는 나의 사회생활과도 관련이 있었다. 잘 알려진 사실이지만 한국에도 학연, 지연 등의 네트워크가 만연하고 있다. 우리가 일상적으로 지키는 법과 규칙의 이면에서 학연, 지연과 같은 네트워크가 아주 세밀한 영역에까지 작용하면서 우리 생활 곳곳에 영향을 끼치고 있다.

한국사회에서 네트워크는 사람들이 특별한 목적에 따라 스스로 관계를 형성하고 목적에 부합하는 조건으로 정체성을 형성하기도 하지만, 한편으론 소규모 정체성이 네트워크로 전화된 후 하나의 살아있는 '유기체'가 되어 주어진 조건에 따라 소속원을 구분짓고 나와 남을 다르게 인식하게 만든다는 생각이 들었다. 소규모 정체성이 전환된 네트워크는 이미 정체성이 같은 사람끼리 네트워크를 만든다는 네트워크 형성의 '조건'이 결정되어 있기 때문에 네트워크 확장에 제한을 받게 되고, 동질의 다른 네트워크와 경쟁하면서 공존을 모색해야 한다. 그리고 '조건'이 같은 사람을 통해 네트워크를 끊임없이 재생산한다.

현대사회에서는 어떤 형태든지 네트워크의 중요성이 증가할 것으로 생각된다. 사회가 복잡해지고, 특히 많은 인구가 거주하는 도시사회에서 네트워크의 필요성은 늘어날 것이며, 교류를 통한 정보와 인식의 확대, 효율성 등과 관련하여 관계망의 형성은 꼭 필요할 것이다. 하지만 네트워크와 그를 통해 유통되는 정보가 사회계층을 갈라놓고, 나아가 계층의 재생산과 양극화를 심화시키는 것은 아닌가라는 의문도 든다. 정보와 가용조건의 차이가 네트워크 형성의 차이를 만들고, 사회계층의 차이를 만든다는 생각이 들었다. 또한 국가 혹은 민족 정체성과 소규모 네트워크 정체성 사이의 관계도 빼놓을 수 없는 관심거리였다. 이런 생각은 책을 쓰는 데에도 영향을 끼쳐 결론에서 민간단체의 구성이나 남경정부가 민간단체를 통제했던 구조에 대한 설명보다는 네트워크의 문제점 등을 은연중에 강조하게 만들었다.

이 책의 구성은 두 부분으로 나누어볼 수 있다. 전반부는 상해의 공간구성과 특색, 그리고 그 공간에서 발생했던 문제와 민간단체의 정치·사회활동을 다루었다. 후반부는 국민정부에 의한 민간단체의 재편과 통제 그리고 국민정부 시기에 상해 사회단체의 기능과 위상이란 내용으로 구성했다.

책의 내용은 표면적으로는 사회단체와 정부의 관계, 민간단체의 정치·사회활동의 성격이 어떻게 변해갔는가를 추적하는 것으로 되어 있다. 하지만 그 이면에서 민간단체의 정치활동 성격을 파악하고 남경정부가 민간단체를 통제하고 새로운 질서를 만드는 모든 과정에 동향네트워크 문제를 핵심 연결고리로 설정했다. 따라서 남경 국민정부의 국가건설과 동향의식 혹은 지역 정체성 사이의 상호관계, 남경정부가 생각한 민간단체의 역할, 그리고 민간단체와 국가권력 사이에 형성된 관계를 통해서 남경 국민정부의 성격을 파악하고자 하는 문제의식을 배경에 깔고 있다.

연구과정에서 느낀 문제점은 많지만 끝까지 괴롭혔던 문제는 '민간단체'라는 용어의 선정이었다. 박사학위논문을 쓸 때에는 민중단체라고 표현했다. 그리고 중간에 사회단체, 사단이란 용어를 사용할까도 고려했다. 그런데 그 어떤 용어도 마음에 들지 않았다. 민중단체 혹은 인민단체는 당시의 국민정부가 사용했던 용어였지만 '민중'이나 '인민'이란 함의가 가지고 있는 우리 사회의 특성이 있고, 사회단체 또한 주로 다루고 있는 단체가 상회라는 직업단체였기 때문에 적절치 않다고 생각했다. 또한 동향네트워크와 연결된 측면을 언급하기 위해서 상인단체 이외의 단체도 언급한 경우가 많았다는 점도 걸렸다. 결국 이들을 포괄하는 용어로서 '민간단체'라는 표현을 사용했지만 이것이 개념적으로 적절한지는 아직도 불만스러운 점을 지울 수 없다. 아직도 필자의 공부가 부족할 탓일 것이다.

그밖에도 책의 곳곳에 미숙한 점이 배어 있어 아직도 부족하다는 것을 느끼지 않을 수 없다. 이는 전적으로 필자의 책임이며 앞으로 더 연구하며 고쳐나가야 할 부분이라 생각한다.

이 책을 내기까지 참으로 많은 사람의 도움을 받았다. 고려대학교 신승하 선생님, 박원호 선생님 그리고 김택민 선생님과 지금은 정년퇴임을 하신 이춘식 선생님은 필자가 석·박사과정을 이수하는 동안 중국사를 더 깊이 이해할 수 있도록 지도를 아끼지 않으셨다. 그리고 신승하 선생님, 박원호 선생님과 함께 박사학위논문 심사위원이셨던 윤세철 선생님, 김엽자 선생님, 백영서 선생님은 논문심사과정에서 유익한 조언을 많이 해주셨다. 이런 여러 분들의 도움이 필자의 미흡했던 연구를 보충하고 좀더 완결된 모습을 갖도록 만들었다. 이 책이 출간될 수 있도록 지원해준 서남재단과 책의 내용을 읽고 조언을 해준 익명의 두 분의 심사위원께도 감사를 표한다. 아울러 성함을 열거하진 못했지만 필자가 공부하는 동안 신세를 지고, 때로는 학문적 도움을 주셨던 분들께도 깊이 감사한다.

나이 30에 공부를 시작해서 석사, 박사를 마칠 때까지 참고 기다려준 아내 진숙도 고맙다. 옆에서 같이 지내며 불만과 고민을 들어준 아내는 연구의 또다른 반려자였다. 해맑게 웃으며 같이 놀아준 영기와 지호는 연구의 피로를 날려주었다. 그 누구보다 고마운 분은 부모님이다. 이때까지 즐겁고 희망에 찬 소식을 전해주기보다는 항상 걱정스럽고 안쓰러운 모습만을 보여주고 도움만을 바라는 철없는 자식에게 불평 한마디 없으셨다. 늦깎이 연구자인 아들이 방해받지 않도록 물심양면으로 도와주셨고, 지금도 항상 자식걱정뿐이신 부모님은 이 책의 또다른 저자이다. 진심으로 감사를 표한다.

2006년 1월
이병인

차 례

서론

1989년 4월 부정부패 추방과 민주화를 요구하며 시작된 학생들의 시위는 5월 들어서면서 그 열기를 더해갔다. 조금씩 불어나기 시작한 노동자와 일반시민의 참여와 활동으로 새로운 세계로 인도하는 '천안문'의 문턱에 다가선 듯했다. 게다가 구소련과 동구권의 개혁과 개방을 추구한 고르바초프의 방문으로 중국인들의 요구는 더욱 거세졌다.

> 시위대는 등소평과 이붕 총리를 노골적으로 거부하면서 "소평은 사임하라, 권력을 인민에게 넘겨라"라고 쓰인 깃발과 "우리의 자유를 되돌려달라" 등 각종 민주화 요구 내용이 적힌 깃발을 앞세웠다. 시위대에 섞인 노동자들은 소속 공장을 알리는 깃발을 들고 행진했으며, 황록색의 위장모를 쓴 군인들도 총참모부, 총후근부, 총정치부 등의 소속을 알리는 깃발을 들었다.
>
> 시위군중은 (…) 시시각각으로 불어나 100만명을 수용할 수 있는 천안문 광장은 넘쳐흘렀고, 이어 시위대는 (…) 거대한 굉음을 신호로 동, 서, 북 세 방향으로 가두행진에 나섰으며, 이 가운데 가장 큰 규모의 동쪽 행렬은 깃발을 흔드는 승객으로 꽉 찬 택시 55대를 선두에 세워 노동자, 기자, 정부고용원 그리고 심지어 군인까지 그 뒤를 따랐다.[1]

그러던 중 6월 4일 전세계를 놀라게 한 민중운동 탄압이 북경에서 벌어졌다. 중국정부는 개혁과 개방, 부정부패 추방을 요구하는 학생들을 중심으로 한 시위대를 진압하기 위해 탱크를 앞세워 천안문을 점거했다. 한 시민이 양팔을 벌려 탱크를 가로막고 저항하는 모습이 텔레비전으로 방영되었고, 그는 천안문에 모여 저항한 시민들의 상징처럼 되어 천안문 사태가 방영될 때마다 등장했다. 곧이어 중국에 역풍이 불어쳤다. 개혁·개방운동의 주역이었던 학생들은 이념적인 재교육을 받아야 했고, 각 대학에 군사교육이 실시되었다.

1989년 천안문 사태는 1949년 중공(중국공산당)정권 수립 후에 간헐적으로 나타났던 저항운동과 많이 달랐다.[2] 천안문 사태는 소련의 개혁과 개방, 그리고 동구권의 몰락이라는 세계적인 흐름이 반영된 결과였고, '황제지배체제'의 연장이나 다름없다고 간주되던 중국의 억압된 체제에 도전하는 시민들의 대대적인 반격이었다. 천안문 사태는 분명히 학생이 중심이었지만, 운동이 진행되면서 소시민과 상점 주인, 노점상들도 일부 가담했고 노동자들이 점차 다수를 차지해나갔다.[3] 이는 서구 자본주의 국가의 당국자나 지

---

1) 「중국, 학생과 긴급대화」, 『동아일보』 1989. 5. 18; 「노동자 참가 사상최대 … 학생보다 많아」, 『조선일보』 1989. 5. 18.
2) 민중이 자발적으로 체제에 도전하는 경우는 적었지만 중공정권이 수립된 후에 지도자나 관료들의 국가건설 노선을 둘러싼 갈등은 계속 존재했고, 민중들이 이에 동원되거나 주체적으로 투쟁에 참가하는 사례도 있었다. 유소기의 추방, 등소평의 좌절과 극복 그리고 백가쟁명기에 지식인의 반발이 있었으며, 정치파별과 관련이 적은 민중들의 저항도 있었다. 특히 1976년에 주은래의 장례식을 기점으로 폭발한 '천안문 사태'는 민중들이 대규모로 참석하여 자신들의 요구를 주장했음에도 불구하고, 의도적으로 '사인방(四人幇)의 폭정'에 대한 민중의 저항으로만 해석되었다. Anita Chan, "Revolution or Corporatism? Workers and Trade Union in Post-Mao China," *The Australian Journal of Chinese Affairs* 29(1993. 1) 32~35면.
3) 선행연구들은 개혁·개방정책 이후 인플레이션의 심화, 직업 안정성의 감소 등 경제적인 요인으로 노동자들의 생활이 위협받게 된 것이 노동자가 천안문 사태에 광범위하게 참여한 이유라고 설명하고 있다. Andrew G. Walder, "Workers, Managers, and the State: The

18

식인이 보기에 국가에 대한 시민들의 반격이었다. 그 결과 6·4사태는 중국 사회를 '시민사회론'으로 분석하려는 활발한 시도를 낳았다.

중국에 시민사회가 존재했는가? 이미 천안문 사태가 17주년을 맞이하는 마당에 이는 식상한 질문에 불과하다. 미국의 역사학계는 『모던 차이나』 (*Modern China* 19–2) 지상 논쟁을 거쳐 중국에 순수한 서구식 시민사회가 존재했다고 생각하는 것은 무리라고 결론지었다.[4] 서구식 시민사회의 근본은 개인의 해방이고, 이는 자각한 개인을 요구한다. 그러나 중국 역사에서 자각한 개인, 해방된 개인을 찾는 것은 쉽지 않다. 당사자인 중국인들조차 중국에 서구식 개인주의에 바탕을 둔 자유주의 정신 혹은 자각한 개인이 광범위하게 존재한다고 생각하지는 않는 듯하다. 개혁·개방이 강화되는 시점에서 '새삼스럽게' 자각한 개인이 필요했고, 5·4운동 이후에 '구망(救亡)'

Reform Era and the Political Crisis of 1989," *The China Quarterly* 127(1992. 9).

4) '시민사회론'은 논자마다 각기 다른 기준을 적용하여 통일된 견해를 찾아내기가 쉽지 않다. 특히 비서구권에 '시민사회론'을 적용할 경우 그들 나름의 한정된 의미로 시민사회론을 정의하기도 한다. 그럼에도 불구하고 중국의 시민사회론을 언급하는 논자들간에 공통점도 존재한다. 그들은 시민사회론은 국가와 사회의 관계를 규정하려는 시도로서, 사회에는 국가의 통제에서 벗어난 영역이 있으며, 그중에는 국가의 정책에 영향력을 행사할 수 있는 특정한 권력이 존재함을 공통적으로 지적한다. 이처럼 사회의 자율적인 영역에서는 사회 성원들의 이익과 열망을 대변하기 위해 자발적인 결합을 통한 자율적인 단체의 형성과 활동, 그리고 여론 형성을 필요로 한다. 문제는 이 자율적인 영역[公共領域]의 성격과 그 속에서 활동하는 단체들을 어느 정도까지 포함할 것인가라는 점에서 개념 적용의 탄력성과 이견이 분출했다는 것이다. 서구의 경우, 시민사회는 '부르주아지의 성장' 그리고 '정치적인 사회'로서의 의미와 관련되어, 개인의 배타적 소유권, 시민권, 법치 등의 개념과 밀착되어 있었다. 이런 개념은 비서구권에 적용하기 힘들었기 때문에, 국가의 간섭을 덜 받고 독립적으로 활동하는 사회의 중간단체, 국가의 정책에 저항하거나 영향력을 행사하는 '모든' 민중단체, 혹은 국가의 통제력이 미치지 못하는 영역에서 활동하는 사회의 모든 단체와 결사체를 포함하는 등 각 논자마다 독자적으로 '공공영역'을 산출하는 경우도 있다. *Modern China* 19–2(1993. 4); Heath B. Chamberlain, "On the Search for Civil Society in China," *Modern China* 19–1(1993.1); Gordon White, "Prospects for Civil Society in China: A Case Study of XiaoShan City," *The Australian Journal of Chinese Affairs* 29(1993. 1).

이라는 물결 속에 수장된 '계몽'의 부활이 요구되었다.[5]

그럼에도 불구하고 여전히 '시민사회'나 '공공영역'에 대한 논의는 계속되고 있다. 서구식 시민사회를 중국에 적용하는 것은 어렵다고 생각하는 연구자들이 많긴 하지만, 중국사회에 존재했던 '독특한 공공영역'을 찾고 논증하려는 논의 또한 만만치 않다.[6] 민중들은 격동의 세월 속에서 여러 정치활동에 참여하며 정권과 대결하고 사회에서 '자율'영역을 구축한 듯이 보였다.

특히 5·4운동 이후에 많은 민중단체가 결성되고 정치·사회 문제에 자신들의 의견을 피력했다. 민족주의 감정의 성장과 정치단체의 지원 등에 힘입어 각종 민중단체는 정국에 대한 자신들의 견해를 표방하고 실천하기 위해 노력하기 시작했다. 조곤(曹錕)의 뇌물선거에 대한 민중단체의 반발과 대안 모색, 국민회의운동, 그리고 5·30운동 등은 민중단체의 성장과 활동을 유감없이 보여주었고, 그중에서도 상해의 자본가와 노동자들은 그 규모와 힘 때문에 주목의 대상이 되었다. 마침내 1927년 3월 상해인들은 민중의 힘으로 군벌을 쫓아내고 시정부를 구성했다.

1927년 3월 21일 새벽, 상해 총공회(總工會)는 총동맹파업 명령을 내렸다. 오후 12시 황포강(黃浦江) 위의 기선들이 일제히 기적소리를 울려대자, 시 전역의 각 공장에서는 노동자들이 즉시 작업을 멈추고 줄지어 공장을 빠져나와 거리로 몰려나왔다. 공공조계의 전차는 12시경부터 거리에서 완전히 자취를 감추었고, 2시경에는 버스도 운행되지 않았다. 남경로의 선시공사(先施公司) 직공이 먼저 상점 문을 뛰쳐나온 이후, 부근의 영안(永安), 신신(新新), 여화공

5) 이택후 『중국현대사상사의 굴절』, 김형종 역(서울: 지식산업사 1992) 1장 '계몽과 구망의 이중변주'.

6) *Modern China* 19-2; 顧德曼 「三十年代上海同鄕會——兼談公共領域與市民社會的問題」, 『上海硏究論叢』 9輯(1993); 小浜正子「中國近代都市的公的領域——關于民國時期上海的救火會」, 『中國近代城市企業·社會·空間』(上海社會科學院 1998); 白永瑞「中國에 市民社會가 形成되었나?——歷史的 觀點에서 본 民間社會의 궤적」, 『아시아文化』 10호(1994) 등 참조

사(麗華公司)도 바로 뒤쫓아 철시〔罷市〕를 선포했다. 그밖의 상점들도 시민대표대회의 결의에 따라 파업〔罷工〕과 철시를 실행했다. 여기에 참가한 노동자는 80여만을 헤아렸다.

상해의 학생들도 상해학련(上海學聯)의 주도하에 각계와 일치된 행동을 취하기 위해 총동맹 수업거부〔罷課〕를 선포했다. 수업거부가 실행된 후, 학련회(學聯會)는 각 학교의 선전대에게 남북 양시(兩市)에서 대규모 강연을 실시할 것을 통고했다. 상해대학, 복단(復旦)대학, 남양(南洋)대학 등의 대학생들은 규찰대를 조직하여 노동자 투쟁의 대오에 참여하기도 했다.[7]

상해인들은 1927년에 상해 임시정부를 구성하여 자치시정부를 만들려는 오랜 열망을 일시적으로나마 실현할 수 있었지만, 곧이어 유혈진압이 뒤따랐다. 1927년 4월 12일 상해 사회에 새로운 정치적 폭풍이 몰아쳤고, 그 이후 민간단체[8]는 체제에 맞게 정비되고, 삼민주의(三民主義)에 복종을 선언했다.

---

7) 沈以行 · 姜沛南 · 鄭慶聲 主編 『上海工人運動史』(遼寧人民 1991) 338~39면;「總同盟罷工之決定」,「總罷工之實現」,「各校總同盟罷課」 등, 『申報』 1927년 3월 22일의 '上海版' 기사 참조

8) 남경정부는 지방자치단체를 제외하고 상해에 존재했던 수많은 민중단체를 정리하면서 '직업단체'와 '사회단체'라는 두 부류로 나누었다. 직업단체는 농회, 공회, 상회, 공상동업공회 등이고, 사회단체는 학생단체, 부녀단체, 문화단체, 종교단체 및 각종 자선단체 등을 가리킨다(「修正人民團體組織方案」, 北平社會調査所 『第二次中國勞動年鑑』, 1932, 39면). 국민정부는 법에 의거하여 성격을 명백히 규정함으로써 단체를 정리했다. 그러나 남경정부가 법에 따라 구분하기 이전의 단체들은 영리 목적의 직업단체와 공익을 목적으로 한 사회단체의 성격이 혼합되어 있는 경우가 많았고, 이를 엄밀히 구분하기는 쉽지 않았다. 민국시기의 중국에서 사회단체는 이런 정확한 구분 없이 사회에서 활동하는 모든 단체를 지칭하는 경우도 많았고, 국민정부도 이들을 민중단체라는 용어로 통칭하기도 했다. 이 책에서는 남경정부를 기점으로 각종 단체들의 조직구성 및 활동의 변화과정을 살펴보는 데 목적이 있으므로 직업단체와 사회단체를 통괄한 민중단체를 연구대상으로 한다. 하지만 국민정부가 사용한 '민중단체' 혹은 '인민단체'가 우리의 실정에 적절치 않다고 생각하여 '민간단체'로 통일하여 사용할 것이다.

주지하다시피 상해는 제1차 중영전쟁(中英戰爭, 阿片戰爭) 이후 서구 '제국주의'의 활동중심지였다. 서구의 충격은 '전통' 중국에 새로운 물결의 세례를 주었고, 중국은 극복해야 할 대상이자 모방해야 할 대상으로서 서구를 받아들이게 되었다. 근대적인 행정시설과 물질문명 때문에 조계(租界)는 중국인 거주지역〔華界〕이 모방하고 본받아야 할 대상으로 떠올랐다. 중국인은 서구의 제도와 물질문명을 적극적으로 받아들였다. 그 결과 중국 내지와는 다른 '모던'(modern)한 상해, 서양 투자가와 투기꾼에게는 모험과 환락의 세계인 반면, 하층민에게는 비참하기 그지없는 생활 전장(戰場)인 상해가 형성되었다.

경제가 발전함에 따라 새로운 계층이 상해에 출현했다. 서구의 충격 이후 중국은 부강한 국가를 건설하기 위해 경제개발에 주목했고, 그에 따라 전통적인 지주층과는 다른 새로운 계층들이 나타났다. 근대적인 산업과 상업에 진출하는 상인들, 전문지식인 그리고 산업노동자가 형성되었다. 이들은 경제적·정치적 환경의 변화에 따라 조직을 결성, 자신들의 입지를 넓혀가기 위해 노력했다. 대상인을 중심으로 '총상회'가 구성되었고, 5·4운동기의 민족주의에 편승해 도시사회 내에서 자신들의 권리를 찾으려 한 중소상인들은 '상해각마로상계총연합회(上海各馬路商界總聯合會)'를 결성했다. 그리고 노동자들의 정치활동이 뒤를 이었다.

상해의 경제성장과는 달리, 중국과 상해를 둘러싼 정치환경은 분열과 갈등 속에서 허우적댔다. 원세개(袁世凱) 사후 중국은 군벌체제로 분열되었고, 경제발전에 아무 도움이 되지 않는 소모적인 전쟁이 빈발했다. 안정적 경제환경의 조성은커녕 군벌의 착취와 간섭이 없으면 그나마 다행이었다. 상해인들은 이런 환경에서 벗어나 '민치(民治)'를 실현하고 싶었다.

군벌의 착취와 전쟁의 위협에서 그나마 상해를 보호한 것은 조계였다. 조계는 외국 침략의 상징인 동시에 피난처이기도 했다. 조계의 관할범위 안에서는 군벌이 영향력을 행사할 수 없었기에 조계는 각종 전란에서 비껴 있는

'고요한' 섬이었다. 중국인들은 전란 때마다 자신의 생명과 재산을 지키기 위해 조계로 피신했고, 조계는 더이상 외국인의 거주지가 아니었다.

그러나 조계는 또다른 문제를 안겨주었다. 조계의 무차별적인 통치영역 확장은 중국인들의 반발을 불러왔다. 분명히 중국인이 다수이고, 조계 운영 자금의 태반을 중국인이 부담하고 있었지만 조계 내의 행정권력과 사법권은 외국인이 소유하여 합리적이지 않았다. 중국인은 싸움을 선택했다. 조계 확장과 월계축로(越界築路)를 둘러싼 중국인과 조계당국 간 싸움은 상해의 도시건설을 둘러싼 주도권 다툼이었고, 화인참정운동(華人參政運動)과 회심공해(會審公廨) 회수를 둘러싼 투쟁은 상해 사회의 운영 주권을 찾으려는 노력이었다.

1927년은 쌍곡선의 교차점과 같았다. 상해인들의 각종 정치활동과 '민치'로서 추구하던 자치시 구상이 하강곡선을 그리면서, 국민당이 주체가 된 국가건설이라는 상승곡선과 만나는 접점을 만들어낸 것이다. '공공영역'의 존재를 연상시킬 정도로 활발하게 움직였던 각종 단체의 활동은 국민정부 수립 후 침묵 속으로 가라앉았다.

그런만큼 1927년을 기점으로 전후를 살펴보면 많은 문제가 제기된다. 1927년 이전 민간단체의 활발한 정치활동은 어떠한 조건하에서 가능했던 것일까, 그리고 단체의 결성이나 내부 구성에는 어떠한 특징이 있는가? 개인주의나 자각한 개인의 성장을 바탕으로 단체가 결성되었는가? 만일 그렇지 않았다면 민간단체는 어떤 힘을 바탕으로, 혹은 어떠한 조건하에서 국민혁명시기에 정치활동의 주체로 떠오를 수 있었던 것일까 등의 의문이 생긴다. 다시 말해 자각한 개인의 부재에도 불구하고 정치활동이 활발하게 이루어지는 일견 모순된 상황이 연출된 이유는 무엇인가?

1927년 이후 남경정부의 성립과 더불어 민간단체의 정치활동이 급격히 축소된만큼, 민간단체의 정치활동은 강력한 국가의 존재 유무와 연관이 있는 사안임이 분명하다. 그렇다면 남경정부는 어떤 방식을 통해 민간단체의 정치활동을 축소시키고 그들을 자신들의 통제하에 둘 수 있었던 것일까? 또한 국민정부의 성립과 그에 따른 체제정비 과정에서 민간단체의 역할에는 어떤 변화가 있었으며, 국민정부는 민간단체와 어떤 관계를 형성했을까 등의 의문을 해명해야 할 필요를 느낀다. 최종적으로 이런 의문에 대한 해명을 통해 국민정부가 구성하려고 했던 국가씨스템은 과연 무엇이었는가라는 점을 밝히려는 것이 이 책의 출발점이다.

기존 연구도 1927년을 기점으로 민간단체와 남경정부의 관계 변화에 관심을 두었다. 연구자들은 남경정부가 노동자를 억압하며 정권을 수립하였다는 점에서 자연스럽게 상해 자본가와 남경정부의 관계를 해명하는 데 많은 노력을 기울였다. 코블(Parks M. Coble),[9] 퓨스미스(Joseph Fewsmith),[10] 카네코(金子肇),[11] 고하마(小浜正子),[12] 페리(Elizabeth J. Ferry)[13] 등이 모두 상해의 자본가 혹은 민중단체를 관심범위에 두고 이들이 남경정부와 어떤 관계를 형성했는가를 논의했다. 이들 논의는 각기 접근방법이 다르고 결론도 다른데, '자율정권'(autonomous regime)이라는 주장에서부터 자본가의 의지가 관철되는 '자본가 정권'이라는 평가까지 그 견해가 다양하다. 그러나 남경정부가 민간단체의 정치활동을 금지하고 만든 질서를 분석·제시하여

---

9) Parks M. Coble, *The Shanghai Capitalists and the Nationalist Government, 1927~1937* (Cambridge: Harvard University Press 1986).

10) Joseph Fewsmith, *Party, State, and Local Elite in Republican China: Merchant Organization and Politics in Shanghai, 1890~1930*(Honolulu: University of Hawaii Press 1985).

11) 金子肇 「商民協會と中國國民黨(1927~1930)──上海商民協會を中心に」, 『歷史學硏究』 598號(1989); 「上海における攤販層と國民黨に關する覺書──商民協會の結成とその廢止をめぐって」, 『廣島大學東洋史硏究室報告』 10號(1988).

12) 小浜正子 「南京國民政府の民衆掌握──上海の工會と工商同業公會」, 『人間文化硏究年譜』 14號(1990); 小浜正子 「南京國民政府下における上海ブルジョア團體の再編について」, 『近きり在りて』 13號(1988).

13) Elizabeth J. Perry, *Shanghai on Strike: the Politics of Chinese Labor*(California: Stanford University Press 1993).

남경정부의 특징을 밝히려 한 연구목적에서는 일치한다.

　기존 연구는 모택동사관에 따른 편향적인 남경정부상을 벗어나 남경정부의 다양한 모습과 실체를 해명하고, 남경정부의 성격을 다각적으로 살펴볼 수 있는 계기를 마련하는 데 긍정적으로 작용했다. 예컨대 코블의 자율정권론을 비판하면서 국민정부의 지지기반을 찾으려는 연구가 다시 나타났고, 중앙정부와 자본가 간의 개인적 관계[14]나 청원행정(請願行政)[15]이라는 맥을 찾아냈다. 나아가 민간단체 재편과정 등을 분석하여 국민정부가 민간단체 혹은 특정 계층과 어떤 관계를 맺었는가를 해명하려고 했다.

　그러나 민간단체의 재편, 혹은 통치권 내로 편입한 '결과로서의 특징'이 아닌 '과정상의 특징'이 생략되어 있다는 문제가 있다.[16] 즉 재편 이전에 민

---

14) 金子肇 「上海資本家階級と國民黨統治(1927~29)──馮少山追放の政治史的意義」, 『史學研究』 176號(1987).

15) 久保亨 「1930年代中國關稅政策と資本家階級」, 『社會經濟史學』 47卷 1號(1981); 「國民政府による關稅自主權の回復過程」, 「東洋文化硏究所紀要』 98冊(1985); 「中國國民政府による關稅政策決定過程の分析──1932~1934年」, 『東洋文化硏究所紀要』 92冊(1983).

16) 특정 단체나 집단을 선정, 이들이 남경정부 시기에 어떤 정치적인 격변을 겪었는지를 분석한 기존의 연구는 특정 집단이 정치적인 힘을 발휘할 수 있었던 내적인 이유에 대한 분석이 없거나, 국민당과 공산당 같은 정치집단의 역할을 높게 평가함으로써 상해인들이 일상생활을 하는 과정에서 정치활동을 하게 만든 요인을 해명하는 데는 거의 주의를 기울이지 않았다. 따라서 이들 집단이 의거하고 있던 상해의 기존 질서와 남경정부의 통치정책 혹은 민중단체 통제정책 사이의 관계는 등한시되었다. 그 결과 상해 사회의 '길드 질서'와 남경정부 사이의 긴장관계는 당연히 관심 밖에 있었다. 단지 남경정부가 단체를 편입한 결과를 평가하면서, 동업공회를 이용했다는 '결과론'을 가지고 남경정부가 전통 질서를 해체하기보다는 그것을 이용했다는 결론을 내리고 있다. 다른 연구자와 달리 상해의 '길드'와 남경정부의 상인단체 재편 간의 관계를 염두에 둔 카네코(金子肇)는 남경정부가 '길드'적 질서를 이용할 수밖에 없었던 이유를 '점원귀상(店員歸商)' 문제를 통해 비교적 명확히 제시했다. 그러나 '길드 질서'가 상해의 정치와 사회에서 갖는 힘을 명확히 인식하지 못함으로써 국민당의 통치방침과 '길드 질서'가 충돌할 수 있는 가능성에 대해서 분석을 시도하지 않았다. 따라서 카네코의 논문에서는 길드 질서와 남경정부의 통제가 '애매하게' 병존하고 있다.

간단체는 어떤 조건하에서 활발한 사회·정치활동을 할 수 있었으며 민간단체의 구성상 특징은 무엇인지, 국민정부가 민간단체를 재편하면서 문제로 삼았던 것은 무엇이며, 새롭게 만든 조직의 내부구성에 어떤 변화가 있었는지 등의 문제에 대해서는 관심이 적었다. 남경정부의 민간단체 재편은 기존 단체들의 존재방식의 변화 및 그에 대한 통제를 의미했고, 그런 점에서 기존 질서를 변경하는 의미를 지녔다. 그렇다면 민간단체가 의지하고 이용했던 기존 질서는 무엇이고 그 특징은 어떠한가?

이런 과정을 좀더 명확히 이해하기 위해서는 민간단체를 연구의 중심에 두고 단체의 구성, 활동 등을 밝혀내는 연구가 있어야 한다. 즉 4·12정변 전 상해 사회에서 민중들이 결합했던 행동상의 특성 및 민중단체 구성에서 나타나는 조직 특징, 그리고 활동과정에서 보이는 특색에 대한 분석이 선행되어야 한다.

상회(商會)나 노동조합의 결성과정 및 내부구성원을 분석하여 상회와 노조의 구성상 특징을 밝힌 연구도 이미 다수 존재한다. 서정신, 고덕만, 굿맨(Bryna Goodman), 페리, 호닉(Emily Honig), 김태승, 전인갑, 정문상 등 많은 이들이 하나같이 회관, 공소, 동향회 그리고 노동자의 활동에서 동향감정에 따라 집단을 이룬 동향방의 활동을 중요하게 취급하였다. 이들은 상회나 노동조합이 출신지역을 중심으로 한 동향네트워크에 의거하여 배타적으로 결집되었고, 그 결과 동향방에 따른 분산적인 활동이 광범위하게 존재했음을 밝혀냈다.

하지만 동향방에 따른 분산적인 활동이 많았던 상황에서 총상회나 총공회 같은 대규모 조직이 어떻게 공신력을 획득하고 주된 활동주체로 나설 수 있었는가라는 의문은 여전히 남아 있다. 총상회나 총공회의 정치활동을 분석한 연구들은 단체의 외연적 활동에 중심을 두어 내적인 구성과 외적인 활동의 상관성에 대해서는 설명이 미흡했다. 동향방에 따른 분산적 행동이 어떻게 대규모 정치활동으로 전환되었는지, 또한 일상생활에서 대규모의 조직적인 정치활동으로 전환되는 과정에서 민중을 어떻게 동원할 수 있었는가에 대해서는 좀더 연구할 필요가 있다. 기존의 연구는 이런 점에 대해 거의 해명을 하지 않았으며[17] 민중이 정치적으로 활성화된 이유를 '혁명'과 '민족주의'라는 추상적 용어 속에 용해시켜버림으로써 정치집단의 역할을 지나치게 강조한 측면이 있다. 그리고 1930년대의 시상회(市商會) 등 민간단체의 존재형태나 구성에 대한 분석이 거의 없음은 말할 필요도 없고, 국민정부의 국가건설 구상과 동향네트워크 혹은 동향방의 상호관계에 대한 분석도 상당히

17) 장개석이 상해를 장악하고 남경정부를 수립하기 전 상해 사회의 정치동향을 연구한 대다수의 논문들은 국민혁명이라는 구도에서 상해 사회를 바라보았다. 따라서 상해 사회의 일상적인 도시사와 사회의 중요 문제가 결정된 방식 및 주도적 여론이 형성되는 과정에 대한 연구는 등한시되었다. 그 결과 국민혁명이란 커다란 물결로 합류하는 상해인들의 '사회적 동원'과정에 대한 명확한 이해를 결여한 채, '민족주의'라는 추상적인 용어로 그들의 정치활동을 합리화하는 결과를 초래했다고 생각한다. 상해의 자치운동과 3차폭동 등을 연구한 기존 중국 논문의 다수가 그러하다. 최근에 서양의 연구서와 국내의 연구들은 이런 경향에서 벗어나 '사회적 동원'과정 및 민중운동의 자율적인 발달과정과 한계를 연구하는 논문들도 속속 배출되고 있으나, 그들은 상해 사회의 전체 여론교환 과정에 관심을 기울이지 않았고, 여전히 구체적인 동원 매개체의 역할보다도 민족주의라는 '전체적인 분위기'를 중시하고 있음도 간과할 수 없다. 더 나아가 기존 연구가 중시한 동향단체가 직업단체 혹은 사회단체와 어떤 관계를 형성하고, 사회 운영에 어떤 방식을 통해 관여했는지에 대한 명확한 해명도 없으며, 심지어 동향단체와 직업단체를 병렬적인 것으로 나열하기도 한다. 또한 상해 사회에서 일어났던 정치운동을 내적으로 지탱했던 부분의 해명, 즉 운동의 특성 및 성격이 무엇인지도 명확하게 정의하지 않고 있다는 점도 아쉽다. 張銓「上海工人三次武裝起義新證」,『上海社會科學院學術季刊』(1987. 3); 卞杏英・許玉芳「試論上海特別市市民政府의 蘊釀與建立」,『上海師範大學學報: 社科版』(1984. 4); 任建樹「上海工人武裝起義與市民自治運動」,『檔案與歷史』(上海 1987. 3); 坂野良吉「上海三次暴動と中國共産黨──上海革命の歷史的點檢」,『東洋史研究』39-3(1980); 金承郁「北伐時期 上海自治運動에 관한 一考察」『東洋史學研究』46집; 李昇輝「國民革命期 上海 商工階層의 政治的 動向」(서울대 박사학위논문 1994); 졸고「北伐與上海社會」,『檔案與史學』1997. 6; 전인갑『20세기 전반기 上海社會의 地域主義와 勞動者』(서울대학교출판부 2002); 정문상『中國의 國民革命과 上海學生運動』(서울: 혜안 2004); Perry, 앞의 책; Bryna Goodman, *Native Place, City, and Nation: Regional Networks and Identities in Shanghai, 1853~1937*(Berkeley: University of California Press 1995).

미진한 상태이다.

또다른 연구자는 상해에 효율적인 정부가 부재한 상태에서 도시의 행정공백을 메워나간 민간단체의 자율적인 활동을 연구했다. 상해 사회의 행정공백과 조계의 존재로 파생된 여러가지 문제에 대응하는 과정에서 상해인들이 도시 형성의 주체로 나서 도시기능 유지에 필요한 기구를 만들고 사회안정을 유지해나간 자발적인 활동을 통해 국가로부터 상대적으로 독립된 '자율적인 영역'을 구축하는 과정을 밝혀내는 연구였다.[18] 여기서 중국사회를 모델로 공공영역에 대한 새로운 해석을 도출하기도 했다.

도시 기구와 행정체계의 정비과정 등을 살피는 도시형성사적 관점에서 민간단체의 활동을 다룬 연구는 첫번째 부류의 연구보다 상해의 독자성과 특성을 파악하기가 훨씬 쉽다는 장점이 있다. 도시 전체를 연구의 대상에 넣은 것도 또다른 장점이다. 그러나 사회와 민간단체를 관심범위에 넣기는 했으나 도시행정의 일부를 담당한 민간인들의 역할 해명에 치중한 나머지, 도시 행정권을 장악하려 한 상해인들의 정치활동과 남경정부 수립 후의 사회질서 재편과정을 해명하는 데에는 미흡했다. 그리고 주로 행정적인 공백을 메우는 기능으로서 민간영역의 성장을 해명하는 데 치중함으로써, 정치적으로 활발한 행동을 했고 '외형상' 근대적인 모습을 띤 민간단체들이 사회의 변화·발전 과정에서 어떤 역할을 했으며, 어떠한 요인에 의해 움직였는지 해명하지 못한 점 또한 아쉬운 대목이다.

이 책은 기존의 연구성과를 바탕으로 상해 사회의 구성원들이 일상생활의 영역에서 벗어나 정치·사회활동에 참여하여 새로운 진로를 개척해나가는 과정을 추적하려고 한다. 특히 동원주체로서의 민간단체의 역할에 주목하여 민간단체의 조직구성과 활동상의 특징을 분석하려고 한다. 그리고 남경정부

---

18) 小浜正子『近代上海の公共性と國家』(東京: 硏文出版 2000);「民國期上海の都市社會と慈善事業」,『史學雜誌』103-9(1994);「民國期上海の民間慈善事業と國家權力」,『東洋學報』76卷 1·2號(1994); 張仲禮『近代上海城市硏究』(上海人民 1990) 등.

성립 이후 남경정부가 기존 질서를 어떻게, 무엇을 변화시켜, 어떤 형태의 질서를 구축하려고 했는가를 살펴봄으로써 민중들이 만들어갔던 사회의 '자율적인 영역'이 남경정부 시기에 어떻게 변화되었는가를 밝혀보고자 한다. 이는 남경정부가 민간단체와 어떤 관계를 형성했는지를 생각해볼 수 있는 좋은 재료로서, 남경정부의 성격을 고찰할 수 있는 하나의 시금석이 될 것이다. 아울러 새롭게 변모된 상해 사회의 모습에서 사회생활 방식은 어떤 영향을 받았는지를 함께 탐구하려고 한다. 연구대상 시기는 통상 국민혁명기와 남경 국민정부 시기라 일컬어지는 1920년대 중반에서 1937년까지이다.

연구는 크게 네 부분으로 구성하였다.

첫번째는 구역상권을 중심으로 상해의 공간구성 형태를 찾아내고, 그 공간구성에서 발견할 수 있는 상해 사회의 특징을 설명할 것이다. 상해가 근대 도시로 발돋움하면서 공간상에 생긴 변화와 그 과정에서 나타난 문제점, 상해인들이 다양한 정체성을 갖게 된 이유, 공간배치 속에 담긴 사회문제 등을 찾아보려고 한다. 아울러 1927년 이전의 상해 사회에서 '관(官)'이 아닌 민간인들이 만든 단체가 도시건설의 주체가 될 수밖에 없었던 이유를 살펴볼 것이다.

두번째로 1920년대 민간단체의 내적 구조 및 정치활동을 분석한다. 상해는 각 지방에서 몰려든 이주민이 형성한 도시였다. 이주민 사회라는 특성이 민간단체의 결성 및 활동에 어떤 영향을 끼쳤으며, 민간단체가 어떻게 공신력을 확보할 수 있었는지를 살펴볼 것이다.

아울러 1920년대 후반을 중심으로 민간단체의 정치활동을 분석할 것이다. 객관적인 정치·경제·사회적 환경이 곧바로 상해인들을 일상생활 영역에서 끌어내어 도시 건설과 운영의 주체로 전화(즉 정치화)시키는 것은 아니다. 객관적인 현실에 대한 대응에는 '사회적 동원'[19]이란 방법이 따르지 않

---

19) 사회적 동원은 주민들로 하여금 정치적 공동체를 형성하도록 만드는 압력들을 뜻한다. 바꾸어 말하면 도시, 촌락, 지역의 주민들로 하여금 그들의 상호 이해가 일상적 접촉을 넘

을 수 없다. 바로 이런 전화과정의 매개체로서 동향네트워크 및 '동향단체'에 주목하려고 한다. 즉 동향단체 및 동향네트워크가 어떻게 일상생활과 정치화를 매개하고 사회의 여론형성에 어느 정도 기여했는지를 1926년 북벌시기 상해 사회를 대상으로 검토할 것이다. 동시에 상해 사회 내에 '동향적 질서'와는 다른 새로운 질서가 어떻게 싹틀 수 있었는가를 중공 중심의 3차 폭동 과정에서 논증하려는 것이 두번째 부분의 목표이다.

세번째는 국민당이란 '외적 요인'의 등장으로 상해 사회에 새로운 질서가 이식되면서 진행된 '민간단체'의 재편과정을 상회와 노동조합을 대상으로 삼아 분석할 것이다. 이 과정에서 무시할 수 없는 것이 국민당의 이론이다. 국민당은 삼민주의로 무장했고, 그 원칙에 따라 국가를 건설·운영하려는 성향이 강한 세력이었다. 따라서 정책실현의 가이드라인으로서 국민당의 국가건설 구상과 민중운동관을 분석하여, 그들이 만들려고 했던 국가는 무엇이었고, 현실과는 어떠한 대응관계를 형성했는가를 살펴보려고 한다.

상해는 당시 중국에서 상공업이 가장 발달한 도시로서 상인세력(혹은 자본가 세력)과 노동자의 힘 또한 전국에서 가장 강했다. 상인들은 상해의 지도층을 형성했고 각종 단체에 돈을 대거나 지도부로서 참여했다. 국민정부도 북벌을 위한 자금과 재정적자를 메울 자금을 마련하기 위해서는 상인들에게 의존해야 했다. 다음으로 노동자들은 4·12정변 이후 활동의 제약을 받긴 했지만, 그 숫자나 역량을 무시할 수 없었다. 국민정부는 산업발전과 근대화라는 자신들의 국가건설 구상에 맞도록 중공의 색깔을 배제하고 노동조합을 재편해야 할 필요성이 있었다. 그런만큼 상인과 상인단체 및 노동조합을 자신들의 통제권 안에 넣는 것은 상당히 중요한 과제였다. 이런 점에 주목해 세번째 부분에서는 상회와 노동조합의 재편과정을 통해서 남경정부가 어떻게

어서 확대되는 것을 인식하게 함에 따라 서로 결합하여 지역을 초월하는 새로운 정치적 질서를 만들어내게 하는 변화들을 뜻한다. 찰머스 A. 존슨 『중국혁명과 농민민족주의』, 서관모 역(서울: 한겨레 1985) 38면.

동향네트워크의 질서를 약화시키고 국가를 수립해나갔는지를 분석하려고 한다. 동시에 재편과정에서 나타난 특징 및 재편 후에 만들어진 씨스템의 특징 또한 살펴볼 것이다.

사실 가능한 한 많은 단체가 분석대상이 되고 증거로서 취급될 때 신빙성이 높아지는 것은 당연하다. 노동조합, 교육회 그리고 변호사단체와 같은 전문직 단체도 고려의 대상이 되어야 하지만, 이 책에서는 상회에 집중할 것이다. 그러면서 노동조합에 대한 분석도 함께 했다. 1930년대 개별 노동조합의 존재형태, 청방(靑幇)과 노동조합의 관계 등은 계속해서 확대해갈 연구영역으로, 1930년대 국민정부와 각종 단체의 관계를 전반적으로 조망하는 일은 이후의 과제로 남겨두려고 한다.

네번째 부분은 민중단체가 재편되고 정치환경이 변화된 상태에서 민간단체의 역할과 활동은 어떠했는가를 살펴볼 것이다. 1930년대에 남경정부는 국가건설 과정에서 커다란 장애, 즉 일본의 침략과 세계공황이라는 빙산에 부딪혔다. 따라서 남경정부에 의해 재편된 후 정부의 통제를 받았던 단체들은 일본의 침략과 공황 등의 급변하는 사회·정치환경에서 어떻게 활동했고, 상해인들은 변화된 환경에서 어떻게 적응해갔는가를 살펴볼 것이다. 이를 통해 국민정부가 만든 씨스템이 어떻게 작용하고 현실에서 어떤 굴절을 겪었는가를 상회 활동을 중심으로 분석할 것이다.

이런 전과정의 분석을 통해 중국 민간단체의 독특한 존재형태와 활동상의 특징 그리고 남경 국민정부가 만든 '국민국가'의 특색과 변질과정이 명확히 드러날 수 있기를 기대한다.

제1부

1920년대 상해의 공간구성과 행정당국

I. 상해의 상권과 공간구성

1. 상해 공간구조의 형성

1842년 남경조약(南京條約)과 그후의 호문조약(虎門條約) 등에 근거하여 외국인 거주지로서 영국인 조계와 미국인 조계가 상해에 설치되었다. 1844년에 50명, 1845년에 90명 정도의 외국인이 중국인과 분리되어 현성(縣城)의 북쪽에 자리를 잡았다.[1] 그곳은 당시까지는 거의 사람이 살지 않던 황무지나 다름없는 곳이었다. 창고와 거주지를 겸하여 크게 자리를 잡은 외국인과 그들에게 일상의 써비스를 제공하던 중국인이 그곳 거주자의 전부였다.

조계의 공간 및 인구 구성에 큰 변화가 나타난 것은 태평천국(太平天國) 이후의 일이었다.[2] 태평천국에 호응한 소도회(小刀會)가 상해에서 봉기하자,

---

[1] 上海通社 編 『上海研究資料』(上海書店, 1984年 重印本) 138면; 熊月之 主編 『上海通史』 5卷(上海人民 1999) 68면.

[2] 상해 조계의 확장 및 변화 과정에 관해서는 필자가 더이상 언급할 필요가 없을 정도로 많은 연구가 존재한다. 『上海公共租界史稿』(上海人民 1980); 『上海研究資料』 127~35면; 張仲禮 『近代上海城市研究』(上海人民 1990) 602~27면; 鄭祖安 「租界興亡」, 『百年上海城』(上海: 學林出版社 1999); 『上海通史』 5卷 등 참조.

상해 인근의 수많은 피난민들이 외국인 거주지역으로 몰려들었다. 기의(起義)의 와중에 중국 행정당국은 지역주민을 보호할 능력을 잃었고, 상해의 행정을 담당할 능력도 상실했다. 결국 상해 인근의 수많은 피난민들이 외국인 거주지역으로 몰려들어, 조계의 인구는 1854년에 약 2만여명에서 1860년에는 30만명으로 급증했고 1862년에는 50만명에 달하였다.[3] 조계의 외국인들은 이 기회를 이용해서 자신들의 지위와 권력을 확대했다. 1854년 7월 5일 영국, 미국과 프랑스의 상해 주재 영사는 상해 도대(道臺)와 협의도 없이 멋대로 1845년의 토지장정(土地章程)을 수정했다. 이를 근거로 7월 11일에 외국인 납세인회(納稅人會)를 거행하여 동사(董事)를 뽑아 거류지행정위원회를 만들었는데, 이것이 후의 '공부국(工部局)'으로서 거류지의 실질적인 행정권을 장악하게 되었다. 이로써 상해의 조계에 새로운 변화가 나타나기 시작했다.

중국인과 외국인이 따로 거주하던 상황에서 소도회 기의를 기점으로 조계는 중국인과 서양인이 같은 공간에서 함께 생활하는 '화양잡거(華洋雜居)'의 공간으로 바뀌었다. 황포강(黃浦江), 소주하(蘇州河), 양경빈(洋涇浜) 및 크고 작은 수로 위에 각종 피난선이 늘어섰고, 시내 곳곳의 공터에는 피난민이 대나무로 만든 가건물과 초가집이 늘어갔으며 도처에 개미집·벌집처럼 간단한 움막들이 있었고, 노천에서 먹고 자는 사람도 즐비했다.[4] 이제 중국인과 서양인이 따로 거주하는 '화양분거(華洋分居)'의 상황은 깨어졌고, 상해로 몰려드는 인구를 더이상 막을 수 없었다. 전란을 피해서 온 '피난형', 상해에서 새로운 생존의 기회를 찾으려는 '생계형' 등[5] 이주해온 이유도 다양

---

3) 『上海硏究資料』 138면; 鄒依仁 『舊上海人口變遷的硏究』(上海人民 1980).

4) 于醒民 『上海, 1862』(上海人民 1991) 13~15면.

5) 상해의 이민과 그들의 이민동기 및 출신지역 등에 관해서는 이미 상당한 연구가 축적되어 있다. 1920년대 말과 30년대 이민의 특성을 다룬 연구로 忻平 『從上海發現歷史──現代化進程中的上海人及其社會生活』(上海人民 1996) 40~59면 참조.

했고, 출신지역과 찾아온 방법도 각양각색이었다.

1852~90년 사이 연평균 1.1%의 인구증가[6]는 상해에 많은 변화를 가져왔다. 몰려드는 인구로 인해 주거 수요는 급증했지만 공급은 태부족이었다. 서양인은 기회를 놓치지 않았다. 재빨리 부동산업에 투자하여 수많은 건물들을 지어대기 시작했고 부동산업은 호황을 누렸다. 이 과정에서 영국인 조계와 미국인 조계는 관할영역을 점차 늘려나갔으며, 치안문제 등을 이유로 통합관리되기 시작하면서 영국 조계와 미국 조계가 하나로 합쳐져 1899년에는 공공조계(公共租界, International Settlement)[7]라 불렸다.

조계 확대의 또 하나의 예는 조계 통치영역을 벗어난 지역에 도로를 건설하는 '월계축로(越界築路)'였다. 1899년 토지장정 개정을 끝으로 조계 확장은 공식적으로 끝을 맺었지만 조계당국은 태평천국, 의화단운동(義和團運動), 신해혁명(辛亥革命)과 2차혁명 그리고 1924년의 강절전쟁(江浙戰爭) 시기에 자신의 관리영역 너머에 도로를 건설하고 관리하면서 도로 연변의 집들에서 세금을 거두어들였다. 명백히 조계영역 확대의 한 형태였던 것이다. 하지만 이런 월계축로는 중국 내의 민족주의 감정의 성장으로 1920년대 후기에 들어서면서 점차 어렵게 되었고, 중국정부와 마찰을 빚었다.[8] 더이상의 외적인 공간 확장은 어렵게 된 것이다. 상해는 중국에서 아주 이질적인 도시였지만 한편으로 중국의 과제와 모순을 내포하고 있던 중국 문제의 집합체이기도 했다.

---

6) 張開敏 主編 『上海人口遷移研究』(上海社會科學院 1989) 29면.
7) 원래 외국인의 '거류지'로 상정되었던 땅이 사실상 '조계'로 변해가는 과정이 바로 조계 성장의 역사였다. 영문 표기인 International Settlement와 공공조계라는 용어의 의미상의 차이 및 조약상의 문제점에 대해서는 『上海硏究資料』 127~28면의 간략한 설명을 참조.
8) 『上海硏究資料』 131~32면; 屠詩聘 『上海市大觀』 上(中國圖書出版公司 1948) 26면 등.

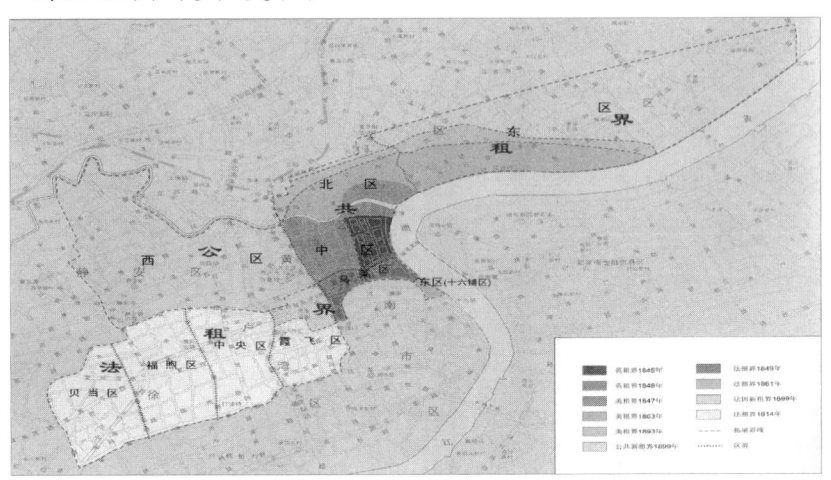

출전 周振鶴 『上海歷史地圖集』(上海人民 1999) 70면.

북쪽으로 동쪽으로, 그리고 서쪽으로 영역을 확대한 공공조계는 더 넓어진 지역을 4개의 행정구역으로 나누었다. 국민정부가 특구로서 설정한 공공조계 안에 중구(中區)·동구(東區)·북구(北區)·서구(西區)가 형성되었다. 공공조계의 남쪽에는 공공조계에 참여하기를 거부했던 프랑스 조계가 끊임없이 서쪽으로 영역을 확대하여 10여 평방킬로미터의 영역을 차지하고 그곳을 패당구(貝當區)·복후구(福煦區)·중앙구(中央區)·하비구(霞飛區)·마래구(馬萊區)·동구(東區)의 6개 행정구역으로 나누었다. 이 두 조계를 사이에 두고 남쪽에는 예전의 상해 현성(縣城)이 자리를 잡았고, 북쪽에는 갑북(閘北)이라 불리는 중국인 행정구역이 자리를 잡았다.[9]

─────────────

9) 각 행정구역의 지리적인 경계는 『上海公共租界史稿』 476~77면; 沈伯經 『上海市指南』 (中華書局 1934) 12~14면 참조.

2. 상해의 상권

공공조계 중구는 상해에서 상업이 가장 발달한 지역이었다. 현재도 그렇지만 1920년대와 30년대에도 상업의 중심지였던 공공조계 중구는 도로가 바둑판 모양으로 질서정연하게 들어서 바둑판 거리〔棋盤街〕[10]로 알려졌다. 대마로(大馬路), 즉 남경로(南京路)를 중심으로 그 북쪽으로는 천진로(天津路), 영파로(寧波路), 북경로(北京路)가 있고, 그 남쪽으로는 순서대로 이마로(二馬路, 九江路), 삼마로(三馬路, 漢口路), 사마로(四馬路, 福州路)가 동서로 달리고 있으며, 그를 종단하여 사천로(四川路), 강서로(江西路), 하남로(河南路), 산동로(山東路), 산서로(山西路), 복건로(福建路), 절강로(浙江路) 등이 일정한 간격으로 늘어서 있어 바둑판을 연상시켰던 것이다.

공공조계 중구에서 황포강과 인접하여 수평으로 달리는 황포탄로(黃浦灘路)는 금융의 중심지였다.[11] 황포탄로를 따라 내려가면 대영(大英)은행(황포탄로 6號), 중국통상은행(7號), 회풍(匯豊)은행(12號), 교통은행(14號), 맥가리(麥加利)은행(18號), 중국은행(22號) 등이 줄지어 있었다. 황포탄로와 연결되어 동에서 서로 뻗어나가는 도로에서 처음으로 접하게 되는 것도 바로 이들 은행이었다.

전통 금융업인 전장(錢莊)은 황포탄로에서 약간 떨어져서 북경로와 남경로 사이에 있는 영파로에 29개, 천진로에 24개가 있어 전체 전장의 46.09%가 이 지역에 집중되어 있었다. 당시 상해의 금융업체가 황포탄로와 그 인접지역인 강서로, 구강로, 남경로, 북경로, 영파로, 하남로, 천진로 등에 집중적

---

10) 바둑판 거리는 남경로를 중심으로 동서남북을 가로지르는 가장 번화한 상권을 이르거나 혹은 하남로만을 지칭하기도 했는데(薛理勇 主編 『上海掌故辭典』, 上海辭書出版社 1999. 12, 54면) 여기서는 남경로를 중심으로 한 번화한 상권의 대명사로 사용하려고 한다.

11) 각 거리의 상점 구성과 상권에 대한 묘사는 『上海指南』(商務印書館 1930)에 나와 있는 상점의 주소에 의거하여 거리별로 분류한 후 재구성한 것이다. 졸고「1930年代 上海의 區域商圈과 消費生活」, 『中國近現代史研究』 17집 참조.

으로 몰려 황포탄로를 기점으로 남북과 동서로 퍼져나가는 모습이었다. 이 지역은 '근대' 은행에다 전통 금융업인 전장이 가세하여 명실상부한 금융중심지로서 모습을 갖추었다. 보험업 역시 황포탄로를 중심으로 발전했다. 이처럼 상해는 성장하는 금융자본가의 중심지이기도 했다.

은행 집중지역을 약간 거슬러 북경로에서 소주하까지 가다 보면 수출입과 관련된 수많은 상점과 사무실이 집중된 지역을 만나게 된다. 동으로 황포탄로에서 시작하여 서쪽으로 사천로를 거쳐 강서로에 이르는 이 구역에는 수출입 업체가 집중적으로 들어서 있었다. 박물원로(博物院路, 30곳), 북경로(66곳), 사천로(78곳), 원명원로(圓明園路, 19곳), 강서로(90곳)가 상호 인접하여 수출입 업종의 집중구역을 형성했다. 이러한 업체와 은행·보험업체가 인접하여 수출입 업무와 신용보증 등의 상호 보완적인 기능을 했다. 상해는 중화민국 시기 내내 전국 대외무역의 40% 전후를 차지하여 대내외 무역의 중심지였고,[12] 수출입상들은 공공조계 중구에 집중적으로 사무실을 열고 있었다.

황포탄로에서 서쪽으로 방향을 틀면 상해에서 가장 번화했던 거리인 남경로가 나온다. 남경로의 거리 양편에는 일상적인 소비물품 판매점과 금은방, 보석상, 외국 장신구 취급점 등 최고급 물품을 판매하는 상점들이 뒤섞여서 고급종합상권으로서 호화찬란한 거리를 형성했다.

양편의 상점은 모두가 크고 높은 빌딩이라 할 수는 없지만 건물 구조가 화려하지 않은 것이 거의 없으며 힘써 미관을 추구한다. (…) 대형 백화점, 큰 비단가게, 큰 금은방 등 진열장 내의 배열이 호화찬란하여 눈을 붙일 틈을 주지 않으며, 사람들로 하여금 그런 상점의 고객은 얼마나 부자이고 잘난 사람일

---

12) 中國第二歷史檔案館·中國海關總署辦公廳 『中國舊海關史料(1859~1948)』(京華出版社 2001)의 각 연도 「海關直接對外貿易貨值按關總數」; 졸고 「中華民國時期 上海의 交易네트웍과 物流」, 『中國史研究』 28집 참조.

까를 연상케 한다. (…) 밤이 되면 양쪽의 전등빛이 이 평탄한 큰길을 환하게 비추어 마치 거울처럼 번쩍번쩍 반사해내어 그 안에 들어가면 마치 유리세계에 들어온 듯하다. 가령 당신이 도로를 걸어가는데 의복도 남루하고 주머니에 돈이 한푼도 없다면 (…) 모르는 사이에 주눅이 들기 시작하여 영문도 모르는 비참함을 느낀다. 남경로의 모습은 진실로 호화장엄하여 가난한 사람들이 가까이 다가갈 수 없게 한다.[13]

상해의 3대 백화점이 남경로의 중간에 위치하여 거리의 화려함과 번성을 더했다. 쿨리〔苦力〕와 인력거부들이 백화점 밖에서 기다리는 동안, 이들의 '주인'들은 붐비는 백화점에서 쇼핑을 했다. 백화점 아래층에 계산대와 진열대가 가득 늘어서 있고, 그 안에는 세계 각지의 물품이 진열되어 있었는데, 프랑스 향수, 스코틀랜드 위스키, 독일 사진기, 영국 피혁제품과 각양각색의 중국물품, 예컨대 내의, 담뱃갑, 완구, 잠옷, 종이로 만든 꽃, 어자 신발, 반지, 팔찌, 견직물과 같은 것이 있었다.[14]

남경로가 화려함과 서양식 문화 혹은 이국적 건물로써 중국인에게 '근대' 도시의 특징을 전달했다면, 복주로는 중국인에게 훨씬 친근감이 가는 도로였다.

복주로에서 우리는 '비싼 제품을 거래할 만한' 큰 상점도 볼 수 있지만, '가난한 고객이 주눅들지 않고 당당히 들어갈 수 있는' 조그만 상점도 볼 수 있다. 우리는 큰 요리점을 거들먹대며 들락거리며 취하도록 술을 마시고 요리를 배불리 먹는 잘생긴 사람들을 볼 수 있는 반면, 몸도 제대로 가려주지 못하는 옷을 걸친 채 음식 배달전문점의 배달부를 꽉 움켜잡고 남은 밥을 앞다투어 차지하려는 '부랑아'도 볼 수 있다. 우리는 최신 유행복을 입은 아가씨들이 차 안에 앉아 바람처럼 왕래하는 것을 볼 수 있지만, 한편에선 하급 기녀들이 처

---

13) 徐國槙 編著 『上海生活』(上海: 世界書局 1933) 91면.
14) 霍塞(美) 『出賣上海灘』(上海書店 2000) 173면.

마 밑에 서서 손님을 끄는 모습도 볼 수 있다. 우리는 교과서적을 발행하는 큰 서점을 볼 수 있는가 하면, 오로지 606(매독—인용자)을 치료하고 임질을 다루는 조그만 의원도 볼 수 있다. (…)

가로등이 켜질 시간이 되면 상해 사회의 병태가 복주로에 적나라하게 드러난다.

온갖 저급 도색 그림과 잡지를 판매하는 자가 모두 활동을 시작한다. 일반적으로 몸뚱어리로 영업을 하는 하급 기녀 또한 한 명씩 한 명씩 도로 양편에 늘어서서 그들의 고객을 찾는다. 타락한 청년은 친구를 끌어들여 도로변 골목 안의 여관에 모여서 여성을 유린하거나 도박을 하고 혹은 아편을 피우거나 하고 싶은 짓을 했다.[15]

이런 수많은 거리들이 뒤얽혀서 공공조계 중구의 문화를 형성했다. 이곳에선 동양과 서양이 섞이고 전통과 근대가 교차하며, 중국 각지의 문화가 자신의 자태를 자랑하며 독특한 문화를 형성해갔다. 공공조계 중구는 중국인들이 서양인을 모방하여 근대성을 획득해간 최전방 지역이었던 셈이다.

프랑스 조계에서도 상업은 상당히 발달했지만, 공공조계와는 차이가 있었다. 『상해지남(上海指南)』(1930)에 의하면 프랑스 조계에서 상점이 가장 많았던 곳은 공관마로(公館馬路)였다. 공관마로는 상점의 구성은 남경로와 비슷했지만 상대적으로 상권의 발달이 뒤처졌고, 남경로에 비해 고급상점이 적은 '중저가 종합상권'의 특색을 띠었다.[16]

공공조계에서 특징적인 거리는 정안사로(靜安寺路)였다. 저녁때에 외국인들이 산책을 하던 버블링웰 가(Bubbling Well Street, 정안사로)의 상점은 정안사 인근에 거주하던 외국인들의 취향을 반영한 상품과 써비스를 제공했다. 서양음식점, 경마장, 미술품, 외국목기 그리고 양주와 시가 판매점들이 상가의 중심을 이루었다.[17] 프랑스 조계의 서가회로(徐家滙路)는 외국인 등

---

15) 徐國禎 編著, 앞의 책 93면.
16) 졸고 「1930年代 上海의 區域商圈과 消費生活」 49~50면.

을 상대로 한 유흥가의 중심지였다. 각종 클럽과 유흥시설이 있었으며, 이 거리의 끝은 서양인 타이빤(太辦)들이 사는 서부의 고급주택지와 연결되어 있었다.

공공조계와 프랑스 조계를 사이에 두고 둘로 나뉘어 있던 중국인 통치구역은 사정이 완전히 달랐다. 남시(南市)는 예전의 상해 현성과 그 남쪽을 아우르는 지역으로서 이곳도 상업의 중심지였지만 취급하는 물품의 종류는 공공조계나 프랑스 조계와 달리 절인 생선과 삼, 약재, 계원(桂圓), 과일 등이 중심이었다. 내·외함과가(內·外鹹瓜街)라는 거리 명칭이 말해주듯이 이들 지구에는 절인 생선 등의 식용품 상업이 발달했다.[18] 서양인의 도시건설을 모방하면서 거리의 모습은 곳곳에 정문(旌門)이 세워져 있던 옛 현성 내의 거리 모습에서 많이 바뀌었다. 하지만 도로는 전통 현성에서 발달하였기 때문에 크게 넓히기가 어려웠다. 남시지역의 도로나 상가는 남경로나 복주로와 달리 비좁았고, 포장도 제대로 되어 있지 않았다. 기존의 건물과 좁은 길이 현성의 발달에 제약조건이 된 것이다.

또 하나의 중국인 통치지역이었던 갑북지역은 상업발달이 미진했다. 넓은 영역에 걸맞지 않게 상업발달이 가장 뒤처졌으며 건축과 염직 그리고 음식품류의 상공업이 발달했다.[19] 그나마도 광복로(光復路), 장안로(長安路), 항풍로(恒豊路), 보산로(寶山路), 규강로, 적사위로(狄思威路), 북사천로(北四川路)와 같이 조계의 상권과 인접한 지역, 일본인 거류민이 인근에 집중적으로 거주하는 지역, 조계가 관리권을 가지고 있는 월계축로가 상업발달의 중심지였다. 상업이 발달한 도로나 지역을 통해서 볼 때, 갑북은 중국인 지역의 독자적인 상권으로서 발달했다기보다는 조계의 산업발달에 따라 부수적으로 발달한 모습이 강했다.

---

17) 졸고 「1930年代 上海 公共租界의 商圈, 居住地, 地域社會」, 『靑藍史學』 8집 참조.
18) 졸고 「1930年代 上海의 區域商圈과 消費生活」 48면.
19) 같은 글 46~47면.

이렇게 밀집된 상권과는 별개로 시 전체에는 생필품과 관련이 있는 양식업, 석탄〔煤炭〕, 포목점〔布店〕이 거리마다 군데군데 산재했다.[20] 특이한 것은 서민들을 상대로 물품을 잡고 돈을 빌려주었던 전당업도 마찬가지로 산재하여 발달했다는 점이다.

발달한 상권과는 대조적으로 상해 사회의 저변에는 생활비의 수지균형을 맞추기도 어려운 서민층이 다수 존재했다. 당시 일반 노동자의 근로소득은 지출을 따라잡지 못했다. 국민정부 공상부(工商部)가 1931년에 조사한 바에 따르면 최저생계비용이 27.2원(元)이었는데, 상해의 30개 업종 중에서 27개 업종이 모두 이 기준에 미달했다.[21] 상해시에서 조사한 노동자 305가구의 연평균 소득 또한 수입은 416.51원인 데 반해 지출은 그보다 많은 454.38원으로 항상 수입이 지출에 못 미치는 상태였다.

이런 상황에서 각 가정에서 할 수 있는 방법은 돈을 빌리거나 전당포를 이용해 수입의 부족분을 메우는 것이었다. 305가구 중에서 빚이 있는 가구가 269가구로 전체의 88.2%였고, 전당포를 이용하는 가구도 238가구로 전체의 78%를 차지했다. 노동자 가정은 빚을 얻기도 하고 전당포를 이용하기도 하면서 수입의 부족분을 메워나가고 있었던 것이다. 당시 노동자들이 전당포를 이용해 마련한 돈은 연 18.35원으로 일년 수입의 3.2%를 차지했다.[22] 일반 노동자들이 자주 이용할 수밖에 없었기에 전당포는 그 어느 지역을 가릴 것 없이 산재하게 되었다. 전당포의 주인이 손님에게 철망 너머로 담배를 권하는 그림의 신문광고[23]는 생활고, 고민, 담배로 이어지는 묘한 이미지를 불러일으키기에 충분했다. 담배 광고에 이런 그림을 넣은 것은 그런 상황이 당시의 사람들에게 호소력 있게 다가갈 여지가 있었음을 말해준다.

---

20) 같은 글 42~44면.

21) 忻平, 앞의 책 325면.

22) 上海市政府社會局 『上海市工人生活程度』(1934) 21~24면.

23) 「生生牌香煙」, 『申報』 1931. 2. 20.

3. 지역사회의 분화와 분절

값싸고 넓은 부지를 필요로 했던 공장지대는 상업 번성지역의 형성과 땅값의 상승으로 시 외곽지역에 자리를 잡았다. 상해 공업의 대표주자인 면방직업의 경우 공공조계의 동쪽 끝과 서북쪽에 집중적으로 공장이 설립됐다. 그리고 그 주위에는 노동자들의 거주지가 들어섰다. 노동자들의 거주형태는 판잣집(붕호 棚戶), 석고문(石庫門) 리롱(里弄)[24] 등이었는데,[25] 상업의 발달은 상권·거주지·공장지대의 명확한 분화와 도시 전체의 불균등발전을 야기했다.

공공조계 중구에 살던 외국인들은 인구가 급증하고 땅값이 상승하자 번잡한 곳을 피해 서쪽에 거주지를 마련하기 시작했다. 정안사 부근과 프랑스 조계 서쪽 그리고 공공조계의 북구에 중세의 성을 연상시키는 널찍한 화원주택(花園住宅, 정원주택)들이 들어섰다. 1931년의 한 주택광고는 2개의 양옥주택 사진을 싣고 그 아래에 최고의 주택지구인 서구에 위치하고 있으며 넓은 면적에 응접실·객실·식당 등이 갖추어져 있어 성대한 연회를 베풀기에 적합하며 휴게실·도서실 등이 있고 차고와 고용인 숙소가 따로 갖추어져 있다고 선전하고 있다.[26] 한 예로 정안사 서남쪽에 거주했던 영국 국적의 엘리 캐두리의 주택은 점유면적이 14,436.5㎡(약 4374평)였다.[27] 버블링웰 가

---

24) 리롱은 상해의 대표적인 일반시민 혹은 중산층의 주거지이다. 초기에 생겼던 구식 리롱은 5칸이나 7칸 심지어 13칸이 되는 것도 있지만 보통 3칸으로 지어진 건물의 양측에 2개의 곁방을 연이어 배열하는 형식으로 짜여졌다. 출입문은 정면에 돌로 지어진 문 하나로, 모든 가구가 여기로 출입했다. 이 때문에 석고문(石庫門)이란 이름이 붙게 되었다. 후에 이를 개선한 신식 리롱이 나타났는데, 보통 1칸이나 2칸으로 지어졌다. 이런 두 가지 형식의 리롱이 일반적인 서민의 주거지였다. 屠詩聘『上海市大觀』下, 5면;『上海住宅建設誌』72~73면.

25) 노동자들의 주거형태에 관해서는 朱懋澄『調査上海工人住屋及社會情形記略』(中華基督敎靑年會全國協會職工部 1926) 참조.

26)「中國營業公司啓」,『申報』1931. 2. 19.

지도 2 1949년 이전 상해의 상권과 거주지 그리고 공장지대

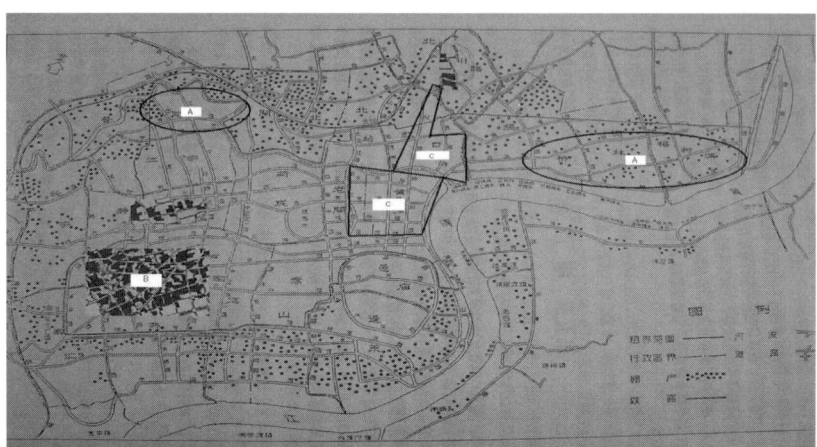

■A: 공장지대, B: 화원주택, C: 중구와 북구의 상업지역, 점: 판자촌〔棚戶〕

를 따라 늘어선 타이빤의 큰 별장식 저택은 넓은 정원에 테니스장이 딸려 있었고 영국식으로 긴 오후 티타임을 즐기는 장소였다.[28] 바로 이곳에 거주했던 이들이 타이빤 과두정치라 불릴 정도로 공공조계의 행정과 입법에서 실권을 장악하고 공부국과 납세인회의에서 영향력을 행사했던 사람들이었다. 이들은 수적으로 소수였음에도 불구하고 자신의 재산과 자국의 국력을 바탕으로 상해 공공조계에서 지배권을 행사하였다.

　최상층에 서양인들이 자리를 잡고 있었다면 그 말단에는 공공조계와 프랑스 조계의 행정구역을 마치 포위라도 하는 양 둘러싸고 넓게 포진한 판잣집들이 있었다. 특히 유명했던 판자촌은 약수롱(藥水弄)·번과롱(蕃瓜弄) 등

---

27) 伍江 編著 『上海百年建築史(1840~1949)』(上海: 同濟大學出版社 1997) 119면; 上海住宅建設誌 編纂委員會 編 『上海住宅建設誌』(上海社會科學院 1998) 97면.

28) Albert Feuerwerker, "The Foreign Presence in China," John K. Fairbank ed., *The Cambridge History of China* 12(Cambridge University Press 1983) 133면.

표1 1949년 이전 상해의 주택유형별 건축면적[29] (단위: ㎡)

구	공우	화원주택	신식 리롱	구식 리롱	판잣집
황포구 a	2.0	5.3	22.5	270.7	16.6
정안구 b	21.1	61.2	142.5	174.0	12.2
남시구		1.2	13.0	174.0	12.2
노만구 c	20.8	19.1	96.1	151.1	9.4
서회구 d	27.9	72.5	83.9	85.1	12.9
장령구 e	4.4	39.1	30.6	81.4	20.9
보타구 f			4.5	110.0	17.0
갑북구	5.7	0.9	3.5	142.6	70.3
홍구구 g	22.8	20.4	75.2	205.9	42.6
양포구 h	1.1	4.0	6.2	140.6	48.3

출전 大阪市立大學經濟硏究所『上海(世界の大都市2)』(東京: 東京大學出版會 1988) 241면.
■ 위 표의 구 명칭은 현재 상해의 구명(區名).
■ a: 영국 조계 중구+프랑스 조계 미래구+현성 북부지여, b: 영국 조계 서구, c: 프랑스 조계 하비구+중앙구, d: 프랑스 조계 복후구+패당구, e: 공공조계와 프랑스 조계의 서쪽 외측, f: 공공조계의 소사도(小沙渡)·조가도(曹家渡)를 포함, g: 공공조계의 북구와 동구 일부, h: 공공조계 동구의 양수포(楊樹浦).

이었는데, 이들 판자촌은 주로 갑북과 공공조계의 동쪽 끝과 서북쪽의 공장지대 주변에 발달했다.

이런 양극단 사이에서 여러 형태의 석고문 리롱이 서민의 주택으로 자리를 잡았다. 주택수요의 팽창에 따른 부동산 가격의 상승은 서민들의 주거공간을 좁고 밀집된 형태로 만들었는데, 상해 서민들의 일반적인 거주형태인 석고문 리롱이 대표적이었다. 리롱 내에는 조그마한 규모에 여러 가정이 함께 거

---

29) 상해의 주거형태는 크게 보아 공우, 화원주택, 리롱, 판잣집으로 나눌 수 있다. 그런데 리롱은 그 형식에 따라 다시 구식 석고문 리롱, 신식 석고문 리롱, 화원리롱, 공우리롱 등으로 나눌 수 있고, 화원주택도 건축형태에 따라 여러 형태로 구분한다. 따라서 그 구분에 따라 각 주거형태의 점유면적이 통계상 약간씩 차이가 나기도 하지만(『上海住宅建設誌』53, 71, 96, 108~109면), 대체적인 윤곽을 파악하는 데 큰 차이는 없는 듯하다.

표2 중국인 행정관할지역(화계)의 직업별 인구구성 (1935)

직업	인구수	비율	직업	인구수	비율
농(農)	195,258	9.61	회계사	40	0.00
공(工)	448,880	22.08	의사	1,633	0.08
상(商)	185,912	9.15	사병	1,967	0.10
학(學)	86,369	4.25	경찰	5,945	0.29
당(黨)	292	0.01	노공(勞工)	149,666	7.37
정(政)	6,316	0.31	가사(家事)	413,678	20.36
군(軍)	416	0.02	학도(學徒)	49,924	2.45
교통(交通)	23,535	1.16	용공(傭工)	69,840	3.44
신문기자	66	0.00	잡업(雜業)	71,930	3.54
공정사(工程師)	168	0.01	무직	320,416	15.76
율사(律師)	148	0.01	총계	2,032,399	100.00

출전 鄒依仁 『舊上海人口變遷的硏究』(上海人民 1980) 106면 표15.

■ 외국인 제외.

■ 농업: 농업, 임업, 과일, 목축, 어업 등. 교통: 배, 차, 우체국〔郵電〕에서 일하는 모든 노무자. 노공: 인력거부, 하역노동자 등. 잡업: 이발, 의치, 발가락 손질, 때밀이 등. 무직: 폐질(廢疾), 죄수 및 정당치 못한 직업 등.

주하는 밀집된 형태로 방들이 들어섰고, 임대를 재차 임대하는 '첫번째 세입자이자 두번째 주인(이방동二房東)', '두번째 세입자(삼방객三房客)'[30]의 사례들이 나타날 수밖에 없었다. 리룽이 일반서민들의 주거형태를 대표했다면 비교적 고급에 속한 주거는 공우(公寓, 아파트)였고, 최상급의 주택은 화원주택이었다.

일반적으로 극빈층과 최상층의 거주지역이 확연히 구분되었던 만큼이나 각 행정구역별로 거주민들의 경제수준도 차이가 있었다. 상공업이 발달하고

---

30) 郁慕俠 「分租房屋之習慣法」, 「鴿籠式之房屋」, 『上海鱗爪』(上海書店 1998) 3~5면. 임차한 사람이 재차 방의 일부를 임대하는 주체가 됨으로써 두번째 주인이 되었다는 의미에서 이방동(二房東)으로 불렸고, 삼방객(三房客)은 그 방을 두번째 주인에게서 임대받았기 때문에 세번째 임차인이라는 뜻으로 삼방객으로 불렸다.

각종 써비스업이 발달했던 공공조계의 거주민은 일반적으로 다른 지역의 주민들에 비해 소득수준이 높은 사람이 많았다(표2, 표3 비교 참조). 공공조계의 고소득층은 공공조계 상권의 소비 배후층을 형성함으로써 각 지역간의 불균등발전을 더욱 심화시켰다. 역으로 각종 편의시설도 공공조계에 몰려 있어 고소득층을 공공조계의 상권으로 유인했다.

그러나 고소득층의 수적인 차이를 제외한다면 조계나 화계 모두에 빈곤층이 많다는 공통점을 발견할 수 있다. 조계나 화계를 막론하고 무직자, 막노동자 등이 차지하는 비중이 상당했다(표2, 표3 비교 참조). 이들이 상해 상업과 공업 발달의 산업예비군을 형성한 반면 사회빈곤층으로서 상해 사회문제를 일으킬 수 있는 요인이 되었다.

거주상의 또다른 특징은 특정 지역 출신의 사람들이 특정 지역에 집단적으로 거주하는 현상이었다. 1차대전 이후에 급증하기 시작한 일본인들은 홍구(虹口)공원에 인접한 해륜로(海倫路) 등에 집중 거주했다. 북사천로를 동서로 가로지르는 이 거리는 공공조계라는 명칭이 무색할 정도로 일본인들이

표3 공공조계의 직업별 인구구성 (1935)

직업	인구수	비율	직업	인구수	비율
농업 및 원예	1,150	0.10	정부 및 시정기관	7,989	0.72
공업	204,849	18.28	육·해군	410	0.00
상업	183,328	16.36	사무원, 속기원 등	3,627	0.33
은행금융 및 보험업	10,604	0.95	가사(家事) 등	57,250	5.11
운수 및 교통사업	13,523	1.21	예술계, 기예계, 운동원	3,706	0.33
전문사업	14,634	1.31	잡류	619,790	55.30
총계				1,120,860	100.00

출전 鄒依仁, 앞의 책 106면 표16.
■ 외국인 제외.
■ 전문사업은 의사, 율사, 회계사, 언론계 등.

자신들만의 거리로 만들었고, 이는 조계 내의 조계, 즉 일본인 조계나 다름 없는 모습을 형성했다.[31] 일본인들은 적사위로, 봉로(蓬路), 오송로(吳淞路) 일대에 거주하면서 이곳 상업의 발달에 영향을 주기도 했다.

일본인과 함께 북구지역에서 특색을 이룬 집단은 광동인(廣東人)이었다. "북사천로, 무창로(武昌路), 숭명로(崇明路), 천동로(天潼路)는 전부가 월인 (粤人, 광동인)으로 마치 광동에 있는 것 같다"고 할 정도였다.[32] 개항과 함께 아편전쟁 전의 광동무역체제가 해체되면서 광동인들은 상해로 이주했고, 이들이 바로 영국인 조계, 미국인 조계의 위쪽에 자리를 잡았다. 후의 이주자들도 이들과 연계를 맺으면서 북구의 홍구구(虹口區) 지역에는 다수의 광동인이 거주하게 되었다.[33]

1930년 공공조계 공부국 연보에 따르면 광동인들은 북구에 약 67%가 거주했다. 안휘성 출신 사람들[安徽人]은 서구에 51%가 거주했고, 동구에는 강소와 절강 출신이 압도적인 다수를 차지했으며, 서구에는 강소성 출신 사람들이 약 34% 거주했다. 이처럼 특정 지역에 고향이 같은 사람들이 인접해 살게 되면서 이들끼리 동향의식에 따라 단합할 가능성이 훨씬 높아졌다. 이는 상해의 경제발전에 따른 지역사회의 불균등발전과 함께 상해라는 공간 속에서 같은 고향사람끼리 뭉치거나 지역사회의 한 영역을 형성하는 독특한 하부문화를 형성할 가능성이 높았음을 의미했다. 즉 지역사회간의 편차, 그리고 출신지역에 따른 동향인들의 단합과 같은 것들이 상해 사회의 이면을 구성했다.

지역마다 상업의 발전 정도가 다르고 거주공간도 달라지면서 도시 안의

31) 杜紹文 「虹口"東洋街"之憶」, 施福康 主編 『上海社會大觀』(上海書店 2000. 1) 39면. 상해 일본인들의 생활 및 상점 경영 등에 관해서는 羅志如 『統計表中之上海』(中央研究院社會科學研究所 1932) 31면 및 高綱博文 「在上海的日本人」, 『上海研究論叢』 8輯 등 참조
32) 胡祥翰 『上海小誌』(上海古籍 1989) 卷10 雜記 51면.
33) 鄒依仁, 『舊上海人口變遷的研究』(上海人民 1980) 42면.

표4 공공조계의 중국인 분포 (1930)

출신지	중구		북구		동구		서구		합계
강소	67,932	13.5%	67,947	13.6%	194,171	38.8%	170,526	34.1%	500,576
절강	48,248	15.8%	67,359	22.1%	126,545	41.6%	65,393	21.5%	307,545
광동	4,568	10.3%	29,729	66.8%	6,795	15.3%	3,392	7.6%	44,484
안휘	2,359	11.5%	1,827	8.9%	5,867	28.6%	10,484	51.0%	20,537

출전 『上海公共租界工部局年報』(1930) 302~303면.
■이 연보에 실린 합계에 착오가 있어 이를 수정했음.

격차는 눈에 띄게 두드러졌다. 또한 상대적으로 동질적인 문화를 공유했던 이전의 전통도시의 모습은 더이상 찾아보기 힘들게 되었다. 여기에 1시 3제(공공조계, 프랑스 조계, 화계)로 상징되는 정치적인 요건은 이런 지역간 차이를 더욱 심화시켰다. 예컨대 공공조계의 교통망은 프랑스 조계나 중국인 지역으로 연장되지 않았고, 각 지역의 교통체계가 서로 달라 지역의 불균등발전은 더욱 심해졌다. 외국인의 존재와 그들의 관리구역은 상해 도시공간의 효율적 이용과 체계적 발전에서 또 하나의 문제를 일으켰다.

한편으로 공간이용의 분화에 따라 독특한 지역사회 문화가 만들어졌다. 경제수준에 따른 거주지 및 생활환경의 분화는 지역사회 문화에 대한 동질감과 일체감을 낳았다. 부자들은 부자들끼리, 가난한 사람들은 가난한 사람들끼리 모여 함께 거주했다. 그리고 고향이 같은 사람들끼리 비슷한 지역에 모여 살면서 독특한 지역문화는 더욱 강화되었다. 이들은 상해인이면서 동시에 자신들의 지역사회 혹은 비슷한 유형의 생활에 강한 애착감과 동질감을 갖는 하부문화를 형성했다. 상해의 하부문화는 중서문화(中西文化)의 혼합과 근대도시라는 상해의 큰 이미지 속에 각 지역사회의 분화와 분절 현상을 만들어냈다. 따라서 상해인은 상해인이면서, 오히려 하부문화에 더 강한 애착을 갖는 이중적 특징을 가질 가능성이 존재했다.

불균등발전, 계층분화 등은 곧바로 사회문제로 전화되어 나타났다. 사회에 광범위하게 포진했던 판자촌과 빈민들은 그 자체로도 문제였고, 위생과 도시환경이란 측면에서도 사회문제를 야기했다. 상인과 노동자는 노사갈등이란 문제를 내던졌고, 조계는 민족의 문제를 상기시켰다.

II. 상해의 사회문제와 행정당국

1. 상해의 사회문제

잘 알려져 있듯이 상해는 개항 이후 수많은 이주민들에 의해 형성된 도시였다. 개항지로서 외국인이 정착하기 시작한 것을 비롯해, 중국인들도 전란과 재해를 피해 그리고 새로운 기회를 찾아 이주했다.

장씨 집에는 13명의 식구가 있었다. 할머니, 그 아들(장씨)과 며느리 그리고 결혼한 손자 부부와 그들의 자식(증손자) 3명, 그리고 결혼하지 않은 5명의 손자, 손녀들. 그들은 14무(畝)의 토지를 갖고 있었고, 정상적인 상황이라면 살아갈 수 있었다. 그러나 1909년에 그들은 적자를 메울 방법이 없어 2무의 토지를 팔았다. 다음해에 기근 때문에 추가로 6무의 토지를 팔았다.

지난 여름과 가을에 홍수로 그들은 거의 모든 농작물을 잃었다. 11월 1일경, 그들이 가지고 있던 곡식과 들판에서 주운 곡식을 살펴보니, 그들이 '밥'을 해 먹는다면 꼭 6주간 전가족이 살아갈 만한 곡식만이 남아 있음을 알았다. 그들이 가지고 있는 곡식과 무, 무청, 고구마줄기와 그들이 얻을 수 있는 다른 풀뿌리를 섞어 매우 연하게 끓인 죽을 먹는다면 모든 가족이 3개월 넘게 살아갈 수 있었다. 그러나 수확까지는 아직도 7개월이나 남아 있었다. 그들이 무엇을 할 수 있을 것인가 (…)

그들은 가족회의를 열었다. 장씨와 그의 큰딸 그리고 어린 자식 2명과 손주 가운데 가장 큰놈이 집에 남기로 결정했다. 결혼한 아들은 그의 아내와 두 아이, 두 동생과 여동생 그리고 할머니를 모시고 그들이 갈 수 있는 곳으로 가기로 결정했다.[1]

낯선 사회로의 이주는 향촌에서 성장한 사람에게 상당한 변화를 의미했다. 그럼에도 이주를 선택할 수밖에 없었던 원인은 대개 생활상의 심각한 위협이나 새로운 기회를 찾기 위해서였다. 위의 예에서 보듯이 농촌에 살던 강소성 북부지방 사람(소북인蘇北人)들은 심각한 생활상의 위협에 직면했고, 그들은 자신들의 생계를 유지하기 위해 이주를 선택하지 않을 수 없었다. 반면에 소북인들보다 먼저 상해로 이주한 광동인과 영파인(寧波人)의 경우는 상황이 약간 달랐다. 이들은 개항 이후 상해에 형성된 새로운 기회를 찾아 이주하기 시작했다.

상해가 개항 중심지로 발전하면서, 새로운 기회를 찾아 제일 먼저 상해로 이주하여 터전을 잡기 시작한 것은 광동 사람들이었다. 이들은 광동에서의 경험을 바탕으로 외국인들과 가까운 홍구 근처에 자리를 잡기 시작했다. 이후 영파 사람들이 이주했다. 이들은 자신들의 고향과 연락을 쉽게 할 수 있는 남시의 부두 근처에 자리를 잡았다. 그리고 그곳에 영파지역의 문화도 이주시켰다. 영파인과 광동인이 거주하던 곳에는 그들의 취향에 맞는 찻집과 오락시설이 들어섰고, 토착의 상해문화와는 다른 문화가 싹트게 되었다.[2] 그

---

1) "Famine Conditions in North Anhui and North Kiangsu," *Chinese Recorder* 43. 1(1911. 1) 79~80면(Emily Honig, *Creating Chinese Ethnicity: Subei People in Shanghai, 1850~1980*, Yale University 1992, 37면에서 재인용).

2) Elizabeth J. Perry, *Shanghai on Strike: the Politics of Chinese Labor*(California: Stanford University Press 1993) 19~24면.

리고 바로 이들 영파인과 광동인이 초기의 이주과정에서 경쟁을 거치면서 자신들의 영역을 확보했는데, 1920년대에는 이미 영파 출신 사람들이 상해의 주요 업종을 차지했고, 광동인이 그 뒤를 따랐다.

두 지역 출신보다는 늦었지만 강소성 북부 사람들도 꾸준히 상해로 이주하여 값싼 노동력을 제공했지만, 사회문제의 잠재적 원인을 만들기도 했다.[3] 연이은 군벌 사이의 전쟁과 수리시설의 미비로 재앙이 빈발하여 매년 수많은 파산 농민이 발생했고, 이들은 인접지역으로 배를 타거나 인력거를 끌거나 무리를 지어 걸어서 일시적 혹은 영구적으로 이주하기 시작했다. 이들은 무한(武漢)·진강(鎭江) 등의 도시나 강남의 농촌으로 이주하였는데, 상해는 공업의 발전과 도시의 성장에 따라 이들 난민과 유민(遊民)들의 최대 유인처가 되었다.

1920년대에도 난민의 상해 유입은 끊이지 않았다. 상해나 혹은 인접지역이 재난이나 정치적인 격변에 휘말릴 때면 이런 상황이 더 심각했는데, 1924년 강절전쟁 기간에 빈부·노소를 가릴 것 없이 가재(家財)나 가축을 갖고 밀려오는[4] 난민이 20만을 헤아린다는 기록[5]을 보면 이들이 상해에 얼마나 심각한 위협이 되었는지를 짐작할 수 있다. 1926년 호동(滬東) 판자촌 주민의 청원서에 따르면 그들 수천여명은 "강북 일대에서 재난을 피해 상해로 왔다"고 한다.[6]

기아를 피해 이주를 단행한 '무일푼'의 소북인들[7]은 상해에 도착하여 소

---

3) Honig, 앞의 책 4장 'Ethnicity at Work: Subei Natives in the Shanghai Labor Market' 참조. 호닉은 이 책의 축약본 성격의 글을 1989년에 *Modern China* 15-3(1989)에 게재했고, 이 글은 『上海研究論叢』 4輯(1989)에 번역되어 실려 있다.

4) F. L. Hawks Pott 『上海の歷史: 上海租界發達史』, 帆足計·濱谷滿雄 共譯(東京: 白揚社 1940) 436면(원제 *A Short History of Shanghai: Being an Account of the Growth and Development of the International Settlement*, 1928).

5) 劉惠吾 主編 『上海近代史』 下(上海: 華東師範大學出版社 1987) 95면.

6) 上海社會科學院 經濟研究所 城市經濟組 『上海棚戶區的變遷』(上海人民 1962) 5면.

주하 위에 자신들의 배를 정박시키고 우선 그곳에서 숙식을 해결하거나 가장 값이 싼 판잣집에 거주했다. 자신의 배를 끌고 상해에 도착한 이주민들은 배가 파손되어 물에 떠 있지 못할 때까지 배 위에서 생활을 했고, 배에 물이 새어들기 시작하면 강가로 끌어올려 생활을 해나갔다. 상해의 소주하에는 이런 선호(船戶)가 대량으로 밀집되어 있었다. 선상(船上)생활을 하며 돈을 모은 자는 대나무와 짚을 사서 판잣집을 만들어 거주했다.[8]

판자촌의 형성은 상해의 산업발전과 관련이 깊었다. 공장건설 현장이 가난한 이주민에게 일거리를 제공했고 공장이 건립된 후에는 산업노동자로서 일할 기회를 제공했기 때문이었다. 가난한 이주민들은 공장건설 현장으로 몰려들었고 그 주위에 판자촌을 만들어 살기 시작했다. 호서(滬西)지방에 일본의 면방직공장이 들어선 결과, 약수롱(藥水弄)과 같은 대규모의 판자촌이 형성되었고, 공공조계의 동구 공업지대에도 대규모의 판자촌이 만들어졌는데, 1926년 말 통계에 따르면 약 1199개의 판잣집이 있었고, 주로 양수포로(楊樹浦路)와 평량로(平凉路) 일대에 밀집되어 있었다.[9]

기차역과 부두도 많은 노동자를 필요로 했고, 그 결과 갑북의 기차역 주변과 포동과 남시의 황포강 인접지역에도 판자촌이 형성되었다.[10] 그러나 조계당국은 조계 안에 판잣집을 짓도록 놔두지 않았기 때문에 조계 주위를 에워싸는 형태로 판자촌이 발전했다. 중공정권 성립 초에 조사한 바에 따르

---

7) 1885~1935년 사이에 상해 조계지역 안에 상해 관적(貫籍)이 아닌 인구는 대략 80%를 맴돌았고, 1929~36년 화계지역의 경우는 72~76%에 달하여 상해 인구가 거의 유입 인구에 의해 이루어졌음을 알 수 있다(鄒依仁 『舊上海人口變遷的硏究』, 上海人民 1980, 112, 114~15면). 그중 소북 관적 인구수를 정확하게 평가하기는 곤란하지만, 강소성 출신이 전체 상해 인구의 약 50%를 차지하는 상황에서 소북인은 대략 1/5 정도를 점했던 것으로 보인다(Honig, 앞의 책 1992, 40면). 상해 이주민의 관적 구성은 이 책의 부록 참조
8) 『上海棚戶區的變遷』 11면.
9) 같은 책 4면.
10) 같은 책 7면.

면, 상해시 전체에 200호 이상의 판자촌이 322곳 있었다고 한다.[11]

경제발전에 따른 상해 땅값의 상승도 판자촌 형성의 한 원인이었다. 상공업 발전에 따라 상해의 부동산업은 호황을 맞이했고 상업중심지의 땅값은 하늘 높은 줄 모르고 치솟았다. 1916년에 무당(畝當) 45,000량이던 공공조계 중구의 땅값은 1925년에 85,000량으로, 1932년에는 170,000량으로 뛰었다. 북구는 동일한 기간에 18,000량에서 70,000량으로, 동구와 서구는 1932년에 22,000량과 21,000량이었다. 반면에 조계 밖의 농토는 200량에서 3000량 정도에 지나지 않았다.[12] 이런 상태에서 무일푼으로 이주한 강소성·북부의 이주민들이 시 중심지의 부동산을 임대한다는 것은 엄두도 내기 힘들었다. 자연히 이들 가난한 이주민들은 주로 공터나 공장 주위의 환경이 열악한 지역에 자신들의 집을 마련할 수밖에 없었다.

소북인에 대한 편견도 판자촌이 형성된 하나의 원인이었다. "이재민은 향존에서 온데다 농민과 노동자가 다수로서 지식이 천박하고, 그들의 아이들은 아무곳에나 멋대로 오줌과 똥을 누어 시간이 지나면 악취가 사방에 진동하는" 비위생적인 생활을 한다.[13] 그들의 무식과 가난은 도시환경을 더럽히는 것으로 간주되었기 때문에, 상해 주민은 소북인들이 상해에 거주하는 것

---

11) 張仲禮 『近代上海城市硏究』(上海人民 1990) 457면. 상해 시공안국이 1928년에 조사한 바에 따르면, 판자촌에 거주하는 극빈호는 25,655호였고, 인구는 113,515명이었다. 이 조사는 조계지역 내의 판자촌은 포함하지 않았으므로 그 수는 더 많았을 것이라 생각한다. 「試辦中之貧民借本處」, 『社會月刊』 1卷 5號(1929. 5); 「現在上海社會的危機」, 『社會月刊』 1卷 9號(1929. 9); 上海市年監委員會 『上海市年鑑』(1935) 土地·人口(C) 14면.

12) 上海市地方協會 『民國二十二年編上海市統計』(上海: 商務印書館 1933) 土地 4면 表6 '上海公共租界法租界分區地畝價值比較表(五年至二十一年)'. 羅志如 『統計表中之上海』(中央研究院社會科學研究所 1932) 16면에 나타난 땅값은 이보다 약간 낮게 잡혀 있다. 중구가 1916년에 32,675량에서 1930년에 107,873량으로, 북구가 11,982량에서 33,412량으로 변한 것으로 되어 있다. 하지만 두 통계에서 나타난 연평균 성장속도는 비슷했기 때문에 땅값의 상승추세를 파악하는 데에는 문제가 없다. 張仲禮, 앞의 책 456면.

13) 「市監委會注意災民生活」, 『申報』 1931. 9. 18.

을 가능한 한 막으려 했다. 상해인들은 소북인들을 격리시키기 위해 경찰을 부르거나 고향으로 돌려보내기 위한 조치를 취하기도 했다.[14]

많은 빈민들이 거주하던 판자촌은 조계지역의 모습과 확연히 달랐다. 근대적인 행정시설을 갖춘 조계당국은 도로를 정비하고 각종 시설을 설치하면서 근대도시의 모습을 갖추어나갔다. 그러나 판자촌은 조계 주위의 공터에 무질서하게 자리를 잡아 들어섰고 주변 환경은 열악했다.[15] 판자촌이 들어선 자리는 전에 황무지였던 곳이 태반으로, 모기가 많고 냄새가 나고 상습적으로 침수가 되는 지역이고, 주변의 공장은 인체에 유해한 배기가스와 오수를 상습적으로 배출했다. 하수도가 없었기 때문에 판자촌 일대는 항상 악취가 진동했고, 많은 사람이 살면서 거주환경을 더욱 악화시켰다. 골목마다 쓰레기와 오물이 나뒹굴었고, 우기에는 소주하의 물이 넘쳐 집이 침수되거나 떠내려가기도 했으며, 며칠간 침수된 상태에서 살아야 하는 경우도 있었다.

판자촌 안의 시설도 좋을 리 만무했다. 수도와 전기는 이미 조계나 남시 지역 등에 공급되고 있었지만, 이곳 주민과는 아무런 관련이 없었다. 약수롱 판자촌의 경우 2개 정도의 공용 수도가 전부였는데, 이마저도 일부 동네 깡패들이 장악함으로써 주민들은 값비싼 물세를 내야 했기 때문에 이용하기가 어려웠다. 결국 소주하의 더러운 물이 대다수 약수롱 판자촌 주민의 수원(水源)이 되어, 식수, 음식 조리, 빨래와 변기세척 등이 모두 소주하의 물로 이루어졌다.[16]

14) 「驅遣淸淮難民」, 『申報』 1911. 3. 8. 이에 관한 구체적인 상황은 Honig, 앞의 책(1992) 42면 참조.

15) 판자촌의 거주환경 및 노동자들의 거주환경에 관해서는 YMCA의 조사보고서인 朱懋澄 『調査上海工人住屋及社會情形記略』(中華基督敎靑年會全國協會職工部 1926); 『上海棚戶區的變遷』 11, 18면; 伊羅生 「國民黨與工人」 下, 『史林』 1990. 1(上海社會科學院) 74면; 朱邦興・胡林閣・徐聲 編 『上海産業與上海職工』上海工人運動史料委員會 校訂(上海人民 1984) 87~92면 등 참조

16) 『上海棚戶區的變遷』 10면; 朱邦興 等編, 앞의 책 91면.

협소한 지역에 비해 너무 많은 인구가 거주하고, 배수시설과 화장실, 수도와 같은 시설의 미비는 판자촌 안에 심각한 위생문제를 야기했다. 너저분한 거주환경에서 최소한의 의료시설도 갖추지 못한 판자촌에는 각종 병이 횡행했다. 봄에는 천연두·홍역·뇌막염이 유행했고, 여름에는 콜레라·학질·장티푸스·이질 등의 전염병이 창궐했으며, 적지 않은 만성 전염병이 있었다. 피부병은 이곳에서는 병으로 여겨지지 않은 지 오래였으며, 과로로 인한 각종 질병은 이루 헤아릴 수 없었다.[17)

전염병은 판자촌의 범위를 넘어 상해 전체의 위생에도 심각한 위협을 제기했다. 상해에서 1910년 유행한 페스트와 그후 1919년과 20년에 유행한 콜레라는 이런 환경과 무관하지 않았다. 중국 그리고 상해의 위생상태가 좋지 않던 상황을 빗대어 외국인들이 비아냥거려 만든 '동아병부(東亞病夫)'라는 말은 이런 상태에서 유래한 것이었으며, 중국 지식인의 비위를 건드리기에 충분했다. 공부국은 이들 판자촌을 조계 밖으로 내몰기 위해 끊임없이 판잣집을 헐거나 소각했다.

판자촌이 야기한 또다른 문제는 화재의 위협과 열악한 경제상황에 따른 잠재적인 사회불안 요인의 제공이었다. 대나무나 지푸라기 등으로 지은 판잣집은 불이 나기 쉬웠고, 협소한 도로와 밀집된 주거환경은 화재의 위협을 배가시켰다. 판자촌 주민들은 항상 '불'이라는 말에 민감했는데, 어떤 노파는 "불이야"라는 소리를 듣고도 양다리가 후들거려 도망가려고 해도 갈 수가 없었다고 한다. 1922년과 27년에 호서(滬西)지역의 약수롱에는 대규모의 화재가 발생했고, 약수롱은 거의 폐허상태로 변했다.[18)

판자촌이 상해에 환경·위생·치안·소방 등의 문제점을 안겨주었음에도 불구하고, 이곳 거주민들은 산업발전에 필수적인 산업노동자와 예비노동자군, 그리고 도시기능 유지에 필요한 각종 직업군을 제공했다. 1920년대에

17) 『上海棚戶區的變遷』 31면; 伊羅生, 앞의 글(1990. 1) 74면.
18) 『上海棚戶區的變遷』 20면; 朱邦興 等編, 앞의 책 91~92면.

상해의 노동자들은 공두(工頭)를 통해 취직하는 것이 비교적 쉬웠고, 공두층은 노동자들을 충원하는 데 일정한 역할을 담당했다. 그들은 자신들의 고향이나 농촌에 가서 무쇠라도 녹일 듯한 말솜씨로 상해의 노동자 생활이 얼마나 환상적인지 늘어놓으며, 자신만이 그런 생활로 인도할 수 있는 자임을 강조했다.

두말하면 잔소리라니까요. 양옥집에 살지, 고기반찬이야 쌔고 쌨지. 한달에 두 번 쉬는 날이면 우르르 시내로 몰려나가 한바탕 놀다가 온단 말씀이야. 몇 십층짜리 빌딩에 2층 자동차, 보기 좋고 쓰기 편리한 각양각색의 외국 물건들. 사람 한평생 사는데 그런 구경도 못하고 죽는대서야 말이 안 되지. 3년만 일하면 그 뒤에 버는 돈은 다 당신에게 오게 돼요. 하루 임금이 얼만데? 다른 사람 같으면 나한테 머리를 조아려도 데려가지 않아요! 우리야 한 고향에서 같이 자란 사이니까. 내가 데려갔다가 무슨 문제가 생겼다 하면 무슨 낯으로 다시 고향땅을 밟겠수?[19]

이는 1930년대 포신공(包身工)의 모집과정을 묘사한 것인데, 그전에 상해에서 유행했던 포공제(包工制)에서 노동자를 모집하는 과정도 이와 다를 바 없었다. 일군의 공두와 인력중개인은 소북 농촌으로 가서 아주 낮은 가격에 소녀를 산 후 상해에 데려와 공장노동자로 삼았다. 예컨대 삼우실업사(三友實業社)는 "발전과정에서 안휘 및 강소 태흥(泰興) 농촌에서 수많은 여공과 소년공〔童工〕을 고용했는데, 월급은 대단히 낮았다."[20] 이런 값싼 노동력의 끝없는 확대로 상해에는 전국 최고의 산업대군이 형성되었다.

노동자들의 열악한 경제환경과 포공제의 존재는 또 하나의 사회문제인 노동자 문제를 만들었다. 게다가 1920년대 들어 노동자들이 힘을 모으고 노동

---

19) 夏衍 「包身工」, 유중하 역 『중국현대문학전집 10──한 노동자의 수기』(서울: 중앙일보사 1989) 18면.
20) 張志 「陳萬運」, 朱信泉・嚴如平 主編 『民國人物傳』 4券(北京: 中華書局 1984) 182면.

조합을 결성하는 사례가 늘어나면서 노사분규는 상해 사회의 최대 문제로 자리잡게 되었다. 특히 1925년에 중공계 노동조합이 성장함에 따라 노사갈등이 표면화되고, 이의 처리가 상해의 현안 가운데 하나로 되었다.

그러나 실제로 공장에 들어가 노동자가 되는 사람 가운데 판자촌 주민은 소수에 불과했다. 광동인과 영파인, 그리고 소북인의 이주는 개항 이후 계속되었고, 이들간에는 여러 차례의 경쟁을 거치면서 1920년대에는 이미 출신지역에 따라 일정한 직업범위가 형성된 상태였다. 비교적 기술을 요하는 직책은 광동인·영파인이 모두 차지했고, 소북인은 비숙련직밖에 차지할 수 없었는데 그나마도 상당히 어려웠다.[21] 대다수의 소북인은 목욕탕·이발소 등에서 일하거나 인력거부, 부두노동자, 쓰레기청소원 등의 직업에 종사했다.[22]

공장노동자나 사회적으로 천시되던 열악한 직업조차 찾지 못했던 탈락자들이 거지와 유민을 형성했다. 이들은 사회의 안전을 위협하는 시한폭탄과 같은 존재였다. 상해 삼계(공공조계, 프랑스 조계, 화계)의 번화한 전차역에는 "마님, 아가씨"를 외쳐대는 거지의 모습이 항상 보였다. 이들은 "마님, 아가씨, 가련하게 여기어 좋은 일 좀 하십시오"라며 구걸을 하면서, 자신들의 목적을 이룰 때까지 행인을 놓아주려 하지 않았다.[23]

한 일본인 관찰자에 따르면 섣달그믐 저녁에 서장로(西藏路) 대세계(大世界) 앞에서부터 민국로(民國路, 현재의 人民路) 일대까지 줄지어 서서 구걸하

---

21) 소북인들이 공장노동자가 된다는 것은 일정한 신분상승을 의미했다. Honig, 앞의 책 (1992).

22) 소북인들이 이런 직업을 담당하게 된 과정과 소북인에 대한 상해 사회의 편견에 관해서는 Honig, 앞의 책(1992) 참조; 西川喜一 『中部支那勞動者の現狀と全國勞動爭議』(上海: 日本堂書店 1924) 12면.

23) 吳元叔·蔣思壹 『上海七百個乞丐的社會調査』 2편 4장 1~2절, 6장 3절(田驊 「開埠以後上海乞丐群體成因初探」, 『上海硏究論叢』 9輯, 上海社會科學院 1993, 56~57면에서 재인용).

는 자가 대략 5천명에 이르렀다고 한다.『신문보(新聞報)』1932년 1월 26일 통계에 따르면 1930년대 초기 상해 걸인은 약 2만명 정도였고, 그중에 천재·전란 등으로 잠시 걸식행위를 하는 자가 약 3천명 정도였다고 한다.[24] 이들은 상해에서 암흑가 세력과 결탁하여 유괴, 도적질, 매춘 등에 관여하여 하나의 사회문제를 형성했다. 조계의 구걸행위 금지에도 불구하고, 프랑스 조계의 팔선교(八仙橋)와 대세계 일대는 거지가 떼를 이루었고, 남경로의 뒷골목에도 거지가 적지 않았다. 이들이 상해의 치안에 위협이 되었음은 물론이다.

이런 거지 외에도 빈민층, 유민 등은 사회의 안정에 심각한 위협이었다. 1922년 말에 30여개의 주요 자선단체 대표는 각지의 이재민이 무직의 유민으로 상해로 들어와 지역을 소란케 하고 있다고 생각하여 이에 대한 대응을 모색했다.[25] 이들은 평상시에도 사회의 안정에 잠재적인 위협세력이었지만 사회가 노사분규나 정치적인 분규에 휘말려 있을 때에는 그 위험이 더 증가했다. 1925년 5·30운동 후기에 보산로 일대에서 일어난 소동[26]이나 북벌기에 상총련회 등이 유민 수용시설인 교양원(教養院)을 위해 모금활동을 한 것[27] 등은 이에 대한 반증이라 할 수 있다.

생계유지가 힘들었던 빈민층은 사회에 또다른 문제를 안겨주었다. 이른바 기아(棄兒) 문제였다. 상해는 성비(性比)에서 남성들이 상당한 우위를 차지

---

24) 같은 책 50, 53면.

25)「南北各慈善團體聯席大會紀」,『申報』1922. 11. 17. 사회의 최하층을 구성한 사람들이 주로 소북 출신이었던 것과 마찬가지로 대다수의 유민도 소북 출신이었다. 유민은 강소적이 약 50% 정도를 차지했고(「一千四百餘遊民問話的結果」,『社會月刊』1卷 4號, 1929. 4), 인구비율과 마찬가지로 소북적이 많았을 것이라 추정할 수 있다.

26)「寶山路昨日罷市」,『民國日報』1925. 7. 14.

27)「各馬路爲教養院募款」,『民國日報』1926. 9. 14;「商總會爲教養院募捐」,『民國日報』1926. 10. 9;「商總會繼續教養院募捐」,『民國日報』1926. 10. 12;「商總會爲教養院募捐訊」,『民國日報』1926. 10. 13 등.

하여[28] 성범죄도 종종 일어났고 창녀들이 범람했다. 그리고 여자노동자 중에는 생계유지가 힘들어 낮에 일을 한 후에 밤에는 몸을 파는 경우도 있었다. 그 과정에서 태어나는 사생아는 물론, 정상적으로 낳은 자신들의 아이들을 돌보는 것도 역부족인 경우가 허다했다. 그 원인이야 무엇이든 아이를 양육할 수 없었던 사람들은 자신의 아이들을 노상이나 묘(廟) 등에다 내다버렸다.[29] 이렇게 버려지는 아이가 상해에서만 연간 약 2천명을 헤아렸고, 여아가 절대다수를 차지했다.[30] 버려진 아이들은 주변의 사람들이 발견하여 양육하거나 경찰에 신고된 경우에는 그나마 생명을 유지할 수 있었지만 부모가 나타나지 않을 경우 육영당(育嬰堂)과 같은 수용시설로 보내졌다. 아마 버려진 채로 울다 지쳐 죽는 불행한 경우도 많았을 것이다.

유민과 거지 그리고 빈민층이 상해에 안겨준 또 하나의 문제는 노상횡사였다. "5일 하오 조하경(漕河涇) 버스정류장에서 시체 한 구를 발견했는데, 나이는 약 30세 정도로 남색 반소매를 입고, 바지는 없었다. 날씨가 찌는 듯이 더워 악취가 진동했다."[31] 이처럼 누구인지도 모르는 시체가 노상에서 발견되는 경우가 많았는데, 자선단체 중의 하나인 보선산장(普善山莊)은 1927년에 남시, 조계, 갑북, 포동 각 지역에서 성인 사체 609구, 어린이 사체 15,487구를 처리했다.[32] 이들 신원을 알 수 없는, 노상에서 횡사한 사체를 방치하면 더럽고 냄새가 심하여 공공위생에 해가 되므로, 사체 처리는 도시의 위생과 직결되었다.

---

28) 화계와 조계 모든 지역에서 남성의 비율이 높았는데, 특히 경제활동이 활발했던 조계지역은 남성의 비율이 훨씬 높았다. 1930년 공공조계의 남녀비율은 156 : 100이었고, 프랑스 조계는 149 : 100, 화계는 135 : 100이었다. 鄒依仁, 앞의 책 122~23면.

29) 「小婦抛棄兩孩」, 『申報』 1927. 8. 22 등.

30) 小浜正子 「民國期上海の都市社會と慈善事業」, 『史學雜誌』 103-9(1994) 80면.

31) 「漕河涇發現浮屍」, 『申報』 1924. 7. 7.

32) 「普善山莊丁卯年報告」, 『申報』 1928. 2. 2.

2. 행정당국의 대응과 한계

상해 사회의 현안 문제가 되었던 판자촌이나 유민, 거지, 노사분규 등은 정도의 차이는 있을지언정 현대 도시사회에서도 빈번히 발생하는 문제들이라 할 수 있다. 그런데 상해의 경우에는 상황이 약간 달랐다. 상해의 행정기관은 공공조계, 프랑스 조계, 화계라는 세 지역이 분산된 형태로 구축되어 있었고, 이들 사이에 상호 간섭이나 공조가 이루어지기는 거의 불가능한 상황이었다. 더욱이 상해 사회를 바라보는 관점이나 대처방안도 각기 달라 도시의 체계적인 발전이나 문제해결에 별다른 도움이 되지 않았다. 1926년 당시 상해지역을 장악하고 있던 손전방(孫傳芳)이 대상해계획(大上海計劃)을 수립한 것[33]이나 후에 국민당 역시 대상해계획을 수립한 것[34]은, 비록 조계까지는 포함하지 못하더라도 화계의 행정체계를 정비하고 사회문제에 적극적으로 대처할 방법을 만들려는 시도의 하나였다.

조계의 공권력은 중국 사회에서 외부세력이었고, 상해 사회의 체계적인 발전을 전망할 '권한'을 가지고 있지 않았다. 이들은 조계 설립 때부터 이익획득이 목표였다. 그러나 때로는 자신들의 이익 확보에 상해의 행정분립 상황이 방해가 되었기 때문에 1923년에 영국 총영사는 화계, 프랑스 조계, 공공조계의 행정구역을 합치고, 다시 포동 등을 포함하여 중국이나 외국정부와 무관한 중외연합행정기관을 만들자고 제안을 했다.[35] 그러나 이는 정치적

---

33) 大野三德「國民革命期にみる江浙地域の軍閥支配——軍閥孫傳芳と'大上海計劃'」,『名古屋大學東洋史研究』6(1980).

34) 鄭祖安「1927~1930年 上海市政府的市政新措施」,『上海研究論叢』3輯; 余子道「國民政府上海都市發展規劃述論」,『上海研究論叢』9輯(1993) 등.

35) 孔如軻(美)「西方列强與二十年代上海民族革命時期的上海問題」,『上海研究論叢』3輯(1989) 26면. 이런 구상은 상해를 중국에서 독립된 하나의 국가로 만들려는 시도로서(超麟「帝國主義對上海夢想已在暗地里進行了」,『嚮導週報』1927. 1. 3, 783~84면) 상해에 이익관계를 가지고 있던 상해에 거주하는 외국인들의 구상일 뿐이었다.

으로 거의 불가능한 것이었다. 더군다나 제국주의를 타도의 대상, 모든 악의 근원으로 생각하는 혁명운동의 흥기과정에서 이런 방안은 생각할 수도 없는 문제였다. 따라서 행정당국은 각각의 행정구역 내의 문제에 한정하여 일을 처리할 수밖에 없었다.

상해의 세 지역 중에서 행정체계가 가장 잘 발달되고, 상해 발전의 중심이 된 지역은 공공조계였다. 공공조계 행정의 중심인 공부국은 서양의 발달된 행정기술과 통제기술을 그대로 상해에 이식, 근대적인 행정체계를 만들었다. 도로의 관리, 소방시설의 확립, 조세징수 등은 주변 화계지역의 모범이 되기도 했지만, 다른 한편으로 조계는 중국인들이 회복해야 할 땅으로, 그리고 자신들의 주권을 행사해야 할 땅으로서 중국인과 조계당국 간에 혹은 서양 열강 사이에 존재했던 '뜨거운 감자'였다.

공부국의 재원은 가옥세〔房捐〕36)와 부동산세〔地稅〕에 주로 의존했다. 이들 세는 일반적으로 공부국 경상수입의 2/3 정도를 차지했는데, 실제로 1922년에서 32년까지 두 항목의 세입이 수입 총액의 65% 정도를 차지했다.37) 이런 부동산세 외에 각종 허가세도 조계 수입의 주요 항목이었다. 인력거부와 노점상은 허가세를 내야만 영업을 할 수 있었다.

문제는 이들 세금의 주된 납세자가 중국인이었다는 점이다. 중국인들은 참정운동(參政運動)을 전개하여 중국인이 조계 세금의 4/5 혹은 70% 이상을 납부하고 있다고 주장했다. 공부국이 이를 반박했음에도 불구하고,38) 중국인이 공부국 재정의 50% 이상을 담당한 것은 틀림없었다. 반면 세금납부의

---

36) 가옥세〔房捐〕는 보통가옥세와 특별가옥세 두 종류로 나뉘는데, 보통가옥세는 조계 내 건축물의 가옥세이고, 특별가옥세는 월계축로상에 있는 건물로 조계에서 전기·수도를 공급받는 건축물에서 거둬들이는 세이다.

37) 『民國二十二年編上海市統計』 財政 8면; 梅朋(法) 等 著 『上海法租界史』, 倪精蘭 譯(上海譯文出版社 1983) 467~68면 참조.

38) 小浜正子 「關于上海公共租界中國人參政運動」, 『上海硏究論叢』 8輯, 190면. 공부국의 1927년 보고에 따르면 중국인이 55%, 외국인이 45%를 납세했다고 한다.

대가로 얻는 권리는 거의 없어 조계에 거주하는 중국인이 참정운동을 추진한 원인이 되기도 했다.[39]

공부국은 질서유지와 관련된 항목에 가장 많은 돈을 투여했다. 1908년 이후 경무처(警務處)의 경비가 항상 공공조계 공부국 일년 예산의 30% 이상을 차지했고 1930년대에는 40% 이상으로 늘어났다.[40] 이외에도 공공조계는 군대에 해당하는 만국상단(萬國商團)을 유지했다. 다음으로 많은 액수가 투여된 곳은 공무처(工務處)로서 도로, 교량, 수로, 가로등, 공원 등 도시시설의 유지·보수비와 쓰레기 처리비용이 지출의 20% 이상을 차지했다. 1932년의 경우 26%가 이런 비용이었다.[41] 공부국은 최소한 자신들의 구역 내에서는 치안·건설·소방[42]·위생 등에 관한 근대적인 시설을 갖추려고 노력했다.

재정 지출에서 알 수 있듯이, 공부국 행정은 근대적인 도시환경과 치안유지에 중점을 두었는데, 이는 상해로 이주해오는 이주민들에 대한 치안유지 차원의 억압적인 대처를 의미하는 것이었다. 공부국은 '토지장정〔地皮章程〕'

---

39) 상공인들이 중심이 된 참정운동은 조계의 안정을 바라는 측면과 정책결정에 참여하여 사회의 운영권을 행사하려는 두 가지 측면을 밑바탕에 깔고 있었다. 초기의 참정운동은 조계의 존재를 근본적으로 부정할 수 없는 한계를 지녔고, 이런 점 때문에 참정운동은 개량주의적 운동으로 멸시되기도 했다. 그러나 최근에는 이 참정운동의 성과를 일정 정도 인정, 자본가들의 역할을 적극적으로 평가하는 연구가 속출하고 있다. 구체적인 연구성과는 상당히 많으므로 몇 개만을 언급하면, 金泰丞 「1930年代 以前 上海 公共租界의 支配構造와 華人 參政運動」, 『東洋史學研究』 58집(1997); 盧漢超 「上海租界華人參政運動述論」, 『上海史研究』 2편(上海: 學林出版社 1988); 小浜正子, 앞의 글(1993) 등.

40) 上海通社 編 『上海研究資料續集』(上海書店 1984年 重印本) 745~46면; 羅茲 墨菲 『上海──現代中國的鑰匙』, 上海社會科學院 歷史研究院 編譯(上海人民 1986) 10면.

41) 「工部局1932年度豫算」, 『申報』 1932. 4. 3.

42) 공공조계의 화정처(火政處)는 원래 소방대(消防隊)를 기초로 건립되어 인원이 상당히 적었으나, 이후 관리지역을 홍구구(虹口區)·신갑구(新閘區)·양수포구(楊樹浦區)·정안사구(靜安寺區)·범왕도구(梵王渡區)·복주로구(福州路區) 등 7개 소방구〔火警區〕로 나누는 데 이르렀고, 1930년 이 화정처의 직원과 망루를 보는 인원이 562인에 달했다(上海通社 編 『上海研究資料』(上海書店 1984年 重印本) 107면; 張仲禮, 앞의 책 617면).

부칙 33조에 의거하여 '지저분하고 비위생적인' 판자촌을 지속적으로 금지하고, 이를 철거하려 했다. 1925년 겨울 공공조계 평량로(平涼路) 일대의 판잣집 1000여 채를 방화, 철거한 것이 그 대표적인 사례이다.[43] 그밖에 거지나 유민들을 공공조계 밖으로 내몰기도 했다. 공부국 동사회는 유민이나 거지의 수용시설 설립에 상당히 부정적이었는데, 만일 수용시설을 만든다면 주변의 거지와 유민들이 조계로 몰려들어 사태를 더욱 악화시킬 것이라 생각했다.[44] 화계를 비롯하여 사회를 근본적으로 개선할 수 없는 상황에서 공공조계의 행정정책은 현상유지에 가까운 대책이 중심을 이루었고, 공부국은 복지나 위생 등의 항목에 아주 적은 예산을 배정했다.[45]

그러나 상해의 사회문제는 공공조계 한 구역에 한정된 것이 아니라는 것과, 값싼 산업노동자를 제공하는 이주민들을 막을 수도 없다는 데에 문제의 심각성이 있었다. 공공조계는 자신들의 행정지역을 넘어서까지 영향력을 행사할 수 없었고, 유민이나 환경 문제는 단순히 조계지역에서의 추방과 공공조계만의 위생으로 해결될 수 없었다. 이미 1920년대에 항풍로교(恒豊路橋) 동쪽에서 소주하 하구(河口)까지의 지역이 오염되어 있었고, 1926년 상해에 콜레라가 유행한 것[46]은 상해 어느 한 지역만의 노력으로는 문제를 해결할 수 없다는 하나의 예증일 것이다. 조계지역을 '포위한' 판자촌의 비위생적인 환경은 조계에 심각한 위협이었다. 그러나 유민들이 인력거부로서 공장노동자로서 염가의 노동력을 제공하면서 조계를 포함한 상해의 성장과 밀착되어 있었고, 이런 상황이 화계와 연결되어 문제는 더욱 복잡해졌다.

화계지역은 현성이 존재하던 남시지역과 공공조계의 발전에 자극받아 신

---

43) 『上海棚戶區的變遷』 27면.

44) Shanghai Municipal Archives, *The Minutes of Shanghai Municipal Council* Vol. XXV (Shanghai Classics Publishing House 2001) 19, 21, 28면.

45) 1927년 총예산에서 위생처의 지출비율은 7.5%, 화정처는 3.8%, 학무처(學務處)는 4.7% 였다(『民國二十二年編上海市統計』 財政 7면).

46) 羅玆 墨菲, 앞의 책 43면; 張仲禮, 앞의 책 506면.

상(紳商)이 중심이 되어 시정관리기구를 만든 갑북으로 나뉘어, 크게 두 부분으로 발전했다.[47] 그렇지 않아도 행정질서가 분열되어 있던 상태에서 화계의 행정은 조계를 사이에 두고 남북으로 갈라져, 통일된 발전은 더욱 어려웠다. 그나마 전통적인 현성이 존재한 남시지역은 오랜 역사를 바탕으로, 그리고 신상들의 광범위한 참여로 자치적인 시정기구를 발전시켜갔지만, 이역시 원세개의 중앙집권적인 조치 이후에는 거의 효과를 보지 못했다.[48]

더군다나 1924년 강절전쟁 전에 상해의 화계지역은 각자의 시정기구가 있었음에도 불구하고, 이 지역을 담당하던 호군사(護軍使)가 '태상황(太上皇)'으로 군림하고 있었다. 강절전쟁에서 승리하여 상해를 장악한 손전방은 1926년 5월 '송호상부독판공서(淞滬商埠督辦公署)'를 설립하여 화계 전체를 포괄하는 시정기구를 건립하려 하였으나, 군벌간의 세력갈등과 곧이어 진행된 북벌 등의 정세변화로 인해 실질적인 성과를 거두지 못했다.[49] 상해에서 근대적인 행정능력을 갖춘 시정부의 건립은 남경정부 시기에 이르러서야 겨우 가능했다.

---

47) 상해 화계지구의 시정기구 발전과정에 관해서는 『上海硏究資料』 75~82면의 내용과 도표 참조.

48) 신해혁명의 열기 속에서 탄생한 갑북시정청(閘北市政廳)과 남시시정청(南市市政廳)은 비록 활동구역과 명칭은 분리되어 있었음에도 불구하고, 상해 신상들의 노력 속에서 그 권한을 확대하고, 통일된 행정조치를 취할 수 있는 기반을 마련하였다. 그러나 1913년에 원세개의 집권화에 반대하는 국민당의 2차혁명이 실패한 후, 상해의 자치는 위축되었다. 원세개는 지방의 분권화 경향에 대해 총통권(總統權)을 강화하는 조치를 취했고, 각지의 분권적 경향과 지방자치는 금지되었다(尹惠英 「袁世凱帝制運動의 歷史的 性格——執權體制와 分權傾向의 갈등을 중심으로」, 『東洋史學硏究』 15집). 그 결과 상해의 시정청은 상해공순연총국(上海工巡捐總局)과 갑북공순연분국(閘北工巡捐分局)으로 개조되었다. 동시에 상해지역은 12개의 현으로 나뉘고 그중의 하나인 상해현에 '도서(道署)'가 설치됐다. 그러나 이런 현도 행정계통과는 무관하게 원세개가 직접 임명한 진수사(鎭守使)가 통제함으로써, 도윤(道尹)과 강소도독(江蘇都督)의 통제권을 벗어났다. 이는 후에 군벌들이 상해를 장악하기 위해 쟁탈전을 벌이는 화근이 되었다(『上海硏究資料』 81면; 劉惠吾, 앞의 책 1~2면).

49) 張仲禮, 앞의 책 637면.

군벌은 1924년의 강절전쟁에서 나타난 바와 같이 시의 발전을 위해 노력하기는커녕, 자신들의 이익을 위해 상해의 산업발전에 심각한 위협을 초래했다. 설상가상으로 대규모의 패잔병들이 상해에 들어와 유민문제를 더욱 가중시키고 경제혼란을 심화시켰다. 상해인들은 군벌이 상해의 문제를 해결할 능력을 가지고 있다고 생각하지 않았다. 그 점에서는 외국인도 마찬가지 입장이었다. 상해에 거주하는 외국인들은 군벌을 모두 한통속이라고 생각했고, 이들이 상해에 새로운 변화와 발전을 가져오리라고 기대하지 않았다. 따라서 1924년 강절전쟁 당시 상해에 거주한 외국인들은 누가 승리할 것인가에는 관심이 없었고, 단지 전쟁피해가 만연하지 않기를 바랄 뿐이었다.[50]

문제는 이것만이 아니었다. 조계와 화계 지역에서 사회 공공시설이 달리 운영되어 문제가 발생했다. 수도사업과 전화설비사업이 지역별로 따로 추진되어 수질이나 물값 등이 달랐음은 물론이고, 조계의 수도관이 화계를 통과했지만 화계 주민은 이를 이용할 수 없었다. 전차도 각기 다른 전기회로를 사용해 갑북에서 남시로 가려면 세 번이나 차를 갈아타야만 했다. 전기공급이나 전화사용 방식도 각기 달랐다.[51]

이와같이 각기 다른 방식으로 진행된 시정 건설은 도시발전의 불균형과 기형을 초래했다. 그 대표적인 예가 도로건설로서, 다른 지역에 영향력을 행사할 수 없는 분립된 행정체계 속에서 추진되다 보니 다른 지역과 유기적으로 이루어질 수 없었다. 그 결과 상해의 도로는 동에서 서로 발달한 반면, 각각의 행정체계를 가로지르는 남북도로는 발전하기 어려웠고, 이런 모습은 현재까지도 지속되고 있다.

이 때문에 갑북, 공공조계, 프랑스 조계, 남시를 비교적 자유스럽게 왕래할 수 있고 협소한 도로도 자유로이 운행할 수 있는 인력거, 삼륜차 등이 주된 교통수단으로 자리를 잡았고, 인구와 교통량의 증가에 따라 이용량이 계

---

50) 孔如軻(美), 앞의 글 27면.
51) 熊月之「論近代上海特殊的市政格局」, 『上海硏究論叢』 9輯 331면.

속 늘어났다. 1920년 통계에 따르면 1912년에 268대이던 자동차는 1899대
로 7배 증가했고, 인력거는 4817대에서 7373대로 1.5배 증가, 손수레는
1003대에서 2407대로 2배 정도 증가했다. 1931년 공부국의 면허증 발급에
서도 이런 추세는 지속되었다.[52)

　행정분립 상황이 치안상황과 관련된 행정공백으로 발전하는 경우는 문제
가 더욱 심각했다. 세 지역의 독자적인 경찰 운영은 범죄자의 은닉을 가능케
해, 화계의 범인이 공공조계로 도망하여 자유롭게 행동할 수 있었다. 수많은
정치사범들이 상해의 공공조계로 피하고 조계가 정치활동의 중심지가 된 이
면에는 이런 사실도 한몫을 했다. 이런 행정공백은 유맹(流氓)과 방회(幇會)
조직이 횡행할 수 있는 근거가 되었고, 프랑스 조계와 공공조계의 경계지역
은 각종 범죄 및 밀수, 아편판매의 최적의 장소가 되었다.[53) 프랑스 조계의
청방세력은 조계당국이나 화계 통치를 담당하는 군벌과 아편을 매개로 연결
되어 있었다.[54) 거지도 마찬가지였다. 조계는 거지를 "잡아 화계에 풀어놓았
고" 화계당국 역시 거지를 경계 밖으로 쫓아내는 조치를 주로 취했다.[55) 이
런 단순한 조처로는 사회 치안이나 거지 문제에 근본적으로 대처할 수 없었
고, 오히려 거지들은 더욱 늘어만 갔다. 즉 분열된 행정공간은 상해에 나타
난 도시문제를 해결하기보다는 오히려 조장하는 측면이 있었다.

52) 徐雪筠 等 譯編 『上海近代社會經濟發展槪況(1882~1931)』(上海社會科學院 1985) 217
　　면; 張仲禮, 앞의 책 501면.

53) Brian G. Martin, *The Shanghai Green Gang: Politics and Organized Crime, 1919~1937*
　　(Berkeley: University of California Press 1996) 27~35면.

54) 朱劍良·許維之 「張嘯林的一生」, 中國人民政治協商會議 上海市委員會 文史資料工作委
　　員會 編 『舊上海的幇會』(上海人民 1986) 344면.

55) 吳元叔·蔣思壹, 앞의 책 1편 2장 3절(田驤, 앞의 글 55~56면에서 재인용).

3. 사회문제에 대한 민간단체의 대응

세 행정당국간의 협조가 유기적으로 이루어지기는 상당히 어려웠다. 조계의 당국자는 화계를 다스렸던 군벌뿐만 아니라 중국인들의 시정관리 능력 자체를 불신했고, 화계의 사회지도층은 조계가 월계축로를 통해 영역을 넓혀가는 것을 달가워하지 않았다. 상해 사회는 행정분립 상태에서 세 행정당국이 각자의 통치영역을 관리하는 형태에 지나지 않았다. 그러나 경제문제, 도시문제는 행정분립과 무관하게 서로 연결되어 있었기 때문에, 1시 3제에 따른 행정공백이 메워져야 도시기능이 원활히 수행될 수 있음은 분명했다. 이런 행정상의 틈을 메우면서 중국식의 새로운 공적 기능을 수행한 것이 민간단체였다. 민간사회에서 행정적인 경계선을 넘어 '하나'의 상해를 유지하려는 활동들이 존재했던 것이다.

주로 난민·유민들이 몰려들어 사회의 빈곤층을 형성하면서 사회문제를 야기했기 때문에, 상해에는 사회문제를 완화하기 위한 수많은 자선사업기관이 설립되었다. 자선단체는 지역 신상들이 수행해오던 기능의 연장이기도 했지만, 동시에 근대도시에서 발생하는 문제에 적극적으로 대처해나가기 시작했다. 공공조계의 예산집행이나 군벌들의 활동을 보면, 이들은 사회의 자선활동이나 복지사업을 통한 유민문제의 대처 등에는 거의 관심이 없었다. 상해의 자선사업은 권력과는 무관하게 거의 민간인들에 의해 수행되었다. 상해의 자선단체들은 사회의 모순을 완화시키기 위해 관을 나누어주거나〔施棺〕옷과 쌀을 나누어주고〔施衣米〕약을 나누어주는〔施醫藥〕등의 빈민구제 사업을 하였고, 다른 한편으로 도시사회의 치안질서와 공중위생 유지에 필요한 매장(埋葬), 유민의 수용 교화, 그리고 장기적인 관점에서 의무학교와 고아원을 운영하고 교육을 실시했다.[56]

---

56) 「民十六上海慈善事業統計」, 『申報』 1928. 11. 10. 상해의 민간 자선단체에 의한 자선활동과 그 활동에 관해서는 小浜正子 「民國期上海の都市社會と慈善事業」; 「民國期上海の民

자선단체는 빈민구제 활동을 통해 사회의 안정을 유지하는 동시에 도시의 위생문제에도 관여했다. 상해처럼 인구가 밀집된 지역에서 위생은 상당히 중요한 문제였고, 이는 판자촌의 존재와 노상에서 횡사하는 이름 모를 시체들 때문에 더욱 그러했다. 따라서 자선단체는 각종 방역사업에도 관여했는데, 1924년에 보선산장(普善山莊)과 1927년에 연익선회(聯益善會)가 각각 여름철에 시역의원(時疫醫院)을 개설했다.[57]

상해의 자선단체와 사회단체들은 단순히 옷이나 쌀, 약 등을 나누어주는 일시적인 물자제공으로는 유민문제를 근본적으로 해결하기 어렵다고 보고, 교양원을 설립하여 유민들에게 기술을 전수함으로써 사회에 정착시키는 일이 절실하다고 생각했다. "화덕(和德, 우흡경) 등은 송호지역 내의 사회안녕을 유지하기 위하여 동지를 규합하여 교양원을 창설하였는데, 잔폐・걸개・유민을 수용하여 그 포악한 성질을 교화하고 기술을 전수하여 자립"시키려 했다. 또한 여자와 어린아이들의 자립을 도와주기 위해서 부유교양원(婦孺敎養院)을 설립・운영하였고, 유인물을 뿌리며 적극적으로 거지들을 수용하려는 모습을 보였다.[58]

1920년대 중반에 설립된 '송호잔폐걸개유민교양원(淞滬殘廢乞丐遊民敎養院)'은 또다른 예라고 할 수 있다. 1922년 말에 상해의 인사들은 각지의 이재민이 무직의 유민이 되어 상해에 들어와 사회불안의 요인이 되고 있음을 지적하면서, 이 문제를 해결하기 위한 방안을 모색했다.[59]

총상회는 교양원의 설립자금을 모집하기 위해 상해의 자선단체가 계획하고 있던 공채발행계획을 농상부(農商部)에 질문했다. 비록 1922년 당시에는 이 교양원 설립계획이 실행되지 않았으나 1925년 12월에 '화계・조계의 신

間慈善事業と國家權力」,『東洋學報』76卷 1・2號 참조.
57)「聯益善會籌備時疫醫院」,『申報』1927. 5. 23.
58)「婦孺敎養院招收婦孺乞丐」,『申報』1924. 2. 15.
59)「南北各慈善團體聯席會紀」,『申報』1922. 11. 17.

상 및 각계'가 발기하여 1920년에 설립된 잔폐원(殘廢院)을 송호잔폐걸개유민교양원으로 확충(擴充)하여 소북인들이 많이 살고 판자촌이 많았던 갑북지역에서 1926년부터 본격적인 활동에 들어갔다. 교양원은 1년여 만에 약 1000여명의 인원을 수용할 정도로 활발하게 사회문제에 대응해나갔다.

교양원이 설립된 후 공공조계와 화계의 경찰들이 보내온 유민과 거지가 교양원의 수용능력을 넘어서자 교양원은 자금마련에 고민했고, 이런 문제에 주체적으로 대응한 것은 설립과정에서 드러나듯이 총상회 등을 포함한 신상들로서 우흡경(虞洽卿), 오지호(鄔志豪), 왕빈언(王彬彦), 장지렴(張志廉) 등이었다. 이들은 자신들의 활동이 사회안정에 기여함을 강조하면서, 공공조계와 화계의 경찰들에게 현재 자금이 부족하여 교양원 수용인원이 절식(絶食)할 위기에 처했다고 알리고 이들이 사회에서 날뛸 때 발생할 위험을 상기시키며 보조금을 요청했다.[60] 상총련회를 위시한 각계도 자발적으로 그 자금을 마련하느라 분주했다. 교양원 설립을 통한 유민의 수용은 상계(商界) 인사를 포함한 사회 지도층이 주도하고, 행정당국이 오히려 이를 이용하는 상태였다. 상해의 지역유지들은 행정당국에 그 부담을 강요할만큼 사회문제의 해결에 주체적이었는데, 이들 유민에 대한 대책이 상해 치안의 급선무였기 때문이다.

자선사업에는 거액의 자금과 조직력이 필요했다. 상인들은 사회의 안정을 위해 자선단체에 많은 돈을 대고 직접 참여하기도 했는데, 1927년 사회안정을 목적으로 결성된 상해자선단체연합회의 경우 자선단체 대표 가운데 20명이 상업이고, 은행업 1명, 교육 1명, 의사 1명, 불명 5명 등으로 상공업계가 압도적인 다수를 점했다.[61] 상인들의 기부와 자선단체의 부동산 수입 이외에, 개인들이 자선단체에 기부하는 액수 또한 적지 않았다[62]는 점은 상해인

---

60) 「淞滬敎養院請裴總巡補助」, 『申報』 1927. 1. 28; 「淞滬敎養院請商埠署補助經費」, 『申報』 1927. 2. 20.

61) 「上海慈善團體聯合會各善團名單」 全宗號 Q114-1-1, 上海市 檔案館 所藏.

들이 화계·조계를 넘어 '하나의 상해인'으로서 사회문제를 공유하고 해결하려 했음을 의미한다.

자선사업이나 구화회(救火會)[63]의 주도층은 상해의 자본가들이었으며, 1920년대에 사회의 안정유지와 발전에 깊게 관여한 것은 상인과 상인단체였다. 그중에서도 총상회는 자금력과 사회적 명망을 바탕으로, 행정 분립과 공백을 메우는 데 적극적인 역할을 하기도 했다. 하나의 예로 상해에 심각한 피해를 안겨준 강절전쟁 당시에 총상회가 상해의 쌀값을 안정시킨 것이나 치안유지를 위해 보위단(保衛團)을 결성한 것, 그리고 유민처리를 위한 대처와 전쟁시 발생한 산병(散兵) 처리[64] 등을 통해 사회의 치안부재 상태를 메워나간 모습은 주목할 만하다. 총상회는 산하기관의 실력을 바탕으로 사회를 유지·통합하는 데 중요한 역할을 수행했다.

총상회는 노자갈등의 중재에서도 중요한 역할을 했다. 총상회에 참여한 각 산업의 지도자이자 사회의 지도자들이 노자간의 갈등이 폭발했을 때 종종 중재자 역할을 한 것이다.

또 하나 짚고 넘어가야 할 단체는 상해각마로상계총연합회(上海各馬路商界總聯合會, 이하 '상총련회')이다. 이 단체는 1919년 공부국의 증세 조치에 대항하는 과정에서 각 도로의 상계연합회가 모여 결성한 단체이다. 상공업이 가장 발달한 공공조계의 상계연합회가 중심이 되고, 갑북과 남시, 프랑스조계의 상계연합회를 일부 포괄하는 상해의 중소상인단체였다.

---

62) 小浜正子「民國期上海の民間慈善社業と國家權力」14~20면.
63) 구화회(救火會)의 성립과정과 활동에 관해서는 小浜正子「中國近代都市的公的領域─關于民國時期上海的救火會」, 『中國近代城市企業·社會·空間』(上海社科阮 1998) 참조.
64) 「會務紀載」, 『上海總商會月報』 4卷 9·10·11號; 「總商會緊急會議」, 『民國日報』 1925. 1. 16; 「會務紀載」, 『上海總商會月報』5卷-2卷; 「時事日報」, 『東方雜誌』 21卷 20號; 笠原十九司「江浙戰爭と上海自治運動」, 野澤豊 編 『中國國民革命史の研究』(東京 1974); 李昇輝「國民革命期 上海 商工階層의 政治的 動向」(서울대 박사학위논문 1994) 91~105면.

74

상총련회는 각 도로에 개설된 상점을 조직기반으로 삼았던만큼 자신들의 상업활동 구역에 대한 치안유지, 노사문제 관여, 유민처리를 위한 모금활동에 적극 관여했다. 특히 이들은 자본규모가 적은 중소상인들과 수공업자, 자유직업자 등을 포함하고 있어 사회안정 문제에 더욱 민감했고, 동시에 납세에 걸맞은 권리를 향유하고 정치적 권리를 행사할 수 있기를 바랐다. 바로 이런 점이 상총련회가 사회질서를 유지하기 위해 개량적인 운동을 추진한 배경이다.[65] 이들은 새롭게 성장하는 '지역'을 기반으로 한 '상해인'이었다.

이상에서 살펴본 것처럼 1920년대 상해에는 각종 도시·사회문제가 존재했고, 이의 해결 내지는 완화와 방지가 중요한 과제였다. 그럼에도 불구하고 상해의 행정권력은 분산된 상태로 이를 해결할 권한이 없거나 능력이 없었다. 이런 상태를 극복하고 사회의 통합과 안정을 유지하려 한 것이 민간단체였다. 민간단체는 유민, 위생, 소방, 그리고 노사분규 등의 문제에 적극 개입하면서 사회문제에 대한 관리능력을 넓혀나갔다. 이는 국가권력 혹은 지방정권과의 투쟁과정에서 민간단체가 자신들의 활동영역을 넓혀간 서양과는 분명히 차이가 있지만, 사회질서 유지 및 각종 공익성 사업을 통해 사회 안에서 자신들의 입지를 확보하고 영향력을 넓혀갔다는 특징을 무시할 수는 없다. 상해의 민간단체는 행정당국이 시행하지 못하는 공적 활동을 대신하면서 사회에서 공신력을 획득하고 사회의 중대문제 결정에 영향력을 넓혀갔다.

---

65) 졸고 「1920年代 初半 上海 各路商界總聯合會의 政治的 成長과 上海社會」, 『東洋史學研究』 54집 참조.

제2부

1920년대 상해 민간단체의 사회적 기능과 정치활동

I. 민간단체와 동향망

1. 이주민과 동향네트워크, 동향단체

상해에는 여러 지방에서 이주해온 사람이 많았기 때문에 상해인들의 삶에 많은 영향을 끼친 것은 그 무엇보다도 동향인 사이의 동류의식, 즉 동향감정과 동향네트워크였다. "만일 젊은이가 공장에서 일하려 한다면 세 가지 관문을 통과해야 한다. 첫번째로 농촌에서 도시로 들어오기 위해서는 그를 데려올 친구가 있어야 한다. 두번째로 일단 상해에 도착하여 공장에 들어가려고 하면, 포공두(包工頭)를 거쳐야 한다. 세번째는 공장생활에 적응하려면 공두나 동향인의 도움을 받아야 한다."[1] 이주 후에는 동향인이나 아는 사람을 통해 상해에서 거주지를 마련하고 생존방식을 익히기 시작했다.

말, 습관, 의식(儀式) 면에서 중국의 한 지역은 다른 지역과 상당히 다르다. (…) 그래서 모든 큰 도시에는 동향 출신의 사람들 사이에 특별한 형제애가 있

---

1) Liu Ajiu, 1958. 4. 16 인터뷰 사본(Elizabeth J. Perry, *Shanghai on Strike: the Politics of Chinese Labor*, California: Stanford University Press 1993, 56면에서 재인용).

다. 그리고 협동과 상호 원조를 증진시키기 위해 동향 구락부나 회관을 조직한
다. 상해에는 이런 조직이 수백개 있다. 이외에도 동일 고향 출신들은 한곳에
머무는 경향이 있다. (…) 동향 출신의 사람이 집중 거주하는 곳은 특정 지역
의 고객 구미에 맞는 찻집, 음식점, 오락시설이 들어섰다. 이런 장소는 모임과
토론, 뉴스 전파와 동일지역 출신인 사이의 우의를 증진하는 공간이고…[2]

광동인들이 홍구지역에 몰려 산 것이나, 영파인들이 남시 근처에, 그리고
소북인들이 갑북 등의 판자촌에 집중적으로 거주한 것은 이런 관계의 반영
이었다.

동향관계는 사회생활에도 중요한 영향을 미쳤다. "어머니는 포동 신창(新
廠) 3작업장의 여자 넘버원 집에서 품을 팔았는데, 집안의 수지가 맞지 않아
내가 열살 때 어머니는 그 넘버원에게 나의 취직을 부탁하여, 나는 신창 3작
업장에 들어가 일을 했다. 3작업장에는 나와 같은 소흥(紹興) 출신의 노동자
들이 적지 않았다. 그들은 모두 그 여자 넘버원 축아진(祝阿珍)을 통해 동향
관계로 소개되어 들어왔다."[3] 동향관계는 이주민들이 일차적으로 의존하고
정보를 얻을 수 있는 통로였고, 이주민의 생활을 도와주는 중요한 연결고리
였다. 상해에서 직업을 얻는 데에는 일차적으로 동향관계를 이용하는 것이
가장 손쉬운 방법이었다.[4]

비록 평상시에 친분관계가 없더라도 다른 사람의 소개를 통해 동향인임을

---

2) 같은 책 30면.
3) 上海社會科學院 經濟硏究所 編 『英美烟公司在華企業資料匯編』 3(北京: 中華書局 1983)
   1028~29면.
4) 직업은 특별한 관계를 매개로 소개를 통해 얻는 것이 일반적이었는데, 그때에 친척이나 동
   향관계가 중요한 역할을 했다. 때로는 사회관계의 변화에 따라 새로 나타난 관계망을 통해
   직업을 얻는 경우도 있었다. 이런 관계를 만들지 못하는 사람은 지역의 건달에게 돈을 지불
   하고 직업을 얻기 위한 관계망 형성을 의뢰하는 경우도 있었다. Emily Honig, *Sisters and
   Strangers: Women in the Shanghai Cotton Mills, 1919~1949*(California: Stanford University
   Press 1986) 82~84면.

인정받을 경우 남보다 쉽게 취직할 수 있었다. 영파 출신의 한 여공은 "우리들 절강인은 경우에 따라서는 은행에서 일을 찾을 수 있는데, 이는 절강인 은행가가 많기 때문이다. 그러나 만일 당신이 소북 출신이라면 당신은 결코 은행에서 일을 찾을 수 없을 것이다"[5]라고 말했다.

일단 취직하고 나면 동향인들의 도움으로 직장 안에서 혹은 사업상 좀더 유리한 혜택을 누릴 수 있었다.

> 새로 공장에 들어가 일을 배우려면 반드시 빽이 있어야 한다. (…) 새로 공장에 들어간 후보 노동자의 경우 그의 친척 혹은 평소부터 잘 알고 지내던 사람이 있어 공장 내에서 보살펴준다면 고통은 없을 것이다. 만일 넘버원이나 탕관(宕管, 넘버원의 보조자—인용자)이 그의 후원자가 된다면 더욱 좋다. 비록 기술이 서툴러 아무것도 만들지 못하더라도, 숙련공에 준하여 충분한 월급을 받는다. 만일 후원자가 없다면 공상에 들어가 일하는 것은 그야말로 고통이나. 어떤 사람은 공장에 들어가 3개월간 학습을 하고도 여전히 반푼어치의 보수도 못 받고, 오히려 쓸데없이 열심히 일하여 넘버원이 상당한 수입을 올리도록 돕기만 한다.[6]

이처럼 동향관계가 직업을 찾는 데 중요한 역할을 했던 이유 가운데 하나는 산업 및 교통의 낙후 등으로 교류가 적어 향토 관념이 뿌리깊게 자리잡고 있었기 때문이었다. 전통적으로 상인들이 외지에 나가 생계를 도모할 때면 향촌 혹은 종족을 단위로 한 배타적인 집단과 늘 맞부딪쳤고, 자신의 영업 동조자를 찾는 것은 너무나도 어려웠다. 따라서 이들이 외지에서도 그나마 믿고 도움을 받을 수 있는 동향인을 찾는 것은 정리(情理)상 너무나도 당연했다. 타향인을 믿을 근거가 없었기 때문에, 중국에서 생면부지의 사람들

---

5) 韓起瀾과 施小妹의 대화, 1980. 3. 11(韓起瀾 「論對上海的蘇北人的偏見」, 『上海硏究論叢』 4輯, 252면에서 재인용).
6) 李次山 「上海勞動狀況」, 『新靑年』 7-6(1920).

사이에 새로운 관계가 형성되기는 너무나도 어려웠다. 따라서 생면부지의 타인 사이에 신용을 바탕으로 한 사회망이 구축되기는 어려웠고, 직업소개소도 발달하기 어려웠다.

아편전쟁 이후에 발달한 상해 사회에도 동일한 현상이 나타나 직업소개소와 같은 전문직종이 발달하기는 어려웠다. 더구나 이주민들이 주를 이루어 각종 범죄가 난무하고, 때론 고용인이 비도(匪徒)와 결탁하여 불법행동을 일삼기도 하는 상해에서는 '확실히' 믿을 수 있고 신상관계를 파악하기가 용이한 동향인이 고용에 우선적으로 고려되었다. 게다가 직업소개소라고 하는 것도 명패만 걸어놓고 도박장을 개설하거나 인신매매를 하는 일이 허다한 상황에서[7] '신용'을 매개로 한 '개인적인' 인간관계가 발달하기는 어려웠다.

각 직업영역에서 선착자들이 자신의 세력을 넓히려 한 것도 동향관계를 통한 파벌 형성을 촉진했다. 예컨대 공장에서 넘버원급의 직공은 대체로 한 방(幫, 집단, 무리)의 두목이었는데, 이들은 자신의 세력을 확장하기 위해 동향인들을 자신의 휘하에 받아들이는 대신, 다른 지역 출신자들은 억압했다. 그 결과 사창(紗廠)의 경리(經理)가 영파인이면 서기에서 말단 직공에 이르기까지 영파인이 자리를 차지하는 것이나 은행공회나 전업공회에서 영파방이 주도권을 장악한 것,[8] 그리고 양주(揚州) 출신의 이발사가 상해에서 다수를 차지했던 것처럼 특정 직업영역에 특정 지역 출신이 다수를 차지하게 되는 결과를 초래했다.[9] 게다가 동질적인 문화, 방언 등은 단결을 더욱 촉진했다.

---

7) 「雇傭業組織同業公會」, 『申報』 1935. 3. 2.

8) 李次山, 앞의 글.

9) 특정 직업영역을 특정 방이 장악하는 현상은 이주시기의 선후, 자금력, 이주자의 활동 가능영역 등에 의해서 결정되었다. 羅蘇文 「20至30年代上海産業工人隊伍構成的特點及生活狀況」, 『史林』 1989 增刊(總16期) 46면; Honig, *Creating Chinese Ethnicity: Subei People in Shanghai, 1850~1980*(New Haven: Yale University Press 1992) 참조.

상해의 경쟁상태도 동향관계의 활성화를 부채질했다. 우선 상해를 찾은 객상(客商)들이 동향의 인연에 따라 동향 상방(商幇)과 접촉하는 경우가 많았다.[10] 미업(米業)의 경우만 해도 북방(北幇)에 속하는 미선(米船)은 상숙(常熟), 무석(無錫), 강음(江陰), 상해, 단양(丹陽), 율양(溧陽), 금단(金壇), 의흥(宜興), 소주(蘇州), 곤산(崑山), 상주(常州) 등 10여 방으로 나뉘었다. 이들 모두 상해에 있는 동향 출신 중개자를 거쳐서 미행(米行)에 판매했기 때문에 중개자도 역시 고향에 따라 10여 방으로 나뉘어 있었다.[11]

100마리의 개를 찾는 것보다 100명의 노동자를 찾는 것이 훨씬 쉬웠다고 할 만큼 노동력이 많아 경쟁이 심한 상황에서 노동자들 역시 보호세력이 필요했고, 이를 제공한 것은 동향인들의 결집력이었다. 예컨대 "방적회사가 성격이 난폭한 안휘 출신 직공을 배제하고 순종적인 다른 성 출신자로 교체하려 하다는 것이 밝혀지자마자, 안휘방은 맹렬하게 활동하여 그 방원 가운데 1명의 해고자가 있는 경우에도 일치단결하여 반대의 기세를 높였다."[12] 이처럼 직업 확보와 생존권이 동향관계와 밀착된만큼, 이들은 자신들의 영역을 지키고 보호하기 위한 배타적인 동향네트워크의 형성을 필요로 했다.

이런 동향네트워크가 배타적인 조직형태를 띤 것이 회관(會館)·공소(公所)·동향회(同鄕會)였다.[13] 회관과 공소는 개항 이전부터 객지로 나간 상인

10) 「上海商業習慣調査」, 『社會月刊』 1卷 7號(1929); 根岸佶 『上海のギルド』(東京: 日本評論社 1951) 191면.
11) 根岸佶, 앞의 책 205면.
12) 長永義正 『支那經濟物語』(東京: 大阪屋號書店 1929) 301면.
13) 상인들이 조직한 회관·공소 등은 모두 동향관계를 매개로 한 행업조직의 성격을 겸하고 있었다. 후에 신해혁명을 전후하여 나타나기 시작하여, 동향인들의 업무를 주로 처리했던 것은 동향회였다. 동향회는 자금이나 참여도 등에서 회관·공소를 누르고 중심 지위를 차지했다. 회관·공소·동향회의 발전과 그 기능에 관해서는 徐鼎新 「舊上海工商會館·公所·同業公會的歷史考察」, 『上海研究論叢』 5輯(1990); 高洪興 「近代上海的同鄕組織」, 같은 책; Bryna Goodman, *Native Place, City, and Nation: Regional Networks and Identities in Shanghai, 1853~1937*(Berkeley: University of California 1995) 222~31면.

들이 영업활동 등에서 상호 부조하고 배타적 영업권을 획득하기 위하여 동향인끼리 결성한 단체였다. 개항 이후 상해가 상공업의 중심지가 되고 상인들이 각지에서 몰려들면서 이런 조직은 자연스럽게 늘어갔다. 초기 이주자인 광동인들은 친숙하지 않은 도시환경에서 이주의 충격을 완화하기 위해 동향조직을 설립하는 관행을 계속했고, 그후에 도착한 영파인들도 마찬가지였다. 이처럼 동향에 따른 단체결성의 결과, "상해는 인구가 많고 객상이 많고 행회(行會)가 많아 중국의 다른 도시에서 일찍이 볼 수 없었던" 현상을 초래하여,[14] 1925년에는 상해의 공상단체(工商團體) 가운데 회관이 60개, 공소가 179개 있었다.[15] 다만 소북인들은 이주 당시부터 자본이 없었기 때문에 회관·공소·동향회 등을 만들 수 없었고, 따라서 그들의 동향조직 발달은 상당히 미흡했다.

회관, 공소보다 늦게 설립되었지만 동향인 사이에서 더 큰 영향력을 행사한 것은 동향회였다.[16] 최초의 동향회는 청말 민초의 개혁과 혁명의 분위기 속에서 탄생했고, 이후 사회변혁운동과 밀착되어 증가했다. 일례로 5·4운동기에 적어도 10개 이상의 동향회가 만들어졌다. 동향회의 필요성은 이전의 회관이나 공소가 소수의 사람에 좌우되어 시대의 요구에 적절히 부응하지 못한다는 인식하에 주로 학생이나 노동자에 의해서 제기되었다. 그 결과 한층 개방적인 동향회가 성립되었고, 학생·노동자의 참여도 가능해졌다. 그리고 서구의 근대적인 조직체계의 영향을 받아 삼권분립을 모방함으로써 조직운영에 있어서도 의사결정과 집행, 감찰 등으로 기능이 분화되었다.

---

14) 根岸佶, 앞의 책 6면.

15) 1925년 출판의 『上海指南』(張仲禮 『近代上海城市研究』, 上海人民 1990, 524면에서 재인용).

16) Goodman, "New Culture, Old Habits: Native-Place Organization and the May Fourth Movement," Frederic Wakeman, Jr. and Wen-hsin Yeh eds., *Shanghai Sojourners*(Berkeley: University of California 1992); 忻平·胡正豪·李學昌 主編 『民國社會大觀』(福州: 福建人民 1991) 615~20면 등 참조.

84

회관과 공소는 객지에서 영업을 원활하게 할 목적으로 수립된만큼, 이들 조직의 건설자와 주도자는 당연히 상인들이었다. 민국시기에 들어서서 중요한 조직으로 등장한 동향회조차도 주도권은 상인들이 쥐고 있었다. 회관이나 공소의 동사들은 조직의 건립이나 발전에 중대한 공헌을 한 사람이 맡는 경우가 많았다. 동향회는 상인뿐만 아니라 교사, 기자, 학생, 그리고 노동자도 약간이나마 포함하고 있었고, 동사도 회원이 직접 선거로 뽑는 경우가 많았다. 그러나 회원간에는 서로 면식이 있어, 동향회에 상당한 영향력이 있는 사람이 동사로 뽑히는 경우가 대다수였다.[17] 동향회의 회관과 활동경비는 명망가나 상인이 담당하는 경우가 많았고,[18] 이들의 입지가 넓어지는 것은 당연했다. 따라서 일반적으로 동향회도 상인단체로 인식되었다. 예를 들면, 1917년에 발간된 『상해행명부(上海行名簿)』는 동향회를 아예 상인단체로 분류했다. 즉 3부의 화상공공회소(華商公共會所)란에서 서양식의 상업공회로 총상회와 현상회, 그리고 각종 공회를 열거하고, 중국식의 상업단체로 공소를 기록하는 한편, 동향회는 서양식의 지방 길드로, 회관은 중국식의 지방 길드로 분류했다. 『상해행명부』에 열거된 동향회는 영파유호동향회, 소흥여호동향회, 호주여호동향회, 강령여호동향회, 단양여호동향회, 안휘태평동향회였다.[19]

　　회관·공소·동향회는 행회 성격을 지니고 있었기 때문에 동향인의 취업이나 경제활동에 도움을 주기가 쉬웠다. 일부 동향회는 동향인이 경영하는 기업이나 상점에서 사람을 채용할 때에는 먼저 동향인을 채용해야 한다고 규정하기도 했고, 무이자로 돈을 대출해주거나 주식 구입, 자금지원을 통해

17) 高洪興, 앞의 글 129~30면; Goodman, 앞의 책 83, 282면.
18) 보통회원은 통상 연 1원의 회비를 납부했는데, 이 돈으로 동향회가 그렇게 많은 활동을 할 수는 없었다. 동향회는 많은 찬조회원과 특별회원을 확보하고 있었고, 매년 모금활동을 전개했다. 찬조회원은 100원 이하, 특별회원은 100원 이상에서 1000원에 이르는 돈을 납부했다(董啓俊「寧波旅滬同鄕會」,『寧波幇企業家的崛起』, 杭州: 浙江人民 1989, 41면).
19) 中國商務學會『上海行名簿(1917)』(商務印書館 1917) 800면.

동향인들을 도와주었다.[20] 우흡경이 영파상업은행을 건립하고, 진광보(陳光甫)가 상해상업은행(上海商業銀行)을 건립한 것도 동향인들의 도움에 의한 것이었다.[21]

회관·공소·동향회는 직업소개 외에도 동향인을 상대로 한 다양한 자선활동과 구제사업을 전개했다. 상해 생활에 적응하지 못하는 동향인들에게 고향으로 돌아갈 수 있도록 여비를 제공하거나, 특정 기선회사와 계약을 맺어 동향인들을 돌려보내기도 했다. 동시에 가난한 동향인을 위해 관을 나누어주거나 매장용 토지를 제공하기도 했고,[22] 병원이나 학교를 운영하기도 했다.[23] 상해의 두미행업공소(豆米行業公所)인 인곡당(仁穀堂)·췌수당(萃秀堂) 두 곳의 동사는 부제회(扶濟會)를 설치하여 두미업 종사자를 대상으로 구휼활동을 펼쳤는데, 1918년에 약 200여명이 혜택을 받았다.[24] 구업공소(裘業公所)는 회원이 죽은 후에 그 가족의 생활형편이 안 좋으면, 자손들이 어른이 될 때까지 자금을 대주기도 했다.[25] 동향관계의 영향이 강했던 상인단체는 동향인에 대한 복무를 통해 상해 사회의 문제에 대처하고 있었다.

노사관계에서도 동향관계는 상당한 영향을 끼쳤다. 우선 단위사업장에서 동향인을 주로 고용하였다. 예를 들면 제분업과 방직업에서 거의 최고의 자리를 차지했던 영가기업처럼 큰 회사의 경우도 영종경의 친인척이나 동향 사람을 직원이나 노동자로 다수 고용했고, 그외의 기업들 또한 친인척이나 동향인을 많이 채용하였다. 이 때문에 고용주와 피고용인 사이에 계급적인 갈등보다는 동향인 사이의 정에 의거한 온정적인 결합이 작용할 가능성이

---

20) 高洪興, 앞의 글 154면.

21) 白吉爾「上海銀行公會」,『上海研究論叢』3輯(1989) 365면.

22) 陳子彝「舊上海的油糧業」,『上海地方史資料』3(1984) 120면; 彭澤益 主編『中國工商行會史料集』下(中華書局 1995) 795면.

23)『寧波旅滬同鄉會月刊』의「會務紀要」와「經濟」「學務」등 참조.

24) 根岸岸, 앞의 책 214면.

25)「上海商業習慣調査」45면.

훨씬 컸다. 더욱이 중국인 공장의 상당수가 소규모였기 때문에 공장주와 노동자 간에 가족주의적인 분위기가 연출될 수 있었다. 그 때문에 동향인끼리 단결함으로써 의식주를 해결하는 상호부조적인 성격을 띠는 긍정적인 측면과, 동향의 정을 매개로 한 노동착취 역시 가능하다는 이중적인 측면을 지니고 있었다.

노자 사이에 갈등이 폭발했을 때에도 동향관계는 중요한 역할을 했다. 전통적으로 향리 내에서 타협과 조정으로 분쟁을 해결해오던 관행은 노사관계에서도 지속되었고, 동향인간의 갈등은 '향의(鄕誼)'에 의해 해결되었다.[26] 1920년대 중반에는 계급의식이 강해지면서 이전보다 동향단체들의 중재 역할이 약화되기는 했지만 노동자나 자본가 모두 동향단체에 중재를 의뢰하거나 이들의 중재를 바랐다. 1924년에 발생한 제묵공(製墨工)들의 파업은 안휘동향회가 조정을 담당하고 파업노동자들의 숙식을 도왔다.[27] 비록 제묵공의 경우는 실패했으나 1920년대 중반에도 동향단체에 의한 노사갈등의 조정은 계속되고 있었다. 당사자간의 타협이 원만히 이루어지지 못하면 동향단체가 타협과 중재를 위해 나섰다.

다른 지방에서 온 학생들도 일차적으로 동향회에 관계되었음은 물론이다. 폐쇄적인 내지에서 개방적인 상해로 유학을 온 학생들이 느낀 문화적인 편차는 유학생들의 심리적인 안정상태를 파괴하기에 충분했다. 그러다 보니 수많은 학생들이 동질적인 문화환경을 만들어 이런 불안정한 상태를 극복하려 하였고, 그 결과 상해 유학생들 사이에 동향회가 유행할 수 있었다. 유학생 동향회의 활동은 주로 감정을 매개로 사람을 단결시키는 것으로 외지에서 온 학생들이 공부를 하다 무슨 일이 생겨 동향회를 찾으면 모두가 상당히 열심히 도와주었고, 감정 또한 상당히 좋았다고 한다.[28]

---

26) 전인갑 『20세기 전반기 上海社會의 地域主義와 勞動者』(서울대학교출판부 2002) 297~308면.
27) 「墨業工人出店後之救濟」, 『申報』 1924. 7. 7; 전인갑, 앞의 책 304~308면.

회관과 동향회가 동향조직의 주요 형태인 것은 분명하지만 동향조직의 유일한 형태는 아니었다. 노동자들은 재정적인 능력과 사회적인 신분 때문에 동향회에 가입하는 경우가 적었고, 가입을 해도 조직 내에서 활동을 하기 힘들었기 때문에, 그들끼리 동향관계에 기반을 둔 방구(幇口)・사(社) 등을 조직해 활동했다.[29]

노동자에게 동향방의 영향력은 더욱 강했다. "각 방의 동업자는 반드시 각 방의 인가를 받아야 일을 할 수 있고, 그렇지 않으면 배제된다. 임금의 많고 적음도 각 방의 규정에 따른다"[30]는 말에서 볼 수 있는 것처럼, 동향방은 일차적인 생활의 지배자였다. 따라서 동향방은 동향인들의 일차적인 충성심을 획득할 수 있는 기반이었다. 방구 소속원들은 각 방구에 복종하고 그 규정에 따라야 했는데, 부두노동자의 경우 각 방의 두목은 일자리를 주는 기업가적인 지위에 있었고, "방(幇)에 들어온 자는 방두의 명령에 절대로 복종하고, 그 지도를 위반하지 않는다. 방에 들어온 자는 방두의 허가 없이 다른 방의 일을 겸할 수 없다"[31]는 맹세를 했다.

동향관계가 노동시장이나 직업 획득에서 중요한 역할을 할 뿐만 아니라 1920년대에는 이미 출신지역별로 각자의 활동영역이 어느정도 고정됨으로써, 설사 독자적으로 직업을 얻고 새로운 영역을 개척한 사람일지라도 동향방구의 역할을 무시하고 살아가기는 힘들었다. 동향관계는 그 어느 것보다도 생활에 밀착되어 있었고, 동향인들을 연결시키고 도와주었다. 전장(錢莊)들은 방을 통해 업무의 편의와 상호협력을 도모했을 뿐만 아니라 종업원도

---

28) 王家貴・蔡錫瑤 編著 『上海大學(1922~1927)』(上海社會科學院 1986) 107면; 張濟順 「論上海政治運動中的學生群體(1925~1927)」, 『上海研究論叢』 4輯(1989) 109면.

29) 노동계 내에 방구의 존재 및 그 역할과 활동은 실지 조사를 했던 朱邦興・胡林閣・徐聲 編 『上海産業與上海職工』, 上海工人運動史料委員會 校訂(上海人民 1984); Perry, 앞의 책; 전인갑, 앞의 책 등 참조.

30) 李次山, 앞의 글.

31) 西川喜一 『中部支那勞動者の現狀と全國勞動爭議』(上海: 日本堂書店 1924) 64면.

주로 동향인으로 충원하는 등 타지역 출신자에 대해 매우 배타적인 모습을 보이며,[32] 동향 방구의 일차적인 통제를 받았다.[33] 미행(米行)과 미점(米店) 들도 각 공소 및 방의 규정에 일차적으로 복종했음은 물론이다.[34]

　　동향인들이 회관과 공소 그리고 방구의 규정과 의견에 복종할 수밖에 없었던 이유 중의 하나는 이들이 동향인들의 의견(이른바 '향의')을 대변했기 때문이다. "회관이 향리와 연결하고, 공소가 중의를 모으고, 의원(誼園, 義塚)이 안장(安葬)을 수행하는 것은 모두 고향사람을 위한 것이다"[35]라는 말에서 알 수 있듯이, 동향단체는 동향인들의 의견을 모으고 이를 실현하여 동향인들의 복리를 추진하는 기능을 수행했다. 따라서 자신들의 고향과 관련된 정치·경제적 사건이 발생했을 때, 동향단체는 고향사람들의 의견을 대변했고, 그만큼 지지를 받기가 쉬웠다. 동향집단은 동향인의 의견을 결집한 '중의(衆議)'로서 정치활동 등에서 막강한 동원력을 발휘할 수 있었다. 그리고 동향집단의 이런 기능이 연장되어 다른 동향과 연합을 할 경우, 그 의견의 적용폭과 파급력은 더욱 커질 수밖에 없었다. 실제로 회관, 공소 및 동향회가 서로 연합하여 5·4운동에서 중요한 역할을 했다.[36] 이와같이 각종 단체가 동향네트워크를 이용하여 동향인들에 대한 의견수렴, 행동규제 및 대변활동을 수행했기 때문에 동향네트워크와 동향단체의 영향력은 무시할 수 없었다.

---

32) 中國人民銀行 上海市分行 編 『上海錢莊史料』(上海人民 1960) 770~71면.

33) 根岸佶, 앞의 책 107면.

34) 같은 책 219면.

35) 「楚北會館徵信錄序」, 『清國商業慣習及金融事情』(上海東亞同文書院版) 52면(徐鼎新, 앞의 글 81면에서 재인용).

36) Goodman, 앞의 책 260~77면.

2. 동향네트워크에 따른 분열과 갈등

동향단체가 동향인들 사이의 유대감을 강화하고, 나아가서는 일차적인 의견통제기구였다는 사실은 각 동향방 사이에 분열을 조장할 여지가 많았다. 또한 동향관계가 직업영역에서 중대한 역할을 했다는 사실은 일찌감치 세력을 형성한 동향방으로서는 다른 동향인이 그 직업영역에 뛰어드는 것을 배제해야만 자신들의 독점적 우위 및 이익이 유지될 수 있다는 것을 의미했다. 다른 지역 출신이 특정 직업영역에서 새로 자리를 잡는다는 것은 이후 그 사람을 통해 다른 지역 출신이 지속적으로 그 직업영역에 배치된다는 것을 의미했고, 이는 이전 종사자들의 영역축소를 의미했기 때문에 이런 현상은 가능한 한 배제되어야 했다. 따라서 각 동향 방구 사이에는 세력다툼과 갈등이 빈번히 발생했고, 분열 가능성이 항상 존재했다.

자본가들이 생산성 향상이라든가 기술수준 등을 고려하여 인습적으로 동향인을 고용하던 관행에서 벗어나려고 했던 것과는 달리, 가진 것이라고는 노동력밖에 없었던 노동자들의 경우에 이런 분열경향은 더욱 노골적인 형태로 나타났다. 한가지 예를 들면, 1920년 여고인(如皐人)이 소개를 통해 한 공장의 동장학도(銅匠學徒)가 된 이후 상당히 열심히 일을 했다. 그가 너무나도 열심히 일했기 때문에 (다른 노동자들은 그가) 나중에 자신들의 직업을 빼앗는 것이 아닌가 두려워했고, 정신적・육체적으로 그를 괴롭혀 결국에는 그로 하여금 농촌으로 돌아갈 수밖에 없게 하였다.[37]

또다른 사례는 다음과 같다. "모창 방적라인 〔搖紗間〕의 공두가 영파인이면 이 부분의 노동자 또한 대부분 영파인이었다. 그중에는 상해 본지인과 남경 출신 사람도 있었다. 그러나 소수 공인은 항상 다수 영파인의 공격을 받았다. 주먹을 휘두르고 발로 차서 죽지도 살지도 못할 정도로 두들겨팼다. 그

---

37) 李次山, 앞의 글.

소수의 사람들은 상대해야 할 사람이 너무 많아 자연히 모욕과 고통을 참고 벙어리처럼 말을 못했다. 불쌍하게도 이런 고통을 호소할 곳이 없던 사람이 어떻게 생활할 수 있겠는가."[38]

이런 상황은 종종 폭력적인 계투(械鬪)로 발전하기도 했는데, 한 방에 소속된 방원과 다른 방원 간의 싸움은 즉시 전체 방 대 방의 대립으로 확대되었다. 상해전차공사(上海電車公司, 英電)의 경우 최대의 동향방인 소북방과 기무부(機務部)의 중심을 이루고 있는 영파방 사이에 갈등과 반목이 끊이질 않았고,[39] 남양형제연초공사(南洋兄弟烟草公司)에서는 "권련부의 한 영파 노동자가 광동 출신의 노동자에게 발을 밟혔을 때 분쟁이 일어났다. 영파 출신의 노동자는 공장규칙을 어기면서 광동인 노동자를 때렸고 그 때문에 다른 광동인 노동자들은 영파 노동자의 해고를 요구했다. 식사시간에 영파 출신 노동자들은 광동 출신 노동자들의 머리 위에 밥그릇을 내리쳤다. 작업은 정지되었다."[40]

부두에서는 산동방과 호북방(湖北幇)의 부두노동자들이 작업장 내의 분규를 넘어, 작업종료 후 공터에서 쇠파이프·죽봉(竹棒)·칼 등을 들고 싸우는 일이 발생했는데, 그 이유는 호북방이 맡아 하고 있던 수지가 맞는 하역작업에 산동방이 끼어드는 것을 막기 위해서였다.[41] 이런 갈등은 방간의 문화적 차이와 언어소통의 문제 등으로 더욱 촉발되었는데, 궁극적으로는 자신들의 이익을 지키려는 노력과 무관하지 않았다.

노동자들의 분열상황은 노동자들의 최대 무기라 할 수 있는 파업권의 행사와 단결에도 영향을 미쳤다. 노동자들이 각 방구에 우선적인 충성을 보이고, 특정 지역 출신 사람이 특정 작업분야에서 우세를 보이던 상황에서 파업

---

38) 같은 글.
39) 朱邦興 等, 앞의 책 264~65면.
40) Chen Qingbiao, 1958. 4. 29 인터뷰 사본(Perry, 앞의 책 142면에서 재인용).
41) 같은 책 26면.

은 분열적이고 분산적인 양태를 띨 수밖에 없었다.[42] 1923년과 24년에 상해의 노동상황을 보고한 문건에 따르면, '복잡한 관적 및 지방 관념' 등으로 노동운동이 발전하기 어려웠다고 한다.[43]

　노동자들의 파업은 특정 방구가 중심이 되어 진행되었기 때문에, 노동자들의 연합은 상당히 힘들었다. 거의 모든 노동자가 연합한 5·30운동 당시에도 상해전차공사 기계부〔機務部〕 노동자가 주도한 동정파업이 운수부〔車務部〕 노동자들의 방해를 받아 통일된 행동이 힘들었던 사례는 이들의 연합이 그야말로 '깨지기 쉬운 연합'임을 보여준다.[44] 그외에도 1925년 후반기에 프랑스전차공사에서 최초로 결성된 노동조합은 운수부 노동자만이 참여했으며, 1926년 기계부 노동자의 주도하에 노동조합이 따로 결성된 것[45] 역시 노동자들의 분열된 모습을 보여준 대표적인 예라고 하겠다. 사정이 이러하니 방구간의 갈등이 있는 한 계급결합을 희망하는 것은 아주 어려운 일이라는 평이 나올 정도였다.[46]

　자본가들 사이에도 방구간의 갈등관계는 있었다. 동업공회 안의 각 방이나 방파가 일차적인 충성대상이었기 때문에 자본가들 또한 다른 방구와 이익관계가 걸렸을 땐 갈등을 일으키지 않을 수 없었다. 1922년 전업공회의 낙성식에서 총동(總董) 진윤경(秦潤卿)은 다음과 같이 말했다.

<hr>

42) 상해 노동자의 파업행태에 관해서는 같은 책; 전인갑, 앞의 책 273~96면 등 참조.
43) 「中國共産黨第三屆第一次中央執行委員會文件──各委員報告」(1923. 11), 中央檔案館 『中共中央文件選輯』1(北京: 中共中央黨校出版社 1989) 191면; 「中國共産黨擴大執行委員會文件──上海地方報告」(1924. 5), 같은 책 258~59면; 馬超俊(中國勞工運動史編纂委員會 編) 『中國勞工運動史』(臺北: 中國勞工福利出版社 1959) 336면.
44) 任建樹·張銓 『五卅運動簡史』(上海人民 1985) 93~94면; 朱邦興 等, 앞의 책 265~66면; Perry, 앞의 책 82~84, 218면. 상해전차공사 기계부의 파업을 방해하는 데 앞장선 예천생(倪天生)의 암살 이후 조직화와 통일화는 급속히 진행되었으나, 운수부와 기계부의 갈등과 반목은 그후에도 사라지지 않았다.
45) Perry, 앞의 책 219~20면; 朱邦興 等, 앞의 책 292~93면.
46) 『共産黨』第6號, 1921. 7. 1(전인갑, 앞의 책 59면에서 재인용).

상해 전업은 예전부터 방파로 나누어져 있다. 영파, 소흥, 소주의 세 방이 정립하고 있다고들 한다. 그외에 큰 방으로는 진강방(鎭江幇) 등이 있다. 사람 수가 많아지면서 지류가 늘어나고 있다. 외국무역 이후 중국의 지식은 이미 예전과 상당히 달라졌음에도 불구하고 본적지의 문제는 끝내 없애기 어렵다. 동업에는 항상 질투가 많고, 각 방마다 후원세력이 있다. 서로 사리를 다투어 의견이 크게 달라 보조가 일치하지 않는다. 이후 일치단결할 것을 희망한다.[47]

또다른 예로 총상회의 전신인 상무총회가 처음 결성되었을 당시에, "상해 상회는 각양각색의 상인조직이 결집한 것으로 지역이 다르고 직업이 달라 각 방구의 이해관계 때문에 단결을 공고히하는 것은 불가능하며, 끝내는 유명무실하게 되어 생명이 끝나는 위험한 징후를 나타낼 것이다"라고 평가한다.[48] 물론 이것은 잘못된 판단이었지만, 각 상인집단간의 분열이 얼마나 심했으며, 그 반면에 각 방구의 결집력은 얼마나 강했는가를 반증하고 있다.

1924년 강절전쟁 당시에 총상회 안에서 일어난 일 역시 각 방구가 자신들의 이익에 얼마나 민감했는가를 보여준다. 당시 총상회가 전쟁 때문에 불안정한 상해의 쌀값을 안정시키기 위해 쌀의 반출을 금지시키자 미업(米業)은 손해를 입어 불만이었다. 이런 상태에서 총상회가 영파로 2만석의 반출을 허락하고, 3천포의 쌀이 영파로 반출된 데 대해 일부 상인들이 불만을 토로하자, 총상회는 운반허락을 받은 자가 일부 지역 일부 상점에만 한정된 것은 아니며, 해관의 일처리가 불공평한 것이 아님을 해명했다.[49]

그렇다고 상해 사회가 동향감정에 의해 사분오열된 상태로 운영되고 있었다고 생각하는 것은 지나치다. 위에서 살펴본 바와 같이 상해는 동향네트워크에 따라 분열된 상태였음에도 불구하고, 시 전체를 망라하는 민간단체의 활동이 있었고, 사회의 통합과 안정을 유지하려는 노력도 꾸준히 이루어진

---

47) 根安岸, 앞의 책 109면.
48) 東亞同文會 編 『支那經濟全書』 4輯(東京: 東亞同文會 1909) 65~69면.
49) 「會務紀載」, 『上海總商會月報』 4卷 10號.

것 또한 사실이다. 상해인들은 이주민의 단계를 넘어 '상해인'이라는 인식을 넓혀가고 있었던 것이다. 그렇지만 이런 사회단체의 활동 밑바탕에도 역시 동향의식에 기초한 활동이 자리잡고 있었다.

3. 동향네트워크에 기초한 직업단체와 '공익'

동향감정과 동향네트워크를 이용하여 결성된 동향단체이자 직업단체였던 단체(이하 '동향단체')들은 분열적인 성격을 강하게 띠고 있었음에도 불구하고, 한편으로 통합의 근원을 제시하기도 했다. 무한경쟁은 생존을 도모하는 모든 동향방에게 달갑지 않았다. 상업에서 경쟁을 하던 자본가들은 그들의 경쟁을 적당한 시점에서 조정, 타협할 필요성을 느꼈다.[50] 그것이 현실화된 것이 이른바 동업공회의 결성이다. 예컨대 상해의 전장들은 "영업소의 소재지 혹은 그 출신지에 따라 방을 조직하고, 대동단결하여 본공회(전업공회)를 조직하였다."[51] "상해는 중외(中外) 교통의 대도시로서 동서 각국의 대상거고(大商巨賈)가 대자본을 가지고 단체를 결성하고 회사를 설립하여 재빨리 직진하여가고 있다. 그런데 화상(華商)이 구태대로 1인 1당(一人一黨)인 것은 스스로 그 생계를 몰락시키는 것이다. 그래서 우리 업의 동인이 두미행업분회(豆米行業分會) 및 한(漢)·광(廣)·하(廈)·조(潮) 4방을 연합하여 상해화상잡량유두병공회(上海華商雜糧油豆餅公會)를 창건했다."[52] 동업공회의 결성은 경쟁상태를 타협으로 전환시킴과 동시에 다른 경쟁자의 진입을 불허하려는 조치의 일환이었다.

각 방의 이익 고려, 바로 이것이 방구연합이 성립할 수 있는 기본 요건이

50) *China Weekly Review* 1929. 3. 2, 20면.
51) 根岸佶, 앞의 책 107면.
52) 같은 책 217면.

었다. 방구연합은 '사적'인 특정 방의 이익이 아닌 소속된 모든 성원의 이익을 고려하여 '공적' 이익을 실현해갈 책임을 안고 있었다.[53] 이에 따라 각 동향단체나 방구는 자신들의 직업영역 안에서 연합을 도모했고, 각 연합체는 의사결정기구를 방의 세력에 따라 조정하지 않을 수 없었다.

동향단체의 긍정적인 기여는 근대적인 모습을 띤 사회단체들의 조직 근간을 형성했다는 점이다. 상해의 각종 단체는 동향네트워크의 영향을 많이 받았고, 이들은 동향 방구나 회관, 공소, 동향회의 의견을 통합하고 조정하면서 동향방의 연합체로서 활동했다.

먼저 상해 대자본가의 본영이라 할 수 있는 총상회의 경우를 살펴보자. 총상회는 1902년 상해 상업회의공소로 출발할 당시부터 회관・공소의 연합체적인 성격이 강했고, 1920년 총상회의 선거 때까지 이런 모습은 거의 변하지 않았다. 매번 선거 때마다 1/3씩 회동(會董)이 바뀌었음에도 불구하고 실제로는 신상층[54] 내의 권력분배에 지나지 않았다.[55] 풍소산(馮少山)의 말

---

53) 특정인이나 특정 계층만의 이익 추구는 사회 전체의 측면에서 볼 때 '사적 영역'이지만, 그 사적 영역에 속한 사람들의 입장에서는 '공적 이익'이었다. 특히 힘있는 파벌이나 파벌 소속원이 많을 때에 이들의 이익은 '공적 이익'으로 포장되었다. 이런 공(公)과 사(私)의 결합은 중국 사회활동 영역에서 특히 눈에 많이 띄는 모습이었다. 공과 사의 결합에 의한 중국의 독특한 '민간사회'의 모습을 탐구한 白永瑞 「中國에 市民社會가 형성되었나?——歷史的 觀點에서 본 民間社會의 궤적」, 『아시아文化』 10호(1994) 참조.

54) '신상'은 중국 자본가의 초기형태라 할 수 있다. 1894년 청일전쟁의 충격에 따라 경제발전을 더욱 추진해야 될 필요성이 제기됨에 따라 '관독상판(官督商辦)'에 관여하였던 양무관료(洋務官僚)나 그 후에 혹은 '부강구국'에 뜻을 둔 신상들은 상말사고(商末思考)를 극복하면서 경제활동에 적극 관여하기 시작했다. 이들 초기의 자본가들은 상업을 경영하는 신사이거나 혹은 순수한 상인 출신이라 하더라도 연납(捐納)을 통해 관위를 획득한 경우가 대부분이었기 때문에 통상 '신상'이라고 불렀다(閔斗基 「戊戌改革運動과 上海의 商人그룹」, 『中國近代改革運動의 硏究——康有爲 中心의 1898年 改革運動』, 서울: 일조각 1985, 64, 69, 73면). 이들은 연납을 통해 관위를 획득하여 자신의 지위를 강화하려는 욕망을 보여준 바와 같이 경제활동에서도 '전통적인 속박'에서 완전히 벗어날 수 없었다. 이들은 명예존중, 신의에 바탕을 둔 상업경영, 인과응보의 관념으로 경제활동에 종사했기 때문에 '근대적'인

에 따르면, 총상회는 시모노세끼조약(馬關條約) 이후 외국인들의 경제침략이 더욱 심해지는 상황에 대항하기 위해 구식 동향과 동업공회의 장점을 채용하여 각 방의 대표가 모여 설립한 것이었다.[56]

　5·4운동을 거치고 1920년에 총상회 내에 혁신적인 개선이 있었다.[57] 가전사건(佳電事件)은 총상회의 명예를 바닥에 떨어뜨렸고, 총상회는 새롭게 변신을 꾀하지 않을 수 없었다. 혁신적인 인사들이 총상회의 지도층에 편입되었고, 이전 신상의 수는 대거 축소되었다. 그리고 공업자본가와 은행가의 수가 크게 늘어 회동 35명 중에서 40%를 점하는[58] 등 총상회는 변화된 사회모습을 적극 반영하려고 했다.

　그럼에도 불구하고 총상회 내에서 각 파벌 사이에 세력배분이 이루어지고 동업공회의 영향력이 여전히 강한 상황은 거의 변하지 않았다. 5·4운동 때에 총상회를 비판하고, 후에 새로운 인사로서 총상회에 가입한 방초백(方椒伯)이나 풍소산은 모두 동업공회 및 동향회의 영향력을 배경으로 하고 있었다. 방초백은 상해 각업 동업공회 및 70여개의 여호동향회(旅滬同鄕會)를 모아서 '공단연합회(公團聯合會)'를 만들어, 이를 바탕으로 총상회를 비판했

상공업 경영과는 거리가 멀었고, 변화하는 경제발전 추세에 보조를 맞추기에 역부족인 경우가 많았다. 따라서 1차대전기 중국 공업의 '황금시기'를 거친 후에 등장한 상공업자들은 이런 상황에 불만이었고, 결국 1920년 총상회의 선거에서 경제적인 관념에 더 충실한 인사들이 총상회에 들어가게 되면서 '신상'의 힘은 대폭 약화되었다. 그리고 1921년에 상업경제 전문잡지로서 『상해총상회월보(上海總商會月報)』를 창간했다(徐鼎新 「社會革新潮流的推進與上海商會的興衰」, 『上海研究論叢』 6輯(1991); 徐鼎新·錢小明 『上海總商會史(1902~1929)』, 上海社會科學院 1991, 247면). 1920년 이후 상해의 상인들은 신상이라기보다는 근대적 상인의 성격을 띠게 되었다.

55) 徐鼎新·錢小明, 앞의 책 244면.

56) 馮少山 「商民協會能否代替商會之討論」, 『上海總商會月報』 7卷 12號.

57) 徐鼎新 「近代上海新舊兩代民族資本家深層構結透視」, 『上海研究論叢』 3輯(1989); 徐鼎新·錢小明, 앞의 책 243~52면.

58) 徐鼎新·錢小明, 앞의 책 246면의 도표 참조.

고 1922년에 총상회 부회장이 되었다.[59] 풍소산은 광조공소(廣肇公所)를 자신의 지지기반으로 삼고 있었다.

1920년 이후에 개선된 총상회의 회동 구성을 보아도 각 파벌간의 권력배분 방식은 변하지 않았다. 1912년과 1922년의 회동을 비교해보자. 1912년엔 동사 총 31명 중 절강적(浙江籍)이 15명으로 48.4%, 강소적이 13명으로 42%를 점했다. 그리고 상해의 광동상방(廣東商幇)의 광조공소와 복건방(福建幇)의 천장회관(泉漳會館) 등을 고려하여 3명을 회동으로 선출했다.[60] 1922년에 약간의 변화가 있기는 했지만 이런 경향은 유지되었는데, 35명의 회동 가운데 절강적이 21명으로 60%, 강소적이 8명으로 22.9%, 광동과 기타 적이 17.1%를 점해,[61] 총상회 회원 중에 각 파벌이 차지하는 비중[62]과 회동수의 비율이 대체로 일치한다는 점을 보아도 총상회가 각 동향방을 고려하는 측면은 여전했다고 할 수 있다. 그리고 1926년경까지도 총상회 회원 중에 회관, 공소, 동향회 등의 합방(合幇) 회원이 차지하는 비율은 상당했다.[63] 사실 총상회는 출발부터 방연합의 성격이 짙었기 때문에 그들이 기반을 두고 있는 동향단체적 성격이나 각 업종에서 동향관계의 영향력이 소멸되지 않는 한 방 사이의 권력배분을 완전히 무시하는 것은 불가능한 일이었다. 총상회는 각 파벌의 이해를 균등하게 반영하고, 파벌간 이견 조정을 위해서도 방 사이의 세력분점이 중요했다.

이런 관점에서 1926년 총상회 회동선거를 검토해보자. 1926년 총상회는 새로 회동을 선출했다. 풍소산 등은 이 회동선거가 부정선거라고 거세게 반발했는데,[64] 이전까지 총상회 지도층 내에서 주도적인 역할을 했으며 당선

59) 陳立儀 「上海的寧波幇」, 『浙江文史資料選輯』 39(1989) 29면.

60) 徐鼎新·錢小明, 앞의 책 186~87면 및 표6-1 참조.

61) 李昇輝 「國民革命期 上海 商工階層의 政治的 動向」(서울대 박사학위논문 1994) 14~15 면과 부록1.

62) 上海總商會 『上海總商會會員錄』(上海: 上海總商會 1928. 4); 전인갑, 앞의 책 46면.

63) 張仲禮, 『近代上海城市硏究』(上海人民 1990) 524면.

가능성이 높았던 다수의 회원이 낙선했기 때문이었다. 진독수(陳獨秀)는 이 사건을 총상회 안의 매판자본가와 민족자본가의 갈등으로 파악하였다.[65] 군벌 손전방과 관계가 좋았던 부소암(傅筱庵) 등이 회동의 대부분을 차지했기 때문이었다.

하지만 부소암파가 주류를 차지한 것은 매판자본가 대 민족자본가의 대결의 결과라기보다는 총상회의 발전과 관련하여 정치적인 계산이 깔린 정치파벌의 선택과 어느정도 관련이 있었다.[66] 총상회는 당시의 격변하는 정치정세 속에서 자신들의 순탄한 발전을 위해 보험에 들듯 여러 정치파벌과 관계를 맺고 있었다. 게다가 정치적인 변화가 총상회의 권력관계에도 영향을 미쳤으니 "수뇌 인물은 정국의 변화에 적응할 수 있어야 하고, 그들은 각당·각파와 접촉이 있었으니, 어떤 이는 직계(直系)와 어떤 이는 환계(皖系)와 관계가 있었다. 어떤 파벌이 등장하면 이 파벌과 가까운 사람이 나서서 대처했다."[67] 1926년 회동선거 때에 손전방과 관계가 있던 부소암이 새로운 지도자가 된 것은 이런 점에서 볼 때 당연했다.

1926년의 회동선거가 문제가 된 것은 총상회가 방연합체로서 소속된 여러 방을 고려하는 모습을 상실했기 때문이다. 방연합의 특성을 내포하고 있던 총상회가 '공적' 단체로서의 면모를 살릴 수 있는 길은 각 파벌의 이익을 균형 있게 고려하는 것이었고, 이런 모습은 총상회의 역대 선거에서 지속적으로 지켜졌다. 광조공소를 기반으로 활동한 풍소산이 1923년에 '국민자결' 운동을 추진한 것도 동향회 연합회의 지지가 있었기 때문이었다. 그런만큼

64) 「總商會選擧會董之爭執」, 『民國日報』 1926. 6. 18; 「總商會選擧問題之一段落」, 『民國日報』 1926. 6. 20; 「總商會選擧爭潮未已」, 『民國日報』 1926. 6. 22.

65) 陳獨秀 「革命的上海」, 『嚮導週報』 160(1926. 6. 30) 1568~69면.

66) 金子肇 「上海資本家階級と上海商業聯合會──四·一二クーデターをめぐつて」, 『史學研究』 168號(1985) 29~30면 참조.

67) 祝紹祺 『蔣介石叛變革命與江浙財閥的一段故事』, 上海市工商聯史料散件, 卷號182(徐鼎新·錢小明, 앞의 책 361~62면에서 재인용).

총상회는 풍소산 등의 광동파를 무시할 수 없었다.

　그러나 1926년의 회동선거는 이런 파벌간의 세력관계를 완전히 무시했다. 회동으로 뽑힌 사람들의 면면을 살펴보면, 이전과는 달리 각 동향의 파벌관계가 고려되지 않았고, 사적인 사업상의 관계로 윤선초상국 및 부소암과 개인적인 관계가 있던 사람들이 대거 등용되었다. 왕일정(王一亭)이 1927년 5월 7일 상해 총상회 임시 회원긴급대회에서 읽은 국민당 중앙정치회의 상해 임시분회 제1호 훈령에 따르면 "통상은행(通商銀行) 직원 자격의 회원으로 회동이 된 자가 5명, 초상국(招商局) 직원 자격의 회원으로 회동이 된 자가 3명"이었고 "부씨(傅氏) 형제, 그리고 숙질(叔姪)이 함께 회동으로 당선된 자가 3명이었다." 이와같이 부소암과 영업관계에 있거나 그 예하에서 일하면서 회동으로 당선된 자가 모두 23명으로 회동 총수의 2/3를 점했다.[68]

　1926년 총상회의 회동에는 이른바 상해 최대의 동향집단이라 할 수 있는 영파방조차도 별로 없었고, 강소성 출신도 거의 없었다.[69] 총상회 조직이 각 파벌의 이익을 모두 고려하는 '공적' 기능을 상실하고, 부소암 개인의 이익 추구의 장, '사적' 영역으로 변한 것이다. 1926년 총상회의 내분은 자본가 내에서 사적·사업적 이익이 중시되고 상해 사회에서 동향관계의 중요성이 이전보다 약화되었기 때문에 가능하기도 했지만, 동시에 내분으로 이어질 정도로 동향관계의 균형에 입각한 총상회의 역할 수행이 여전히 상해 사회의 핵심적 요소였음을 보여준다. 즉 동향관계에 의존한 방연합체로서 '공적' 기능을 수행하는 것이 총상회의 역할이었으나, 1926년의 회동선거는 이런 내적 원리를 무시했다.

　노동자들이 동향방을 근간으로 조직을 구성한 사례는 상회의 경우보다 더 명확했다. 특정 방이 파업을 하는 경우 이해관계가 같음에도 불구하고 다른

---

68) 「國民黨上海臨時政治委員會派員接收幷改組上海市總商會有關文件」, 上海市檔案館 編 『一九二七年的上海商業聯合會』(上海人民 1983) 20면.

69) 金子肇, 앞의 글(1985) 32면의 표 참조.

방들이 파업을 방해하거나 참여하지 않은 사례도 많았지만, 점차 상이한 동향방 노동자 사이의 결합이 늘어나기 시작했다. 특히 1920년대 중반은 중공의 활동과 근대적인 노동자조직 이론의 전파 등으로 이런 새로운 단체가 비약적으로 성장한 시기였다.[70] 구락부 정도의 수준에서 발전하여 노동조합이라는 명칭을 사용하면서 나타난 초기의 단체들은 대다수가 동향단체와 관련이 있었다. 1924년에 설립된 절강주호공회(浙江駐滬工會)나 안휘여호노공총회(安徽旅滬勞工總會) 그리고 월계공계연합회(粤界工界聯合會) 등[71]은 그 명칭에서 알 수 있듯이 조직 외피만 노동조합을 표방한 것일 뿐 동향관계를 근간으로 한 노동자 단체였다.

조직이 발전하면서 방끼리 연합한 노동조합이 성장하고, 방이 연합한 노조는 특정 산업에서 전체 노동자들을 대표하는 것으로 자부할 수 있는 수준으로 발전하였다. 예컨대 1924년 5월에 파업한 의류업〔成衣業〕노동자들은 영파·소주·양주·진강의 각 방으로 구성된 단체였고, 노동조합은 이들의 연합체로서 전체 성원을 대표하는 역할을 했다.[72] 이발업자들은 양주방·진강방·구용방·본지방(상해방)·호북방의 5방이 참여한 나조공소(羅祖公所)라는 조합을 조직하고, 각 방이 회장과 부회장 각 1명을 공선(公選)했다. 목공(木工)의 경우 영파, 강소 및 상해 출신이 가장 많았는데, 이들은 공소를 설립하여 이익증진을 꾀했으며, 공소를 설립하지 않은 사람들도 일이 발생했을 때에는 목업공소나 차관에서 회합하여 대처방안을 모색하는 예가 있었다.[73] 역시 총상회와 마찬가지로 각 방간의 이익 분점과 '공익'을 위한 연합, 그리고 그 표현으로서 파업이나 '공익'의 추구가 가능해지는 구조를 보여주

70) 1920년대 중국 노동자들의 노동조합 결성과 그 특징에 관해서는 Perry, 앞의 책; 金泰丞 「1920年 前後 上海勞動者와 勞動運動」(고려대 박사학위논문 1993); 전인갑, 앞의 책 참조
71) 「浙江旅滬工會之籌備」, 『民國日報』 1924. 5. 20; 「上海勞動團體調査(三)」, 『民國日報』 1924. 7. 19; 宇高寧 『支那勞動問題』(國際文化研究會 1925) 479면.
72) 「成衣工兩次集議加資」, 『民國日報』 1924. 6. 1.
73) 西川喜一, 앞의 책 47면.

고 있다.

또다른 사례는 사사여공협회(絲紗女工協會)의 결성이다. 1924년에 목지영(穆志英)·이기원(李紀源)·조란영(調蘭英)을 중심으로 발기된 사사여공협회는 '간장(簡章)'에서 "주비원은 13방 대표가 공추(公推)한다"라고 규정하여[74] 각 방의 연합체임을 선언했다. 그리고 성립선언문에서 "전체 여공의 가입을 모집하며, 각 방의 영수와 연합하고, 힘을 다하여 협력하여 (…) 상해사사여공협회를 주비했고, 강령을 만들고, 위생·교육 등의 개량에 힘을 쏟고 점차로 진행하여 인도를 보장하려 한다"[75]고 선언했다. 방연합체로서 공익사업의 추진을 표방한 것이다.

사사여공협회는 결성된 지 얼마 되지 않아 강회적(江淮籍) 노동자의 해고라는 심각한 문제에 직면했다. 여공협회는 13방이 공동 주비·결성한 것이었으나 주도세력은 강회방이었다. 그런만큼 일부 사창(絲廠)이 강회적 노동자만을 해고한 것은 여공협회의 힘을 약화시키려는 조치와 관련이 있었다.[76] 즉 사사여공의 이익을 대변하는 전체 협회와 대결할 때 심각한 사태가 야기될 것임이 명약관화한 터라, 사창은 사사여공협회 결성을 주도한 강회적 여공만을 해고하고 대신에 다른 방의 노동자를 고용하여 방의 분열을 시도했다.[77] 하지만 각 방의 이익을 증진하기로 한 사사여공협회의 연합체로서의 성격은 공장 전체 여공의 지지와 공단연합회 등의 지지를 얻기에 충분했다.

노동자 내에서 각 방의 연합이 공적 구조로 전환되는 모습은 중공의 노동자 조직화에서 좀더 명확히 간파할 수 있다. 노동자의 단결을 기반으로 노동자정권 창출을 목표로 했던 중공이 단결을 방해하는 요소를 달가워할 리 없

---

74) 「絲紗女工協會之籌備」, 『申報』 1924. 1. 6; 「絲紗女工協會數次籌備會紀」, 『民國日報』 1924. 1. 6.

75) 「絲紗女工協會宣言」, 『民國日報』 1924. 2. 13.

76) 「閘北絲廠開除江淮女工風潮」, 『申報』 1924. 2. 28; 「閘北絲廠拒用江淮女工風潮」, 『民國日報』 1924. 2. 28.

77) 「寶康絲廠女工風潮續誌」, 『民國日報』 1924. 2. 28.

었다. 중공 노동운동 조직가들은 동향방을 관리자나 매판의 손아귀에 노동
자를 종속시키는 '봉건적인' 것으로 간주했음에도 불구하고, 노동자를 효과
적으로 조직하기 위해서는 기존의 방과 협력하여 지도자들과 친분을 맺고,
그들 지도자를 통해 성원을 급진적으로 만들려고 시도하였다.[78]

　　중공 노동운동가들은 방회나 방구를 통해 노동자들에게 접근하여 노동조
합을 만들거나, 공두층을 중공측으로 끌어들여 기존의 방구가 중심이 된 조
직을 총공회 산하의 노동조합으로 만들었다. 중공은 해원공회(海員工會)와
부두노동자를 조직하는 방법으로 "해원공회 산하의 각 방 공소 및 기숙사,
구락부와 긴밀히 연락하여 우리 세력이 해원 군중에 침투하는 루트로 삼아
야 한다"고 강조하며 "부두노동자 중에 청·홍방(靑紅幇) 및 그 비밀결사의
성원이 대단히 많은데, 우리들은 그들과 성실히 연락하고, 그를 이용하여 노
조를 공고히해야 한다"[79]고 지적했다. 1926년 6월 2일 나역농(羅亦農)이
"상해에는 방구가 많기 때문에 조직공작이 매우 쉽게 진행된다"[80]고 한 말
은 중공의 조직화 방법을 역설적으로 대변한다. 이렇게 조직된 노동조합, 그
리고 그 총본산인 상해 총공회는 노동자의 대변자로서 역할을 강화했다. 상
해 총공회는 5·30운동 당시에 노동계의 대표로서 공상학연합회(工商學聯
合會)에 참여했고, 이후 장개석이 상해를 장악하여 노동조합을 재편할 때까
지 표면상으로는 동향방과 무관한 노동운동기관으로 비쳐졌다.

　　그러나 총공회 내에는 여전히 방구에 따른 결집이 존재했다. 1926년에
"상해의 노동운동은 최근에 아주 좋은 성적을 내어 상해 총공회가 각 노동
자 군중 내에서 절대적인 권위를 갖게 되었음에도 불구하고, 각 산업노동자

---

78)「上海工作計劃決議案」(1926), 中央檔案館 『中共中央文件選輯』 2卷(北京: 中共中央黨校出
　　版社 1989) 262~63면.

79)「全國職工運動討論會決議案(1926. 1)——産業工會的發展與統一問題」, 같은 책 20~21
　　면;「中國共産黨第四次全國代表大會文件(1925. 1)——對于職工運動的決議案」, 같은 책 1
　　卷 354면.

80)「全樞會議」(1926. 6. 2), 上海市檔案館 『五卅運動』 1(上海人民 1991) 184면.

와 수공업노동자의 조직은 아직도 진정한 군중화가 이루어지지 않았으며, 또한 방구와의 관계 때문에 최근 당과 노동조합이 노동자 군중을 지휘할 수 없는 위험을 드러내었다"고 중앙확대회의는 평가했다.[81] 또한 총공회가 의결한 공회기율(工會紀律)에 여전히 방구간의 계투(械鬪)를 금지하는 조항[82]이 있었던 것은 총공회가 노동계의 의견을 모아서 대변하는 역할은 했지만, 방구의 생명력을 근절시킬 수 없었음을 보여준다. 바로 이 점이 중공이 그렇게 이념에 투철한 조직체를 확보하고자 했음에도 불구하고, 1927년에 총공회가 장개석에 의해 불법화되면서 방구연합으로서 노동계를 대변할 조직이 무너지자 방 사이의 갈등이 다시 표면화될 수밖에 없었던 이유였다.

근대적인 교육을 받고 혁명활동에 종사했던 학생단체들도 동향조직을 기반으로 확대 발전할 수 있었다. 외지, 특히 상해같이 번성한 도시에 첫발을 디딘 내지 농촌의 학생들은 문화적 충격을 완화하기 위해 동향회를 중심으로 모였고, 동향회에서 개인적인 고민과 정치적 의견 등을 교환했다. 바로 이런 과정에서 동향회를 기반으로 새로운 학생조직이 탄생할 수 있었다.[83] 예컨대 법정대학(法政大學) 냉준(冷寯)의 경우 법정대학 학생회 조직을 주도하고, 동시에 안휘동학회와 정치연구사 조직에서도 주도적인 역할을 했다. 또한 동향을 매개로 한 단체의 조직도 많았다.[84] 상해 학생운동의 본산이며 가장 급진적이고 혁명에 충실했던 상해대학에서도 동향회는 일상생활을 혁명활동으로 전환시키는 매개체 역할을 했다. 상해대학의 종복광(鍾復光)은 동향조직에 가입하지 않고는 어떤 활동도 할 수 없었다고 말했다.[85] 즉

81)「上海工作計劃決議案(1926年 7月 中央擴大會議)」, 中央檔案館『中共中央文件選集』2卷(北京: 中共中央黨校出版社 1989) 262면.

82)「總工會之工會紀律」,『申報』1927. 3. 17.

83) 張濟順, 앞의 글 109면.

84)「法政大學消息彙誌」,『民國日報』1924. 9. 23;「法政大學消息彙誌」,『民國日報』1924. 10. 30; 정문상『中國의 國民革命과 上海學生運動』(서울: 혜안 2004) 132~33면.

85) Goodman, 앞의 글 85면; 王家貴·蔡錫瑤, 앞의 책 67~68, 106~107면.

1920년대 전반기에 학생들에게 더욱 친숙하고 친밀감을 주는 동향단체가 학생들을 동원하고 학생회와 연결시키는 중개 루트로서 중요한 역할을 담당함으로써 학생회의 활동은 좀더 쉽게 활성화되었다.

몇개의 동향방이 함께 만든 단체는 자신들의 이익을 지키고 분점하기 위한 단순 연합만은 아니었다. 동향방은 특정 동향인만의 단체이자 친목단체 및 상호부조의 단체였기 때문에 '사적' 영역을 벗어날 수 없었다. 하지만 각 방의 연합은 '새롭고' 좀더 확장된 영역을 열었다. 즉 동향방은 연합을 통해 각 동향방간의 이익을 '합리적'으로 균분할 수 있는 길을 열었을 뿐만 아니라, 연합체가 지니는 '공적' 기능을 확보할 수 있었다.

사실 각 동향방의 개별이익과는 직접적인 관련이 없지만, 상해 사회의 모든 성원 및 집단과 관계되는 사건은 많았다. 이런 상황에서 연합체라는 성격을 통해 이익을 대변할 권한과 의무가 생긴 단체는 사회 전반의 일에 관여할 기반이 확장되었고, 이는 각계의 직업·사회단체가 자신들에게 유리한 사회환경을 조성한다는 의미에서 '사적' 영역임과 동시에 대다수 성원, 그리고 사회의 장래와 관련된 중요 문제 결정에 관여한다는 측면에서 '공적' 영역으로 전화될 수 있었다. 1920년에 참정운동의 성과로 성립된 중국인고문위원회(中國人顧問委員會)는 납세화인회(納稅華人會)가 위원의 1/3을 선출하고, 나머지 2/3를 동향단체와 상계단체가 선출하도록 규정될 만큼, 동향단체는 공적인 영역에서 상당한 영향력을 발휘했다.

각 방구와 방파의 연합으로 형성된 단체들은 각 방구의 의견을 수렴, 이를 발표하고 시행하는 '시민단체'적인 성격을 지니게 되었다. 그 대표적인 것이 총상회였고, 총공회와 학생회 등도 동향관계를 이용하여 조직을 결성했다. 아울러서 동향방 연합의 특성을 지닌 단체는 표면적으로는 동향네트워크와 무관하게 사회에서 공익을 추구하는 단체로 자임할 수 있었고, 사회의 동의를 얻기 쉬웠다. 이들은 단순한 방구연합체가 아니라 이미 새로운 이념으로 외모를 분식하고, 내면까지도 변화시킬 수 있는 새로운 조직으로 변모하고 있었다.

상해 민간단체의 결성과 활동이 동향네트워크 및 동향집단과 관련이 깊었던 것은 서구 사회에서 자각한 개인이 단체를 만들었던 구조와 달랐다. 동향관계를 이용한 단체의 결성은 자발적인 측면이 있기도 했지만 사회생활을 위한 '어쩔 수 없는' 선택일 경우가 많았다. 동향감정이라는 감정적인 측면에 의존했다는 점에서, 그리고 일단 가입한 후에는 성원들이 그 단체의 집단의식에 종속되어 활동해야 했다는 점에서 명백히 개인의 자각에 바탕을 둔 서구식 단체와는 달랐다. 방두는 그 예하 인원에 대해 거의 생사여탈권을 행사했고, 노동자들은 뚜렷한 자각을 지니고 활동했다기보다는 조직의 명령에 복종했다. 예를 들면 프랑스전차공사〔法電〕의 노동자들은 노동조합에 대해서 제대로 이해하지도 못했고, 노동조합 지도자가 말하는 대로 따르는 경우가 많았다고 한다. 따라서 조합대회는 지도자의 편의에 따라 운영되고, 명령을 전달하는 역할을 하는 경우가 많았다.[86] 회관이나 공소도 영향력 있는 특정인에 의해 좌우되긴 마찬가지였다.

그러나 동향감정과 집단의식을 이용한 민간단체의 사회활동이 무의미한 것만은 아니었다. 동향회와 같이 특정인을 조직화의 대상으로 표방한 경우도 있었지만, 많은 수의 민간단체는 동향네트워크를 통해 단체를 조직했으면서도 그들의 조직 명칭에서 나타나듯이 동향관계를 넘어서는 새로운 조직을 표방했고 사실 그렇게 조직되었다. 이런 조직은 상해에 민치의 신장과 활동영역의 확장을 가져왔다. 즉 국가에 대한 민간사회의 활동영역을 넓히는 역할을 했다.

그러나 전통적인 조직망이 서서히 해체되고, 완전한 근대적 조직으로 변화되지 못하는 한, 이들은 여전히 문제를 남길 수밖에 없었다. 방구연합으로 탄생한 단체가 '공신력'을 획득하고 사회활동을 진행하는 상황에서 단체의

---

86) 朱邦興 等, 앞의 책 293~94면.

'공신력', 즉 공적 기능이 특정한 계기로 무너질 경우 자각한 개인이 아니라 분열과 갈등하는 방구만이 사회에 남겨질 것이고, 이를 합리적으로 통합하지 못하는 한 사회의 발전은 지난할 것이기 때문이다. 따라서 이런 전통적인 요소를 활용하면서도 이들을 사회의 발전에 적극 동원하는 과정이 필요했다. 즉 전통적인 요소를 더욱 발전된 의식으로 전화시키고, 개인의 자발성을 개발하는 것이 바로 상해의 발전에 남겨진 과제였다.

1920년대 상해의 각종 민간단체의 활동을 총괄한다면, '동향관계'라는 전통적인 네트워크를 활용하여 단체를 결성하고 소속된 모든 동향방의 이익을 증진시키는 '공적' 기능의 수행, 즉 사회활동을 전개했다는 점을 특징으로 한다.

II. 1920년대 후반의 정치운동과 동향단체

1. 북벌과 상해 사회의 동요

1926년 7월에 시작된 북벌은 상해 사회 전체에 심각한 영향을 끼쳤다. 국민혁명군은 양호지방(兩湖地方)의 오패부(吳佩孚)를 물리치면서 북진했고, 당시 상해를 비롯하여 5개 성을 장악하고 있던 손전방과 전투로 치달았다. 국민혁명군은 9월 3일에 무창(武昌)을 공격했고, 6일에 한양(漢陽), 7일에는 한구(漢口)를 점령하였다. 그리고 그 이전인 9월 1일에 강서성(江西省)으로 공격을 확대한 이후 남창(南昌) 점령을 목표로 진격했다. 9월 10일에 의춘(宜春)과 동고(銅鼓)를 점령하고, 11일에는 수수(修水)를 점령하였다. 이처럼 상해 경제와 관련이 많은 장강 중류지역에서 전쟁이 진행되면서 상해의 선박운항은 구강(九江)에서 중단되었으며 물자수송도 줄어들기 시작했다.[1] 게다가 손전방이 북벌군과 싸우기 위해 선박운항을 통제하고 징발하기도 하여[2] 정상적인 장강 운항은 불가능했다.

---

1) 「時局緊張中之長江航訊」, 『民國日報』 1926. 9. 12.
2) 「江天輪被扣裝兵」, 『民國日報』 1926. 9. 3.

전쟁이 장강 중류, 강서, 절강 등에서 벌어지면서 상해 사회는 흔들리기 시작했다. "구강에서는 이번 주 화요일 헛소문이 극성을 떨어 남창–구강간 전보가 갑자기 끊어져서 사람들이 크게 두려워하게 되었다. 최근 구강 사람들이 윤선을 타고 상해로 피난하는 일이 상당히 많고, 화계(華界) 상인의 다수는 상점을 임시로 조계 안으로 옮겼는데, 현재 조계당국은 이미 화계와의 교통을 막아 외국인들의 안전을 도모하는 계책으로 삼았다."[3] 인접지역에서 상해로 향하는 피난행렬은 결국 난민을 형성하여 사회문제를 야기했는데, 북벌군이 상해 및 장강 유역을 확실히 장악한 1927년 3월에야 겨우 피난행렬이 줄어들었다.[4]

1926년 10월 16일 절강성의 하초(夏超)가 국민혁명군에 투항하여 상해로 진격함으로써 상해 근교에서 손전방과 하초의 전투가 벌어졌다. 하초의 공격은 계획미비 및 정보유출 등으로 미리 준비하고 있던 손전방의 반격을 받았으며 큰 전투 없이 괴멸하고 말았다. 그러나 이 사건은 절강과 상해를 연결하는 내하항선(內河航線)을 마비시켜 상해에 정상적인 쌀 공급은 거의 불가능했다. 상해는 부근의 농촌과 절강성에서 쌀을 공급받았는데[5] 이 전쟁으로 인해 쌀수송이 중단된 것이다.

장강 유역과 절강성에서의 전투와 북벌군에 의해 조성된 혁명정세는 상해에 직접적인 물질적 피해를 주지는 않았지만 정상적인 물자수송을 방해함으로써 경제적인 충격을 가할 가능성이 농후했다. 상해의 수출입은 대부분 수로를 통해 이루어졌기에[6] 수로 봉쇄는 물자의 이출입에 치명적이었다. 상해

---

3) 「長江戰禍中之輪艦消息」, 『申報』 1926. 9. 24.
4) 「避難來滬旅客紛紛返里」, 『申報』 1927. 3. 28.
5) 상해의 주식은 대미(大米)로서 대부분이 절강성에서 공급되었다(羅玆 墨菲 『上海——現代中國的鑰匙』, 上海社會科學院 歷史研究院 編譯, 上海人民 1986, 165~67면).
6) 상해의 물자는 주로 수로를 통해 운반되었다. 상해–남경과 상해–항주 간 철로가 있었으나 거의 이용되지 않았으며 도로도 마찬가지였다. 상해의 경제는 양자강 운항을 중심으로 5개의 운항노선으로 편성되어 전국의 경제망과 연결되어 있었다. 5개의 항선은, 첫째로 상

『영상공회통보(英商公會通報)』1920년 2월호 통계에 의하면 상해항에 출입하는 선박은 대략 60%가 연해의 각 항구 혹은 장강의 각 항구를 출입하고 해외무역에 종사하는 선박은 단지 35%뿐이었다. 바우만(C. H. Bowman)의 통계에 의하면 상해에서 수입한 상품의 약 50%가 장강의 각 항구로 재수출되었으며, 그중 20%가 한구 하류에 위치한 항구들로 운반되었고, 15%가 한구로, 나머지 15%는 한구 상류에 위치한 항구들로 운반되었다고 한다.[7] 또한 상해의 공업은 원료의 대부분을 해외 혹은 내지에 의존하였으며 판매 역시 내지에 주로 의존하였다.[8] 그런데 이런 교통로가 전쟁으로 봉쇄되기 시작했다.

9월 16일『민국일보』는 다음과 같이 보도했다.

무한(武漢)전쟁 이후 상해에서 내지로의 물품 이송이 날로 침체되었다. 어제 만난 상정(商情)을 잘 아는 사람의 말에 따르면 매년 중추질은 7, 8일에 내

해를 포함하여 산동, 천진, 영구(營口), 대련(大連)의 각 항구를 연결하는 북선(北線)이고, 둘째는 남선(南線)으로서 영파(寧波), 소홍(紹興), 온주(溫州), 복주(福州), 조주(潮州)와 산두(汕頭)의 항구를 운항하는 것이다. 셋째는 양자강 동서를 연결하는 장강항선(長江航線)으로 사천의 만현(萬縣)까지 연결되었다. 이외에 연접해 있는 강소, 절강, 안휘, 산동을 연결하는 내하항선(內河航線)과 국제항선(國際航線)이 있었다(上海市文史館·上海市人民政府 參事室 文史資料工作委員會 編『上海地方史資料』3, 上海社會科學院 1984, 12면).

7) 羅玆 墨菲, 앞의 책 155면.

8) 졸고「中華民國時期 上海의 交易네트워크과 物流」,『中國史研究』28집. 1910년대까지 상해에서 생산된 물품의 판매는 내지판매와 해외수출이 각각 반을 차지하였으나, 1920년 이후에 중국 내지로의 판매가 증가하였으며, 1920~30년 사이에 상해로 들어온 상품 가운데 공업원료용 물품이 증가하였다(羅玆 墨菲, 앞의 책 152면). 장강항선을 통해 들어온 공업원료를 살펴보면 면화의 경우 상해에서 소비하는 원면(原綿) 약 3,800,000담(擔) 가운데 한구에서 500,000담이 들어왔으며, 양모(羊毛)는 약 15% 정도가 한구를 경유하여 장강 윤선으로 운반되었다. 저마(苧麻)와 대마(大麻)도 한구에서 공급되었으며 식물유(植物油)와 식물지(植物脂) 역시 화중의 주요 산지에서 장강을 경유하여 상해로 운반되었다(羅玆 墨菲, 앞의 책 205~207면).

지 성의 상해주재 물품구매 인원이 설탕, 종이, 산해(山海) 각종 물품 및 기타 중추절에 사용되는 물품을 구입하는 때로서 각 상점이 운용하는 자금은 수천원이었다. 금년에 무한이 전쟁에 휩싸여 매출이 줄어들고, 장강운수 또한 군사의 영향을 크게 받아 장사가 안 되고 경제 곤궁이 절박하게 다가오니, 비록 상해의 상업이 전쟁의 직접 손실을 받지는 않았지만 이런 판매망의 두절, 재난은 실로 예전에 없던 일이다.[9]

구강에서 상해에 이르는 상운(商運)도 정체되어 상해와 구강 간 화물수송이 중단되었으며, 9월 20일 이후 구강과 상해 간 어음교환이 정지되었다.[10] 운수업의 경우 중국 상선은 운항이 거의 불가능했던 데 반해 서양 상선은 부분적으로 운항이 가능해 5·30운동으로 심한 타격을 받았던 외국상선이 다시 진출하는 계기가 되었다. 중국 윤선의 월수입은 매월 60만원에서 9월 들어 18만원으로 하락한 반면 외국상선은 이 기회를 틈타 운임을 높여 이득을 높이고 있었다.[11] 또한 10월 들어서는 전선의 확대와 하초의 상해 진격에 따른 전란으로 내 하항선이 마비되어 절강성의 쌀이 상해로 들어오지 못하여 쌀값이 폭등하였다.[12] 결국 쌀값을 안정시키기 위해 대량의 쌀을 수입하지 않을 수 없었으며, 쌀값은 11월 중순 이후에야 점차로 안정세를 찾아갔다.[13]

---

9) 「滬南商業受滬漢戰事影響」, 『民國日報』 1926. 9. 16.
10) 「贛滬商運完全停頓」, 『民國日報』 1926. 9. 24. 상해-한구 간 은 유통과 상해-구강 간 은 유통에 관해서는 李昇輝 「北伐期 上海商工階層의 政治的 對應」, 閔斗基 編 『中國國民革命運動의 構造分析』(서울 1990) 83면의 주 20과 21 참조. 은 유출입에는 정치적인 요소도 작용하여 한구와 구강의 조계가 회수되자 대량의 은이 상해로 빠져나왔다.
11) 「滬南商業受滬漢戰事影響」, 『民國日報』 1926. 9. 16; 「華商江輪之戰事影響」, 『民國日報』 1926. 10. 15; 「商帮協會再電發還江輪」 『民國日報』 1926. 11. 19.
12) 「米價昨又突漲」, 『民國日報』 1926. 10. 5; 「米價受軍事影響」, 『民國日報』 1926. 10. 21.
13) 「米價昨跌三角」, 『民國日報』 1926. 11. 20.

표5 1920년대 상해의 쌀 수입액 (단위: 파운드)

연도	쌀 수입액	연도	쌀 수입액
1924	200,000	1927	120,000,000
1925	210,000,000	1928	80,000,000
1926	300,000,000	1929	40,000,000

출전 羅玆 墨菲『上海—現代中國的鑰匙』, 上海社會科學院 歷史硏究院 編譯(上海人民 1986) 175면.

북벌로 인한 혁명정세는 수출입, 물가, 금값, 외환 등에도 영향을 끼쳐, 1926년 10월을 기점으로 소비자 물가, 수출 물가, 금값 등이 계속 상승하였다. 1926년 9월에 164.2였던 물가지수가 10월에 171.1로 급등하였고, 외환의 경우에도 규은(規銀) 100량당 외환 시세가 북벌이 시작된 1926년 7월을 경계로 떨어지다가 10월에 급격히 하락하였다.[14]

표6 1926~27년 상해의 물가지수

연월	26년 1월	2월	3월	4월	5월	6월
지수	164.0	162.0	164.4	162.8	158.7	155.8

연월	7월	8월	9월	10월	11월	12월
지수	156.9	160.5	164.2	171.1	174.4	172.0

연월	27년 1월	2월	3월	4월	5월	6월
지수	172.8	172.0	174.7	173.1	171.3	169.3

출전 『上海總商會月報』 6卷 1號(1926. 1)~7卷 6號(1927. 6)의 통계.

---

14) 李昇輝, 앞의 글 82~83면.

표 7 1926~27년 상해의 수출입 물가지수 (1912. 2=100)

연월	26년 1월	2월	3월	4월	5월	6월
수출	149.8	150.2	149.9	149.6	145.0	148.8
수입	147.8	149.9	150.3	150.7	149.5	148.3

연월	7월	8월	9월	10월	11월	12월
수출	150.1	150.8	153.2	161.3	168.1	166.2
수입	148.4	149.0	151.1	154.0	158.3	157.5

연월	27년 1월	2월	3월	4월	5월	6월
수출	167.0	165.7	171.0	172.2	171.5	171.8
수입	157.3	157.6	158.9	162.1	161.9	162.5

출전 『上海總商會月報』 6卷 1號~7卷 6號의 통계.

중국과 상해의 수출입 또한 1926년에 격심한 변화를 겪었다. 중국 산업발전의 주축이었던 면방직업에서 수입 면포의 양이 1926년 들어 급증하였다. 상해 역시 1925년 5・30운동에 의한 수입의 격감 이후 북벌시기인 1926년에는 수입이 격증하였다.

표 8 1920년대 중국의 수출입 (단위: 海關兩)

연도	수입	수출	총액	비교
1924	1,018,211	771,784	1,789,995	-246,427
1925	947,865	776,353	1,724,218	-171,512
1926	1,124,221	864,295	1,988,516	-259,926
1927	1,012,932	918,620	1,931,552	-94,312
1928	1,195,969	991,355	2,218,324	-204,614

출전 徐雪筠 等 譯編 『上海近代社會經濟發展槪況(1882~1931)』(上海社會科學院 1985) 350면.

표 9 1924~30년 수입 면포량 (단위: 海關兩)

연도	수입액	연도	수입액
1924	152,239,610	1928	170,345,444
1925	154,433,082	1929	161,345,434
1926	174,519,001	1930	154,234,124
1927	134,307,375	1931	166,968,285

출전 中國社會科學院 經濟硏究所 主編 『上海市綿布商業』(中華書局 1979) 94면.

표 10 1920년대 상해의 수출입 (단위: 海關兩)

연도	수입	수출	총액	비교
1924	301,201,236	276,454,921	577,656,157	-24,746,315
1925	259,040,789	306,185,443	565,226,241	+47,144,654
1926	387,416,904	361,899,940	/49,316,844	25,516,964
1927	294,107,879	330,506,047	624,613,926	+36,398,168
1928	371,337,504	362,220,148	733,557,652	-9,117,356

출전 李昇輝「北伐期 上海商工階層의 政治的 對應」, 閔斗基 編『中國國民革命運動의 構造分析』(서울 1990) 81면.

상해 경제의 특성 때문에 북벌이 상해 경제에 치명적인 충격을 주지는 못했지만,[15] 동요를 가져온 것은 분명했다.[16] 전쟁 가능성의 증대와 상해 사회

---

15) 상해 경제는 중개무역을 통해 전국의 항구와 연결되었기 때문에, 물자부족과 같은 경제 문제는 수입을 통해 해결할 수 있었다. 그 단적인 예가 쌀의 수입이었다.

16) 이승휘는 북벌에 의한 혁명적 정세가 상해 상공계층의 동요를 야기하지 않았다고 설명하면서, 중국의 수출입 상황, 수입면포 상황, 상해의 수출입, 공장 개설수를 분석하여 그 증거로 삼았다. 그러나 1925년에 수입이 격감한 것은 5·30운동의 영향 때문이고 북벌이 시작된 1926년 경우에는 수입이 격증하여 1925년에서 29년 사이에 최고치의 무역적자를 나타냈다. 상해 공장 개설수의 경우 1927년에만 243개가 신설되어 투자가 활발했으며 특히 방직공장의 경우 84개의 공장이 신설되었다고 이승휘는 설명했으나, 1927년 당시에 상해의

의 경제적인 동요는 상해 시민의 우려를 자아냈으며, 상해인들은 모종의 조치를 취하지 않을 수 없었다.

2. 상해 자치운동과 동향네트워크

상해인들은 전쟁의 위험에 대처하기 위해 움직이기 시작했다. 전쟁 난민이 상해로 몰려들면서 사회문제를 가중시키고, 경제 혼란이 심해지는 것을 보고 있을 수만은 없었다. 결국 상총련회와 전절공회(全浙公會)[17]는 상해가 전쟁터가 되는 것을 막기 위해 화평운동의 기치를 들고 나왔다.

화평운동과 자치운동은 손전방 지배하의 강서지역이 전쟁터가 되는 9월을 기점으로 상해 시정부가 설립되는 1927년 3월까지 3단계를 거치면서 추진되었다.[18]

방직공장은 단지 73개에 지나지 않았다. 결국 대다수가 도산했다고밖에 생각할 수 없다. 또한 이승휘는 1927년의 경제성장을 공통적으로 언급하였는데, 1927년은 4·12가 발생한 해여서 청당 이후 상해에 노동쟁의와 정치적 분쟁, 전쟁의 위협이 감소한 상황이었다. 따라서 북벌시기의 혁명적 정세와 1927년의 공장 개설수를 연관시켜 언급하는 것은 신중을 기해야 한다고 생각한다.

17) 전절공회는 1920년대 초반 연성자치운동의 기반으로 성립된 후 계속적으로 화평운동 및 자치운동을 추진하였다. 전절공회의 성립과 구성, 활동 등에 관해서는 笠原十九司「上海市政府の成立基盤」, 中國現代史硏究會 編『中國國民政府史の硏究』(東京 1986) 참조

18) 상해 사회의 자치운동과 시민정부의 건립에 관한 논문인 卞杏英·許玉芳「試論上海特別市市民政府的蘊釀與建立」, 『上海師範大學學報: 社科版』(1984. 4)에서는 1단계를 1926년 9월 중공이 자치운동을 영도하기 시작하여 자산계급 방식의 자치정부 건립을 요구하는 때까지로 잡았다. 2단계는 1926년 12월 시민공회에서 상해시 임시혁명위원회의 성립까지로 상정하여, 자산계급이 중심이 되고 노동자가 혁명위원회에 참여했다고 한다. 3단계는 1927년 3월 시민대표회의 소집에서 시민정부의 건립까지로, 노동자가 주체가 되고 자산계급·소자산계급이 참가한 시민정부의 건립까지로 설정했다. 그러나 화평운동과 자치운동은 그 성격이 엄연히 다르다. 자치운동은 화평운동의 미온적 태도와 장개석과 손전방에 대한 등

114

1단계의 화평운동은 상총련회와 전절공회가 주축이 된 동남화평운동(東南和平運動)을 중심으로 전개되었다. 9월 4일 복건로(福建路), 문감사로(文監師路) 상련회가 상해의 주요 단체와 연락하여 상총련회에 화평운동을 일으킬 것을 건의한 이후 5일에는 오로상련회(五路商聯會)가 화평을 주장하였다.[19] 상총련회는 '중요회의'를 개최하여 화평운동안을 토의에 부쳤다. 토의과정에서 기존의 통전(通電)방법은 효과가 적으므로 좀더 효력 있는 방법을 강구해야 한다는 주장이 나왔다. 결국 우중함(虞仲咸)의 의견을 채택하여 손전방, 장개석, 장작림 등에게 통전하여 화평을 주장하였다.[20] 상총련회의 핵심 간부들은 동향단체인 전절공회에 참여하여 동남화평운동에 관여하는 동시에 총상회, 현상회, 갑북상회 등의 단체에 연합활동을 요청하기도 했다.[21]

한편 전절공회는 9월 14일에 화평 관철을 위한 대규모 민간단체를 조직하기 위해 유호동남오성(遊滬東南五省)의 명사를 모아서 민치(民治)를 주장하였다.[22] 10월에 오성연군(五省聯軍)과 국민혁명군 사이에 남창-구강 간 철도 쟁탈전이 확대되고 강서성이 격전지가 되자 화평운동도 급진전하여 10월 12일에 전절공회가 20여 단체를 소집하여 영파동향회에 모여 '동남화평

거리 입장에서 벗어나 정권인수의 문제를 본격적으로 취급했기 때문에, 자치운동 시점이 시기 설정의 기준이 되어야 한다고 생각한다. 또한 시민공회의 폐쇄 이후 상총련회와 삼성연합회는 거의 활동을 하지 못하였으며 총공회가 독자적인 행동노선을 강화하여 2차폭동을 추진했기 때문에, 이 당시까지를 자산계급이 중심이 된 활동이라고 파악하는 것은 무리이다. 더구나 2차폭동은 국민당과 시민공회 쪽에 거의 양해를 구하지 않고 독자적으로 실시되었으며, 2차폭동 당일 상해구위(上海區委)가 만든 상해시 혁명위원회는 자산계급이 중심이 된 것은 아니다. 따라서 1단계는 화평운동 추진, 2단계는 자치운동에서 시민공회의 활동 중지까지로 설정되어야 하며, 3단계는 노동자가 중심이 된 2차폭동과 3월의 시민대표대회의 소집, 시민정부의 건립으로 잡아야 한다고 생각한다.

19)「商聯會呼籲和平」,『民國日報』1926. 9. 5;「不絶如縷之和平」,『民國日報』1926. 9. 6.
20)「商總會重要會議」,『民國日報』1926. 9. 6.
21)「民衆主張之一班」,『民國日報』1926. 10. 19.
22)「東南人士奔走和平運動」,『民國日報』1926. 9. 15.

운동연합회(東南和平運動聯合會)'를 발족시켰다. 연합회는 선언에서 "화평을 실현하는 것은 주권재민을 실천하는 것이며 각 성 정권을 국민에게 되돌려주는 것이 주지"임을 표명하였다. 또한 "양군(兩軍)의 입장을 절충할 화평조건으로 정전, 철병, 완충지대의 설정"을 주장하였다.[23]

11월 들어서서 혁명군의 구강-남창 점령에 의해 손전방 지배체제가 동요하고 전쟁국면이 점점 강절지역으로 옮겨오자 화평운동은 급진전하여 자치운동으로 발전하였다. 자치운동은 화평운동의 연장선상에서 발전해왔기 때문에 상총련회와 전절공회가 여전히 활동의 주도권을 행사했다. 상총련회는 11월 10일 긴급선언을 발표하여 민국 이후 계속된 무력충돌과 전쟁이 강소성의 공상 각계에 끼친 피해를 언급하면서 봉로군(奉魯軍)의 남하 반대와 "상해를 특별시로 설정하고 시민이 시민회의를 조직해 시정을 관리하는 자치시정부를 수립하고, 국민회의를 소집하여 국가의 방침을 결정하자"고 주장하였다.[24]

상총련회의 긴급선언은 사회 각계에 커다란 반향을 일으켰다. 발표 다음날부터 각 일간지에는 상총련회의 주장에 찬성하는 국민당 강소성 당부, 상해 시당부, 총공회, 각계 여성연합회, 각 단체연합회 등의 지지 전보를 시작으로 각로(各路) 상회, 노동조합, 국민당 지부조직 등의 찬성과 지지 표명이 연일 계속되었다.[25]

---

23) 「二十餘團體組織東南和平運動會」, 『時報』 1926. 10. 13.

24) 이 회의는 남경로(南京路), 한구로(漢口路), 오마로(五馬路), 사천로(四川路), 호북육로(滬北六路), 절강로(浙江路), 서장로(西藏路), 구강로(九江路), 문감사로(文監師路), 호북해구로(湖北海口路), 강서로(江西路), 해녕로(海寧路), 복건로(福建路), 산서로(山西路), 신갑구로(新閘九路), 화덕로(華德路) 등의 상총련회 산하 각로상계연합회에 의해 요청되었으며 30여명 정도가 참가했다. 「商總會對時局表示」, 『時報』 1926. 11. 11.

25) 상총련회 주장에 호응한 단체는 「贊同商總會對時局表示」, 『時報』 1926. 11. 12;「各團體紛起作時局表示」, 『時報』 1926. 11. 13;「時局主張各團體歸於一致」, 『時報』 1926. 11. 14;「民黨促各界進行時局主張」, 『時報』 1926. 11. 15;「贊同商總會時局主張又有數團體」, 『時報』 1926. 11. 17 참조.

116

한편 상총련회와 함께 자치운동을 선도했던 전절공회도 11월 10일 같은 내용의 선언을 발표했다. 그 내용은 "삼성(三省) 인민이 자치정부를 조직하여 손전방, 장개석 쌍방에 군사행동의 정지"를 요청하고 "상해에서 군대를 철수시켜, 이후 병사 주둔을 허락하지 않는 특별구역으로 한다"는 것이었다.[26] 그리고 11월 14일에는 신소공회(新蘇公會), 안휘공회(安徽公會)와 함께 '소절환(蘇浙皖) 삼성연합회(三省聯合會)'를 결성하고, 강소·안휘·절강 삼성의 민치와 상해의 민치를 선언했다. 더불어 손전방은 강절지역에 대한 통치권이 없음을 선언하였다.[27] 이들이 손전방과 함께 장개석의 군사도 주둔할 수 없는 특별구역의 설치를 주장하고 있는 점이 눈에 띈다.

상총련회와 전절공회의 화평운동에서 최우선 과제는 상해 사회의 안정과 경제안정이었다. 이들은 손전방·장개석과 등거리를 유지하였으며 강절지역에서 전쟁이 일어나는 것을 막기 위해 통전하는 데에 열중하였다. 이들의 최대 관심사는 전쟁 회피였기 때문에 이념적·감성적 호오(好惡)를 불문하고 특정인이나 특정 정당에 대한 지지를 표방하지 않았다. 이러한 태도는 북벌군이 상해로 접근하고 중공이 자치운동의 주도권을 장악할 때까지 지속되어 상총련회의 11월 전문(電文)에서도 그런 의향을 표방했으며, 1926년 11월 28일 상해시 자치문제를 토론한 각 단체·정당 연석회의에서도 손전방이나 봉로군, 북벌군의 간섭을 배제하여 '지역자치'를 추진하였다.[28] 비록 10월 초순에 상총련회가 국민당의 요구에 호응하여 시정 참가단을 보내게 되지만, 이는 국민당의 요청에 마지못해 응한 느낌을 지울 수 없으며, 광동 시찰

---

26) 『申報』 1926. 11. 11.

27) 「皖蘇浙聯合會委員會成立」, 『民國日報』 1926. 11. 23; 「皖蘇浙聯合會自救三省之表示」, 『民國日報』 1926. 11. 24.

28) 「上海各團體政黨集議自治組織」, 彭明 主編 『中國現代史資料選輯』 第2册(北京: 人民大學出版社 1988) 335면. 상해 각 단체, 각 정당의 대표연석회의에서 강소는 강소 인민의 것으로 상해 자치의 총기관으로 조직한 공상학연합회가 모든 군사, 외교를 주재하며 상해의 수입은 상해의 건설에만 사용해야 하며 어떤 방면에서도 빼쓸 수 없다고 하였다.

도 북벌군에 대한 화평 교섭이 중요한 목적이었다.[29]

1926년 후반의 통전과 선언에서 알 수 있듯이 상해의 화평운동과 자치운동은 상총련회와 전절공회가 중심이 된 삼성연합회가 운동의 주도권을 행사했다. 그렇다면 이전에 상해 사회 명사들의 모임이자 대상인들의 집합체로서 활발한 사회활동을 해오던 총상회는 어디로 갔는가? 5 · 30운동 당시에 활약했던 총공회는?

총상회는 1926년의 회동선거로 심각한 내부분열에 휩싸였다. 총상회 회동이 여태까지의 관례를 깨고 지역적인 안배 등을 전혀 고려하지 않은 채 부소암의 사적 인맥을 중심으로 구성되었기 때문이다. 이후 회동선거에 불만을 가진 회원들은 총상회와 거리를 두기 시작했다. 총상회는 이미 각 동향방, 혹은 각 동업집단의 이익을 대변하는 '공적' 기능을 수행할 능력을 상실했던 것이다. 더욱이 1926년 회동선거로 등장한 부소암파는 자치운동에 참가하는 것을 거부하는 등 반손전방 활동에는 일체 참여하려 하지 않았다. 결국 자치운동을 추진하려면 총상회를 대체할 새로운 기관이 필요했다.

또 하나의 중요 단체였던 총공회는 5 · 30운동 이후 봉계군벌(奉系軍閥)과 손전방의 탄압으로 활동이 위축되어 있었다. 1926년 이후 일본 자본가를 필두로 한 공장폐쇄 전술에 대해 총공회는 대응책을 마련하지 못하고 있었다. 이러한 상황에서 총공회는 진아당사건을 계기로 새로운 전기를 마련하고자 8월 20일에 상해의 일본기업에서 총파업을 일으키도록 명령을 내리고, 총파업투쟁이 여러 계급이 참가하는 민족운동으로 발전해갈 수 있도록 총상회와 상총련회에서 대일 경제절교로 호응해줄 것을 기대하였다.[30] 그러나 총상회는 말할 것도 없고 상해 대일시민화교회(對日市民華僑會)와 더

---

29) 「商總會赴粵代表出發」, 『民國日報』 1926. 9. 25. 당시 『민국일보』 기사에 의하면 국민당은 상총련회에 시정참가단을 계속 요구하였으나 상총련회는 상당히 미온적인 태도를 보이고 시일을 계속 연장하다가 왕한량(王漢良)을 먼저 파견하였다.

30) 「上海日廠工人反日罷工」, 『嚮導週報』 169(1926. 8).

불어 '진안연석위원회(陳案聯席委員會)'를 조직하였던 상총련회조차 총파업과 '진아당안(陳阿堂案)'을 분리하여 해결할 것을 주장하였으며, 국민당 시당부 대표의 반대까지 더해져 총공회의 활동은 뜻대로 진행될 수 없었다. 이 때문에 총공회는 해고자 240명이라는 큰 희생을 치르고도 9월 16일 파업을 중지하지 않을 수 없었다.[31] 바로 이런 이유로 상총련회와 강소·절강·안휘 동향회 중심의 삼성연합회가 운동의 주도권을 행사했다.

총공회와 중공 측에서도 상총련회와 삼성연합회가 자치운동의 주도권을 쥐고 있음을 인정하였는데, 나역농(羅亦農)은 폭동동원 및 행동대강에서 "이번 변동은 상해 시민, 상인이 상황을 만든 것이지 노동자나 국민당이 한 것이 아님이 명백하므로" 이번 운동을 통하여 "우리들은 단지 민중의 자유를 구할 뿐 지나친 욕심을 부려서는 안 된다"고 주장하였다. 10월 19일의 상해 구위(上海區委)의 선전대강에는 "자산계급을 도와" 상해 시정부를 건립해야 하는데 "우리의 목적은 단지 민중의 집회, 결사, 언론, 출판의 사유를 획득함으로써 우리들의 선전과 조직을 확대하는 것이다"라고 표현하였다.[32] 진독수 또한 "이번의 상해 및 동남 삼성의 자치운동은 명확히 자산계급 성질의 민주운동이다"라고 평가하면서 자산계급의 주도권을 인정하였다.[33]

삼성연합회와 상총련회는 자치운동에서 경쟁과 연합이라는 양 측면을 모두 드러냈다. 우선 삼성연합회의 시국주장과 상총련회의 시국주장을 비교해 보면 시기와 내용 면에서 상당한 유사점이 드러난다. 11월 10일에 상총련회와 전절공회가 자치시 건설을 주장한 데 이어, 14일에는 삼성연합회가 상해를 자치시로 만들자고 주장했다. 어떻게 비슷한 의견이 거의 때를 같이하여 나올 수 있었던 것일까? 아마도 당시 상해인들이 공통적으로 느끼던 감정을

---

31) 「社會運動の休止狀態」『滿鐵調査月報』6卷 10號(1926. 10. 25); 金子肇 「上海資本家階級と上海商業聯合會─四·一二クーデタ-をめぐって」, 『史學硏究』168(1985) 30면.

32) 卞杏英·許玉芳, 앞의 글 22면.

33) 「孫傳芳敗後之東南」, 『嚮導週報』180(1926. 12).

대변하는 역할을 했기 때문일 것이다. 그러나 이런 공통적인 열망과 감정은 어떻게 교환되고 수렴되었는가?

당시 상해인들의 의견이 교환되는 창구로는 동향단체가 여전히 중심적인 역할을 하고 있었다. 화평운동을 위해 9월 14일 전절공회가 소집한 유호동남 오성 명사 회합과 10월 12일 영파동향회에 모였던 20여 단체의 면면을 살펴 보면, 전절공회·복건동향회·안휘동향회·강서동향회·소흥동향회 같은 동향단체가 중심이 되고, 거기에다 강소성교육회와 상총련회·갑북상회 같은 지역을 위주로 한 단체가 참여하고 있었다.[34]

삼성연합회 결성에서도 동향단체가 마찬가지로 중요한 역할을 수행했다. 삼성연합회는 "본회는 삼성에서 추거(推擧)된 12명의 위원이 회무를 분담한다"라는 간장(簡章)에 따라 위원을 선출하였는데, 각 위원의 선출주체가 바로 동향단체였다. 전절공회는 소흥(紹興), 온주(溫州), 가흥(嘉興), 항주(杭州) 등의 동향회 대표 41인을 영파동향회에 소집하여 연석회의를 열고 투표를 통해 위원을 선출했다.[35] 전환공회(全皖公會)의 경우는 안휘성에 군벌이 주둔하여 반군벌·민치 주장에 참여하기 어려운 사정이었음에도 불구하고, 안휘여호동향회(安徽旅滬同鄕會)가 선출 모체로 참여했다.[36] 신소공회(新蘇公會)는 동향회를 아우르는 힘이 상대적으로 약했지만, 동향 명사들을 일정 정도 포섭했다.[37]

또 한가지 흥미로운 것은 전절공회나 신소공회, 그리고 그 연합체인 삼성 연합회에 지역 명사들이 대거 참여하였는데, 그중에 이전에 총상회에서 큰 역할을 하던 우흡경, 왕효뢰(王曉籟), 진광보(陳光甫), 오온제(吳蘊齊), 임강

---

34) 「東南和平運動會之組織」, 『民國日報』 1926. 10. 13; 「二十餘團體組織東南和平運動會」, 『時報』 1926. 10. 13.
35) 「浙同鄕會之聯席會議」, 『民國日報』 1926. 11. 22.
36) 「皖同鄕會昨日開會紀」, 『民國日報』 1926. 11. 22.
37) 「新蘇公會理事會紀」, 『民國日報』 1926. 12. 9.

후(林康侯), 심전신(沈田莘) 등이 눈에 띤다는 점이다. 이들은 총상회가 부소암의 개인단체로 전락하여 손전방과 결탁한 이후로 총상회와 거리를 두면서 오히려 반손전방 행동에 일치된 활동을 보이고 있었다. 그리고 그들이 결집하는 중심에는 동향네트워크가 있었다.

삼성연합회의 구성에서 알 수 있듯이, 당시 상해 사회의 의견을 첫번째로 수합하고, 이를 확산시키는 역할을 한 것은 동향단체였다. 동향회의 의견은 연합체(이 당시는 삼성연합회)가 결집하여 표출하는 형태를 띠고 있었다. 동향회는 자치운동의 중심축이었던 다른 사회단체와도 연결되어 있었는데, 상총련회의 활동가가 전절공회에서도 중요한 역할을 하여 양자는 서로 중복되는 양상을 보였다. 삼성연합회 위원 가운데 약 1/3이 상총련회 관련자였다.[38] 바로 이런 점 때문에 상총련회와 전절공회, 그리고 삼성연합회의 의견은 비슷한 형태로 발표될 수밖에 없었고, 이런 의견결집과 활동의 배후에는 각 동업・동향단체가 있었다. 상해의 중요 문제에 관한 의견을 동향단체에서 수렴하고, 이를 동향단체의 연합체, 혹은 근대적인 모습을 띤 단체가 발표하는 양상은 그 이전과 별다른 변화가 없었다.[39] 따라서 동향회와 동향회의 활동이 유지되는 한 동향네트워크를 무시하고, 어떤 이념이나 특정한 계층에만 의거한 운동은 실패할 가능성이 높았다. 1926년 9월에 중공이 추진한 1차폭동이 실패한 원인은 사회의 지지 획득 실패,[40] 구체적으로는 동향단체와 연결된 상해 사회의 여론형성 구조를 무시했기 때문이었다.

동향단체나 동업단체가 상해 사회 여론형성의 저변을 이루고 있다는 사실은 상해특별시 조직대강의 확정과정에서도 드러났다. 손전방의 상해 지배가 동요하는 가운데 자치시 설립을 상해 사회의 목표로 설정하고, 사회 각계는 자치시의 모습을 구체화하기 위한 조직법 마련에 들어갔다. 상총련회는 11

---

38) 笠原十九司, 앞의 글(1986) 125~26면의 표3 참조.

39) 졸고 「1920年代 上海의 同鄕關係와 社會團體」, 『歷史學報』 164집(1999. 12).

40) 羅蘇文 「1920~1927年國共兩黨在上海的政治影響」, 『上海研究論叢』 4輯(1989) 153면.

월 20일에 의동정기회(議董定期會)를 개최하여 왕한량(王漢良) 등 9명을 특별시 대강위원으로 선출하고,[41] 22일에 초안을 중간 발표했다.[42] 상총련회 안은 다음과 같았다.

① 송호특별시는 입법기관으로서 시의회를 설치하여 의원은 50명으로 구성하며, 반수는 시민의 직접선거로 선발하고 반수는 공상학(工商學) 등의 각 공회(公會)에서 선출한다(제2장). ② 시의회 의원의 선거권은 상해시에서 1년 이상 거주한 20세 이상의 직업을 가진 자로서 직접세(방연 房捐 등)를 1년 이상 납부하고 신문을 읽을 수 있는 자(제4장). ③ 송호특별시의 행정기관으로서 시행정회를 설치하고 시행정회에는 시장을 두고, 시장은 시민이 직접 선거하며 파면권을 가진다. 시행정회원은 유식자(有識者) 중에서 시장이 공개시험에 의해서 선출한다(제5장).[43]

상총련회 초안의 특징은 시장의 민선, 그리고 시의회 의원을 시민과 직업 단체가 각각 반수씩 선출해 구성하도록 한 점을 들 수 있다.

또 하나의 중요 단체였던 삼성연합회는 12월 1일 5명으로 구성된 상해특별 시 조직대강 기초위원을 선정하고 조직 초안을 마련했다. 12월 6일 시민공회 성립대회에 제출한 삼성연합회의 특별시 초안은 삼성연합회 조직 구성의 특 징이 반영되어, 동향단체와 직업단체에 강조점이 두어졌다.

① 상해시는 송호상부(淞滬商埠)가 원래 정한 구역을 시구역으로 한다. ② 시입법기관은 직업단체, 지방단체가 선출한 20~30명으로 임시시의회를 구성한다. ③ 시행정기관은 위원 7~11명을 임시시의회의 선출로 구성하며, 행정위원의 직무 배분은 임시시의회가 의논하여 정한다. ④ 시구역 내의 공안(公安)

---

41)「商總聯會開會紀」,『民國日報』 1926. 11. 22.
42)「商總聯會擬就上海特別市組織大綱」,『民國日報』 1926. 11. 23.
43) 같은 글.

은 경찰과 보위단이 맡고, 시구역 내에 병사 주둔을 허용치 않으며 병공창(兵工廠)은 폐지한다.[44)]

한눈에 보아도 알 수 있듯이, 삼성연합회는 동향단체와 직업단체가 시의회를 구성하고, 이들이 시 운영의 중핵을 담당하도록 제도화하려는 의도를 명확히했다. 반면에 상총련회는 시민의 직접참여를 강조하는 분위기가 역력하다.

상총련회와 삼성연합회는 동향단체를 매개로 서로 연결되고 비슷한 의견을 제시하였지만, 구체적인 행동양태에서는 차이가 있었다. 전절공회가 동남화평운동연합회를 구축하고 있을 때에 상총련회는 별개의 조직으로 송호화평유지회(淞滬和平維持會)를 구성한다거나,[45)] 자치시 초안에서도 직접선거와 동향단체에 의한 선출이라는 명백한 차이점이 보인다.

이런 차이점은 양자의 소식기반과 관련이 있다. 상총련회는 지역에 기반을 둔 중소상인의 모임으로서 지방단체(동향단체)의 영향을 받을 가능성이 적었고, 중소상인이라는 사회적 위치 때문에 동향회에서 새로 구성될 시의회의 대표자를 선출할 경우 대표로 선출될 기회가 상대적으로 적었다. 동향단체는 비록 각 동향인들의 모임이었음에도 불구하고 재정적인 기여도가 큰 인물들이 권한을 행사할 가능성이 항상 열려 있었던만큼 중소상인들이 동향회를 통해 자신들의 정치적 입지를 높이기는 쉽지 않았을 것이다. 따라서 5·4운동 이래 상총련회를 위시한 상련회들이 주장해온 정당한 시민권을 누리기 위해서는 방구연합적 구도를 타파하고 민권에 입각한 개인적 정치참여의 신장이 뒷받침되어야 했다. 따라서 그들의 시의회 구성안은 직접선거와 각 공단이 선출한 대표로 구성한다는 내용이 중심을 이루었고, 이는 이른

---

44) 「三省聯合會拒孫傳芳南下」, 『民國日報』 1926. 12. 2; 「三省聯合會討論特別市案」, 『民國日報』 1926. 12. 7.
45) 「民衆主張之一斑」, 『民國日報』 1926. 10. 19.

바 사회적 약자가 정치권력에 접근할 수 있는 방법이었다. 상총련회는 중소 상인들이 자신들의 민권을 신장하고, 전통적인 '자율'질서를 대체하는 또다른 자율질서를 지향했다는 데 긍정적인 의의를 부여할 수 있을 것이다. 동향 네트워크가 주도하던 사회에서 새로운 움직임도 싹트고 있었다.

삼성연합회와 상총련회가 서로 보완·갈등하면서 발전시켜온 자치운동은 12월에 전시민을 망라하는 조직으로 통합되었다. 강서전투에서 손전방이 패배하면서 동남 오성을 지배하던 손전방 지배체제가 심하게 흔들렸다. 자치운동은 그에 비례하여 더욱 활발하게 움직였다. 이런 객관적인 조건을 바탕으로 9월 중순 이후 송호경찰청(淞滬警察廳)에 의해 봉쇄되어 있던 상해 총공회가 11월 말에 스스로 봉쇄를 풀고, 공개적으로 활동을 시작했다.[46] 그리고 전국학생총회와 상해학생총회도 공개활동을 시작했다.[47] 이는 5·30운동 때에 활약했던 공상학연합회(工商學聯合會)의 재개 조건이 갖추어졌음을 의미했고, 결국 11월 28일 상해 각 단체연합회의 호소로 거행된 '반봉로군 시민대회'는 봉로군의 철수 및 상해를 특별시로 하여 공상학 각계가 자치시 정부를 조직한다는 등의 활동방침을 결의하고 공상학연합회의 기치를 다시 올렸다.[48] 그리고 12월 3일에 공상학연합회는 시민공회로 개칭되었다.[49]

한편 삼성연합회는 12월 4일 각 단체 연석회의를 소집하여 자치운동 추진에 관해 토론했다. 이 자리에서 5일로 예정된 시민대회 거행 안건을 토의

---

46) 「總工會今日起公開辦公」, 『民國日報』 1926. 11. 30; 「總工會昨已公開辦公」, 『民國日報』 1926. 12. 1.

47) 「學總會昨開委員會」, 『民國日報』 1926. 11. 21; 「學生聯合會代表大會」, 『民國日報』 1926. 11. 22.

48) 「熱烈奮發之反奉魯軍市民大會」, 『民國日報』 1926. 11. 29.

49) 「回復工商學會之集議」, 『民國日報』 1926. 12. 4. 조직기초위원은 오배인(鄔培因, 商界), 임균(林鈞, 學界), 왕수화(汪壽華, 工界)로 구성되었으며 임시간사는 상총련회의 지도자인 여화룡(余華龍)과 만영경(萬永卿, 總工會), 정정훈(鄭鼎勛, 上海學聯), 유영간(劉榮簡, 全國學聯) 등이었다.

하고, 시민공회 가입을 결정했다.[50] 실질적으로 상해 사회의 명망가 및 동업·동향단체를 기반으로 하고 있던 삼성연합회를 배제하고는 운동을 통일적으로 수행하기 힘든 상황이었기에 시민공회측에서도 적극적으로 삼성연합회를 끌어들일 필요가 있었다. 일찍이 상해구위는 '삼성연합회는 지위가 있고 각계의 인물이 모두 모여 있으니 반드시 연합해야 한다'는 인식을 가지고 있었고, 이런 생각은 여타 단체도 비슷했을 것이다.

　12월 6일 상해특별시 시민공회가 성립되고, 성립대회에서 조직을 정비하고 간장(簡章)을 결정했다. 간장에서는 "본회는 상해특별시의 시민자치를 실현하고, 시민의 복리를 꾀하는 것을 종지로 한다"라고 선언했다.[51] 상해의 모든 계층이 시민공회로 결집하는, 명실공히 시민 전체의 운동체가 형성된 것이다. 아울러 시민공회는 상총련회와 삼성연합회가 제출한 시정부안을 검토하고, 삼성연합회안을 채택했다. 삼성연합회를 중심으로 한 동향단체의 영향력이 확인되는 시점이자, 상해 사회 내에서 동향단체나 상인 중심의 직입단체의 영향력을 그대로 제도화하려는 시도였다고 볼 수 있다. 이로써 시민공회에서 삼성연합회의 주도권이 강화되었다.

　시민공회는 상해 시민 전체의 대표자로서, 구체적인 자치시 건설방안 및 실행방안을 준비해나가기 시작했다. 12월 12일 시민공회는 제2차 시민대회를 개최하여 각 단체의 공동주장을 세 가지로 정리해 발표했는데, 그 내용은 ① 상해를 특별시로 하고 시민자치를 실행하지 않으면 납세를 거부한다, ② 봉로군의 남하를 거절한다, ③ 상해특별시 시민공회는 상해특별시 정부조직을 준비한다는 것이었다.[52] 그리고 12월 16일 긴급회의에서는 절강성의 자치운동에 호응하는 한편으로 상해 자치시의 실행방법으로서 "각계에 통고하여 파업, 수업거부, 철시, 납세거부를 적극적으로 준비하고 필요시

50) 「市民大會決展期」, 『民國日報』 1926. 12. 5.

51) 「特別市市民公會成立」, 『民國日報』 1926. 12. 8.

52) 「市民代表大會決定上海自治」, 『民國日報』 1926. 12. 13.

에 결행한다. 당소의(唐紹儀), 저보성(楮輔成), 왕정연(王正廷), 채원배(蔡元培) 4명이 외교·군사 각계와 상해특별시 추진 문제를 교섭하고, 때가 되면 시민공회가 시정부 위원명부를 의논하여 정하고 시민대회에서 이를 결정, 임시 시정부를 조직한다. 그후 시의회를 소집하여 시민선거를 행하고 정식 시정부를 구성한다"고 결정했다.[53] 시민공회는 사회 상층에서 학생, 노동자에 이르기까지 모든 역량을 사용하여 시정부 건립에 매진하려고 했다.

시민공회는 상해 자치라는 목표 아래 기존의 동향네트워크를 중심으로 한 상해 사회의 운영질서를 '민치'로 제도화하기 위한 전시민적 합의체였기 때문에, 기존 세력들의 연합과 반군벌적 행동이 비교적 쉽게 진행될 수 있었다. 이런 합의에는 계층적 이해기반이 심각하게 작용하지 않았다. 모순의 주된 초점은 상해 사회와 군벌 혹은 제국주의라는 이분법적 대립구도로 진행되었다.

그러나 11월 말에 총공회 등이 공개적인 활동을 하면서, 운동에 새로운 요소가 첨가되기 시작했다. 중공과 총공회는 북벌에 호응하는 형태로서 상해를 선점하기 위하여 총파업체제의 정비와 이를 실행할 수 있는 조직역량을 갖추기 위해 노력하였다. 중공은 1차폭동 실패 이후 자치운동에 참여하는 동시에 총파업을 적극적으로 준비하여 수공업노동자와 점원들 사이에서 조직 확대를 꾀하였다. 수공업노동자와 점원 계층의 분산성에도 불구하고, 중공의 노력에 의해 12월 5일 상해점원총연합회(上海店員總聯合會) 성립대회가 개최되었고, 12월 10일에는 수공업총공회(手工業總工會)가 조직되었다.[54] 조직의 정비와 함께 파업도 빈번하게 일어나『민국일보』와『시보(時報)』의 12월 상해 소식은 거의 파업소식으로 메워져 있었다. 12월 5일경에 저당업 점원의 임금인상운동이 있었으며, 옷가게 점원도 임금인상운동과 함께 파업을 시작해 22일 파업을 종결한 후, 23일에 임금인상운동 승리대회를

53)「市民公會昨晚之緊急會議」,『申報』1926. 12. 17.
54)「店員總聯會成立大會」,『民國日報』1926. 12. 6;「手工業總工會正式成立」,『民國日報』 1926. 12. 11.

개최하였다. 12월 18일에는 미업직원연합회(米業職員聯合會), 23일에는 남화업(南貨業) 점원의 고용조건 개량요구, 24일에는 저당업 점원의 고용조건 개량요구가 터져나왔다. 이러한 상황은 1927년 이후에도 계속되어 1월 11일에는 선시공사(先施公司)의 파업이, 15일에는 영안공사(永安公司)의 파업이 실행되었으며, 24일에는 상해 시민의 일상생활에 가장 큰 위협이 되는 미업직원연합회의 파업이 시작됐다.[55]

중공의 노동자결집을 통한 세력확장책은 시민공회의 통일적 행동에 지장을 초래하기 시작했다. 상총련회 등의 중소상공업자는 자신들의 눈 밑에서 점원과 수공업노동자가 창끝을 겨누는 위험을 감수해야 할 상황이었다. 이는 기존의 상해 사회를 뒷받침했던 집단적 의지로서의 '향의', 그리고 그 결집체로서 상해 사회의 여론과는 다른 새로운 세력의 결집과 대항이었고, 새로운 사회로의 지향이었다. 결국 양자는 상해 자치라는 공통의 목표 아래, 지향점을 달리하는 두 세력이 동상이몽을 행하는 꼴이 되었나.

손전방이 시민공회 지도층을 탄압하면서 이런 대결구도의 역학관계에 변화가 생겼다. 손전방은 봉로군의 남하를 받아들여 상해와 절강을 최후의 거점으로 사수하려 했다. 손전방은 전쟁중에 통치력이 이완된 틈을 타 등장했던 절강 자치운동을 무산시키고, 12월 27일 삼성연합회, 전절공회, 신소공회, 전환공회의 자치운동을 단속하며 70여명의 지도자에 대한 체포령을 내렸다.[56] 그리고 29일에는 채원배, 심균유(沈鈞儒), 양천기(楊天驥), 동강(董康), 왕소(王紹鏊), 은여경(殷汝耕), 포세걸(包世傑) 등을 체포하라는 밀령(密令)을 내려[57] 탄압의도를 확실히했다. 그 결과 시민공회는 거의 활동을 할 수 없게 되어, 1927년 1월 4일의 8차 상무위원회는 활동가 다수가 불참한 상태로 개최될 수밖에 없었다. 결국에는 1월 8일 방술사(防戍司)의 요구

---

55) 橘樸 『支那社會研究』(東京: 日本評論社 1936) 331~34면.
56) 「孫傳芳查拿團體領袖續訊」, 『申報』 1926. 12. 28.
57) 「孫傳芳密令逮捕之名單」, 『民國日報』 1926. 12. 30.

에 따른 프랑스 조계의 조치로 시민공회는 봉쇄되었다.[58] 이로써 대중적 운동기반을 가지고 있던 총공회 등의 활동이 더욱 두드러지게 되었고, 상해 사회는 계급적 이해에 따른 활동이 부각되기 시작했다.

3. '지역'자치운동과 국민혁명

상해의 자치운동은 국민혁명 구상, 그리고 국공합작으로 수행되는 국민당의 북벌에 의한 통일적 정부수립이라는 구상과 일정한 거리가 있었다. 상해인들이 화평운동과 자치운동에 참여하게 된 일차적인 계기는 운동의 발전단계에서도 볼 수 있듯이, 상해 사회의 안전이었다. 1926년 11월 28일에 열린 각 단체·정당 연석회의의 결의내용에서도 알 수 있듯이[59] 화평운동과 자치운동의 목적은 일차적으로 전쟁의 승패 혹은 특정 정파와는 거리를 둔 상해의 지역적 안전과 자신들의 삶의 보호였다. 그 점은 바로 '자치'라는 용어 속에 함유되어 있었다.

'자치'는 분명히 지역적 관점에서 출발한 것임에도 불구하고 국민혁명과 관련될 소지도 있었다. 1926년 9월에 나타나기 시작한 화평 주장은 전쟁의 중지를 주장하여 군벌지배체제를 용인하는 성격을 지녔다. 그러나 11월에 민간인들이 주체가 되어 주장했던 '자치'는 분명히 기존 정권, 즉 군벌체제의 부인이었다. 따라서 이들의 자치운동은 북벌군과 전쟁을 치르고 있던 군벌 손전방의 체제를 약화시키고 북벌군을 지원하는 양상을 띠고 있었다. 바로 이 점이 자치운동이 지역 차원에서 시작됐음에도 불구하고 국민혁명으로 발전할 수 있는 측면이었다.

'자치'라는 구호 속에는 기존 정권, 즉 손전방의 지배를 부인하고 민간인

---

58) 「市民公會常務會議紀」, 『申報』 1927. 1. 5; 「市民公會前晚發封」, 『申報』 1927. 1. 10.

59) 「上海各團體政黨集議自治組織」, 『中國現代史資料選輯』 第2册 335면.

주도의 정부를 수립한다는 의도뿐만 아니라 반제적 성격도 내포되어 있었다. 납세외인회(納稅外人會)가 조계의 운영방침을 결정하고 거주민의 대다수인 중국인이 소외되어 있는 현상은 자치와는 거리가 멀었다. '자치' 구도에는 화계지역에 대한 군벌지배를 부인하는 것뿐만 아니라, 조계 행정에 참여하려는 화인참정운동이 포함될 수밖에 없었다.

조계 행정참여는 중국인들의 오랜 열망이었던바, 1919년에 본격적인 참정운동의 계기가 주어졌다. 1차대전 기간에 성장한 상공인들은 5·4운동의 민족적 열기 속에서 공부국의 중세조치에 반발했다. "대표 없는 곳에 과세 없다"는 구호가 만연했고, 중국인들은 납세실적에 맞는 대표권을 누리길 원했다. 그러나 1919년의 운동은 실질적인 성과를 거두지 못한 채, 납세화인회(納稅華人會)의 구성으로 낙착되었다. 이후 5·30운동 때 참정운동은 또 한 차례의 고조기를 맞았다. 반제분위기 속에서 상해인들은 '화동증설안(華董增設案)'을 집요하게 요구했고, 이러한 노력은 1926년 4월에 3빙의 화동을 납세외인회에 참여시키는 것으로 결실을 맺었다. 이는 상해인들이 공부국, 나아가서는 제국주의 국가로부터 상해 사회의 운영 주권을 되찾으려는 시도의 일환이었고, 그런 의미에서 반제적 성격과 함께 시민운동적인 성격을 지니고 있었다.

이후 북벌과 자치운동이라는 혁명정세를 등에 업고 참정운동은 훨씬 빠르게 발전했다. 1927년 1월 말에 은행공회는 "화동이 참가하는 것은 이전부터 중국인이 갈망하던 것으로 그 인수가 공평한가, 직권은 어떠한가에 대해 천천히 신중하게 의논해야 하며, 도리어 일을 서두르다 이루지 못하고 유명무실하다는 비난을 받지 않도록 해야 한다"고 주장했다.[60] 은행공회, 전업공회와 상총련회는 3명의 화동증설안을 거부했다. 더 나아가 납세액에 맞게 화동의 수를 인정하라는 방안을 내걸고 선거를 연기함으로써 공부국에 압력을

---

60) 「會務記載」, 『上海總商會月報』 7卷 3號.

넣었다.[61] 이와같이 주장할 수 있었던 데는 혁명정세가 크게 작용했는데, 1927년 한구 조계의 회수와 그에 따른 영국과의 교섭과정은 상해 인사들에게도 초미의 관심사가 되었고, 상해의 시운영권을 되돌려받을 수 있는 기회가 다가온 것처럼 여겨졌다. 조계가 동요하고 있는 상황에서 화동선거에 참여할 수는 없는 일이었다. 납세화인회는 조계 회수 전까지 공부국과 대등한 입장에서 조계를 관리하자는 방안을 주장하며, 그들의 권리를 찾으려는 의지를 강력히 피력하였다.[62] 이는 '자치'라는 구호와 열망이 갖는 '반제적' 측면이었고, 바로 국민혁명과 일치될 수 있는 측면이었다.

그러나 상해 자치운동이 지니는 두 가지 측면, 즉 지역적 이해기반과 국민혁명에 기여하는 측면이 중첩됨으로써 이 양자가 빚어내는 모순도 간과할 수 없다. 이 점을 통일적 정권을 추구하는 국민당·북벌군과의 관계를 통해 살펴보자.

상해인들이 바랐던 것은 지역자치였지, 국민당 지배의 전면적인 수용은 아니었다. 1926년 11월에 북벌전이 강절지역으로 확대되는 시점에 강소·절강·안휘 삼성의 동향회를 기축(基軸)으로 결성된 삼성연합회는 통전을 발표하는 데 상당히 신중을 기했다. "삼성을 자치구역으로 한다"는 표현에서 '자치'라는 개념이 갖는 문제점 때문에 '민치'로 용어를 바꾼다든가[63] "삼성의 군사당국은 그 일체의 군사행동을 정지해야 한다"는 구절이 "삼성 내의 군사행동은 즉시 정지해야 한다"로 바뀌기도 했다.[64] 자치운동이 '관'이나 특정 정권의 개입이 없는 '민치'임을 선언함으로써 자치운동의 주체를 분명히하고 삼성의 군사당국이란 표현이 '친국민당'적인 표현으로 오인될

---

61) 「華董選擧勢將展期」, 『申報』 1927. 1. 24; 「華董選擧緩期擧行」, 『申報』 1927. 1. 26.

62) 「納稅會討論華董問題之結果」, 『申報』 1927. 2. 13; 「納稅會停辦華董選擧之聲明」, 『申報』 1927. 2. 10.

63) 「三省人士聯合之昨聞」, 『申報』 1926. 11. 13.

64) 「皖蘇浙三省將組聯合會」, 『申報』 1926. 11. 12; 「蘇浙皖三省聯合會正式成立」, 『申報』 1926. 11. 15.

소지를 없애기 위해 '삼성 내의 군사행동 정지'로 바꾸었던 것이다. 이런 주장 어디에서도 그들이 국민당의 통제를 받아들이겠다는 표현은 찾아볼 수 없었다. 결국 11월 14일에 발표된 삼성연합회 성립대회의 선언에서 인민에 의한 정부 구성을 명확히했다.[65]

상해 자치운동이 갖는 지역적인 특성이 국민당의 통치체제와 상충되는 측면이 있다는 것을 국민당측에서도 인지하고 있었다. 국민당의 국가건설 이론에 따르면 현재는 군벌과 투쟁중인 군정시기이고, 이후 건설될 시기는 훈정시기에 해당한다. 이 군정과 훈정 시기에 민치와 자치는 있을 수 없었다. 따라서 상해에서 상총련회, 삼성연합회가 11월 10일과 14일에 자치시정부 구상을 발표한 이후인 11월 17일 장개석은 "단순한 보경안민(保境安民)을 위한 연성자치운동은 군벌지배의 보호물에 지나지 않으며, 구국을 희망하고, 화평통일, 독립자유를 구하려면 혁명군과 삼민주의 외에 다른 방법은 없다"고 삼성연합회에 회신했다.[66] 9월에 국민당이 상해에 설치한 특무위원회(特務委員會)의 오치휘는 상해인과 중공의 자치주장을 반대했다.[67] 또 북벌군의 손전방에 대한 승리가 점차 가시화되는 1927년 2월 말에 뉴영건(鈕永建)이 "지금은 군정시기로 민치정부는 있을 수 없다"[68]고 반대한 것도 자치운동이 국민당의 통치와 충돌할 가능성을 보여주고 있다.

그러나 북벌이 진행되는 과정에서 장개석은 태도를 바꿨다. 군벌과 달리 민중의 지지를 필요로 했던 국민혁명군은 삼성연합회가 주장하고 상해인이 열망하는 '자치'를 수용하겠다는 태도를 발표했다. 장개석은 삼성 인사의 자치운동에 적극적인 찬동을 표명하고, 삼성의 군대가 혁명군에 대한 전쟁행위와 그 준비에 간섭하지 않고, 삼성 내에서 국민당의 공개활동을 인정해준

---

65) 「蘇浙皖三省聯合會正式成立」, 『申報』 1926. 11. 15.
66) 笠原十九司, 앞의 글(1986) 141면.
67) 劉惠吾 主編 『上海近代史』 下(上海: 華東師範大學出版社 1987) 138~39면.
68) 같은 책 151면.

다면 국민당군은 민의에 따라서 삼성 영역에 진군하지 않겠다고 약속했다.[69] 국민당 요인에 의해서도 같은 취지의 의견이 제시되었다. "국민정부는 장래 상해를 특별시로 하고, 완전한 시민자치를 인정하고, 국민정부는 이에 관여하지 않는다. 봉천군벌이 강소·안휘에 침입하지 않으면, 국민정부 또한 진입하지 않는다."[70] 또한 국민혁명군은 "인민자치를 도우며, 만일 상해인이 자치를 실행한다면 혁명군은 진입하지 않을 것이므로 삼성 전쟁의 도화선은 손전방에게 달려 있다"고 성명을 발표했다.[71]

북벌군이 상해 자치를 용인하는 태도를 보이자 상해 자치운동 추진자들은 친국민당적인 태도를 보였다. 그리고 당시 상해에서 활동하던 상해 시당부도 자치운동 추진단체들과 관계를 맺고, 북방군벌에 반대를 표방하고, 상해 특별시 설립을 주요 강령으로 삼았다.[72]

그러나 국민당에 대한 호감과 통제 수용은 완전히 별개의 문제였다. 지역적 관점과 국민당적인 통제질서 사이에는 차이가 있었고, 이 차이가 자치시 추진에 어두운 전조를 드리우고 있었다. 자치운동은 동향단체와 직업단체가 주축이 된 기존 상해 사회의 운영구조를 제도화하고 조계 행정에 참여하려한 데 반해, 국민당은 자신의 지도와 감독 아래 새로운 질서를 구축하려는 이념적 자세를 보이고 있었다. 북벌이라는 군사적 대립상황이 이런 차이를 잠시 물밑으로 가라앉혔을 뿐이었고, 모순이 충돌할 소지는 여전히 남아 있었다.

---

69) 「蔣總司令贊助三省民治」, 『民國日報』 1926. 12. 2.

70) 「國民政府對三省態度」, 『民國日報』 1926. 12. 15.

71) 「滬商界之自治運動」, 『民國日報』 1926. 12. 17.

72) 上海日本商工會議所 編 『時局と上海の勞動風潮』 1(1927) 18면.

4. 자치시 건립과 상해 사회의 내부분열

1927년에 들어서면서 시민공회의 지도층이 체포령을 피해 잠적하고, 상총련회는 고용노동자와의 관계 때문에 노심초사하는 동안 중공 중심의 활동이 뚜렷해졌다. 1927년 2월 18일 상해 총공회는 「총동맹파업을 위한 통고(爲總同盟罷工的通告)」에서 "19일부터 상해 전체 노동자의 총동맹파업을 거행하여 북벌군을 원조하고 손전방을 타도한다"는 목표를 내걸고[73] 독자적으로 19일 총파업에 돌입하였다. 22일에는 파업을 폭동으로 전환할 것을 결의하고 2차폭동에 들어갔다. 당시 파업인원은 36만에 이르렀지만 발발 즉시 잔혹한 탄압에 직면하여 거의 파산지경에 이르렀다.

총공회는 2차폭동이 잔혹한 탄압에 직면하자 상총련회에 철시의 형태로 총파업을 지지해줄 것을 요청하였다. 상총련회의 협조로 파업이 지속되길 바랐던 것이다. 그러나 상총련회는 철시를 단 하루로 국한하였으며, 철시 당일 붙인 포스터에서 군벌에 대한 항의 및 총공회에 대한 동정과 원조를 표명하였음에도 불구하고, 철시 통고문 말미에는 "우리들은 각로 연합회 및 각 단체에서 특별대표자를 선출하여 각 현의 평화 및 질서를 유지하기 위하여 관헌을 원조할 것을 바란다"라고 기술하였다.[74] 결국 상총련회의 지지도 별다른 성과를 거두지 못했다.[75] 총공회는 복공 명령을 내릴 수밖에 없었고 2차폭동은 실패로 끝나고 말았다. 노동자의 힘이 강화되는 것에 두려움을 느끼고, 사회의 안정을 요구하는 생각들이 나타나면서 상해 사회의 진로에 대한 생각이 이분되기 시작한 것이다.

공산당과 총공회가 추진한 2차폭동의 실패는 체계적인 연락체계의 미비, 파업과 기의의 분리 등 여러가지 원인이 있지만 빼놓을 수 없는 원인 중의

---

73) 任建樹「上海工人武裝起義與市民自治運動」, 『檔案與歷史』(1987. 3) 59면.
74) 橘樸, 앞의 책(1936) 398면.
75) 같은 책 397면.

하나는 다른 단체의 광범한 호응 없이 중공과 총공회가 독자적으로 추진했다는 점이다. 이에 중공은 '소자산계급 혁명군중을 쟁취'하는 것이 가장 긴급한 일임을 확인하고,[76] 무장조직의 확대와 시민공회를 강화한 3차폭동을 적극적으로 준비할 것을 결정하였다.

중공은 2차폭동 실패에서 얻은 교훈을 바탕으로 이후 3차폭동에서는 시민공회의 강화와 폭동의 헤게모니 장악을 위한 길로 나아가게 되었다. 중공 중앙은 2월 25일 「중국공산당이 상해 총동맹파업을 위해 민중에게 알리는 글(中國共産黨爲上海總同盟罷工告民衆書)」을 발표하여 "시민공회가 상해 시민대표대회를 소집하고 일체의 권력을 시민대표대회에 귀속시켜 국민정부의 북벌 목적——시민회의 정권(민선 시정부)——을 실현해야 한다"고 주장하였다.[77] 이러한 결정에 근거하여 중공과 총공회는 시민대표회의를 적극적으로 추진하였다. 동시에 파업에 대한 불안감을 종식시키고 공동투쟁을 조직해내기 위해 총파업을 정치적 목적에 한정시키자는 국민당의 요구에 호응하여,[78] 폭동의 목표를 정치적 파업을 통한 경제적 요구의 달성으로 설정하고 정치적 목표의 달성에 주력하기로 결정하였다.[79]

한편 중공세력이 강화되어 세력간 힘의 균형이 무너진 상태에서 각 단체가 사회의 일정 부분을 대표하고 중요 문제의 결정에 참여하는 형태는 더이상 존재할 수 없게 되었다. 특히 노동자들의 세력 강화에 자본가들은 노심초사했다. 5·30 이후 노동운동에 대해 의구심을 갖고 있던 자본가들[80]은

---

76) 瞿秋白「上海二月二十日暴動後之政策及工作計劃意見書」(1927. 2. 24), 中共中央書記處 編『六大以前』(北京: 人民出版社 1980) 727~29면.

77) 『嚮導週報』 189(1927. 2. 28).

78) 「民黨政分會函工會」, 『時報』 1927. 3. 21.

79) 坂野良吉「上海三次暴動と中國共産黨——上海革命の歷史的點檢」, 『東洋史研究』 39-3(1980) 113면.

80) 자본가들은 "파업이 길면 공업이 쇠퇴하고 파업이 줄면 공업이 발달하니 양립의 여지가 없다"고 생각할 정도로 파업에 대한 인식이 상당히 안 좋았다(「中國工業與工潮」,『上海總

134

1926년 말 이후 노동자들이 사회의 주도권을 장악, 새로운 정부수립의 주체가 되는 것을 당연히 달가워하지 않았다. 자본가들은 이런 상황에 대처할 새로운 대안을 모색했고, 마침 장개석의 상해 접근이 이루어지고 있었다.

상해 자본가들에게는 장개석의 정치적 입장을 파악하는 것이 급선무였다. 일찌감치 노동운동 통제를 희망했던 상해의 자본가들은 경제문제에 관한 장개석의 입장 파악에 주력하면서 『국문주보(國聞週報)』를 통해 장개석에게 입장을 밝히라고 계속 요구하였다.[81] 상인들의 이러한 우려에 대해 장개석은 '노동운동의 자제와 노사화합'이 자신의 기본 입장임을 표명하였고, 자본가들은 장개석의 경제정책이 '적화'가 아님을 확인하였다.[82] 이후 상해의 자본가들은 장개석과 친분이 두터운 우흡경을 내세워 1926년 말부터 장개석에게 접근하기 시작하여[83] 장개석이 사회의 '안정과 질서'를 회복시켜줄 것을 희망하면서 상업연합회(商業聯合會)를 결성하였다.[84] 이는 상해 사회 내부의 자체적인 통합력이 붕괴하고 외부의 힘이 상해에 끼어들기 시작하는 시점이기도 했다.

또 하나의 색다른 움직임은 상민협회의 결성이었다. 국민당 2전 대회에서

商會月報』 6卷 4號).

[81] 「全國實業界應要求蔣介石宣明態度」, 『國聞週報』 3卷 36期.

[82] 「蔣介石宣言中之赤化」, 『國聞週報』 3卷 38期.

[83] 황금영(黃金榮)은 1926년 11월에 장개석과 관계를 개선하기 위해 구강으로 떠났으며 우흡경도 1926년 겨울 남창(南昌)에서 장개석을 만났다. 중국은행의 부지배인인 장가오(張嘉敖)는 국민당의 중국 중앙은행 설립에 일조하였다. Joseph Fewsmith, *Party, State, and Local Elite in Republican China: Merchant Organization and Politics in Shanghai, 1890~1930* (Honolulu: University of Hawaii Press 1985) 116면 참조.

[84] 상업연합회는 그 선언에서도 드러나듯이 중공의 축출과 노동쟁의의 진정을 목표로 결성된 단체로 이러한 역할을 장개석에게 기대하면서 자금을 제공하였으며(「上海商業聯合會宣言」, 上海市 檔案館 編 『一九二七年的上海商業聯合會』, 上海人民 1983, 4면), 장개석에게 긍정적인 여론 형성을 통하여 4·12정변에 일조하였다(坂野良吉 「武漢國民政府論序說」, 中國現代史硏究會 編 『中國國民政府史の硏究』, 東京: 汲古書院 1986, 50면).

통과된 '상민운동결의안(商民運動決議案)'에 근거하여 3차폭동 직전에 왕연송(王延松)이 상민협회주비조직(商民協會籌備組織)을 준비했다. 상민협회 주비대회에서 총무위원 왕연송·왕효뢰, 비서위원 엄악성(嚴諤聲)·장진원(張振遠), 조직위원 장자렴(張子廉)·정축손(程祝蓀), 선전위원 육문소(陸文韶)·정함삼(鄭緘三), 재정위원 오지호·심전신, 서무위원 반동림(潘冬林)·여앙성(余仰聖)이 각각 선출되었다.[85] 3월 22일에는 각 신문에 "상민의 역량을 집중하여 압박과 고통을 해제하기 위하여 국민정부의 법령에 따라서 상해 상민협회의 조직을 준비하고 아울러 긴급한 시국에 대응하여 전호(全滬) 상인의 복리를 도모한다"는 취지의 광고가 상해 상민협회 임시집행위원회 명의로 게재되었다. 그리고 왕연송을 중심으로 한 그룹이 상민협회를 구성하여 하루 동안 휴업을 하고 깃발을 게양하여 혁명군을 환영한다는 뜻을 표시하기로 결정하였다.

상해 사회의 이분화는 1927년 3월 22일 시정부 건립 이후 더욱 명확해졌다. 시민정부 성립 후 시정부는 4·12 전까지 수차례에 걸친 회의와 포고를 발표하여 상해 시민의 실질적인 정부로서 활동하였는데, 시민정부의 설립과정에서도 볼 수 있는 바와 같이 총공회와 중공이 주도적 역할을 하였음은 명백하다. 조직구성 면에서 당시 시민정부위원으로 선출된 19명 중 중공과 노동자 대표가 10명이었으며, 국민당계열의 인사와 대자본가인 우흡경, 왕효뢰, 진광보와 상총련회의 인사가 나머지를 구성하였다.

한편 상해 사회에는 조합만능주의가 팽배했다. 시의 운영권은 총공회를 위시한 중공이 장악했고, 조합의 힘은 무소불위처럼 느껴졌다. 수많은 사람

---

85) 상민협회 주비대회에서 선출된 집행위원은 진용삼(陳勇三), 우흡경, 원이등(袁履登), 왕효뢰, 왕연송, 오지호, 엄악성, 장진원, 곽수화(藿守華), 진익정(陳翊庭), 장현방(張賢芳), 전용장(錢龍章), 왕한량, 육문소, 반동림, 성섭춘(成燮春), 정축손, 양용윤(楊湧潤), 유자표(俞紫標), 여앙성, 심전신, 장자렴, 왕빈언(王彬彦), 세관생(洗冠生), 유명손(俞銘巽), 진울문(陳蔚文), 육기생(陸淇生), 유중영(劉仲英), 왕조성(王肇成), 상운주(尙雲洲), 진지수(陳芝壽)로서 대부분이 상총련회 회원이었다(「商民協會籌備大會」, 『時報』 1927. 3. 21).

136

들이 노동조합으로 몰려들었고 너도나도 노동조합을 조직했다. 그중에는 "불량분자가 있어 투기행위를 하는" 경우도 많았고, 총공회가 노동조합의 설립을 제한하고 통제하지 않을 수 없을 정도로[86] 노동조합은 당시 힘의 상징이 되었다. 심지어 영세한 노점상 상련회도 노동조합으로 조직을 바꾸었다.[87] 노동조합은 대폭 증가하였으며, 이들의 다양한 경제적 요구[88]로 노자문제가 심각하게 대두되었다.

시민정부 성립 후 노동자들의 경제적 요구는 3차폭동 당시 정치적 목적에 국한하기로 했던 약속을 자연스럽게 파기하였으며 여러 세력간 갈등을 초래하였다. 전기사직공업(電氣絲織工業)에서는 전기사직공회(電氣絲織工會)의 지도 아래 각 공장마다 40%의 임금인상, 쟁의중 임금보장, 여공 육아기간 임금보장 등을 요구하는 13개조의 요구안을 제출하였는데 전기사직창 30여 곳 중 몇 곳은 어쩔 수 없이 동의하고, 나머지는 타개에 고민하고 있었다.[89] 또한 3차폭동 이후 노동자 규찰대의 무력이 급격히 증대되어 기업의 생산활동에까지 영향을 미치고 있었다.

상공업자는 무한정부(武漢政府)에 '노동쟁의조정중재법규〔勞工爭議調解仲裁法規〕'의 반포를 요청하고, 다른 한편으론 총공회 위원 왕수화(汪壽華)를 불러서 타협방안을 모색하면서 20% 전후의 임금인상은 불가피하다는 것을 받아들였다.[90] 그러나 무한정부는 현실에 적절히 대응할 수 없었다. 당시 무한정부는 자본 내부의 분화에 대응하는 초보적인 정책조차 갖추지 못하고 있었기 때문이다. 1926년 이후의 '노자문제해결임시위원회(勞資問題解決臨

---

86) 「總工會對於組織工會限制」, 『申報』 1927. 3. 31.
87) 「攤商總聯合會加入總工會」, 『時報』 1927. 4. 4.
88) 『時報』 1927. 3. 31; 1927. 4. 4 등.
89) 「上海電氣絲織廠同業公會陳述商業困苦反對工人罷工公函」, 『一九二七年的上海商業聯合會』 227~28면.
90) 「上海商業聯合會關于汪壽華到會發表總工會對工潮外交諸問題意見會議錄」, 같은 책 224~26면.

時委員會)'도 '공상분규해결위원회(工商紛糾解決委員會)'도 원활히 활동하지 못했고, 현안인 '임시공장조례초안(臨時工場條例草案)'도 공포되지 않았다. 상해에서는 상총련회가 강력히 원했던 노자중재법은 초안인 상태로 방치되어 있었다.

총공회측은 상공업자들의 이런 우려를 거의 고려하지 않았다. 상업연합회에 초대된 왕수화는 상공업자의 우려를 소홀히 취급하여 제국주의 열강에 대한 화평적 경제절교와 외국인에게 고용된 중국인의 일괄파업을 통해 외교현안을 해결할 것 등을 역설하였다. 또 장개석의 임시 시정부 압박에 민중들의 무력으로 대항하며, 합법적 방법으로 노동자의 계급이익을 실현하기 위하여 기율 있는 노동자 무장은 긍정되어야 한다는 등의 주장을 내세우기도 했다.[91] 이후 총공회는 노동자들의 요구를 수용하여 노동자의 통일요구 22개조를 발표하였고, 임시 시정부에서 이를 곧바로 공인함으로써 노동자의 새로운 공동목표가 되었다.[92] 상해 사회의 자체적인 조정은 이제 더이상 불가능했다. 이는 상해 사회의 분열을 가속화하고 외부세력이 상해 사회에 아주 쉽게 이식될 수 있는 환경을 조성했다.

이런 상황에서 4월 12일에 장개석이 정변을 일으켰다. 상민협회는 4·12에 즉각 호응하면서 삼민주의, 장개석 절대 옹호와 북벌 완성, 노자문제의 조정, 상민의 권리보호 및 실업진흥 등을 목표로 내세웠다.[93] 그리고 4·12 이후 상민협회는 더욱 확산되어 4월 13일 우양업상민협회(牛羊業商民協會), 19일 각방면식상민협회(各帮麵食商民協會)와 남호상민협회(南滬商民協會), 22일 사지구상민협회(四地區商民協會)와 이화상민협회(履靴商民協會), 23일 전기사직창상민협회(電氣絲織廠商民協會) 등이 잇따라 결성되었다.[94]

---

91) 같은 곳.

92) 「總工會在市政府提出之要求」, 『時報』 1927. 4. 6.

93) 「商民協會發表組織旨趣」, 『時報』 1927. 4. 13.

94) Fewsmith, 앞의 책 128면.

5월 5일에는 상민 경축대회가 개최되었다. 상민 경축대회는 상총련회의 진익정(陳翊庭)이 제안한 것으로, 상업연합회 · 상민협회주비처 · 상총련회의 발기하에 상해의 120여 상공업단체 4만여명이 참가함으로써 그 규모가 엄청나 상해 전체 상인계층의 총궐기 집회였다고 말해도 될 정도였다. 대회에서는 국민혁명군 상민후원회를 조직하고 상민의 이익보호를 위한 아래와 같은 요구를 남경정부에 통전했다.

① 공산당정부의 즉시 토벌, ② 불평등조약의 철폐, ③ 관세자주권의 회복, ④ 외국 육해군의 중국에서의 철수, ⑤ 조계 주위의 장애물 철거, ⑥ 가연잡세(苛捐雜稅)의 철폐, ⑦ 아편 · 도박 금지, ⑧ 도량형 통일, ⑨ 국산품 제창, ⑩ 노자문제의 조정, ⑪ 상민이익의 보호, ⑫ 상민의 건의 채용[95]

결국 상민협회를 위시한 상인계층들은 4 · 12정변의 위세를 몰아 노동자조직을 제어하고 그들에 대한 통제권을 얻으려고 하였다.[96] 상해 사회의 자체적인 통합력은 더이상 작동할 수 없었다. 요컨대 상해 사회가 강력한 군사력을 바탕으로 한 세력과 그를 따르는 세력에 의해 재편되기 시작한 것이다. 이는 전과는 다른 상해 사회의 형성을 예고하는 것으로, 정권의 강력한 개입이라는 전례없는 일이 가능하게 되었다.

상해 사회 재편의 일차적인 예가 남경정부의 시정부 건립방침에서 가시적으로 드러났다. 남경정부는 5월 7일에 '상해특별시 잠행조례'를 발표했다. 5월의 잠행조례는 민치를 명확히 규정했다. 그 내용은 "제11조 본시 특별행정위원회는 시장 1인과 위원 14인을 두고 시장을 주석으로 하며, 모두 시민이 선거한다. 호구 조사가 갖춰지지 않았기 때문에 잠시 중앙정부가 담당한다." "제29조 본시 특별시는 참사회를 두고 시민을 대표하여 행정을 보조하는 건

---

95) 「體育場之商民慶祝會」, 『時報』 1927. 5. 6.
96) 金子肇, 앞의 글(1985).

의기관으로 하고, 참사원은 15명 임기 1년으로, 단체가 각 3인을 추대하면 중앙정부가 그중에서 정한다"고 규정했다.[97] 남경정부의 시정부안은 구도에 있어 약간 차이가 나긴 했지만 상해 시민들의 열망인 민선정부안에 근접한 것이었고, 국민당의 당치 방침과는 거리가 있었다. 이런 초안의 내용은 당시 정세와도 무관하지 않았는데, 아직 북벌이 완성되지 않았고 군비마련이 시급한데다 결정적으로 무한정부와 대결하고 있던 시점에서 장개석이 상해 시민과 대립할 필요는 별로 없었던 것이다.

그러나 상해에서 장개석의 기반이 공고화되고, 무한정부의 함락이 가시화되는 7월이 되자 상황은 약간 변했다. 1927년 7월 남경정부는 '상해특별시 잠행조례'를 다시 발표했다.[98] '잠행조례'에 의한 정부조직은 다음과 같았다.

① 시장 1인을 두며 중앙정부가 임명하고 임기는 3년이다(9조).
② 시정부는 비서처와 재정국, 공무국, 공안국, 위생국, 공용국, 교육국, 토지국, 항무국, 농공상국, 공익국을 설치한다(11조).
③ 시참사회는 참사 9명에서 13명으로 구성하며 시장이 임명한다. 임기는 1년이고 연임할 수 있다(31조).
④ 참사회는 본시가 행할 개혁 안건을 건의하고 시장의 자문 안건을 의결하며 시행정의 성적을 심의하고 건의시에 시정회의에 참가할 수 있으나 표결권은 없다(32조).

이는 민치를 열망하던 상해 시민의 주장과는 상당한 거리가 있는 것이었다. 북벌기에 상해 시민이 마련한 자치시 초안은 시장을 직선하고 선거에 의해 의회를 구성한 후 행정기관을 조직하도록 되어 있는 데 반하여 잠행조례는 중앙에 의한 임명으로 규정하고 있으며 의회의 설립조차 규정하지 않았

---

97) 「上海特別市暫行條例」, 『申報』 1927. 5. 7.
98) 「上海特別市暫行條例」, 『大公報』, 1927. 7. 12; 1927. 7. 13; 國民政府法制局 編輯 『國民政府現行法規』(上海 1928) 282~87면.

다. 참사회의 구성원도 '전문인' '실제 경험자' '사회 신용자'로 규정되어 민선에 의한 정부 구성과는 거리가 먼 것이었으며, 이들의 역할도 자문과 건의에 그치고 있다. 결국 국민당의 잠행조례가 상해 사회에 적용된 것은 상해 사회가 지속적으로 주장해오던 '시장 민선'을 포기하는 것을 의미했으며, 상해 시민이 정치적 영향력을 행사할 수 있는 통로의 상실과 당치의 강화를 의미했다.

.

제3부

1920~30년대 상해 민간단체의 재편과
수직적 통치질서의 형성

I. 민중운동과 중국 국민당

1. 국민당의 국가건설과 민생주의

1927년 7월 7일 상해 갑북에 새로운 시정부가 탄생했다. 장개석은 친히 개막의식에 임석하여 치사(致詞)를 했는데, 그와 신임시장 황부(黃郛) 모두 국민정부는 손중산 선생의 건국대강(建國大綱)을 실천하여 현대화된 시정부를 창조하고, 세계에서 범죄가 가장 창궐한 도시에 법률과 질서를 실천할 것이라고 강조했다.[1]

꼭 1년 후인 1928년 7월 7일 오전 9시, 뜨거운 날씨임에도 불구하고 200여 단체, 6만명 이상이 모여 전례없이 성황을 이룬 집회가 북경에서 개최되었다. '북벌 승리 환영 혁명대회'였다. "천안문에 주석단, 그리고 그 사방에 네 개의 강연대가 설치되었고," "장개석을 대신해 참석한 비서장 소력자(邵力子)는" "민중이 진심으로 당 아래 집중되어 단결하지 않으면 안 되고," "삼민

---

1) 「上海市政府昨日成立盛況」, 『申報』 1927. 7. 8; 鄭祖安 「國民黨政府'大上海計劃'始末」, 『上海史研究』(上海: 學林出版社 1984) 209면; 「1927∼1930年 上海市政府的市政新措施」, 『上海研究論叢』 3輯(1989).

주의를 믿고 따를 수 있어야 한다고 연설하였다." "참석자가 너무 오래 서 있어서 가두시위는 없었다. 천안문 앞인 전문(前門) 일대에선 폭죽이 터졌다. 민중들은 몹시 들떠서 거리에서 얼싸안았다." "연도에서 구호가 난무했고, 천안문과 중앙공원 일대는 불꽃놀이가 벌어져 장관이었다."[2]

남경정부는 1928년에 오랜 숙원이던 북벌을 완성했고, 이제 해야 할 일은 부강한 국가의 건설이었다. 국민당 국가건설 구상의 중심에는 손문이 있었고, 중국은 이제 손문의 이념에 따라 건설노정을 밟기 시작했다. 손문의 생각은 전통에 많은 빚을 진 듯했다. 여러 차례의 해외편력은 물론이고, 근대적인 서구사상 및 사회주의 사상과도 접한 손문도 중국인이라는 점은 어쩔 수 없었다. 그의 사상에는 유교적 대동주의가 여전히 영향을 끼치고 있었고, 어찌 보면 전통적인 전제왕권의 경제간섭과도 유사하다고 볼 수 있는 당과 국가의 개입을 주창했다.

한편으론 그의 사상에는 시대적인 흐름, 즉 제국주의 열강의 침략에서 벗어나 부강한 국가를 만들려는 욕망, 요컨대 산업화의 열망이 분명히 자리잡고 있었다. 그리고 이런 생각은 서구의 침입 이후 중국의 지식인, 정치가들이 고민해온 문제, 즉 "중국의 부를 증대시키면서 평균시킨다"[3]는 사고와 일맥상통하고 있었다.

손문은 국가건설 과정으로서 군정—훈정—헌정의 3단계를 제창했고, 궁극적인 국가 형태는 '민생주의 국가'를 지향해야 한다고 생각했다. 앞의 3단

---

2) 「昨日天安門前之市民慶祝大會」, 『順天時報』 1928. 7. 8(白永瑞 『中國現代大學文化研究』, 서울: 일조각 1994, 83~84면에서 재인용); 「北平昨日祝捷大會」, 『申報』 1928. 7. 8.

3) 중국이 열강의 침략 이후 부강을 꾀하는 과정에서 산업화와 평균 지향이란 목표는 중국 지식인들의 고민거리 중 하나였는데, 이의 적절한 조화와 해결방법의 차이가 혁명파와 입헌파의 차이를 만들기도 하고, 새로운 파벌을 형성하는 원인이 되기도 했다. 이 두 주제는 20세기 내내 중국 지식인들의 고민거리 중 하나였다. 閔斗基 「戊戌改革期에 있어서의 改革과 革命」, 『東洋史學研究』 8 · 9합집(1975); 『中國 初期 革命運動의 研究』(서울: 서울대학교출판부 1997) 등 참조.

계론이 정치적인 입장이 표현된 것이라면, 후자는 경제체제로서 국민당의 지향점을 보여준다고 할 수 있다. 손문은 민생주의 국가의 실현방법으로서 '실업진흥, 지권평균(地權平均), 절제자본(節制資本)'을 들었다. 그리고 정치적이든 경제적이든 당과 국가의 개입과 통제를 당연시하였다. 요컨대 국가의 주도 아래 산업을 발전시켜 부강한 국가를 건설하는 동시에 사적 자본이 발달하면서 나타날 폐해를 미연에 방지한다는 구도였다.

그러나 실업진흥과 절제자본은 서로 모순되는 측면이 있다. 열강의 침략에 대항할 부강한 국가를 건설하기 위해 산업화를 꾀하면서도, 그 주체 혹은 기반이 될 자본을 억제한다는 것은 무슨 의미인가. 손문은 이 모순을 해결하기 위해 산업발전의 주체를 국가로 이전시켰다. 국가는 자본을 억제하면서 산업발전을 꾀하는 주체였고, 이것이 사회혁명을 미연에 방지하는 길이었다. 위로부터의 산업화가 손문의 사상 가운데 내재돼 있었던 것이다.

1925년 손문은 "혁명은 아직 끝나지 않았다"는 유촉을 남기고 유명을 달리했다. 그러나 손문의 혼백은 국민당을 떠나지 않았다. 국민당에 몸담고 있던 당원들은 국민당의 기본 방침을 무시하거나 방기하기 어려웠다. 국민당은 북벌과정은 물론이거니와 남경정부의 건립 후에도 수많은 분파싸움과 갈등을 겪었음에도 불구하고, 손문의 국가건설 방침과 민생주의 국가관이라는 큰 틀은 유지해나갔다.[4] 비록 개조동지회(改組同志會, 이른바 국민당 좌파)나 장개석파와 같이 구체적인 정책에서 약간의 차이는 있었지만,[5] 국민당의 목

---

[4] 中嶋太一「國民黨官僚資本に關する若干の理論的問題」, 藤井昇三 編『1930年代中國の研究』(東京: アジア經濟研究所 1975) 179면 참조.

[5] 국민당 내에는 수많은 파벌이 존재했고, 국민당의 정치는 파벌정치의 전형인 것처럼 여겨졌다. 일찍이 서산회의파의 분열을 거쳐, 북벌시기에 무한과 남경의 대립으로 형성된 개조파와 남경파 간의 갈등 등 국민당과 정부는 파벌정치 때문에 그들의 역량을 제대로 발휘하지 못했고, 장개석은 이런 파벌간 세력싸움을 교묘하게 이용하며 자신의 권력을 유지한 듯하다. 따라서 국민당원들은 손문의 후예임이 틀림없었지만 이들의 행동을 동일한 이론으로 해석하기는 쉽지 않다. 일부 연구자는 국민당 내의 파벌이 단순한 권력투쟁에 지나지 않

표는 민생주의 국가의 건립이었다. 대계도(戴季陶)는 삼민주의의 본체를 민생주의리고 해석했다. "삼민주의는 결코 3개 부분이 아니라 그 본체상으로 보면 단 하나의 민생주의이고, 방법상으로 보면 민족·민권·민생의 3개 주의가 있다."[6] 민생주의가 국민혁명의 핵심이고, 국민당이 건설하려는 국가의 핵심이라는 말이다. 사실 좌·우파를 막론하고 국민당원들이 건립하려던 국가는 자본주의도 사회주의도 아닌 민생주의 국가였다.[7] 진공박은 「중국 국민당이 대표하는 것은 무엇인가(中國國民黨所代表的是什麽)」에서 중국의 국민혁명은 두 가지 점에서 다른 국가의 국민혁명과 다르다고 보았다. 그 하나는, 역사상 모든 국민혁명이 자산계급에 의해 수행된 데 반하여 중국의 국

으며, 이들 사이에 이념적인 차별성은 존재하지 않았다고 주장했다(閔斗基 「國民革命期의 陳公博의 革命理論과 政治活動」, 閔斗基 編 『中國國民革命 指導者의 思想과 行動』, 서울: 지식산업사 1988; 白永瑞 「中國 國民革命期 西山會議派의 性格 再檢討──鄒魯와 廣東大學紛糾를 中心으로」, 『歷史學報』 121집, 1989. 3; 張同新 『國民黨新軍閥混戰史略』, 哈爾濱 1982; Edmund S. K. Fung, "Anti-Inperialism and the Left Guomintang," *Modern China* Vol. 11, No. 1, 1985. 1). 중국에서 나온 대다수의 논설은 개조파의 이념은 실현성이 없으며 권력투쟁의 도구에 지나지 않는다고 보는 견해가 많다. 반면 파벌간의 차별성을 언급하는 연구(山田辰雄 『中國國民黨左派의 硏究』, 東京 1980; Arif Dirlik, "Mass Movement and the Left Kuomindang," *Modern China* Vol. 11, No. 1, 1985. 1), 그리고 타협책으로 실용주의적 노선을 강조하는 연구(So Wai-chor, *The Guomintang Left in the National Revolution* 1924~1931, Hong Kong 1991)도 만만치 않게 존재하고 있다. 그러나 국민당 내의 파벌 모두 민생주의 국가의 달성, '이당치국론(以黨治國論)'과 민중운동에 대한 훈련과 통제라는 점에서는 일치했다. 이들은 사용하는 언어, 특정 측면에 대한 강조가 달랐을 뿐이지 기본적인 이론구조는 차이가 없었다. 단지 기본적인 구조 속에서 세부적인 실행문제 중 어느 점을 강조하느냐에 따라 파벌간의 갈등이 존재했다. 일례로 민중운동을 둘러싼 이당전정(以黨專政)의 수행범위를 놓고 장개석파와 개조파가 벌인 논쟁은 삼민주의 이론구조에서 세부사항의 강조 및 실행방법의 차이였고, 이것이 정치적인 논리와 겹쳐지면서 확대·강화되기도 하고 때론 왜곡되기도 했다.

6) 戴季陶 『孫文主義之哲學的基礎』(上海: 民智書局 1925) 17면.
7) 「中國國民黨改組同志會第一次全國代表大會宣言」(이하 「宣言」으로 약함), 査建瑜 編 『國民黨改組派資料選編』(河南人民 1986) 137면(이하 『改組派資料選編』으로 약함); 「黨的改組原則」, 같은 책 76면.

148

민혁명은 노·농계급에 의해 수행되었다는 점이다. 다른 하나는, 모든 국민혁명의 궁극적 목적이 자본주의였던 반면 중국 국민혁명의 궁극적 목적은 민생주의였다는 것이다. 중국 국민혁명은 사회주의적 국민혁명이라는 독특한 성격을 지니고 있으며, 자본주의를 소멸시키고 민생주의 국가를 건립하기 위하여 사회혁명을 추진하는 것이었다.[8]

민생주의 국가가 국민당의 목표로 설정된 이유는 국민당의 현실인식과도 밀착되어 있었다. 중국이 자본주의로 갈 수 없는 이유를 진공박은 다음과 같이 설명했다. "중국의 국민혁명은 노농이 주도하고 자산계급은 아직도 미약한 상태이며, 제국주의와 군벌의 부속물인 상태에서 자본주의를 추진한다는 것은 어려운 일이다. 더군다나 중국의 경제는 낙후하고, 제국주의의 통제를 받고 있다. 따라서 자신의 토착자본과 대규모 생산시설을 건립하기 위하여 국가자본을 만들어야만 한다. 국가자본의 형성은 사인자본의 성장을 막고, 자본주의적 폐해를 제거하는 길이기도 했다. 또한 자본주의를 추구하는 것은 손문의 주장과도 어긋나는" 것이었다.[9]

민생주의 국가란 무엇인가? 대계도의 논지에 따르면, 첫째로 한 민족이 다른 민족을 압박·통치하지 않고, 둘째로 소수가 정권을 장악하는 것이 아니며, 셋째로 한 계급만의 이익을 위하는 게 아닌 것이다. 즉 전체 인민의 경제생활에 대한 책임을 지는 것이니, 곧 인민을 대신해 생산의 증가와 적정한 분배를 꾀하는 것이다.[10] 따라서 가장 시급한 문제는 산업혁명으로 부강을 이룩하여 부의 균분을 실현하는 일이었다. 그리고 이런 사회에서 계급갈등은 일어날 수 없다고 생각했다. 이런 생각을 가진 국민당의 이론가들이 볼

8) 「中國國民黨所代表的是什麽」(이하 「國民黨代表」로 약함), 『陳公博先生文集』(香港: 遠東圖書公司 1967) 183~84면(이하 『陳公博文集』으로 약함).

9) 같은 글 184~204면.

10) 白永瑞 「戴季陶의 國民革命論의 構造的 分析」, 閔斗基 編 『中國國民革命指導者의 思想과 行動』(서울: 지식산업사 1988) 205면.

때 당면한 과제가 부강한 국가의 건설임은 당연했다.

민생주의 국가를 건실하기 위해서는 우선적으로 자본의 축적이 필요했고, 이를 위해 국가자본의 형성이 시급했다. 그렇다면 국민당이 생각한 자본의 동원, 즉 국가자본의 형성은 어떻게 가능할 수 있는가? 진공박은 「현재 어떻게 국가자본을 건설할 것인가(目前怎樣建設國家資本)」란 글에서 자신들이 권력을 잡았을 때 추진할 경제정책의 개략을 제시했다. 진공박은 손문과 마찬가지로 기간산업의 국유화와 대규모 산업의 국유화를 강조했지만, 자본축적이 미약한 현재 상태 또한 인정하지 않을 수 없었다. 현재 국가는 독자적으로 경제발전을 추진하여 경제구조를 바꿀 만한 충분한 자본을 지니고 있지 못하다고 생각했기 때문에 사인자본의 보조적인 역할을 중시했다.[11]

2. 당 주도의 계급조화

한편 국가자본의 건설과 산업건설이 원활히 수행되기 위해서는 자본의 축적을 방해할지도 모르는 각 계급간의 혼투(混鬪)는 당연히 방지되어야 했다.[12] 더군다나 손문뿐만 아니라 국민당의 이론가들이 누차 주장했듯이 중국은 계급갈등을 일으킬 만큼 자본주의가 충분히 발전하지 못해 계급분화 현상이 심각하지 않으므로 '아주 가난하고 조금 가난한 [大貧小貧]' 현상은 있을지언정 계급대립은 있을 수 없다고 생각했다.[13]

그러나 국민당의 이론가들이 파악하기에 과거의 민중운동은 혼란과 혼돈의 연속이었다. 호한민(胡漢民)이나 대계도 모두가 국민혁명 때에 활성화된 민중운동은 '유치한 좌경정책'에 이끌려 야심가의 이용물이 될 가능성이 높

---

11) 「國家資本」, 『陳公博文集』 38~66면.
12) 「國民黨代表」, 같은 책 257면.
13) 戴季陶, 앞의 책(1925) 24면.

다고 생각했고, 통제와 지도를 잃어 혼란만을 가중시키고 있음을 우려했다.[14] 지도와 통제가 없는 민중은 신뢰할 수 없는바, 노동자들은 공장 밖으로 나가 활동하고, 농민은 성안에 들어와 시위만을 일삼고, 학생은 학교 밖에서 외쳐대느라 바쁠 뿐 그 내용은 아주 공허하다는 것이다.[15] 더 나아가 노동운동과 농민협회는 당과 정부의 조정과 통제를 기다리지 않고,[16] 하나의 특수한 정치조직으로 발전해 정부 밖의 정부와 같은 것을 만들었다고 생각했다.[17]

그러므로 공산당의 민중운동은 당이나 국가라는 전체성을 무시한 이기적인 것으로 간주되었다.[18] 중공의 계급투쟁정책은 계급간의 혼투를 야기하고, 결과적으로 민족주의를 파괴하여 국민혁명의 위기를 초래하였으며, 두번째로 소자산계급을 혁명전선에서 이탈시켜 사회의 자본과 생산력을 감소시켰고, 세번째로 각 계급간에 적대시하는 현상을 만들어 민권주의를 실행할 수 없게 하였다고 생각했다. 결과적으로 생산성이 낮아져 국가자본을 건설할 수 없게 되고 민생주의의 실행에 걸림돌이 된다고 생각했다.[19]

국민당의 이론가들은 국민혁명이 노동자·농민을 위한 혁명이든 민중 모두를 위한 혁명이든 간에 '계급조화'에 바탕을 둔 연합전선과 사회 현질서

---

14) 「國民黨民衆運動的理論」, 周康燮 主編 『胡漢民事跡資料彙輯』 2冊(香港: 大同圖書公司 1980) 146~51면; 戴季陶 『靑年之路』(上海: 民智書局 1928. 2) 32면.

15) 戴季陶, 앞의 책(1928. 2) 32면.

16) 「危機和錯誤」, 『陳公博文集』 324면.

17) 戴季陶, 앞의 책(1928. 2) 70면.

18) 「國民黨民衆運動的理論」, 『胡漢民事跡資料彙輯』 2冊 149~50면; 「過去民衆運動的錯誤及其糾正」, 같은 책 137면.

19) 「危機和錯誤」, 『陳公博文集』 267면. 민두기는 국가자본의 건설은 파괴의 시기가 끝나고 건설의 단계에 들어서서야 가능한 것으로, 무한시기의 계급 혼투로 인한 생산낙후를 국가자본과 직결시킨 것은 적절한 표현이 아니라고 지적했다. 그러나 비록 진공박의 이러한 견해표명이 국민혁명론의 기본구조에서 적절하지 못했는지는 몰라도, 진공박이 계급투쟁을 원치 않았다는 점은 분명하며 계급투쟁은 생산력 저하를 가져온다고 생각했다.

유지를 포기한 적이 없었다.[20] 연합전선도 특정 계급의 주도가 아닌 평등에 기초해야 하며 주도계급은 있을 수 없었다.[21] 만일 특정 세력이 독자적으로 '민생'을 추구하면서 과화(過火)될 때, 국민당의 파벌 모두가 국가 통합의 명목하에 그들을 진압해야 한다고 생각하였다.[22] 왕정위(汪精衛)의 다음 말은 이러한 사실을 명확히 보여준다.

중국 국민혁명은 전체에 대한 계획을 갖고 있어 각 민중이 친밀하게 합작하도록 해야 하며, 계급간의 혼전으로 위망이 임박한 국가 및 민족이 다시 회복할 수 없게 해서는 안 된다. 공산당의 이론을 응용하여 한 계급을 주체로 하여 도발하면 그것은 기타 계급에 대한 적시(敵視)이며, 연합전선을 제창하면 그들은 서로 이용하려고 하고 서로 속여서 (각 계급간에) 다툼이 끊이지 않으니 모두 절대로 사용할 수 없는 것이다.[23]

따라서 국민당은 농민과 노동자에게 '민생' 추구 및 이의 실현을 위한 투쟁주체로서의 자격을 부여하려고 하지 않았으며, '민생'은 당이 해결해야 할 문제라고 보았다. 당의 목적은 "피압박민족 내의 각 계급에서 가장 각성된 혁명분자를 훈련하고 조직하여 초계급(超階級)의 혁명당이 되게 하는 것"이었다. 즉 다계급(多階級)을 대표하는 진정한 연합을 통해 '초계급'을 실현함으로써 다계급은 곧 민족이익과 등치되며 민족이익을 대표하는 것은 당이 되는 것이다.[24] 결국 피압박민이 '연합'을 형성한 상태에서 투쟁과 건설의

---

20) 국민당의 연합전선에 대한 집착은 여러 곳에서 나타난다. 「黨的改組原則」, 『改組派資料選編』 77면; 施存統 「恢復十三年國民黨改組的精神」, 같은 책 83면 등.

21) 진공박은 노동계급을 주도계급으로 보고 소자산계급을 연합세력으로 생각했으나 경제투쟁이 생략된 상태에서 반제(反帝)와 종법주의·봉건주의 타도라는 정치투쟁은 소자산계급이 주도하든 노동자·농민이 주도하든 투쟁방향이 같아질 수밖에 없었다.

22) Dirlik, 앞의 글 68면.

23) 汪精衛 「階級理論之應用」, 司馬仙島 『北伐後之各派思潮』(北平 1930) 151면.

24) 汪精衛 「覆林伯生書」, 『汪精衛集』 4卷(上海 1930) 51~53면.

주체는 당으로 이전되지 않을 수 없었다.

사실 국민당이 손문의 이념에 충실한 이상, 민중이 투쟁의 주체가 되기는 힘들었다. 손문은 사회적 존재로서의 인간을 선지선각(先知先覺), 후지후각(後知後覺), 부지불각(不知不覺)의 세 종류로 구분하고,[25] 선지선각한 엘리뜨가 압도적 다수를 점하는 부지불각한 대중을 지도하고 이끌어야 한다고 생각했다. 따라서 헌정을 실현하기까지의 과도적 정권인 국민정부와 국민정부를 지도하는 국민당은 당연히 선지선각의 엘리뜨들로 구성되어야 했다.[26] 이것이 '이당치국론(以黨治國論)'의 논리구조이다. 즉 인민의 '정권'을 국민당이 대신 담당하고, 이를 국민정부가 실행 〔治權〕하는 구도가 성립되는 것이다.[27] 그러므로 훈련의 대상이고 '부지불각'인 민중이 당의 이념을 확실히 이해하고 실천하는 주체가 된다는 것은 생각하기 어려웠다.

당이 투쟁의 중심이 되고 국가건립의 주체가 되어야 한다는 생각에는 국민당 내의 좌우를 막론하고 내용상 거의 차이가 없었다. 왕정위의 연합전선과 당에 대한 논리나 대계도가 '인애를 체득한 진정한 삼민주의 신도'를 당과 민중운동을 이끌 주체로 선정한 것[28] 모두가 민중을 투쟁과 분리시키고, 당이 선악의 파악과 공익을 판단하는 주체로 서야 한다는 점에서는 일치했다. 호한민의 소수 정예주의 정당론[29]도 이와 일맥상통했다.

---

25) 『孫中山全集』 9卷(北京: 中華書局 1986) 323면.

26) 대계도가 '인애(仁愛)를 체득한 삼민주의 신도'에 의해 실행되는 국민혁명론을 마련하는 데에도 손문이 말한 '선지선각, 후지후각, 부지불각'의 논리가 작용했다. 대계도는 혁명과 반혁명의 대립을 '의식화된 자'와 '의식화되지 못한 자' 간의 대립으로 파악했고, 의식화된 자는 '이타(利他)'를 통해 혁명의 의의를 실현하므로, 국민혁명을 진정으로 실행하기 위해서는 의식화된 '진정한 삼민주의 신도'가 선도해야 한다고 주장했다(戴季陶, 앞의 책 1928. 2, 137~39면).

27) 橫山宏章 「孫文の憲政論と國民黨獨裁」, 藤井昇三·橫山宏章 編 『孫文と毛澤東の遺産』 (東京 1992) 162~70면.

28) 白永瑞, 앞의 글(1988) 207면.

29) 尹世哲 「胡漢民의 淸黨參與過程과 理論的 基礎」, 閔斗基 編, 앞의 책(1988) 73~74면.

이런 생각은 훈정시기의 시작을 알리는 「훈정대강제안설명서(訓政大綱提案說明書)」에서 그대로 나타났다. 호한민은 「훈정대강제안설명서」에서 "진실로 전제(專制)의 폐해가 수천년간 쌓여, 대다수의 인민은 정치의식과 정치경험을 모두 결여하고 있다. 곧바로 정권을 부여하려고 하면 반드시 강포(强暴)한 자에게 약탈당할 것임에 틀림없다. (⋯) '이당건국(以黨建國)'이란 본당이 민중을 위해서 정권을 탈취하고 민국을 창립하는 계획을 말한다"[30]고 하며, "인민이 정치훈련 경험이 없고 삼민주의의 실시에 관하여 완전한 이해가 보이지 않는 때는 오직 당만이 전국 인민을 대표하여 건국의 대임을 맡는다"[31]고 설명했다.

국민당의 이론에 따르면, 훈정시기에 당과 연관 없는 특정 집단이나 사람이 합법적 권력을 행사한다는 것은 생각하기조차 힘든 일이었다. 바로 이 점 때문에 군을 바탕으로 막강한 권력을 지니고 있던 장개석도 당을 장악하기 위해 자파(自派)의 인물을 지명〔圈定과 指派〕하는 방법을 동원하지 않을 수 없었다.[32] 따라서 국민당 내의 모든 세력은 당권의 장악에 혈안이 될 수밖에 없었으며 개조파도 예외는 아니었다.

민생주의 국가에 도달하기 위한 경제건설에서 국민당의 일차 과제는 '당의 주도 아래 계급간의 협조체제'를 구축하는 일이었다. "농민·노동자·소자산계급이 국민혁명의 주력부대인 것은 누구나 인정한다. 그러나 삼자(三者) 사이에는 공통된 이익이 있는 반면에 공통되지 않는 이익도 있다." 그러므로 "삼자를 서로 충돌하지 않도록 하는 것은 완전히 우리들의 지도 여하에 달려 있다"고 진공박은 설명했다.[33] 계급간의 증오심을 유발하지 않도록

---

30) 胡漢民「訓政大綱提案說明書」, 中國國民黨 中央委員會 黨史史料編纂委員會 編『革命文獻』 22輯(中央文物供應社 1955) 4342면.
31) 같은 글 4346면.
32) 3전 대회의 전개과정 및 장개석의 지도권 확립에 관해서는 久保亨「南京政府成立期の中國國民黨」,『アジア研究』31-1(1984) 참조.
33)「國民黨代表」,『陳公博文集』253~53면.

하기 위해 "공장의 설비는 노동자 가정의 설비보다 우수하게 하여 노동자의 공장에 대한 증오심을 감소시키거나" "노동자와 상인 사이에 경제적 교통선을 두어 점차로 두 계급의 차이를 없애려고" 진공박은 생각했다. 국민당의 사명은 "첫번째 단계에서는 세 계급의 조화를 도모하고, 두번째 단계에서는 세 계급의 혁명력을 단결하고, 세번째 단계에서는 세 계급의 특성을 소멸시키고 그들로 하여금 사회생산의 일원이 되게 하는 것"이었다.[34]

국민당이 구상한 계급조화는 '이론상'으로는 일방적인 강요가 아니라 사적 이익의 절충과정으로서, 당이 이들을 타협시키고 국가자본 건설에 참여시키는 주체였다. 국가자본의 형성과 불평계급(不平階級)의 소멸에는 당의 전정(專政)이 필수적이었다. 계급소멸의 방법은 두 가지로, "공산주의는 무산계급의 직접적인 혁명행동을 실행방법으로 하여, 계급독재에 의해 계급을 타파한다. 민생주의는 국민혁명의 방식으로 정치적인 건설공작에서 국가의 권력으로 실행목표에 도달한다. 따라서 혁명독재〔革命專政〕는 각 계급의 혁명세력(의 연합체)으로서 계급세력의 확대를 막고, 국가의 권력으로 사회의 공동경제조직을 건설하여 점진적으로 계급을 소멸한다."[35] 이중에서 후자가 바로 국민당의 방법이라고 생각했다. 즉 계급소멸은 각 계급이 직접 폭력적인 방법으로 성취하는 것이 아니고 당이 주체가 되어 평화적인 '정치적 방법'으로 농공의 경제적 수요, 정치적 요구를 만족시켜줌으로써 가능하다는 것이다.[36] "따라서 이런 투쟁은 원칙상 경제발전을 가로막지 않는 것"이라고 생각했다.[37]

---

34)「今後的國民黨」,『改組派資料選編』69~70면.

35) 戴季陶, 앞의 책(1925) 18~19면;「國民黨代表」,『陳公博文集』258면.

36)「國民黨民衆運動的理論」,「過去民衆運動的錯誤及其糾正」,『胡漢民事跡資料彙輯』2冊;「國家資本」,『陳公博文集』42, 66면.

37)「那里是出路」,『改組派資料選編』104면. 결국 국민당의 투쟁은 "혁명적 수단을 위한 정치변혁이며 (黨의 專政에 의한) 정치적 수단(평화적 방법)을 통한 경제변화였다(周佛海『三民主義之理論的體系』, 上海: 新生命月刊社 1928, 232면).

‘초계급 정당’이 국가건설을 주도하고, 민중은 당의 지도와 명령을 받는 것이 국민당의 국가건설 구상과 민중운동관의 근간이었다. 즉 국민당은 국가권력을 지도하여 국가경제를 형성해나가는 과정에서 제국주의의 속박을 뿌리치고, 그 속에서 창출된 새로운 계급구성을 매개로 ‘비자본주의적 발전의 길(민생주의 국가)’을 모색했던 것으로 볼 수 있다.

그런데 국민당의 ‘초계급적 성격’은 이론상 문제점을 잉태하고 있었다. 논리적으로 볼 때, 혁명성을 지니고 모든 민중을 위한 정치를 구현한다고 스스로 자부하는 국민당은 그 자신만이 ‘선’을 판단할 유일한 주체가 되게 된다.[38] 당은 대중을 이끌고, 그들을 훈련하고, 심지어 그들의 최대 이익은 무엇이고 국가의 최대 이익은 무엇인지를 규정했다.[39] 이런 생각은 민중의 요구를 당이 결정한다는 의미에서 민중과 유리될 가능성이 다분히 존재했다.[40] 각 직업단체——상민협회, 농민협회, 노동조합——를 통해 의견을 수렴한 당

---

38) Joseph Fewsmith, *Party, State, and Local Elite in Republican China: Merchant: Organization and Politics in Shanghai, 1890~1930*(Honolulu: University of Hawaii Press 1985) 89~91면.

39) Dirlik, 앞의 글 59면; 尹世哲, 앞의 글 67면.

40) 국민당은 각 계급의 이익이 다르다는 점을 인정하고 공익을 위해 이를 통합해야 한다고 생각했지만, ‘이론상’ 각 계급이 정책결정에 참여하여 서로 조정과 타협을 할 수 있는 길은 봉쇄했다. 이 역할은 ‘오로지’ 당에게 남겨졌다. 이런 점에서 각 계급이 정책결정에 영향력을 끼칠 수 있는 길은 불규칙할 수밖에 없었다(일반민중들이 청원행정이나 개인적인 루트를 통해 정책결정에 영향력을 행사하는 모습은 이런 각도에서 이해될 수 있다. 金子肇「上海資本家階級と國民黨統治(1927~29)—馮少山追放の政治史的意義」,『史學研究』 176號; 久保亨「1930年代中國關稅政策と資本家階級」,『社會經濟史學』 47卷 1號 등 참조. 이는 비정상적인 경로일 뿐만 아니라 국민당이 민중단체에 부여한 대표권이란 측면에서 국민당과의 관계를 이해할 수 있는 단초를 제공한다고 생각한다). 따라서 국민당은 비록 당이 사적 이익을 조화, 통합하고 공익을 위해 노력한다고 하지만, 하부 의견의 수렴보다는 통제적인 측면이 강하게 나타날 가능성이 많았다. 이는 정권에 영향을 끼칠 수 있는 각 계급의 성장이 미약했던 점과도 관련이 있었다. 이런 점에서 민중운동의 지속적인 강조는 당이 민중과 유리되지 않을 수 있는 유일한 길로 남게 되고, 이 점에 개조파(국민당 좌파)의 의의가 있었다.

은 공익을 위해 각 민중의 이익을 적절히 조정하고 타협하게끔 해야 했다. 그러나 무엇이 공익인가? 만일 당이 판단한 공익에 민중단체가 만족하지 못하거나 민중의 요구가 시의적절하게 파악되지 못할 때에는 당의 자기만족에 지나지 않는 결과만을 낳을 뿐이었다.

3. '혁명의 적'과 근대화

'계급조화'를 표방하면서 당은 자신의 혁명적 역할과 투쟁대상을 다른 곳에서 찾았다. '훈정시기'에 당은 계급조화를 바탕으로 제국주의에 대항할 수 있는 경제적 기반을 마련해야 했다. 훈정시기 민중의 사명은 산업발전 및 문화향상이고, 아울러 국민정부에 협조하여 전체 계획과 일치된 순서에 따라 혁명적 건설에 종사하는 것이었다.[41] 따라서 개인의 사적 이익이나 개인주의는 국가의 통합을 방해하는 요소로서 당연히 배척되었다.[42] 각 개인의 자유는 혁명 목적을 수행하기 위해 제한되어, 모래에 시멘트를 섞어 돌과 같이 만들어[43] 국가의 공익에 봉사해야 했다.

또다른 혁명의 적은 계급투쟁을 조장하여 국가자본의 형성을 어렵게 하거나 생산력 발전을 방해하는 요인으로서, 국공합작 이후 국민당 내에 들어온 공산주의적 요소였다. 국민당은 공산당의 이론이 민중들을 악하게 만들고, 민중간의 분열을 조장했다고 생각했다. 따라서 일차적으로 민중운동 안에 남아 있는 공산주의적 요소를 제거해야 했다.

세번째의 장애요인은 민중 안에 남아 있는 '낙후된 사고방식과 태도'였다. 대외적으로는 최대의 장애요인이 제국주의였지만 대내적으로는 봉건주의와

---

41) 中國第二歷史檔案館 整理 『中央黨務月刊』 2册(南京: 南京出版社 1994) 377면.
42) Fewsmith, 앞의 책 99~101면.
43) 『孫中山全集』 9卷 281면.

종법주의였다.[44] 국민당의 구상에서 봉건주의를 일소하는 문제는 곧 농민문제를 해결하는 것이기노 했다. 농민문제의 해결은 토지문제를 해결하는 것이고, 토지문제의 해결 없이는 국민혁명도 보장할 수 없었다.[45] 그러나 토지문제의 해결은 오랜 시간을 필요로 했기 때문에 현재는 준비작업을 해야만 했고, 당면한 목표는 향촌 안에 남아 있는 봉건적인 유제를 청산하는 일이었다. 국민혁명의 주된 실행목표의 하나였던 토호열신(土豪劣紳) 문제도 그들 세력의 대지주적 성격보다는 당면 과제인 '봉건성·종법성'이 더 강조되었다.[46]

종법주의와 통하는 문제로 중국 민중사회의 또다른 문제는 지방주의였다. 각 지방의 자체적인 지역 통합성은 너무나도 강고했고, 그 정점에는 구래의 신사층과 출신지역에 따라 구성된 도시의 행회 및 동향단체가 있었다. 이들은 자체 결집력을 지니고 있어 국가권력에서 벗어난 '자율적인' 권한을 행사했고, 국가권력의 침투는 그리 용이하지 않았다. 도시의 각종 행업단체 내의 지방주의적 색채도 문제였다. 앞에서 분석한 것처럼 상해 사회는 동향네트워크가 단체의 결성과 활동 그리고 사회생활에서 중요한 역할을 하고 있었고, 새로운 권력의 침투는 어려웠다. 더군다나 동향방의 분열과 갈등은 산업발달과 국가자본의 건설에 부정적이었다.

국가권력을 확고히 수립하고, 경제건설을 위한 체제구축을 위해 국민당의 구상에서 우선 달성되어야 했던 것은 '봉건성'과 '종법성', '지방주의'를 배제한 정치통합이었다. 사실 국가권력 외에 배타적인 단체나 집단의 존재는 국가권력 확립에도, 경제건설을 위한 통합에도 달갑지 않았다. 따라서 국민당의 일차적인 타도대상은 '봉건적인 습속과 지방주의'였다. 이른바 개조파가 주도했다는 미신타파운동은 이런 향촌 내의 질서를 새롭게 재편하는 과정의 일환이었다. 그리고 국민당은 도시사회에서 배타적인 상권을 확보하려

---

44) 『中央黨務月刊』 2冊 379면; 「今後的國民黨」, 『改組派資料選編』 64면.
45) 「國民黨代表」, 『陳公博文集』 243면.
46) 같은 글 248면.

했던 행회의 규율에 대해서도 그리 호의적이지 않았음은 물론이다.[47]

이런 투쟁과정은 혁명정당으로서 국민당의 통치기반을 강화하는 역할도 하게 된다. 국민당은 국민혁명을 통해 성장했고, 기존 권위를 배척하며 등장한 권력이었다. 따라서 국민당은 기존의 기득권세력이나 권위를 자신의 통치체계에 편입시켜야 할 필요성이 있었다.[48] '봉건주의' 척결이나 '토호열신' 처벌이란 명목 아래 진행된 운동은 기존 권위의 파괴 및 국민당 권위의 수립 과정이었다. 국민당은 권력을 강화하기 위해서도 지속적인 투쟁이 필요했던 것이다.[49]

그렇다면 구체적인 투쟁과정에서 '이당전정(以黨專政)'의 수행범위는 어디까지일까? 국민당의 좌·우파 사이에는 민중과 '이당전정'의 관계 설정에서 '약간의' 차이가 존재했다. 개조파는 적어도 '이론적'으로는 '대중운동의 자율성'을 인정했다.[50] 개조파는 민중이 자발적으로 조직하여 자신들의 대표를 선출하기를 원했고, 당의 역할은 "혁명적 역량을 집중하고 동일하는" 협력자로 한정했다.[51] 민중의 요구에 기초한다는 개조파의 주장은 자신들이 표방한 정책과 정강을 당 차원에서 수렴·조정한다는 의미가 강했다. 따라서 개조파에게는 민주와 '이당전정'은 결코 모순되는 것이 아니었다.[52]

---

47) *China Weekly Review* 1929. 3. 2, 22면.

48) Fewsmith, 앞의 책 90~91면.

49) 이런 점에서 국민당이 지주나 자본가의 이익을 대변하는 정권이었다는 견해를 비판하며, 국민당이 지주계급을 약화시키거나 그들과 경쟁했다고 주장한 견해는 주목된다(Philip A. Kuhn, *Rebellion and Its Enemies in Late Imperial China: Militarism and Social Structure, 1876~1864*, Cambridge: Harvard University Press 1970, 225면; 笹川裕史「南京國民政府成立期の農村土地政策と地主層」, 横山英·曾田三郎『中國の近代化と政治的統合』, 廣島: 溪水社 1992). 국민당은 단순히 타협하는 정당이 아니라 자신의 권력 수립을 위해 지속적으로 투쟁하는 정당이었다.

50) Dirlik, 앞의 글 58면.

51) 「那里是出路」, 『改組派資料選編』 104면; Dirlik, 앞의 글 59면; 山田辰雄, 앞의 책 151~59면.

개조파는 훈정시기에 실시해야 할 지방자치는 민중단체의 조직에서 시작되는 것으로 생각하였다.[53] 민중운동이 존재해야 건전한 정부가 수립되고 '건설'사업이 진행될 수 있으리라 본 것이다.[54] 따라서 지방자치는 인민단체가 근간이 되어 조직되어야 했으며 그 중핵은 '농민협회'를 비롯한 '직업단체'였다. 무한정부 시기에 발표한 '호남구향자치조례(湖南區鄕自治條例)'에 따르면 자치는 당부와 농민협회, 상민협회, 노동조합, 학생회 등의 민중단체로 구성되는 것으로 되어 있었다.[55]

이런 구상은 1928년 이후 개조파의 국민당 개조 주장에도 그대로 관철되었다. 즉 개조파의 지방자치 구상은 손문의 국민회의 주장을 이어받아 당과 민중조직이 근간이 되어 자치정부를 구성하고, 이를 확대하여 국민정부를 구성하는 것이었다.[56] 따라서 개조파의 지방자치는 민주세력을 양성하는 것이고, 민중세력을 바탕으로 지지기반을 다지는 효과를 가지고 있었다. 그리고 이 민주세력이 당의 영도 아래 국가의 목표 수행을 방해하는 요소와 투쟁하는 데 동원되는 것이었다.

반면에 대중운동의 중요성을 인정하면서도 실질적으로는 민중을 신뢰하지 않고, 그들이 야기할 혼란을 두려워했던 우파는 대중운동의 자율성을 부정하고 위에서부터 통제해야 한다는 생각을 갖고 있었다. 이들은 민중이 계급투쟁에 나서는 것뿐만 아니라 민중들의 모든 투쟁을 부정했다. 투쟁과 교

---

52) 「恢復十三年國民黨改組的精神」, 『改組派資料選編』 91~92면.

53) 「那里是出路」, 같은 책 107면.

54) 같은 글 106면.

55) 田中忠夫 『革命支那農村の實證的硏究』(東京 1930) 30면. 지방자치에 대한 무한정부와 남경정부의 생각의 차이는 이들이 통합된 후에도 그대로 이어졌다. 남경정부가 장악하고 있던 강소성에서는 무한의 자치조례에 맞서 1927년 7월 19일 강소성 각현·촌제(村制) 조직대강을 통과시켰는데, 이 구도는 이후 1928년 말에 적극적으로 도입되는 촌리위원회(村里委員會)의 원형으로, 자치기구는 임명제를 특징으로 하고 있었다(같은 책 33~34면).

56) 이런 구도 아래 추진된 것이 절강성에서 추진된 자치운동이었다(野澤豊 「沈玄廬の死─1920年代末中國農村問題」, 『人文學報』 118號, 東京道立大學).

정은 '당'만이 할 수 있었다.

대계도는 민중 내의 갈등을 해결할 방법으로 인애(仁愛)를 체득한 선지선각의 지도를 강조했다. 그리고 호한민은 군정과 훈정 시기에는 민중이 권리·자유·경제 문제에 직접 관여할 수 없다고 생각했다. 민중들은 이 기간 동안 당의 적절한 지도를 받은 다음, 헌정기에 가서야 사회·정치·경제 문제에 직접 참여할 수 있다는 것이다.[57] 그러나 이는 공산당의 비판처럼 민중연합전선의 국민혁명을 소수 지식계급의 '벌죄구민(伐罪救民)'적 '귀족혁명'으로 변질시키고, 농공계층에게 자율적인 투쟁을 중지하고 상등계급(上等階級)의 은명(恩命)과 지시를 따르도록 하는 결과를 초래하였다.[58] 바로 이 점이 당시 민중운동을 바라보는 좌·우파의 차이점이자, 우파가 민중운동을 용인하지 않는다고 평가되는[59] 근거가 된 것은 아닌가 생각한다.

따라서 국민당의 호한민이나 대계도 같은 이론가들의 생각에 따르면 민중운동은 충실한 영도체제와 강고한 조직, 공통적인 신념을 바탕으로 '위에서'부터 재조직되어야 했다. 예컨대 자치기구로서 임명제를 중심으로 한 '촌리위원회(村里委員會)'가 적극 도입되고, 절강성에서 25감조의 중지와 함께 농민협회를 대신하여 촌리위원회가 소작쟁의를 중재하도록 한 것[60]은 이러한

---

57) 「國民黨民衆運動的理論」, 『胡漢民事跡資料彙輯』 2册 159~64면.

58) 瞿秋白 「中國國民革命與戴季陶主義」(1925. 9), 中共中央書記處 編 『六大以前』(北京: 人民出版社 1980) 338면. 구추백의 대계도주의에 대한 비판은 王育民·呂希晨 『中國現代哲學史』 1(서울: 청년사 1989) 148~52면 참조.

59) 山田辰雄은 대계도의 민중관을 놓고 "계급투쟁을 부정하려는 동기에서 상대적으로 당의 역할을 중시하고 반대로 노동자·농민의 역할을 경시함으로써" "국민당의 반공화·보수화에 이데올로기적 기반을 제공"했다고 평가하고 있는데(山田辰雄, 앞의 책 18면), 당을 활동의 중심에 놓고 계급조화를 중시한 점은 좌·우파 모두 같았다. 오히려 우파의 민중운동 경시 이유는 민중의 자율성에 대한 부정에서 찾아야 한다고 생각한다.

60) 촌리위원회는 1928년 10월에서 1929년 3월에 걸쳐서 도입된 말단 자치조직으로(「浙省府百七十次會議」, 『申報』 1928. 10. 13; 「浙省代表大會對政治之決議」, 『申報』 1929. 2. 26; 「浙省村里制限本月完成」, 『申報』 1929. 3. 4), 중앙의 행정 편제의 성격이 강했다. 또

경향을 반영하는 대표적인 예일 것이다.

우파들은 또한 제국주의와의 투쟁에서도 민중의 직접행동을 그다지 달가워하지 않았다. 민중의 직접행동은 오히려 중국에 손실을 가져올 뿐이므로 민중의 직접행동에 의한 반제운동보다는 외교적인 접촉을 통해 문제를 해결하는 것이 더 낫다고 생각한 것이다.[61] 실제로 1928년 5월 3일에 발생한 제남사변으로 전국에서 반일운동이 일어나자 국민정부에서는 민중운동으로 제국주의측에 빌미를 주어서는 안 된다는 이유로 반일민중운동을 통제하려고 했다.[62] 이처럼 우파는 민중의 행동을 달가워하지 않았고, 민중은 오로지 위로부터 통제받고 훈련받는 대상이어야 했다.

민생주의 국가를 건립하기 위한 수단으로서 이당전정과 계급조화는 국민당의 공통된 이론이었다. 그러나 민생주의 국가를 달성하기 위한 방법론에 이르면 구체적인 각론에서 의견이 갈라졌다. 민중운동에 대한 강조가 그 예였다. 민중운동에 약간이나마 자율성을 부여하려 한 개조파의 조치는 언뜻 보기에 사소한 차이임에도 불구하고, 여러 파벌간의 갈등 속에서 확장·재생산되어 결국 각 파벌의 입장과 행동을 규정하는 역작용을 했다. 그 결과 국민당 개조파는 민중운동을 '전면적으로 인정'하는 파벌로서 인식되었고, 이런 인식은 역으로 개조파의 행동을 규제하여 개조파로 하여금 민중운동 옹호론을 전면에 내세우게 하는 구도가 형성되었다.

국가건립 과정에서 민중들의 자발적 조직의 인정 여부는 더 큰 차이점으로 부각되었다. 개조파는 정책결정에서 민중운동의 중요성을 지속적으로 주장했으며, 인민조직을 지방자치의 근간으로 삼아 지역의 정치적 에너지를

한 구성원은 촌리장·촌리부(村里副)·린장(隣長)으로, 민중단체를 자치기구에 흡수하려는 의도는 전혀 없었다(笹川裕史, 앞의 글 270면). 소작쟁의에서 중재기관의 변화에 관해서는, 같은 글 266면 표6 및 野澤豊, 앞의 글 161면 참조.

61) 白永瑞, 앞의 글(1988) 194~200면.

62) 裵京漢 『蔣介石研究──國民革命時期의 軍事的·政治的 擡頭過程』(서울: 일조각 1995) 214면.

당의 통제 아래 국가 전체의 이익으로 연결시키려 했다. 이는 근대화하고 있는 국가에서 정통성의 확립뿐만 아니라 경제적인 총동원체제를 구축하는 데 의미있는 일이었다.

그러나 우파와 같이 자율성을 전혀 인정하지 않을 경우 민중을 국가건립에 동원할 수 있는 방법은 단 하나, 국가의 행정적 편재 및 강제적인 동원수단을 이용하는 수밖에 없었다. 여기에서는 민중단체의 상향식 의견보다는 당의 하향식 명령이 중시된다. 바로 이러한 논리적 근거 때문에 뒤에 보듯이 남경정부가 상해에서 민중단체의 자율성을 인정하지 않고, 당치라는 논리로 강압적으로 편입하는 조치를 취하게 되었던 것이다. 또한 남경정부가 염석산(閻錫山)의 산서 통치를 모방하여 지방정치를 관료화하며 통제권을 강화해가고[63] 신생활운동과 같은 관료화된 운동을 중심으로 동원체제를 구축한 것도 이런 차이에서 연유한 것이었다.

민중운동의 허용범위에 대한 인식의 차이는 3전 대회에서 징개석이 당권을 완전히 장악함으로써 일단락되었다.[64] 개조파는 국민혁명의 '역사적인 지향점'을 배경으로 한 채, 국민당의 중심 무대에서 점차 사라져야 했다. 결국 개조파는 그들이 누차 주장했던 민중운동의 역량도 제대로 활용하지 못하고, 국민당 내의 여러 파벌과 연합하는 과정에서 권력획득에 연연하는 일개 정파로 전락하고 말았다.[65] 국민당 내에서 개조파의 몰락은 당의 권력행사에 최소한의 민중적 기반을 제공할 수 있는 고리의 상실을 의미했고, 이제 국민당의 당권을 견제하기는 어렵게 되었다.

---

63) Kuhn, "Local Self Government under the Republic," F. Wakeman and C. Grant eds., *Conflict and Control in Late Imperial China*(Berkeley 1975) 284~87면; 「閻錫山請行村制」, 『申報』 1928. 7. 26; 「國民政府公布縣組織法令」, 『革命文獻』 22輯 4347~54면.

64) 久保亨, 앞의 글(1984) 참조.

65) 졸고 「改組同志會의 國家建設構想과 政治活動(1927~1930)」, 『中國現代史硏究』 1집.

II. 중국 국민당의 '혁명적 건설'과 상회

1. 상민운동결의안과 상해 상민협회

1926년 1월에 광주에서 개최된 국민당 2차 전국대표대회에서 '상민운동 결의안'이 통과되었다. 국민당은 종래 상민운동이 노동운동에 비해 지체되어 있다는 인식하에 상민운동의 활성화 방안을 모색하였고, 상민협회의 결성을 결의했다.[1] 국민당의 '상민운동결의안'이 담고 있는 내용은 무엇이고, 그들은 어떤 형태의 상민운동을 생각하고 있었던 것일까. 아래에서 상민운동결의안과 상민협회 장정을 통하여 그 일단을 살펴보도록 하자.

국민당이 북벌 전에 상민운동에 기대한 것은 여타 민중운동 방침과 마찬가지로 국민혁명에 대한 민중의 지지 확보였다. "상민도 제국주의와 군벌의 압박을 심하게 받고 있기 때문에 국민혁명에 참가할 필요성과 가능성이 있고," 따라서 국민혁명의 성공을 촉진하기 위해 중소상인을 조직의 근간으로 삼기로 했다. 상민협회는 "제국주의와 이해관계를 같이하고 있는 (…) 반혁

---

1) 「商民運動決議案」, 榮孟源 『中國國民黨歷次代表大會及中央全會資料』(北京: 光明日報出版社 1985) 135면.

명적 상인," 즉 신사·매판계급이 장악하고 있던 상회를 감시하고 점차 개선해갈 것을 임무로 했다.[2]

상민운동결의안에서 운동의 담당주체로 상정한 '중소상인'의 실체는 무엇인가. 국민당은 상민을 두 종류로 나누면서 하나는 제국주의와 이해관계가 같은 자로, 다른 하나는 이해관계가 다른 자로 보고, 앞의 세력을 '구상회'로, 후자를 중소상인으로 분류하여 중소상인은 혁명적 상인, 구상회는 제국주의와 결탁한 반혁명적 상인이라는 도식을 만들었다.[3] 중소상인을 선택한 중요한 이유 중의 하나는 국민혁명을 추진할 노동자·농민운동과도 밀접한 관련이 있다는 것이었다. 연합전선을 고려할 경우, 노동자·농민은 많은 자본을 소유하고 점원과 노동자를 다수 고용하고 있는 대상인과 갈등을 일으킬 소지가 매우 높았다.[4] 즉 상민운동결의안은 국민혁명과 그에 참여하는 상인들의 혁명성 및 노동자·농민과의 관계 설정을 고려했다.

상민협회 장정은 중소상인의 범위를 좀더 명확하게 보통상인, 점원, 노점상인으로 규정했다.[5] 이는 국민당이 타도 혹은 개조의 대상으로 삼는 상회는 일반적으로 대상인들이 주도했다는 점을 고려할 때, 자본규모에 의한 구분이라는 것은 거의 틀림없는 사실이다.

그렇다면 국민당이 상정한 '보통상인'은 혁명성이 있는가. 혁명성을 고려하여 상민운동의 주체를 중소상인으로 선택한 사실에서 알 수 있듯이, '혁명성'은 회원자격의 중요한 잣대 중의 하나였다. 그렇다면 중소상인이 제국주의와 결탁되어 있을 때 상민협회에서 제외되는 것은 당연하지만, 자본규모 면에서 대상인에 속하면서도 혁명성을 띠고 있는 상인의 경우는 상민협회

---

2) 같은 곳.
3) 같은 글 136면.
4) 「民衆團體的組織原則及系統」, 中國第二歷史檔案館 整理 『中央黨務月刊』 2冊(南京: 南京出版社) 397면.
5) 「商民協會章程」, 『申報』 1927. 6. 10; 韓德光 『商民協會章程釋義』(上海: 中央圖書局 1927) 2, 45면.

회원과 어떤 관계를 가져야 하는가. 더 심각한 문제는 혁명성은 어떻게 판단히는가였다. 혁명성을 중시한 상민협회 장정의 회원 규정의 문제점이 여기에 있었다.

군벌 및 제국주의 타도를 위해 민중의 지지기반 확대를 노렸던 북벌 전의 국민당이 상민운동에서 혁명성 및 노동자와의 협력을 중시하여 상민운동의 주체로 중소상인을 선택한 것은 큰 무리가 없었다. 게다가 현실적으로 추상적인 혁명성보다는 경제적인 규모에 따른 구분이 더욱 용이했고, 그 결과 자본규모의 대소에 따른 중소상인의 조직체로서 상민협회가 구상되었다. 그러나 혁명정당이 아닌 수권정당으로서 국가건설이 당면 과제가 되고 특히 대상인들의 협력이 필요할 경우, 중소상인의 규정은 얼마든지 바뀔 가능성이 있었다. 다시 말해 자본규모를 무시하고 혁명에 '협조' 혹은 '국가건설'에 협조하는 상인들은 '혁명성'이 있는 상인으로 간주하여 대상인도 국민당에 받아들여질 가능성은 얼마든지 있었던 것이다. 대상인이 참여함으로써 노농간 연합을 통한[6] 그야말로 '전민혁명'이 가능해지는 것이다. 바로 이 점이 대상인들이 상회를 중심으로 계속해서 존재할 수 있었던 이유이기도 했고, 중소상인을 중심으로 한 상민협회와 총상회가 대립하게 되는 불씨이기도 했다.

상민운동 방침의 또다른 특징은 철저한 당의 지도와 감독이다. 군정―훈정―헌정의 국가건설 과정에서 국민당이 지도와 훈련을 통해 헌정단계에 걸맞은 국민을 창출하려는 의도는 모든 민중운동에 관철되어 있었다. 상인들은 당의 지도하에 상민협회로 조직되어 상민운동을 전개하고, 하급상민협회는 상급상민협회에, 그리고 상급상민협회는 국민당 상민부에 직속되는 조직체계를 제시했다.[7] 이런 조직방침은 국민당이 "일사불란한 통제를 확보하기"에 유리했지만 "하급단체의 자립성을 파괴할 우려가 높은 것"이었다.[8] 대신

---

6) 「民衆團體的組織原則及系統」, 『中央黨務月刊』 2冊 387면.
7) 韓德光, 앞의 책 10, 13~15면.

에 상민협회는 상계를 대표할 유일한 지위를 인정받을 수 있었다. 국가와 민간단체가 교섭할 수 있는 길이 설정되어 있었던 것이다.

국민당의 상민조직 방법이 관철된다면 기존 상계 내의 결합원리를 변화시킬 가능성이 많았다. 상민협회는 기존 상인들의 조직과 달리 완전히 '개인적인' 참여 형식을 취했다. 상민협회는 개개의 상민을 인정하고 오로지 상민 개인을 조직의 기본으로 하여, 상민 개인의 복리를 추구한다는 조직방침에 근거하여[9] 제국주의와 군벌을 추종하는 자를 제외한 16세 이상의 상인을 회원자격으로 인정했다.[10] 이는 국민당이나 공산당이 국민혁명에 종사할 민중운동의 양성을 목표로 한 것과 같은 맥락으로 '자각한' 개인을 조직의 기본으로 삼은 것이다.

국민당, 공산당에 참여한 지식인들은 중국의 근대화를 저해하는 요인으로 종족 관념과 '봉건적인' 관념 그리고 지방 관념의 타파를 지적했다.[11] 그들은 향촌에서 농민들이 개최하는 각종 행사를 미신적이라 생각하여 타파하길 원했고, 이른바 근대적이고 과학적인 생활원리를 도입하기를 원했다. 그리고 이는 기존 향촌 안의 권력구조 타파와 병행되는 일이기도 했다.[12]

상해의 경우 상인들의 모임인 회관·공소 모두가 동향관계를 근간으로 한 동향방이 조직의 기본 단위였고, 상회는 회관·공소를 주요 회원으로 삼아 성립되었다는 점에서, 상민운동결의안의 조직방침이 관철된다면 현실에 변화를 일으키기에 충분했다. 이처럼 상민협회는 "서양과 같이 시민을 단위

---

8) 根岸佶『上海のギルド』(東京: 日本評論社 1951) 370면.
9) 같은 책 369면.
10) 韓德光, 앞의 책 1~2면.
11) 「民衆團體的組織原則及系統」, 『中央黨務月刊』 2册 379면.
12) 유용태『지식청년과 농민사회의 혁명: 1920년대 중국 중남부 3성의 비교연구』(서울: 문학과지성사 2004); 三谷孝「南京政權と'迷信打破運動'(1928~1929)」, 『歷史學研究』 455輯; Bradely K. Geisert, "From Conflict to Quiescence: The Kuomintang, Party Factionalism and Local Elite in Jiangsu, 1927~1931," *The China Quarterly* 108(1986. 12).

로 한 민주적인 상인단체"[13]로 평가될 만한 소지를 조직방침에 이미 담고 있었던 것이다.

개인을 입회단위로 한 것은 당치의 관철에도 유리했다. 동향관계가 사회에서 중요한 역할을 하던 당시 상황에서 개인들의 일차적인 충성대상은 동향방이었고, 동향방과 동향네트워크는 사람들을 모으고 힘을 행사하는 하나의 단위였다. 개인을 이런 방구나 동향단체에서 떼어내어 일차적인 결사의 기초로 삼는다는 것은 당이 그만큼 개인에 대해 영향력을 행사하기가 쉬워짐을 의미한다.

상민협회 조직방침이 결정된 후 상해에서는 국민당과 관계가 밀접했던 왕한량이 호상협회(滬商協會)를 결성했다. 그러나 상해 상인들은 호상협회에 별다른 관심을 보이지 않았다. 당시만 해도 정국의 변화를 예측하기 어려운 상황인데다 국민당은 광동에 기반을 둔 하나의 지역정권에 불과하였기 때문이었다. 손전방 치하에서 정치적·경제적 '실력'도 없던 중소상인들이 위험을 무릅쓰고 호상협회에 가입하길 기대하는 것은 무리였다.

상해에서 상민협회 결성이 촉진된 것은 북벌군이 상해에 근접해오고, 3차 폭동이 준비되던 3월 이후였다. 3차폭동 직전인 1927년 3월 20일, 견직물상인 왕연송이 상해의 상계연합회 및 각 업종 대표를 모아서 상민협회 준비대회를 개최했다. 그리고 22일 상해 상민협회 임시집행위원회 명의로 각 신문에 상민협회 조직 광고를 게재하였다.[14] 호상협회도 3월 25일 활동재개를 선언하고 27일에 왕한량, 왕성재(汪醒齋), 호봉상(胡鳳翔)의 주도로 준비대회를 개최하고 준비위원을 선출했다. 나중에 양자는 국민당 상해 시당부의 지도에 따라 합병하고 국민당 지지를 선언했다.[15]

---

13) 根岸佶, 앞의 책 369면.

14) 「上海商民協會臨時執行委員會第一號公告」, 「上海商民協會臨時執行委員會第二號公告」, 『申報』 1927. 3. 22.

15) 「滬商協會恢復宣言」, 『申報』 1927. 3. 25; 「滬商協會昨開籌備大會」, 『申報』 1927. 3.

3월 말부터 시작된 상민협회의 조직화는 상인들의 자발적 참여뿐만 아니라 상민협회 조직 주비회 지도부의 독려에 따라 4·12 이후 빠른 속도로 진행되었다. 화계지역은 물론이고 국민당의 영향력이 상대적으로 약했던 조계지역도 상민협회의 조직에 참여했다. 상민협회의 조직화는 개인을 회원단위로 하는 '구회'와, 상점을 회원단위로 하는 '업회'의 두 가지 방법으로 진행되어 남경로 분회, 남시 분회, 갑북 분회, 프랑스 조계 분회 등의 지구별 분회와 전기사직업(電氣絲織業) 분회, 약업음편업(藥業飮片業) 분회, 우양업(牛羊業) 분회 등의 업종별 분회가 성립되었다.[16] 각 지역, 각 업종 상민들의 결집이 광범위하게 이루어지면서 1928년 3월 1일 국민당의 인가를 받을 때에는 42분회, 5400명의 회원을 확보했다.[17]

상민협회의 조직결성 과정에서 검토해야 할 문제 중의 하나는, 호상협회 당시에는 조직화에 난항을 겪었던 중소상인 조직화가 북벌기를 맞이하여 급진전할 수 있었던 이유는 무엇인가 하는 점이다. 일차적으로 당시의 혁명적 정세를 고려할 수 있을 것이다. 북벌의 여파로 상해의 민중운동은 고양되었다. 손전방군과 북벌군의 싸움이 벌어지는 동안 상해의 시민들은 자치운동을 전개하면서 정치의식과 자치의식을 고양시켜나갈 수 있었다. 따라서 이들이 국민혁명을 달갑게 받아들이고, 혁명적 정세에 부응하기 위해 상민협회로 결집했으리라 추측할 수 있다.

좀더 구체적으로 상민협회에 참가한 사람들을 통해 이 문제에 접근해보자. 1927년 3월 상민협회 임시집행위원회의 상무위원은 엄악성(嚴諤聲), 오지호, 장진원(張振遠), 육문호(陸文詔), 여앙성(余仰聖), 장자렴(張子廉), 진용삼(陳勇三) 등의 활동가로서 상총련회의 활동가와 같았고, 임시사무소도

28; 「商民協會併執行委員會紀」, 『申報』 1927. 4. 9.

16) 金子肇 「商民協會と中國國民黨(1927~1930)——上海商民協會を中心に」, 『歷史學硏究』 598號 23, 25면.

17) 「市商協會呈報會員及代表人數」, 『申報』 1928. 3. 8.

상총련회와 같은 건물에 있었다. 호상협회 회원인 왕한량 또한 상총련회의 활동가로서 5·30운동 때에 활발한 활동을 전개했다. 그리고 1928년 3월에 상민협회가 정식으로 출범할 때 취임한 5명의 상무위원 가운데 3명이 상총련회의 간부였다. 즉 상민협회는 상총련회 간부들이 주도하고, 그 회원들의 뒷받침으로 성립된 단체로서 상민협회와 상총련회는 동심이체라고 불릴 정도였다.[18]

달리 말하자면, 상민협회의 급속한 조직화의 원인은 상총련회가 주도했다는 데서 찾을 수 있다. 상총련회는 1919년 결성 이후 조계 내에서 활발한 참정운동을 벌이고, 5·30운동에서 공상학연합회의 일원으로 활약하며,[19] 앞서 보았듯이 북벌기에 자치운동의 선봉에 서면서 국민혁명에 기여해온 상해 상계의 급진적 정치주장을 대표하는 집단이었다. 따라서 군벌의 일소를 외치며 출발한 국민혁명군에 상대적으로 쉽게 호응했을 것이고, 장개석 등장 전에 상해 사회에서 유행하던 노동운동에 대응한다는 측면에서도 상민협회로의 결집은 이해될 수 있을 것이다.

그러나 상총련회도 지역적인 문제를 고려해야 하는 '지역 상인단체'로서의 면모를 벗어날 수 없었던만큼, 과연 상해의 모든 중소상인들이 혁명이념에 동감하거나 혹은 이념적 투철성만으로 상민협회로 결집했는지에 대해서는 의문의 여지가 있다. 각 정치파벌과 연관관계를 가지고 있던 대상인들은 장개석의 정책의도와 의향을 정확히 파악하기 위해 분주하게 움직였고, 중소상인들은 대상인들을 따라서 거의 투기적으로 상업연합회에 가입하는 행동을 보였기 때문에[20] 당초부터 국민당의 정책방향을 정확히 파악하고 상민

18) 滿鐵上海事務所 『上海ニ於ケル排日排貨運動ト直接間接ノ關係ヲ有スル民衆團體ノ解剖』 (滿鐵上海事務所 1928) 33면(이하 『民衆團體ノ解剖』라 약함).
19) 졸고 「1920年代 初半 上海 各路商界總聯合會의 政治的 成長과 上海社會」, 『東洋史學研究』 54집 참조.
20) 金子肇 「上海資本家階級と上海商業聯合會─四·一二クーデタ-をめぐって」, 『史學研究』 168號 31~38면.

협회로 결집했다고 보는 것은 무리이다. 상해의 중소상인들과 상총련회의 일반회원들이 상민협회에 가입한 이유는 정치적인 격변에 따라 사회 전반이 동요하는 상태에서 새로이 등장하는 정권에 기대어 의존처를 얻으려 했다는 해석이 좀더 타당할 것이다. 이는 흔히 볼 수 있듯이 새로 등장한 정권에 부합하는 행동을 하여 자신들의 안전을 유지하려는 조치였다. 국민당의 권력이 미칠 수 없는 공공조계의 경우, 상민협회의 조직화가 갑북이나 남시에 비해 훨씬 뒤졌던 점에서도 이런 행태를 엿볼 수 있다.[21]

이런 사실은 국민당이 상민협회의 조직결성을 촉진하기 위해 상민협회 가입을 권유했던 데서도 나타났다. 상해의 국민당 또한 다수의 지지를 얻을 필요가 있었기에 상민협회 가입을 권유하면서 상민협회 회원에게는 각종 특혜를 제공하였다. 즉 상민협회를 통해 정부에 가연잡세 취소를 요청할 권리, 상민회원 사이의 분쟁에 상민협회의 조정을 요청할 권리, 상민협회가 설립한 합작은행, 신문잡지, 구매합작사, 상업학교, 오락시설 등을 이용힐 권리 등을 갖는 것으로 되어 있었다.[22] 바로 이런 특전들이 취약한 자본으로 인해 정부의 보호를 원했던 중소상인들에게 더욱 매력적으로 느껴졌을 것이다.

중소상인은 정부의 보호를 원하고 장개석의 국민당은 상해인들의 지지를 원했던만큼 조직화는 아주 빠른 속도로 진행되었다. 그러나 국민당이 원래 의도했던 조직의 건설과 통제와는 달리 여러 문제점을 드러냈다. '상민운동 결의안'은 개인 참여를 조직결성의 원칙으로 삼고 있었고, 그런 점에서 '구회'식의 조직결성이 국민당의 원래 취지에 합당할 뿐만 아니라 조직의 충실화를 기할 수 있는 방편이었다. 그러나 3월 말, 4월 초의 급박한 정세변화에 따라 상인들이 상민협회에 투기적으로 가입하거나 각 업종의 공회·공소가 곧바로 상민협회로 전환되는 현상을 막을 수 없었다. 정육업[鮮肉業]의 육

---

21) 金子肇「商民協會と中國國民黨(1927~1930)」25면의 표4 참조.

22)「告商民書(附加入商民協會須知)」全宗號 Q222-1-2, 上海市 檔案館 所藏;「商民協會章程奉中央核准」,『申報』1927. 6. 10; 韓德光, 앞의 책.

중국 국민당의 '혁명적 건설'과 상회 **171**

업향설당(肉業香雪堂), 수산업〔海味洋雜業〕의 점춘당공회(點春堂公會), 남북의장공소(南北衣莊公所), 약업〔藥業飮片業〕의 화의당(和義堂)·신의당(信義堂) 두 공소가 상민협회 분회로 개조한 것은 예전 상업단체의 단순한 명칭 변경에 지나지 않았다.[23]

의장공소(衣莊公所)는 4월 4일에 동사회를 열어 국민당의 방침에 따라 위원제로 조직을 개편하고 상민협회를 구성하기로 결정했다. 의장공소는 공소의 주도자였던 진소생(陳韻笙), 은걸부(殷傑夫), 석소운(席筱雲) 등을 주비원으로 뽑고 주비처를 의장공소 내에 설치했다.[24] 비단업〔綢緞業〕도 마찬가지로 1927년 9월에 상민협회로 방향을 전환하는데, 취급하는 비단의 "산지가 같지 않아 각 방 모두가 공소·회관이 있어 일치된 단결이 없었다. 현재 각 방은 중국 국민당 상해특별시 당부의 명령을 받아 업회를 준비하고, 조직을 확대하여 항(杭)·호(湖)·성(盛)·소(蘇) 등 동업공회가 공동으로 주비"[25] 하여 비단업 상민협회는 공소들의 연합체로서 성립한 조직임을 명확히 드러내었다. 결국 동향관계나 방구의 영향력은 국민당의 상민협회 조직화 과정에서도 그대로 남아 있었다.

물론 공소나 회관 중에는 조직의 전환과정에서 갈등을 일으키고, 새로운 지도층이 성장하는 경우도 있었다. 상민협회로 전환되는 과정에서 각 공소에서 새로운 지도층이 등장하거나, 구지도층과 갈등을 일으키기도 했다. 두미업(豆米業) 상민협회는 이전의 상인조직을 강하게 비판하면서, 이들과의 투쟁을 선언했다.[26] 그러나 이런 조직변화도 회관·공소가 가지고 있던 동향방에 대한 충성관계에 심한 타격을 입힐 수는 없었다.

23) 「各商民協會消息」, 『申報』 1927. 3. 31; 「藥業公會之籌備會」, 『申報』 1927. 3. 31; 「商民協會消息」, 『申報』 1927. 4. 26.

24) 「衣莊公所開會紀」, 『申報』 1927. 4. 5.

25) 「商民協會綢緞業業會成立大會」, 『申報』 1927. 9. 27.

26) Joseph Fewsmith, *Party, State, and Local Elite in Republican China: Merchant Organization and Politics in Shanghai, 1890~1930*(Honolulu: University of Hawaii Press 1985) 126~27면.

３월 이후 급속히 추진되던 상민협회의 조직화는 7월 들어서면서 주춤하기 시작했다. 7월 6일에 시 전체를 아우르는 상민협회 주비회가 출범했음에도 불구하고, 신문지상을 메우던 상민협회 주비회와 조직 소식은 조금씩 뜸해지기 시작했다. 상민협회 조직방침에서 초미의 관심사였던 점원의 귀속문제가 다시 터진 것이다.

３차폭동기에 점원과 수공업노동자의 조직화된 힘은 상공인들, 특히 상총련회와 같은 중소상공인들을 놀라게 했다. 그 때문에 장개석의 등장 이후, 상민협회 관계자들은 상민협회를 통해 점원과 수공업노동자를 자신들의 조직으로 끌어들여 그들에 대한 통제권을 행사할 수 있기를 원했다. 상민협회 주비원들은 공회조직통일위원회(工會組織統一委員會)와 국민당 중앙의 조직방침에 반발하면서까지[27] 점원을 상민협회로 조직하려고 분주했고, 이러한 노력은 6월 10일에 상민협회 장정이 발표되면서 결실을 맺는 듯했다. 그리고 6월 11일부터 상민협회 각 구(區) 주비회의 활동이 신행되있다.

그러나 7월에 보도된 중앙당부 조직부의 조직방침은 다시 한번 상민협회 회원을 실망시켰다. 상민협회를 조직하는 과정에서 번번이 공회조직통일위원회와 부딪치는 상황을 종결짓기 위해 조직부는 '조자(組字) 제7호 통고'에서 "상점자본과 관계가 있는 상점 직공은 상인으로 상민협회에 가입할 수 있다" 그러나 "상점자본과 관계가 없는 점원 직공은 상인으로 인정할 수 없고, 상민협회에 가입할 수 없다"고 명시했다.[28]

조직부의 통고는 점원의 상민협회 가입을 사실상 인정하지 않는 것이나 마찬가지였다. 그 결과 상민협회의 조직결성은 현저히 저하되어 "조사보고에 따르면 각 주비원은 열심히 공평하게 일을 하고 회무를 적극 진행하는

---

27) '점원귀상(店員歸商)'의 문제를 둘러싼 논쟁과정에 관해서는 金子肇, 앞의 글(1989); 小浜正子「南京國民政府下における上海ブルジョア團體の再編について」, 『近きり在りて』13 號 35면 참조.

28) 「上海工商兩會會員爭執案之解決」, 『申報』 1927. 7. 7.

자가 대다수이나, 적당히 질질 끌면서 방관하고 심지어 회의에도 참석치 않고 일이 있으면 교묘하게 회피하려고 하는 자가 없지 않은"[29] 상황에 이르렀다.

사실 점원의 귀속 문제를 적절히 처리하는 데는 어려운 점이 많았다. 상인들은 점원의 상민협회 귀속을 집요하게 추진하였지만, 중앙당부 조직부는 "상점 직공은 그 종사하는 직종에서 보면 '상(商)'에 속한다고 할 수 있지만, 그 이해관계는 경리(經理), 협리(協理)와 다르고 더군다나 상점주와 같지 않다. (…) 소위 고용인이란 직업에서 보면 '공(工)'에 속하지는 않지만, 이해관계에서 보면 '상'보다는 오히려 '공'에 가까운 것이다"[30]라고 지적했다. 점원은 중국적인 상황에서 '공'과 '상'의 중간적 지위에 위치했고, 이것이 문제의 발단이 된 것이다.

국민당은 상해 상인들의 반발이 거세지고, 상민협회의 조직결성이 지체되던 상황에서 타협책을 내놓지 않을 수 없었다. 1927년 10월 20일 중앙 각부 위원회 연석회의는 공(工)과 상(商)에 관한 개념을 정리했다. 그에 따르면 "생산자와 소비자 혹은 생산자와 제조자 중간에서 매매교역에 종사하는 자는 모두 상(商)에 속한다. 상점 점원은 점주(店主)를 도와 상업을 경영하니 산업노동자와 완전히 달라 상인에 포함시키는 것이 타당하다"고 규정했다. 따라서 '점원직공단체'를 상민협회와 같이 각급 당부 상인부가 관할·지도하는 '점원총회'로 개조하기로 결정했다.[31] 즉 조직부의 견해를 수용하여 상인과 점원의 차별성을 인정하되, 그 관할권을 상인부가 장악하는 방법이었다. 이는 명백한 타협책이었다.

---

29) 「特別市黨部消息」, 『申報』 1927. 9. 10; 「特別市黨部消息」, 『申報』 1927. 9. 21; 「特別市黨部消息」, 『申報』 1927. 9. 26.

30) 「中央組織部明定店員地位」, 『時報』 1927. 7. 31(金子肇, 앞의 글 1988, 29면에서 재인용).

31) 「中央商人部明定工商標準」, 『申報』 1927. 10. 28.

점원총회의 성립은 상민협회 전체 조직구성에도 영향을 미쳤다. 점원 등이 상점주와 동등하게 가입하기로 되어 있던 구상민협회(區商民協會)는 점원총회가 생겨나면서 업주만의 단체로 변하게 되고, 업종별 상민협회와의 차별성이 약해졌다. 그 결과 상민협회 '구회(區會)'의 취소가 결정되었다.[32] 1928년 3월 상민협회가 정식으로 성립할 당시의 42분회 중에 업종별 분회가 39곳, 지구별 분회가 2곳이었고, 나머지 하나는 불명이었다.[33] 업종별 분회는 공회·공소가 상민협회로 모습만을 바꾼 것이 대부분으로, 상민협회 안에 회관·공소의 동향방에 의존한 자율적인 결집력과 활동이 지속되었고, 국민정부는 상민협회를 의도대로 통제하는 데 한계가 있을 수밖에 없었다.

상민협회 조직결성은 이후 다시 활발하게 진행되어, 1928년 3월 상민협회가 정식으로 성립한 이후에도 계속 조직 확대를 추진하여 1928년 말에는 64개 분회를 아우르는 조직으로 발전했다.[34] 상민협회는 이처럼 상인들을 조직하여 국민당의 지지기반을 형성하는 한편, 3차폭농 전에 활성화되있던 노동운동에 대한 대응기관으로 변해갔다. 아직 총상회 등이 존재하고 있었지만, 상민협회는 2전 대회에서 인정한 유일한 상인단체였고 상인운동의 주체였다.

상민협회는 1927년 3월 임시집행위원회 결성 이후 1928년 3월에 정식으

---

32) 「中央商人部令催遍商民協會成立」, 『申報』 1927. 11. 15. 상민협회가 거의 업주만의 단체로 변한 상태에서 점원총회는 독립된 상태나 마찬가지로 존재하게 되었다. 따라서 각 상점의 점원은 직공회를 설립하여 계속 활동을 유지할 수 있었다. 그러나 국민당은 점원들의 조직을 직업단체로도 사회단체로도 인정하지 않고, '동업공회에 가입할 수 있다'는 규정만을 둠으로써 직공회와 동업공회가 대립할 여지는 여전히 존재했다. 이후 1931년에 국민당은 국민회의 개최를 이유로 이런 상태를 정리하기 위해 직공회의 해산을 결정했다. 그리고 점원은 동업공회에 대표를 '파견해야만' 하는 강제조항으로 동업공회법 시행세칙을 수정했다(「各業公會集議公會法施行細則」, 『申報』 1931. 3. 4; 「修正工商同業公會法施行細則」, 嚴諤聲 編 『商人團體組織規程』, 上海市商會 1936, 140~42면).

33) 「市商協呈報會員及代表人數」, 『申報』, 1928. 3. 8.

34) 『民衆團體ノ解剖』 33면.

로 출범하기까지 '점원귀상(店員歸商)' 등의 문제를 둘러싸고 정부와 갈등을 겪으면시도 국민당의 상인운동 방침에 따라 상해 사회의 주요 상계단체로 자리를 잡아갔다. 그리고 상인들을 조직하여 국민당의 지지기반을 확대해갔다. 그러나 상민협회는 그 조직과정에서 드러나듯이, 예전의 공소나 회관이 형태만 바꾼 경우가 많았고, 조직원들도 국민당의 이념에 대한 동조보다는 신정권의 '보호'를 기대하면서 참여했다. 따라서 국민당은 '당'의 지도 아래 상인들을 통합, 새로운 질서의 형성주체로서 상민협회를 생각했지만, 전통적인 동향관계에 의존한 결합을 깨뜨리는 데에는 한계가 있었다. 이는 비록 중소상인이 자본 면에서, 그리고 활동 면에서 대상인보다 훨씬 더 정부에 의존적이 될 가능성이 많았지만, 그들이 여전히 정부권력 외에 '사적'인 동향네트워크와 권력중심을 유지할 수 있게 만들었다.

2. 총상회의 참정 요구와 '훈정'의 마찰

1926년 회동선거 이후 총상회를 장악한 부소암은 손전방의 정치적 입장에 동조하였다. 부소암은 북벌과정에서 초상국의 윤선을 손전방에게 제공하고, 선원들의 파업을 진압하는[35] 등 손전방을 위한 지원활동을 계속했다. 그런만큼 손전방이 패배한 후 총상회가 개조대상이 되는 것은 당연했다.

국민당 상해 임시정치위원회는 총상회 접수를 모색했다. 총상회 접수를 담당할 단체로는 당시 총상회에서 떨어져나왔고 장개석과 친분관계도 있던 우흡경이 만든 상업연합회가 우선적으로 고려되기도 했지만, 4월 26일 상해 임시정치분회는 재정부 차장 전영명(錢永銘), 국민당 중앙정치부 상해판사처 주임 반의지(潘宜之), 곽태기(郭泰祺), 오충신(吳忠信)과 상공계 인물 우

---

35) 『申報』 1926. 12. 1; 徐鼎新・錢小明 『上海總商會史(1902~1929)』(上海社會科學院 1991) 364면.

흡경, 풍소산, 왕일정 7인을 상해 총상회 접수위원으로 선정했다. 그러나 이 위원의 일원이었던 풍소산이 "상회는 법정 상인단체로서 관헌이 위임한 위원이 접수하는 것은 부적절하니, 회원대회를 소집하여 여기서 선발된 위원이 스스로 처리해야 한다"는 의견을 냄에 따라 5월 7일 회원 긴급대회를 개최하고 35인의 임시위원회 위원과 7인의 상무위원을 선발했다.[36] 5월 17일 열린 상해 총상회 제1차 임시위원회 회의에서 풍소산, 임강후(林康候), 목우초(穆藕初) 3인이 집행위원으로 선발되고[37] 이후 총상회는 풍소산의 지도하에 놓여졌다.

풍소산은 광동성 출신으로 금속·잡화·종이류를 취급하던 문성융호(文成隆號)를 경영하고, 용장조지공사(龍章造紙公司)의 발기인 겸 대주주였다.[38] 풍소산은 1920년 혁신기운을 타고 총상회에 들어온 이후, 총상회 내에서 활발한 정치활동을 전개했다. 1923년 조곤(曹錕) 회선(賄選)시에 상인정부론(商人政府論)을 주장하여[39] 민치위원회(民治委員會)를 구성하고, 1925년 5·30운동 당시에는 적극 대처를 주장했던 총상회 내의 급진적 활동가 중의 하나였다. 그러나 1926년 회동선거에서 낙선한 이후 총상회가 부소암의 개인조직처럼 변해버리자 총상회를 탈퇴하여 호상정의사(滬商正誼社)를 구성하여 별도의 행동을 해왔다. 이런 개인적 능력, 성향과 함께 광동 출신 자본가들이 그의 정치적 기반이었다.

풍소산은 총상회를 장악하는 과정에서 상해 최대의 상인집단인 영파방을 고려하지 않을 수 없었다. 따라서 위원회를 구성하는 과정에서 우흡경 등 영

36) 「國民黨上海臨時政治委員會派員接收幷改組上海市總商會有關文件」, 上海市檔案館 編『一九二七年的上海商業聯合會』(上海人民 1983) 19~24면; 「虞洽卿函辭接收總商會」, 『申報』 1927. 4. 29; 「總商會改組會務之委員大會」, 『申報』 1927. 5. 8; 「會務記載」, 『上海總商會月報』 7卷 4號(1927. 4).

37) 『一九二七年的上海商業聯合會』 22면.

38) 『民衆團體ノ解剖』 26면.

39) 李昇輝 「1920年代初 上海總商會의 政治的 性格」, 『東洋史學研究』 20집.

파방 지도자들을 끌어들이려 했고, 우흡경·왕일정·진윤경·방초백·주음강(朱吟江) 등 강절 자본가들이 임시위원회 위원으로 선발되었다.[40] 이들의 도움 없이는 총상회의 사회활동과 정치적 위상은 위축될 수밖에 없었다.

그러나 당시에 영파방은 풍소산을 직접적이고 강력하게 지원하지는 않았다. 우선 영파방의 거두인 우흡경은 임시위원으로 선발되었음에도 사직한 뒤 총상회와 일정한 거리를 두고 오히려 상민협회에 관여하는 등[41] 정치적 추이를 관망하는 신중한 자세를 보였다. 그러나 강소·절강 출신 상인집단(강절재벌)의 다수가 총상회의 임시위원으로 구성된 점에서도 알 수 있듯이, 광동방을 배경으로 한 풍소산의 총상회 장악에 대해 관망하는 태도를 취하며 풍소산체제를 지지하는 형국이었다.

1927년과 28년에 풍소산은 활동의 전성기를 맞이했다. 5월에 총상회 임시상무위원이 되어, 1926년에 실각했던 지위를 되찾았을 뿐만 아니라 집행위원회 주석으로 복귀했다. 이후 상해 총상회의 권위를 등에 업고, 12월에 각성 상회연합회 상무위원, 1928년에 상회연합회 주석이라는 상회 조직의 핵심적인 자리를 차지했다.

상해 상계는 장개석이 안정된 투자환경을 조성해줄 것을 열망하고 있었다. 1927년 당시 최소한 상해 이남지역에서는 경제발전을 가로막는 군벌들의 할거국면과 전쟁은 종결된 상태였고, 노동자들의 정치화는 장개석의 정변으로 일단 중단되었다.

상인들은 자금지원 등을 통해 장개석을 뒷받침하는 한편 그들의 열망을 장개석에게 전달했다. 1927년 8월에 상해에서 열린 각성 상민협회 대표회의에서 상인들은 관세자주 획득, 재리가세(裁厘加稅) 시행 및 외국상품에 대한 소장세(銷場稅) 징수 그리고 노사합작에 관한 자신들의 요구를 강력하게 피력했다.[42] 거의 같은 시기에 열린 '관세자주옹호대회'에서도 상계는 경제관

40) 『一九二七年的上海商業聯合會』 21면.
41) 徐鼎新·錢小明, 앞의 책 367~68면.

련 요구를 강력히 주장했다.[43]

총상회 역시 각종 집회에 참석하여 관세자주권 옹호, 가연잡세 철폐 등을 주장했다. 더 나아가 총상회는 북벌 방식에까지 관여하는 태도를 취하며 상인들의 요구사항을 피력했는데, 1927년 12월에 상해 총상회 주도로 상해에서 열린 각성 상회연합회 회의에서 북벌로 인해 장강과 주강(珠江) 유역의 경제가 말도 못할 정도로 심각하게 위축되었다는 점을 강조하며, 건설과 선전을 통한 북벌의 화평 달성을 주장했다.[44] 풍소산은 1928년 2월의 국민당 2기 4중전회에서 북벌통일이 재정고갈과 산업의 침체를 초래한다는 점을 지적하며 화평통일 방식으로의 국민회의 개최를 주장하고,[45] 3월의 상회연합회 집감위원회에서는 가연잡세의 철폐를 주장했다.[46] 그리고 10월에 열린 전국상회연합회 대회에서 다시 한번 가연잡세 철폐 주장을 되풀이했다.

세제의 정비과정에서 상인들은 상계의 의견이 꼭 반영되어야 한다고 생각했다. 1928년 이금철폐 방안을 마련하기 위해 열린 이금철폐회의에 진국상련회는 다음과 같은 통전을 보내 자신들의 의견을 밝혔다.

이금철폐 후 새로운 세금을 실행하는데, 듣기론 영업·출산(出産)·쇄장(鎖場) (…) 등 11종의 세금이 있다고 한다. (…) 이금 하나를 철폐하고 오히려 이금과 유사하거나 혹은 더 심한 것이 수십 종이니 (…) 당의유훈(黨意遺訓)을 위반한 것으로 상민(商民)들은 뜻을 모아 반대한다. 본집행위원회는 어떤 종류의 새로운 세금이라도 전국상련회 각성 상회대표의 협상을 거치지 않은 것은

42)「各省商協代表會議今日擧行」,『申報』1927. 8. 23;「各省商協代表會紀」,『申報』1927. 8. 24.
43)「擁護關稅自主會明日開大會」,『申報』1927. 8. 20;「今日開擁護關稅自主市民大會」,『申報』1927. 8. 21;「昨日開擁護關稅自主市民大會」,『申報』1927. 8. 22;「擁護關稅自主會請組織經濟會議」,『申報』1927. 8. 23;「擁護關稅自主會積極進行」,『申報』1927. 8. 24.
44)「各省商聯會對內宣言」,『申報』1927. 12. 31.
45)「各省商聯會請籌開國民會議」,『申報』1928. 2. 16.
46)「各省商聯會執監會議開幕式」,『申報』1928. 3. 11.

효력이 없는 것으로 간주한다.[47]

상인들은 경제관련 정책결정과정에 참여하고 싶어했다. 하지만 국민정부의 재정부 차장 장수용은 전국상련회의 통전을 국민정부의 정책에 대한 반항으로 받아들여 강한 불쾌감을 드러냈다.[48]

경제회의 구상은 경제활동의 안정과 정책과정에 참여하기 위한 상계의 여러 제안 중에서 주목을 끌 만한 것이었다. 각성 상민협회대회와 관세자주대회는 1차대전 후에 독일이 경제회의를 구성해 경제적인 난국을 타개해갔음을 지적하면서, 중국도 경제회의를 개최해 경제단체를 참여시키라고 주장했다.[49] 각종 경제정책과 관세율 책정에 경제단체 대표가 위원이 되어 정책의 결정과정에 참여하도록 해달라는 주장이었다. 이는 경제정책에 대한 의견개진을 넘어 상계가 직접 정책결정에 참여하려는 초보적 움직임이었다.

경제회의 구상의 핵심은 각계를 대표하는 직업단체가 회의를 구성하고, 상호 의견조율을 통한 공존공영이었다. 상민협회측과 관세자주대회가 요구한 경제회의는 주로 관세 세칙의 개정을 위해 관련 직업단체가 참여하여 관세율을 결정하는 것이 중심이었고, 노사분규와 경제정책 참여는 별개로 생각하는 경향이 강했다. 그러나 상해 총상회가 주도한 전국상련회는 거기에서 더 나아가 관세 세칙 문제는 물론이고 노사분규 문제도 취급하여 각 계층간의 이해를 조화시키는 임무를 경제회의에 부여함으로써 각 직업단체의 대표로 이루어지는 독일식의 경제회의 구상에 좀더 접근했다. 풍소산은 1927년 10월에 독일의 경제회의를 소개하고,[50] 이후 1927년 12월에 소집된 각성 상회연합회에서 좀더 구체화하여 실행방안을 모색하기 시작했다. 이 자리에서 상해

---

47) 「各省商聯會致工商部及出席裁釐會代表電」, 『錢業月報』 8卷 7號, 雜篹 10면.
48) 같은 곳.
49) 「各省商協代表會議今日開會」, 『申報』 1927. 8. 23; 「擁護關稅自主會請組織經濟會議」, 『申報』 1927. 8. 23.
50) 馮少山 「對於中國組織經濟會議之主張」, 『上海總商會月報』 7卷 10號.

총상회가 경제회의 창설을 제안하여 통과되었는데, 그 구성방식은 전국의 사회적·경제적 중요 단체가 대표를 선출하고 자유롭게 집회를 갖는다는 내용이었다.[51] 경제회의의 임무는 각 계급의 이익을 융화하여 경제안정과 정치건설을 도모하는 것이었고, 이는 전민혁명론으로 분식되었다.

경제회의 구상은 북벌기에 경험했던 사회현상을 해결하기 위한 자구책이었고, 동시에 민치주의적 입장에서 사회통합을 시도하려는 자치시 구상의 연장이라는 측면이 강했다. 직능대표제로 경제회의를 구성하고 정부의 중재와 간섭이 아닌 그들간의 타협과 조화를 통해 사회경제정책을 결정하고 해결한다[52]는 생각에서 민치주의에 근접하는 모습을 볼 수 있으며, 이는 상인들의 정치화를 향한 움직임이었다.

풍소산의 과거 경력이 말해주듯이, 풍소산은 총상회를 장악한 후 경제회의 구상을 넘어서 상인세력의 정치화를 모색했다. 풍소산은 1927년 12월에 열린 각성 상회연합회 개회사에서 과거에 상회가 경제적으로 중요한 문제를 다루었지만 '의견 발표' 이상은 할 수 없었고, 경제정책의 실행 여부가 모두 관청에 달려 있어 실행이 어려웠던 점을 지적하면서, '재상언상(在商言商)'

---

51) 馮少山「以商民協會代替商會不如組設經濟會議之主張」,『上海總商會月報』7卷 12號;「國家應有最高之經濟會議」,『錢業月報』8卷 1號.
52) 독일의 경제회의 구상은 정부의 간섭과 관여보다는 민중들의 자발적인 협력과 공존의 모색이란 점에서 민간단체의 역할을 극대화하여 그들의 '자율적인 타협'을 중시했다. 총상회가 이런 점을 모색한 것은 장개석 등장 이전에 사회의 자율적 타협과 의견조율의 과정을 극대화하려는 조치의 일환이었고, 기존 질서를 제도화하려는 또다른 모색이었다. 그러나 이후의 과정에서 보듯이 국민당이 주체가 되어 실시한 전국경제회의는 독일식의 구상과 달리 당이 주체가 되고, 민간인들의 역할은 국소화되었다. 그리고 당치하에 국가의 일원적 체제를 건립하려던 국민당의 구상 속에서 독일식의 경제회의 구상은 싹을 틔우기 어려웠다. 그러나 당과 민중단체의 길항관계 속에서 직업단체 등에 미치는 당치의 영향력이 약해지던 1931년 말과 1932년 초에 민중운동을 등에 업고 사회의 힘을 다시 강화하려는 여러 시도들이 있었고 '독일식의 경제회의'도 다시 주장되었다(「爲內國債券緩付本息之反響」,『錢業月報』12卷 1號;「經濟紀聞――市民聯合會促開全國經濟會議」,『錢業月報』12卷 2號).

의 누습에서 벗어나 적극적으로 정치적 자각을 꾀할 필요가 있음을 강조했다. 이러한 기조는 폐막시에 발표된 대내선언에서 그대로 반복되었다.[53]

풍소산은 1928년에 열린 각성 상회연합회에서 다시 각 지역 상인들의 힘을 등에 업고 한걸음 더 나아갔다. 경제회의가 훈정체제하에서 국민정부의 정책을 보조하거나 사회경제정책에 상계의 의견을 반영시키려는 노력의 일환이었다면, 풍소산의 입법원 참정요구는 당치를 관철시키려는 훈정체제에서 민중의 직접적인 정치참여를 제도적으로 보장받으려는 요구였다. 1928년 10월에 개최된 전국 상회 임시대표대회에서 풍소산은 "우리 상인이 입법원에 의석을 얻는 것이 가능하다면 대표를 선출하여 입법에 참여하고, (…) 상인의 복리를 대표하는 입장에 설 것이다"라고 연설했다.[54] 이어 전국상련회는 10월 17일에 풍소산의 제안을 바탕으로 99명의 입법원 위원 중 반수는 민중대표로 구성되어야 한다고 주장하며, 전국상련회가 입법원 위원 후보로 10명을 선출하고, 국민정부가 그중에서 5명을 위원으로 임명해줄 것을 요구했다. 그리고 10월 26일에 국민당의 '허가'도 받지 않고 입법원 후보위원 10명을 선출했다.[55]

경제회의 구상과 달리 입법원 참정요구는 당과 정부가 '치권'을 위임받아 배타적인 통치권을 행사해야 될 훈정체제에 대한 직접적인 도전, 심하게는 반혁명적·반국민당적 행위로 비춰질 가능성이 다분했다. 국민당은 곧바로 반격에 나섰다. 호한민은 입법원은 "청조의 자정원(資政院)과도 다르고 더구나 국민회의의 원형[聞蘭亭]이라고도 할 수 없다"고 언급하면서[56] 입법원칙

---

53) 「各省商會聯合會昨日開幕」, 『申報』 1927. 12. 18; 「各省商聯會對內宣言」 『申報』 1927. 12. 31.
54) 「全國商會臨時代表大會開幕」, 『申報』 1928. 10. 14.
55) 「全國商會請任命立法委員」, 『申報』 1928. 11. 14; 「全國商會第三次執委會議紀」, 『申報』 1928. 11. 18. 선발된 10명은 풍소산, 소민생(蘇民生), 목우초, 왕효뢰, 방초백, 문란정(聞蘭亭), 추전방(鄒殿邦), 주홍달(朱鴻達), 노광적(盧廣績), 왕개안(王介安)으로 상해의 상인이 많았다.
56) 「胡院長覆馮少山函」, 『申報』 1928. 11. 18.

은 중정회(中政會)의 의사에 기초해야 하며, 법률의 공포도 국무회의의 의결을 필요로 하기 때문에 입법원은 민간인이 참여하는 대의기관이 될 수 없다고 못박았다.

상해의 국민당 각급 당부도 총상회에 비난의 화살을 날렸다. 1928년 11월 10일 시당부 상무지도위원회는 전국상련회에 엄중한 질책을 가할 것을 중앙당부에 요청하는 한편 전국상련회에 경고조치를 내리기로 결정했다.[57] 제6구 당부는 "전국상련회가 당의 지도적 지위를 인정하지 않고, 약법 규정에 간섭하고 입법위원 선거법령을 준수하지 않는 행동은 반혁명 행위이다"라고 비난했으며, 특히 입법위원 중 반수를 민중이 차지해야 한다는 풍소산의 견해를 지목하여 비판했다.[58] 그러나 전국상련회가 상해 국민당 각급 당부의 비판에도 아랑곳하지 않자,[59] 국민당원의 반발이 격화되었다. 결국 상해의 국민당원들은 상회의 해산으로 가닥을 잡았다.[60] 1929년 1월에서 2월에 걸쳐 제1구 19분부, 제3구, 제6구 등 각 당부가 상회 해산을 요구하기로 결의하고, 2월에 열린 국민당 전시(全市)대표대회에서는 상회 및 전국상련회를 해산하여 상인조직을 통일하고, 상민협회의 활동을 강화할 것을 공작목표로 정했다.[61]

3. 상회 통합을 위한 모색과 갈등

1927년 7월 무한정부의 분공(分共) 선언과 함께 국민당은 새로운 변화를

57) 「市執委會第五十五次常會」, 『申報』 1928. 11. 11.
58) 「六區黨部痛斥全國商聯會」, 『申報』 1928. 11. 16.
59) 「全國商會第三次執委會議紀」, 『申報』 1928. 11. 18.
60) 「本市各區指導委前昨兩日之宴席會議」, 『申報』 1928. 11. 28.
61) 「本市第五次全市代表大會第二日會議紀」, 『申報』 1929. 2. 14.

맞이했다. 무한정부의 분공 선언으로 외형상 장개석과 무한정부 측의 갈등 요인은 소멸된 듯 보였고 통합의 길이 열리게 되었다. 이전부터 반공을 선언 했던 서산회의파(西山會議派) 역시 분공이 선언된 상태에서 통합을 반대할 리 없었다. 이 삼자는 통합을 모색했고, 장개석의 일시적 하야와 함께 9월에 중앙특별위원회가 구성되었다.

중앙특별위원회의 손과(孫科)가 직면한 정부의 재정상황은 몹시 안 좋았 다. 장개석은 한달에 약 2천만원 정도를 사용했으나 손과는 이런 거액을 마 련할 수 없었고, 북벌은 자금부족으로 중단되었다. 결국 손과는 1927년 10 월에 4천만원의 공채를 발행했으나, 이 또한 상해 자본가의 긍정적인 협조 를 얻기는 어려웠다.[62] 상인들의 비협조적인 태도와 민중운동을 정리하려는 중앙당부의 의도는 곧바로 상인단체의 정리로 가시화되어 나타났다.

1927년 11월 중순에 중앙당부 상인부는 총상회, 현상회, 갑북상회, 상총 련회 등의 각 단체에 상민협회로의 통일을 지시했다.[63] "구상회는 조직이 불 량하여 상인을 영도할 수 있는 지위를 잃고" 상회와 상민협회 간에는 직권 문제로 충돌할 소지가 많으니 구상회를 폐지하고 상민협회를 영도기관으로 한다는 내용이었다. 동시에 은행가, 전업, 방적업, 제분업 등을 상민협회에 참가시키도록 상해시 상민협회에 독촉하였다.[64] 이는 당시 중앙특별위원회 가 2전 대회의 결의에 근거하여, 상민협회를 통해 상인단체를 통합하려 했 음을 보여준다. 그리고 상해의 상인들이 정부의 자금마련에 제대로 협조하 지 않는 상태에서 국민당이 투철한 혁명성을 지녔다고 간주한 중소상인을 중심으로 상인단체를 통합하려 한 것은 어찌 보면 당연한 일이기도 했다.

원칙론에 충실한 중소상인 중심의 경제건설과 상인단체 통합방침에 총상

62) Parks M. Coble, *The Shanghai Capitalists and the Nationalist Government, 1927~1937* (Cambridge: Harvard University Press 1986) 41~43면.
63) 「特別市黨部消息」, 『申報』 1927. 11. 14.
64) 「商協委員王延松由寧返滬」, 『申報』 1927. 11. 13.

회는 반발했다. 상업연합회, 현상회, 갑북상회와 함께 중앙당부 상인부의 상회폐지 통고를 검토했던 총상회는 각성 상련회를 소집, 이 문제를 의제로 올렸다.[65] 1927년 12월에 소집된 각성 상련회는 중앙특별위원회의 상회 통합 지시를 겨냥하여 상회와 상민협회를 계급적으로 구분하는 정책을 통렬히 비난했다.[66]

이들 대자본가들은 중앙특별위원회의 반상회적 태도 등을 이유로 들어 중앙특별위원회에 대한 지지에 열의를 보이지 않았고, 당연히 재정적인 지원을 줄였다. 중앙특별위원회가 구성한 정부는 재정적으로 비틀거렸고, 장개석 지지자들은 장개석의 복직을 요구했다. 손과는 장개석처럼 군대나 청방을 통해 대상인을 압박할 효과적인 수단이 없었고, 중앙특별위원회의 경제정책과 2전 대회의 원칙에 충실한 상인정책 등으로 인해 적극적인 지지를 받기에도 역부족이었다. 결국 1928년 1월 7일에 장개석은 송자문을 대동하고 권력에 복귀했다.

1928년은 정치적 지도력의 변화와 함께 민중운동에 변화를 알리는 해였다. 장개석이 권좌에 복귀하면서, 국민당은 '파괴적' 혁명에서 '건설적' 혁명으로 방향을 서서히 전환하기 시작했다. 장개석 복귀 후 얼마 안 되어 열린 2기 4중전회는 "중국혁명은 현재 이론적 선전과 무력에 의한 정복의 시기에서 정치적·경제적 건설이 병행하는 시기로 진행하고 있다"고 선언하였다.[67] 국민당은 중공의 영향으로 혼탁해진 계급투쟁을 해소하고, 각 계급이 역량을 모아 산업발달을 촉진해야 함을 강조하기 시작했다. 민중운동은 혁명에 대해서도 이제는 직접적인 참가와 지원세력이 아니라 후방건설을 위한

---

65) 「總商會等明日開聯席會議」, 『申報』 1927. 11. 20; 「滬總商會召集各省總商會開會電」, 『申報』 1927. 11. 25.

66) 「各省商聯會對內宣言」, 『申報』 1927. 12. 31; 「論商會存廢問題」, 『錢業月報』 8卷 1號; 根岸佶, 앞의 책 372면.

67) 「第二屆中央執行委員會第四次全體會議宣言」, 『中國國民黨歷次代表大會及中央全會資料』, 510~11면; 「劃一新時期之國民黨(下)」, 『國聞週報』 5卷 6期(1928. 2. 19).

역군으로 변화되어야 한다고 강조되었다. 그리하여 1928년 4월에 재개된 2차 북벌은 군사전쟁이 주를 이루었을 뿐, 1차 북벌 때와 같은 민중의 궐기는 거의 없었다.

그러나 국민당은 산업발전을 위해 상해 상인단체들의 역량을 모을 만한 조직체계를 아직 갖추지 못했다. 국민당의 2전 대회 선언은 상민협회를 인정했으나, 장개석은 대상인들로부터 계속 돈을 빌리지 않을 수 없었다. 상총 련회와 총상회는 국민당의 상해 장악 이후에도 별다른 변화 없이 계속 존속했고, 상계의 주도권을 놓고 다투었다. 두 상인단체의 권한구분이 애매했기 때문에 민중운동에 대한 체계적인 통제와 훈련을 원했던 국민당에게는 달갑지 않은 현상이었다.

국민당의 일부 인사들은 경제성장을 위해 1928년 초부터 상해의 상민조직 통합을 모색하기 시작했다. 중앙위원이었던 무빈(繆斌)은 상해 상계 인사들에게 건설적 민중운동으로서 계급간의 갈등을 끝내고 산업발전에 매진할 것을 강조하는 한편, 2기 4중전회에 상민협회와 상회의 통합을 제안했다. 건설이라는 측면을 고려하면, 이전과 같이 제국주의와 투쟁할 중소상인뿐만 아니라 대상인들의 경제역량도 고려해야 했다. 4중전회에서 의안 상정에는 실패했지만 무빈은 이 양자를 통합할 방안으로서 상민협회와 상회를 해체하고 새로이 '상업협회(商業協會)'를 만들자고 제안했다.[68] 이런 흐름은 모습만 바꾸어 1928년 7월에 열린 중상회(中常會)에서 다시 나타났다. 중상회는 '민중단체 조직원칙 및 계통(民衆團體組織原則及系統)'을 통과시켜 상민협회를 '중소상인'에 중심을 둔 당의 지도를 받는 혁명역량의 근간으로 규정짓고, 상회를 정부의 관리하에 상공업과 국제무역의 발전에 종사하는 경제정책의 뿌리로서 위치지었다.[69]

---

68)「熊司令前晩答宴商界」,『申報』1928. 2. 11;「各省商聯會要訊」,『申報』1928. 2. 16;「各省商聯會第一次執監會紀」,『申報』1928. 3. 12.
69)「民衆團體組織原則及系統」,『中央黨務月刊』2冊 387면.

당시의 중국 경제상황에서 성장위주의 경제정책을 채택할 때, 대상인이 중심이 된 상회를 경제정책의 중심에 놓고 상민협회를 부차적인 지위로 돌리는 것은 정책담당자의 입장에서 쉽게 생각할 수 있는 방안이었다. 앞서 지적한 대로 상민협회는 상총련회가 모습만 바꾸었거나 회관·공소가 주역이 되어 결성된 경우가 많았다. 실제로 상민협회와 상총련회의 회원은 중복되는 경우가 많았다. 그런데 상총련회 회원 중에는 자본규모가 비교적 큰 상인들도 있긴 했지만, 대부분은 중소규모의 자본을 가진 상점주였고 그나마도 일상용품을 주로 취급하는 상인들이 주류를 이루었다.[70] 공장이나 수공업을 경영하는 자들은 근대적인 기계제 설비조차도 갖추지 못한 '골목길 공장'에 지나지 않았다.

상민협회의 회원이 될 수 있었던 점원과 노점상의 경제상황은 더 말할 나위도 없었다. 노점상은 상해에서 '보통상인'보다 경제적인 상황이 열악했음은 물론이고 심지어는 공장노동자보다도 못한 경우도 많았다. 이들은 상해의 최하층을 구성하는 일원으로서, 적당한 직업이나 생계수단을 찾지 못했을 때 거리로 나와 물건을 팔아 생계를 유지하는 자들이었다.[71] 이들은 상해 사회문제 중의 하나였던 이민과 판자촌 문제와 밀접히 관련된 거주민이었다. 이런 노점상 중의 하나였던 채소판매 노점상들이 구성한 채탄업상민협회(菜攤業商民協會)는 전체 상민협회 분회 가운데서 가장 많은 회원을 거느리고 있었고, 갑북지구 회원의 80%를 넘게 점하고 있었다.[72]

게다가 대상인이라고 할 수 있는 총상회조차도 제국주의 기업과 경쟁하기는 힘든 상태였다. 상해 산업의 대표주자라 할 수 있는 면방직업의 경우에도

70) 졸고, 앞의 글(1996); 金子肇 「上海資本家階級と上海商業聯合會」 26면.
71) 『中央黨務月刊』 2册 373, 388면; 上海社會科學院 經濟研究所 城市經濟組 『上海棚戶區的變遷』(上海人民 1962) 14~15, 45면 등.
72) 金子肇 「上海における'攤販'層と國民黨に關する覺書——商民協會の結成とその廢止をめぐって」, 『廣島大學東洋史硏究室報告』 10號(1988) 참조.

일본의 기업과 힘든 경쟁을 해야 했음은 잘 알려진 사실이다. 따라서 당시의 남경정부는 외국기업과의 경쟁에서 살아남을 수 있도록 상인의 단결을 강조하고, 상인단체도 대상인·중소상인을 포괄하는 단합된 조직체계를 갖추길 원했다.

남경정부는 중소상인과 대상인 조직을 결합시키는 편의적인 방법을 택했다. '상민조직원칙 및 계통(商民組織原則及系統)'에 따르면 상회는 경제발전을 위해 동업공회에 기반을 둔 최고 조직이었다. 그러나 거의 동시에 통과된 '상민협회조직조례(商民協會組織條例)'에 따르면 상인, 점원, 노점상 개인이 상인총회, 점원총회, 노점상총회를 조직한 후 성이나 특별시 상민협회를 조직하고 그 정점에는 전국상민협회가 위치했다.[73] 비록 상민협회는 당이 지도하고, 상회는 정부가 관리한다는 이중체계가 수립됐지만, 그 경계는 모호했고 상인조직의 최고기관이 양립할 가능성이 있었다.

문제의 핵심은 조직화 순서 및 방법에 따른 상계 내의 주도권 문제였다. 이 두 규정에 따르면 개인—상민협회(상민협회가 동업공회를 결성)—상회의 조직체계를 갖게 된다. 개인이 상민협회에 입회한 후 동업공회를 조직한다는 원칙은 적어도 규정상으로는 방구연합의 형태를 띤 기존의 동업공회와 달랐고, 기존 동업공회와 상회의 비합법화를 의미했다. 따라서 이런 조직방식은 최초의 상민협회 규정과 마찬가지로 모든 상인들을 조직 안으로 끌어들여, 남경정부의 권력을 훨씬 용이하게 관철시키는 것이었다. 개인이 일차적으로 방구에 충성하던 관행을 역이용해 당이 방구를 대체하여 장악함으로써 당 이외의 권력이 상인층 안에 끼어들기 어렵게 만들 수 있었다. 역으로 기존 상회의 입장에서 볼 때, 상회의 존재근거는 불확실해졌다. 상회는 상민협회가 만든 동업공회를 기초로 해야 '비로소' 성립될 수 있도록 규정되어 있었으며, 상민협회의 대표권은 회원수 비례를 표준으로 하였기 때문에 논

---

73)「商民協會組織條例」,『中央黨務月刊』2册 372~76면;「總商會請明定商會與商協界限」,『申報』1928. 9. 14.

리적으로 볼 때 중소상인이나 노점상이 상민협회, 나아가서는 동업공회나 상회에서 주도권을 잡게 될 가능성이 다분했다.[74]

각성 상회연합회는 남경정부가 편의적으로 양자를 합친 조치를 비판하고 나섰다. "상인단체가 중소상인에 중심을 둔다면, 이는 상회에 대한 차별이다. 만일 당이 대상공업자에게 관심을 갖지 않는다면, 이들은 낙담할 것이다. 게다가 상공업과 국제무역을 발전시킬 무거운 임무가 상회에 놓여 있다. 만일 당이 대상공업자를 중시하지 않는다면, 당은 전국민의 신망을 상실할 것이다."[75] 반면에 상민협회측은 당 지도하의 상민협회로도 충분히 상공업의 발전을 꾀할 수 있다는 등의 이유를 들어 상공업자 단체의 통일을 주장했다.[76]

상인단체의 통일에 관한 논쟁은 3전 대회를 겨냥하여 가열되었다. 3월 18일 상민협회가 논쟁의 포문을 열어, 상회의 폐지는 "과거 2년간 상민운동 안의 최대 장애와 갈등을 해결하는 것"이라고 3전 대회에 청원했다.[77] 여기에 상해 시당부도 가담하여 총상회의 반혁명적 사건을 언급하면서 "각지 각급의 상회를 해산하고, 상민조직을 상민협회로 통일할 것"을 제안했다.[78]

이에 대해 은행공회와 전업공회는 상민협회와 상해 시당부의 견해를 무고라고 비난했다. "상회가 매판계급, 토호열신의 요새라면, 왜 손문은 그의 국민회의 구상에서 상회를 순수한 대중단체로 인정하고 국민회의에 참석시켜 대표를 선출하도록 허락했는가"라고 반문하며, 상회는 1전 대회에서 이미 인정되었다고 주장했다. 더 나아가 "북벌시기에 총상회는 상인 조사단을 전국 각지에 파견하여 비밀리에 당을 위해 정보를 수집하고, 상해 상계를 당에

---

74) 「民衆團體的組織原則及系統」, 『中央薰務月刊』 2册 388면.
75) 『時報』 1928. 9. 18(Fewsmith, 앞의 책 151면에서 재인용).
76) 小浜正子, 앞의 글(1988) 43면.
77) 「市商民協會呈三次大會請願書」, 『申報』 1929. 3. 19.
78) 「上海代表向三全大會之提案」, 『申報』 1929. 3. 22.

충성하도록 만드는 데 노력했으며, 정력적으로 군비를 마련했다. 중앙정부가 공채를 발행했을 때, 상회는 막대한 돈을 댔다. 사실이 이와 같은데, 아직도 상회를 토호열신의 요새라고 한다면 이는 고의로 비방하는 것에 지나지 않는다"고 주장했다.[79] 그리고 은행공회, 전업공회, 화상사창연합회 등은 3월 23일 연석회의를 개최하고, 상회의 존속을 요청했다.

상민협회는 각 공회와 논쟁하는 과정에서 상회의 반혁명성을 논증하는 데 주안점을 두었다. 상민협회는 은행공회와 전업공회의 주장을 논박하고 나섰다. 총상회는 북벌 당시에 군벌에 달라붙어 반혁명 활동을 하였으며, 총상회가 주장하는 군비지원은 "총상회가 군벌정부의 공채를 구입했던 바와 마찬가지로" 단순한 기회주의적 행동에 지나지 않았다고 몰아붙였다. 또한 공채 구입은 상회의 공이 아닌 상인들의 노력에 의한 것으로 상회와는 무관하며, 당의 결의안은 최근 것이 시국의 요청에 부응한 것이기 때문에 1전 대회의 결의안을 가지고 2전 대회의 내용을 규제하려는 조치는 심각한 오류라고 총상회의 주장을 조목조목 반박했다.[80]

그러나 정부와 당의 의향은 이미 바뀌어 있었다. 2기 4중전회에서 '건설적' 혁명을 표방한 이후, 혁명과업의 중점은 건설을 통한 제국주의와의 대결로 이동되었다. 따라서 민중운동도 국가건설에 중점을 둔 민중운동의 정립이 중요했고, 상회는 경제건설의 근원으로 여겨졌다. 그럼에도 불구하고 상민협회는 상회를 매판과 '토호열신'의 주구로 비난하면서 '혁명성'이라는 관점에 기초해 상회 폐지의 필요성을 역설했다. 이 전략은 상민협회에 유리하긴 했지만 정치적 흐름과는 거리가 있었다.

3전 대회는 상민협회와 총상회를 포함한 상인단체간 전쟁의 불씨를 남긴 채 종결되었다. 3전 대회는 장개석이 당권을 확립한 대회에 지나지 않았고, 당내의 개조파 등은 완전히 소외되었다. 그리고 이종인(李宗仁)의 반장(反

---

79) 「各團體反對撤消舊商會」, 『申報』 1929. 3. 22.
80) 「各商協分會主統一商民組織」, 『申報』 1929. 3. 28.

蔣)전쟁이 발생했다. 이 전쟁으로 인해 3전 대회를 조속히 마무리할 수밖에 없었고, 상해 시당부의 '각 지역, 각급 상회를 해산하여 상민조직의 통일을 청구하는 안건(請解散各地各級商會以統一商民組織案)'을 비롯하여 각 지방 당부와 상민협회의 상회 폐지 관련 제안, 청원서의 의결 등 모든 것이 보류된 상태로 중앙집행위원회 상무위원회로 이송되었다.[81]

그러나 이미 3전 대회에서 논쟁의 해결점이 제시되고 있었다. 상회를 인정하려는 2기 4중전회 이후의 움직임에서 이미 드러났듯이 당은 '파괴와 투쟁'이 아닌 '건설'을 선택하고 있었다. 더군다나 북벌이 완성된 상태에서 개최된 3전 대회의 임무는 건설사업을 추진하는 것이라는 사실을 모두가 주지하고 있었다. 3전 대회는 "십여년간의 내전은 인민을 고통 속에 빠뜨렸다. 과거에 입헌을 주장하거나, 연성자치 혹은 계급투쟁을 통해 인민의 고통을 구제하려는 자가 있었으나, 그 결과는 해방이 아니었고 국가의 위기와 인민의 고통을 더욱 심화시켰다. 그러므로 인민이 원하는 것은 공허하고 편견에 찬 추상적인 의논에 있는 것이 아니라, 사회질서의 안정, 토비·도적의 제거, 농공상 생산의 발달과 의식주행(衣食住行) 4대 수요의 해결에 있다는 것을 증명한다"고 선언했다.[82] 당이 이미 '건설'로 정책방향을 바꾼 상태에서 상민협회와 총상회의 갈등은 그 정책기조에 맞게 해결방안이 모색될 가능성이 많아졌다.

---

81) 「大會三月卄七日決議移交中央執行委員會議案目錄」, 『中央黨務月刊』 4册 535~54면.
82) 「第三次全國代表大會宣言」, 『中國國民黨歷次代表大會及中央全會資料』 626면.

III. '지도와 감독'하의 시상회

1. 시상회와 공상동업공회의 결성

1929년 4월 23일 시당부 계열의 반일단체인 구국회(救國會)와 총상회 간에 충돌이 일어났다. 총상회 건물을 이용하던 구국회에서 더 좋은 방을 사용하기 위해 임의로 총상회 내의 사무실을 강제로 점거한 것이다. 구국회는 '제남사변(濟南事變)'에 대한 대응으로 일본상품 배척 등을 실행하기 위해 결성된 '상해특별시반일회'가 개칭한 단체로서 시당부의 직속단체였다.[1] 당시 시당부와 상회의 감정이 악화되던 상황에서 구국회의 행동은 곧바로 시당부의 반격으로 받아들여질 소지가 많았다.

다음날 총상회는 업무를 중단하고, 법에 따라 정부가 문제를 해결하기를 바란다는 선언문을 발표했다.[2] 시정부는 시당부 등과 협의하여 우흡경에게 조정을 의뢰했지만, 풍소산 등의 입장이 워낙 강경하자 우흡경은 조정을 포기했다.[3] 결국 사태는 교착상태로 남아 있었다. 마침내 당 중앙이 분쟁에 개

---

1) 『民衆團體ノ解剖』 1~10면.
2) 「今日起總商會暫停辦公」, 『申報』 1929. 4. 24.

입하여 5월 2일에 모든 상인단체의 즉각적인 활동정지를 명령하고, 모든 상인단체를 통일하고 근본적인 개조를 감독할 상인단체정리위원회(商人團體整理委員會, 이하 '상정회')를 조직할 것을 명했다.[4] 총상회와 구국회 간의 소란 사건이 상회 정리의 직접적인 계기를 제공한 셈이었다.

5월 25일 상정회가 구성됐고, 총상회·상민협회·갑북상회·현상회는 활동을 중단했다. 상정회 주석에는 우흡경이 임명되었다. 그리고 진윤경(秦潤卿), 주음강(朱吟江), 왕일정(王一亭) 등 우흡경과 함께 상업연합회에서 활동했던 사람들과 오지호, 성섭춘(成燮春), 육문소(陸文韶) 등의 상민협회 활동가가 참여했다.

상정회의 구성을 보면 총상회 7명, 갑북상회 2명, 남시상회 4명, 은행공회와 전업공회 9명, 상민협회와 구국회 9명, 그리고 시당부 1명 등으로 이루어져 있었다.[5] 상해 각 상인단체가 모두 결집한 것이다. 특이한 것은 총상회가 7명의 대표를 파견하고 있음에도 불구하고, 당시에 총상회 회장이었던 풍소산은 상정회에서 배제되었다는 점이다.

2기 4중전회 이후부터 '혁명적 건설'을 위해 상회를 용납하던 태도를 보였던 국민당이 왜 상회의 최고지도자라 할 수 있는 풍소산을 배제한 채 상정회를 구성했을까? 이는 기존의 연구에서 지적했듯이,[6] 풍소산의 정치지향적 성격 때문이었을 것이라 생각된다. 풍소산은 총상회를 장악한 후 수많은 정치적 발언을 했고, 이것이 '당치'를 거부하는 듯한 행동으로 비춰지면서,

---

3) 「昨日救國會與總商會發生糾紛」, 『申報』 1929. 4. 25; 「救國會與總商會糾紛昨訊」, 『申報』 1929. 4. 26.

4) 「統一組織商人團體」, 『申報』 1929. 5. 4; 南滿洲鐵道株式會社 上海事務所 『浙江財閥』(大連 1929) 92~94면; 「上海特別市商人團體整理委員會成立紀」, 『商業月報』 9卷 5號.

5) 根岸佶 『上海のギルド』(東京: 日本評論社 1951) 374면; 『浙江財閥』 93면; 「上海特別市商人團體整理委員會成立紀」, 『商業月報』 9卷 5號.

6) 金子肇 「上海資本家階級と國民黨統治(1927~29)—馮少山追放の政治史的意義」, 『史學研究』 176號.

상해 시당부의 반발을 샀음은 이미 보아온 바와 같다. 따라서 당치를 관철시키고 모든 상인을 결집하여 건설로 매진하려 했던 국민당의 입장에서 볼 때, 풍소산은 달갑지 않은 인물이었음이 분명하다. 당시의 기록은 시당부는 "중앙당부가 '당권을 무시하고 시당부의 계획적인 행동을 제지하여 당조직을 파괴하려는 총상회 완고파를 이 기회에 매장해야 한다'고 말한 내부 명령에" 따라 행동하여 "총상회의 소멸은 부차적이고, 실은 총상회 주석단인 풍소산 등의 추방이 우선이었다"라고 지적하고 있다.[7]

  풍소산 추방이 갖는 또 한가지 의의는 상계 안에 광동방 세력을 비롯한 특정 동향방의 약화와 동향방 세력분포의 변화를 초래했다는 점이다. 풍소산은 5·4운동기에 광조공소(廣肇公所)의 구세력들을 억누르면서 광동방을 장악한 후 이를 배경으로 총상회에 등장했고, 이후에도 그의 정치활동의 자산은 광동방을 중심으로 한 동향단체였다.[8] 1923년 국시회의와 민치위원회의 구성 모두가 광조공소를 이용하여 여호각동향회연합회(旅滬各同鄕會聯合會)를 조직한 후, 이 세력을 배경으로 활동했다.[9] 1926년에 풍소산이 회동선거에서 낙선하자 광동방은 자신들의 의견을 개진할 루트를 상실하였고, 풍소산은 더이상 총상회에 남아 있을 이유가 없었다. 이후 풍소산은 총상회를 떠나 '호상정의사'를 만들어 독자적으로 활동하였다. 동일한 논리로 상정회에서 풍소산의 추방은 바로 광조공소를 위시한 광동방 세력의 배제와 약화를 의미했다. 그런 의미에서 상회의 정리는 광동방에 대한 영파방의 승리였다.[10]

---

7) 『浙江財閥』 92면.
8) 宋鑽友 「一個傳統組織在城市近代化中的作用──上海廣肇公所初探」, 『中國近代城市企業·社會·空間』(上海社會科學院 1998); 徐鼎新·錢小明 『上海總商會史(1902~1929)』(上海社會科學院 1991) 362면.
9) 「滬人士對於北京政變之表示(二)」, 『申報』 1923. 6. 16; 「滬人士對於北京政變之表示(三)」, 『申報』 1923. 6. 18.
10) 根岸佶, 앞의 책 353~55면.

상정회는 우선 상인단체의 정리방향을 확정해야 했다. 상정회 안에는 새로 수립될 상회의 위상을 놓고 대립적인 견해가 존재했다. 하나는 상회를 정부로부터 독립된 상태로 유지하려는 민치주의적 경향이었고, 다른 하나는 보모론으로 상징되는 정부의 역할강화론이었다. 비록 민치주의적·정치적 지향성이 강했던 풍소산이 상정회에서 배제되긴 했지만 총상회의 자율적인 활동지향이 완전히 없어진 것은 아니었다. 우흡경은 상인단체의 정리방침을 논의하는 자리에서 "세계의 법률을 보면 상인단체를 정부의 일개 행정 보조기구로 간주하는 프랑스·독일·일본·오스트리아와 같은 나라의 제도와 상인이 자유의지에 따라 만드는 것으로 간주하는 영국·미국의 제도가 있는데, 양자를 비교하면 후자가 민치주의에 합치된다"고 말하고 있다.[11] 그러나 당치를 원하던 국민당이 이를 달가워할 리 없었다.

국민당의 상회 통합방침이 지향하는 방향성은 상정회의 구성과 활동에서 이미 드러나 있었다. 상정회는 민간인이 주축이 된 34명의 위원으로 구성되었지만, 그 주체는 역시 당과 정부였다. 상정회의 위원은 중앙에서 지명 파견한 25명 내지 35명으로 구성하며, 중앙의 결의안에 따라 이전 상민협회와 총상회 등의 직권을 대행하도록 규정되었다.[12] 상정회 상무위원이었던 왕연송은 "중앙의 의지를 받아들여 강력한 상인단체를 만들어 상인들이 일치된 정신, 일치된 말과 행동 그리고 일치된 책략을 갖도록 한다"고 주장했다.[13] 당연히 상회 정리과정에는 당과 정부의 의지가 중요했고, 상인들의 의견을 자율적으로 조정하고 절충하여 일치된 행동을 만드는 일은 부차적인 일로 밀릴 수밖에 없었다. 따라서 풍소산과 같이 '당치'를 부정하는 듯한 자율적인 지향성을 배제하고 그런 활동의 원천인 동향방에 대한 약화나 통제를 도모했다.

---

11)「上海特別市商人團體整理委員會成立紀」,『商業月報』9卷 5號 4면.
12)「上海特別市商人團體整理委員會組織大綱」,『中央黨務月刊』5冊 345면.
13)「整理商人團體之我見與期望」,『商業月報』9卷 5號.

상정회의 활동은 총상회와 상민협회 사이에 계속된 갈등의 연장이었다. 상인단체 조직방침에 대한 의견은 서로 통일되지 않았고, 상회나 상민협회 측 그 어느 누구도 주도적으로 사태를 타개해나갈 수 없었다. 결국 상회의 통일은 국민당의 지시에 따라 추진될 수밖에 없었다. 1929년 3기 2중전회에서 '인민단체조직법안(人民團體組織法案)'이 결의되었다. 그리고 1929년 8월 15일에 '상회법(商會法)', 9월 1일에 '상회조직의 원칙 및 신상회법 운용방법 요점(商會組織之原則及新商會法運用之方法要點)', 11월 13일에 '상회법 시행세칙'이 공포되었다. 그리고 1930년 1월 7일 '공상동업공회법(工商同業公會法)' 및 '공상동업공회법 시행세칙'을 공포했다.

새로 정리된 상회법 제1조는 "상회는 공상업과 대외무역의 발전을 도모하고 공상업 공공의 복리증진을 종지로 한다"고 규정했다. 상회의 임무는 1조의 규정에 맞추어 공상업의 개량 및 발전에 관한 사항을 계획·토론하고, 국제무역에 관한 소개와 지도를 하고, 1조의 규정에 맞는 기타 사항을 추진할 수 있다고 되어 있는 등 상공계의 대외경쟁력을 향상시키고 산업발전을 도모하는 데 주안점이 두어졌다.[14]

시상회의 회원은 개인이나 상점이 아닌 동업공회가 기본 구성원이었다. 수정상회법(1930. 3. 3) 제6조에는 "상회의 설립은 그 구역 내 5개 이상의 공상동업공회가 발기해야 하며, 공상동업공회가 없는 자는 상업법인 혹은 상점 50개 이상이 발기해야 한다"고 규정했다.[15] 그리고 상회의 하부조직인 동업공회는 각 지역의 7개 이상의 동업 상점이 공동 발기하여 공회를 조직하도록 했으며, 동업 상점이 없거나 7개 이상을 채우지 못하는 자만이 상점 회원으로 상회에 참여할 수 있었다. 7개 이상의 동업 상점이 있는 경우 당연

---

14) 「商會法釋義」, 王均安 編著 『商會法·工商同業公會法釋義』(上海: 世界書局 n.d.) 1면 (이하 『商會法釋義』라 약함); 「修正商會法」, 嚴諤聲 編 『商人團體組織規程』(上海市商會 1936) 49면(이하 『商人組織』이라 약함).
15) 「修正商會法」, 『商人組織』 50면.

히 동업공회를 조직해야 했다.[16] 결과적으로 상회와 동업공회 구성의 원칙은 한 구역에 하나의 동업공회만을 조직하여, 그 동업공회가 동일업종을 대표한다는 구상이었다.

상회 회원은 종래의 상민협회 조직원칙과 달리 '개인'을 기초로 하지 않고, 동업공회를 회원의 기본으로 하고, 동업공회를 조직하지 못한 상점은 상점회원으로 각자 대표를 상회로 파견하도록 했다.[17] 이는 명백히 상민협회 조직원칙인 '개인주의'적 조직원칙과의 결별을 의미했고, 공상동업공회를 조직의 기본으로 삼는다는 점에서 남경정부가 상회를 행회(行會)체제로 편입시키는 '신길드체제'의 성립[18]이라고 볼 수도 있었다.

남경정부는 왜 상회 통합의 매개체로 동업공회를 생각했을까. 중국의 열악한 자본으로는 '제국주의' 열강과 경쟁상대가 될 수 없었다. 따라서 상업은 물론이고 공업을 포함한 모든 자본가들을 공상동업공회로 집결시켜, 국내자본 사이의 경쟁을 최소화하고, 산업발전을 통해 제국주의와 대항하려는 구도와 연관되어 있었다.[19] 전통적인 행회제도는 동업상인들의 무한경쟁을 피하고 그들끼리 연합하여 독점적인 이익을 누리려던 방식으로서, 남경정부는 이런 점을 활용하여 제국주의에 대항하는 방식으로 삼으려 한 것이다.[20]

---

16) 「工商同業公會法釋義」, 『商會法釋義』 5면; 「修正工商同業公會法」, 『商人組織』 137면; 「一屆大會」, 『商業月報』 10卷 7號 12면.

17) 「修正商會法」, 『商人組織』 50면; 「商會法釋義」, 『商會法釋義』 10~11면.

18) 金子肇 「商民協會と中國國民黨(1927~1930)── 上海商民協會を中心に」, 『歷史學研究』 598號 19면. 그러나 동업공회법을 이용했다고 해서 남경정부가 만든 시상회가 예전의 길드적 질서를 그대로 연장시킨 것만은 아니었다. 남경정부는 길드적 질서에서 '공익'에 필요한 부분을 남겨놓고 사적 이익을 추구하는 측면을 제거하기 위해 노력한만큼, 길드를 지나치게 강조한 '신길드체제'라 명하는 것은 재고될 필요가 있다.

19) 「商會法釋義」, 『商會法釋義』 2, 5~6면; 「同業公會組織之研究(上)」, 『商業月報』 13卷 9號 2면.

20) 黃漢民 「近代上海行業管理組織在企業發展與城市社會進步中的作用」, 『中國近代城市企業・社會・空間』(上海社會科學院 1998) 178~86면 참조 이런 점에서 한 논자가 상회 통

즉 동향방이나 행업의 성격 중에서 분열적 성격을 일소하고 통합적 성격만을 받아들이려는 조치였고, 이를 낭과 정부의 권위로 유지하려고 했다. 하지만 동업공회는 대외경쟁력 확보와 산업발달의 주역을 담당한다는 데 초점이 맞춰졌고,[21] 길드의 독점적 이익 확보를 위한 활동은 정부가 감독하는 일종의 경계조치가 취해졌다는 점에서 동업자의 집단적 이익을 목적으로 한 지난날의 회관·공소와는 차이가 있었다.

동업공회를 조직의 기본 단위로 이용한 또 하나의 이유는 상계 내에서 상인과 점원 사이의 갈등을 방지하려는 데 있었다. 동업공회는 경리·회계원〔彩友〕·점원을 구성원으로 했는데, 이중 점원의 성격에 대한 문제는 상민협회와 공회조직통일위원회, 그리고 당 사이에 이어져온 1927년 이후의 논쟁거리였다.

결국 당은 산업발전을 위해 분쟁을 방지하고 줄이기 위해 점원도 동업공회에 가입하도록 결정했다. 이는 전통적으로 동업공회가 점원에 대한 통제력을 행사하던 제도를 그대로 받아들인 것으로, 경영자와 점원이 함께 가입하여 동업의 공공이익을 위해 종사하는 것은 '국민당의 노사협조' 종지에 부합되는 것임과 동시에 회관제도의 전통을 이어받는 것이었다.[22] 따라서 동업공회의 통제에서 벗어나 있던 직공회(職工會)는 해산을 명령받았다. 상해직공회는 소주·상숙·영파 등의 직공회 대표를 규합하여 1930년 12월까지 조직을 유지할 수 있게 해달라고 청원했지만 실현되지 않았다.[23] 남경정부가 동업공회를 매개체로 잡은 이유는 동업공회가 특정 지역 내의 동업상인들을 하나의 단체로 결집시켜 국가건설로 향하게 하는 데 가장 유용한 제

합이 실시되기 전인 1929년 3월 2일자 *China Weekly Review*에 발표한 글에서, 남경정부가 길드 조직에 부정적인 반응을 보임에도 불구하고 길드의 협동적인 측면은 계속 살아남을 것이라고 예상한 것(24면)은 정확한 판단이었다고 볼 수 있다.

21) 「同業公會之新使命」, 『商業月報』 12卷 5號.
22) 「關於商會組織之原則及新商法運用之方法要點案」, 『中央黨務月刊』 5冊 475면.
23) 金子肇, 앞의 글(1989) 34면.

도였고, 당시 상공계의 정서에 들어맞았기 때문이다.

동업공회는 7인 이상의 동업상인의 연서가 있어야 발기할 수 있었다. 발기인들은 대표를 선출하여 이유서, 발기인 이력서 등을 갖추어 시당부에 신청하여 허가증을 발급받은 후에 주비회를 구성할 수 있었다. 주비회는 주비원 이력서를 시당부·사회국·시상회에 접수시킨 후, 당부의 명칭 검사를 거쳐 주비를 진행할 수 있었다.

이후 회원대회 소집일자를 정하고, 대회 5일 전에 시당부·사회국·시상회에 지도를 요청해야 했다. 대회 개최 후에는 시상회의 증명서, 장정, 회원명부, 직원 이력표 및 기타 조사표 등에 대한 시당부 민훈회(民訓會)의 검사를 거쳐 사회국의 검토 비준을 받아야 정식으로 결성될 수 있었다.[24] 이와같이 시상회의 성립에서 동업공회의 성립까지 정부나 당이 모든 절차마다 관여하도록 규정했다.

대신에 국민정부는 상회와 동업공회에 독점적인 대표권을 부여했다. 상회법에 따르면 상회와 동업공회는 지역과 업종을 대표하여 하나의 조직만이 존재할 수 있었다.[25] 정부는 하나의 상회, 하나의 동업공회를 표방하며 상인들을 직접 통제권 안에 넣는 대신에, 이들에게 상인들의 의견을 대변할 수 있는 '독점적'인 권한을 부여했다. 이전에 활동하던 모든 상인단체들의 권한은 부정됐고, 오로지 정부의 허가를 받은 상회와 동업공회만이 정부에 동업관계의 고충이나 세금과 관련된 문제를 청원할 권리를 가졌다.[26] 상회와 동업공회는 정부에 의해 상계의 대표자로서의 위치를 부여받았다.

그러나 그 대가로 시상회와 동업공회가 자율적으로 의사를 결정할 수 있

24) 「上海市工商業團體立案程序」, 「上海市工商業公會組織程序」, 『商人組織』 147~50면; 上海市檔案 Q201-1-635(上海市商會普發文件) 45면; 「同業公會組織之研究(上)」, 『商業月報』 13卷 9號 2면.
25) 「工商同業公會法」, 『商人組織』 137~38면; 「工商同業公會法釋義」, 『商會法釋義』 5, 10면.
26) 「商會法釋義」, 『商會法釋義』 9면; 根岸佶, 앞의 책 122면.

는 권한은 줄어들었고, 시상회는 정부 보조자로 전락했다. 이른바 당과 국가의 통제하에 당과 국가의 명령을 하부집단에 전달하고, 하부집단의 의사를 수렴해 당에 전달하는 매개체로서의 이중구조가 상회에 주어진 것이다. 바로 이런 점에서 상회의 통합은 총상회, 상민협회 그 누구의 승리도 아닌 당과 정부의 승리였다.[27)]

상인단체 통합의 근거가 되는 법이 마련된 후에 상인단체의 통합은 이들 법령에 근거하여 진행되었다. 그리고 그 결과로서 1930년 6월에 상정회의 주도로 제1차 회원대표대회가 열렸다.

2. 시상회의 지도자들

1930년 상정회는 1년에 걸친 활동을 마무리했다. 기존 상회를 등록·정

---

27) 총상회와 상민협회의 충돌 사건에 대한 견해는 남경정부를 보는 관점에 따라 상이하게 나타났다. 코블은 정치적인 세력화를 꾀하던 대자본가가 당과 국가에 의해 거세되었다고 주장했다(Parks M. Coble, *The Shanghai Capitalists and the Nationalist Government, 1927~1937*, Cambridge: Harvard University Press 1986, 57~65면). 반면에 퓨스미스는 당의 조직이었던 상민협회가 상회 통합과정에서 영향력을 상실하고, '사적인 이익집단'이 행정부의 지도층과 결탁하여 국민정부는 대자본가와 타협하지 않을 수 없었다고 생각했으며, 그 과정에서 혁명성을 지니고 있던 당은 단순히 정부의 수식물로 전락했다고 보았다(Joseph Fewsmith, *Party, State, and Local Elite in Republican China: Merchant Organization and Politics in Shanghai, 1890~1930*, Honolulu: University of Hawaii Press 1985, 115~39면). 양자는 견해의 차이에도 불구하고 대자본가나 중소자본가 모두가 국가의 통제권 안에 들어갔다는 점에서는 일치했다. 코블은 말할 것도 없고, 퓨스미스의 조합주의론(Corporatism)도 국가의 통제를 상정하고 있음은 물론이다. 이런 점에서 보았을 때 상민협회나 총상회 중 어느 한쪽에 손을 들어주는 것은 무의미하다. 오히려 상회 통합의 과정에서 상회 내에 뿌리깊게 남아 있던 기존의 분파의식이나 지역감정 등은 어떠한 변화를 겪었을까가 더 깊게 검토되어야 한다고 생각한다. 상회의 통합은 상인에 대한 정부의 통제과정이기도 했지만 한편으론 상인들이 의거하고 있던 결합원리의 변경을 초래했기 때문이다.

리하고 새로운 상인단체인 상해 시상회 제1차 대표대회가 시당부와 사회국의 허가를 받아[28] 시상회 회의실에서 9시부터 5시까지 개최되었다. 매업동업공회(煤業同業公會)의 대표가 제일 먼저 등록을 마친 이후 각 업계의 대표들이 속속 모여들었다. 개회사에 이어 당정(黨政)기관 대표의 치사가 이어졌다. 당대표는 상회는 정부를 도와 중국 공업과 상업의 발전에 이바지해야 한다고 상회의 설립 이유를 강조했다.[29]

이어서 주석단의 보고가 이어지고 대표단이 선출되었다. 대표단은 무기명투표로 최다득표를 한 사람이 선출되는 방식이었다. '상회 장정'에 따르면 상회 대표는 집행위원 15명, 감찰위원 7명을 두고 후보 감찰위원과 후보 집행위원을 각각 7명과 3명씩 두도록 되어 있었다. 선거 결과 제1차 대표대회에서 선출된 집행위원은 다음과 같았다.

집행위원: 섭혜균(葉惠鈞), 왕효뢰(王曉籟), 왕연송(王延松), 원이등(袁履登), 육문소(陸文韶), 육봉죽(陸鳳竹), 오지호(鄔志豪), 서기경(徐寄頎), 락청화(駱清華), 방초백(方椒伯), 비운경(斐雲卿), 제문기(諸文綺), 패송손(貝淞蓀), 고형일(顧馨一), 주득전(朱得傳)
감찰위원: 문란정(聞蘭亭), 성섭춘(成燮春), 황초구(黃楚九), 노경수(勞敬修), 육기생(陸祺生), 진송원(陳松源), 마기량(馬驥良)[30]

이외에 7명의 후보 집행위원과 3명의 후보 감찰위원이 선출되었다. 집행위원과 감찰위원(이하 '집감위원')의 임기는 4년이었지만, 2년마다 그들 중 반을 새로 선출하도록 규정했다. 따라서 1기 집감위원의 반은 추첨을 통해 2

28) 上海市檔案 Q201-1-627(商人團體整理委員會) 32, 37면.
29) 「上海市商會第一屆各業會員代表大會紀」(이하 「一屆大會」라 약함), 『商業月報』 10卷 7號 14면.
30) 같은 글 20면; 上海市檔案 Q201-1-635(上海市商會普發文件); 「市商會全體執監委員昨日宣誓就職」, 『申報』 1930. 7. 2.

년 후에 그만두어야 했고, 연임은 할 수 없었다.[31]

시상회의 최고권력기관은 회원대표대회였다. 회원대표대회는 매년 6월에 열리는 정기대회와 집행위원이 필요하다고 느낄 때 혹은 회원대표 1/10 이상의 청구나 감찰위원회의 소집 요청이 있을 때 임시대표대회를 소집할 수 있었다. 회원대표대회는 각 동업공회 혹은 집행위원 등이 제안한 중요 안건을 토의하고 의결했다. 그리고 2년마다 집감위원 가운데 반수를 선출하여 집행부를 구성하고, 예·결산을 의결하는 최고의 기구였다.

대표대회에서 선출된 집감위원은 대표대회의 뜻에 따를 의무가 있었지만 일상업무를 처리하고 행사할 수 있는 실질적인 최고의 권한을 가지고 있었다. 우선 제도적인 측면에서 대표대회가 1년에 한번 열리게 되어 있었던 반면 집행위원회는 최소한 격주로 한번, 상무위원회는 일주일에 한번, 그리고 감찰위원회는 한달에 최소한 한번은 열리게 되어 있어 실질적인 업무처리의 중심은 집감위원에 있었다.[32] 또한 개회기간이 짧았던 대표대회에서 처리하지 못한 많은 안건은 집행위원회가 위임받아 처리했기 때문에 집행위원의 실질적인 영향력과 역할이 컸다.

시상회의 하부조직인 동업공회의 경우도 마찬가지여서 업무의 대부분을 지도부에 의존했는데, "동업의 물건가격을 정할 때에 대표대회에서 결정하는 것이 최선책이나 이것이 안 될 때에는 집감위원 연석회의에서 의결하고, 만일 감찰위원이 없고 대표대회의 소집이 힘들 때에는 집행위원회에서 의결하는" 것으로 사회국이 지시한 것[33]에서도 집감위원의 중요성은 확실히 드러났다.

---

31) 「一屆大會——商會章程」, 『商業月報』 10卷 7號; 관련 법규는 『商會法釋義』 31면; 「修正商會法」, 「修正商會法施行細則」, 『商人組織』 53, 59면. 이하 상회의 제도적 측면에 관련된 설명은 특별한 부기가 없는 한 「一屆大會——商會章程」 등에 의거하였음.

32) 「同業公會組織之研究(下)」, 『商業月報』 13卷 10號 2면.

33) 上海市檔案 Q201-1-635(上海市商會普發文件) 226면.

시상회에 파견된 대표들의 자질도 회원대표대회의 영향력을 떨어뜨리는 하나의 요인이었다. 이전에 총상회에는 대상인이, 그리고 상총련회와 상민협회에는 중소상인이 주로 회원으로 가입하였고, 노점상이나 영세업자는 대부분 어느 상회에도 소속되지 않는 경우가 많았다. 그러나 시상회에는 이들 영세한 상점들도 동업공회를 결성하여 회원으로 가입을 하였다. 그런데 이들 중엔 글자를 모르는 회원들도 있어 투표 때 대리투표를 부탁하기도 하여 분쟁을 야기했다. 시상회가 이러했으니 그 하부조직이었던 동업공회의 상황은 더 열악하기 짝이 없었다. 결국 상해시민훈회(上海市民訓會)는 다음과 같은 결정을 내리지 않을 수 없었다.

(1) 상회의 회원대표(공회 회원이 선출 파견한 대표, 직접 상회에 가입한 상점회원이 선출 파견한 대표)는 당연히 글자를 아는 사람으로 한정하며 글자를 모르는 사람은 ㄱ 임무를 맡을 수 없다.
(2) 동업공회의 회원대표, 즉 공사·행호(行號)가 선출하여 파견한 대표는 이 제한을 받지 않는다. 선거시에 만약 글자를 모르는 대표가 있다면 그곳의 당부, 정부가 회동하여 록사(錄事) 1인 혹은 2인을 지정하여 선거표를 대신 기입하며 임의로 다른 사람에게 맡길 수 없다.[34]

회원대표대회의 실정이 이러했으니 시상회의 실질적인 운영자는 집감위원일 수밖에 없었다.

상인단체가 통합되기 전에 상계의 활동가들이 몸담고 있었던 비교적 큰 상회는 총상회, 상민협회 혹은 상총련회, 현상회, 남시상회의 4개 단체로 볼 수 있다. 여기에 장개석 지지를 위해 만들어졌던 상업연합회 등을 합하면 상해 상계의 상황은 더욱 복잡해진다. 그렇다면 1930년대 상해 시상회의 지도

---

34) 「商會會員代表應識字, 公會會員可指定代書(1931. 4. 23 上海市執行委員會民訓會第3311 號訓令)」, 『商人組織』 43면.

부는 누가 장악했는가? 시상회는 지도부의 구성상 어떤 상인단체와 연속성을 갖고 있는가?

상회의 지도부를 재편하는 업무를 맡았던 상정회와 그 이후의 지도부는 이 책의 부록 표4에서 드러나듯이 1926년 회동선거에서 탈락했던 총상회 회원들, 상민협회 지도부, 그리고 마지막으로 풍소산이 총상회의 책임을 맡았을 때 집행위원으로 일했던 사람 가운데 '일부' 위원으로 구성되었다. 부소암이 회장일 때 총상회의 회동으로 당선되었던 사람들은 많이 사라졌다. 1928년 총상회의 지도부를 구성했던 풍소산은 물론이고, 그가 이끌어가던 총상회에서 처음으로 지도부에 선출되었던 사람들도 이후 활동에서 거의 모습을 보이지 않는다는 점 역시 주목할 만하다. 즉 어느 단체에 소속되어 있는가와는 무관하게 국민당과 대립 혹은 마찰을 일으켰던 부소암이나 풍소산 그리고 그 인맥에 있던 사람들이 배제되었다는 점에서 상회의 통합과 건설은 친국민당을 표방한 인사들의 집권과정이었다고 생각된다.

지도부의 선출이나 시상회의 운영에 많은 영향을 끼쳤던 것은 국민당의 입김이었다. 상회는 '민중단체조직규정'에 따라야 했고,[35] 동업공회나 시상회는 당의 허가를 받아야 조직을 만들 수 있었다. 수정상회법 22조에 따르면 집감위원은 실업부나 지방 최고행정관서의 명이 있을 경우 해임될 수밖에 없었고, 시행세칙 25조에 따라 주석이나 상무위원 취임 후 지방 유관 관청을 통해 실업부에 보고해야 했다.[36] 그리고 집감위원의 선거에 대해 해당 지역의 당부와 행정관청의 감독을 받고,[37] 매년 예결산안과 활동상황을 보고해야 했다.[38] 따라서 반국민당적 성향을 가진 사람이 지도부에 들어가기는 힘들었다. 풍소산은 총상회에서 쫓겨난 후에 시상회의 지도부나 시상회

---

35) 「民衆團體組織規程」, 『商人組織』 2~3면.
36) 「修正商會法」, 「修正商會法施行細則」, 『商人組織』 21, 61면
37) 上海市檔案 Q201-1-635(上海市商會普發文件) 56, 224~25면.
38) 「每年須造具豫算決算報告(1935. 5. 20 上海市政府第15972號訓令)」, 『商人組織』 45면.

에 파견된 대표명단 그 어디에도 이름을 내걸 수 없었다.

집행위원에서 감찰위원으로 자리를 옮기면서 4년 넘게 지도부에 남아 있었던 사람은 왕연송, 왕효뢰, 락청화 3인에 지나지 않았는데, 이들은 국민당과 관련이 깊었다. 왕효뢰는 절강 소흥(紹興) 사람으로 사견업(絲繭業)으로 돈을 모았다. 일찍이 연주공매국(烟酒公賣局) 국장, 권연통세국(捲烟通稅局) 국장 등에 임명된 바 있고, 1929년 당시 갑북상회 회장, 재정부 소절구특세국(蘇浙區特稅局) 국장, 강해관(江海關) 이오부세국고기금보관위원회(二五附稅國庫基金保管委員會) 위원장, 상해특별시 상인단체정리위원회 상무위원 등의 직을 겸하고 있었다. 왕연송은 주단업에 종사했다. 상해특별시 상민협회와 반일회(反日會)의 주요 인물이었으며, 상해특별시 당무지도위원 겸 상무위원이었고 상해 시당부 선전부장인 진덕징(陳德徵)과 친밀한 사이였다. 락청화는 상해특별시 반일회 상계 대표였으며 상민협회 상무집행위원을 지냈다.[39]

하지만 친국민당 인사들조차도 상계 내에서 독자적인 권력을 형성하는 데에는 한계가 있었다. 우선 지도부의 연임이 금지되어 있었기 때문에 4년 이상을 지속하기 힘들었다. 1차 대회 이후 4년의 임기가 끝나는 제5차 회원대표대회에서 선출된 사람들, 그리고 그 이후의 지도층들은 이전에 총상회나 상업연합회 등의 지도부 명단에서 이름을 찾을 수 없었던 인사들로 채워졌다(부록 표4 참조). 지도부가 4년마다 전원 교체되어야 했기 때문에 지도부의 변동은 클 수밖에 없었다.

연임금지 규정은 시상회나 동업공회에서 특정인이 권력을 형성하거나 장기간 지도층에 남아 있는 것을 막는 긍정적인 면도 있었지만, 다른 한편 조직상의 문제도 야기했다. 특히 소규모 동업공회의 경우에 문제가 심각했는데, 예를 들면 7~10개 정도의 상점으로 구성된 동업공회의 경우 소속 회원

---

39) 『民衆團體ノ解剖』 20, 34면; 『浙江財閥』 55면.

은 적고 연임은 할 수 없었기 때문에 제1차 회원대회에서 집감위원을 선출헌 이후, 4년 후에 자기 집행부를 구성하기가 힘들었다. 이런 문제점은 조직 성립 때부터 제기되었다.[40] 시상회 성립 4년을 전후한 1933년 말과 1934년에 이 문제는 더 불거졌다. 각 상점이 파견한 대표인수가 동업공회 집행위원 피선거권자의 숫자에 미치지 못했는데, 공상동업공회법 10조 규정(대표는 경리인 혹은 주체인)의[41] 제한을 받아 각 상점의 경리인이나 주체인이 1명인 경우 달리 대표를 파견할 방법이 없었기 때문이었다. 민중운동지도위원회는 이 문제를 해결하기 위해 사법원에 법률해석을 의뢰했지만 사법원은 현행 규정으로는 구제방법이 없다는 답변을 보내왔다.[42] 결과적으로 특정인의 집권을 막으려던 시도는 오히려 조직의 정체와 와해를 가져오게 되었다.

집감위원 중 특정인이 주도권을 장악하기 힘들었던 것처럼 특정 업종이 시상회의 집행부를 장악하기도 힘들었다. 수정상회법 시행세칙 제14조에는 "상회 집행위원 및 감찰위원은 회원대회가 대표 가운데 무기명 연거법(連擧法)에 따라 선임하며, 업종에 따라 할당하거나 업종별로 나누어 선출할 수 없으며, 최다득표자를 당선으로 한다"고 규정하여[43] 업종에 따른 분배를 엄격히 규제했다.

집감위원으로 선출된 사람은 은행업·주단업에 종사하는 사람에서부터 연태업(煙兌業)·면분창(麵粉廠)·잡량유병(雜糧油餠)에 종사하는 사람에 이르기까지 아주 다양했다. 시상회 지도부의 면면을 살펴보면 1차 대회 때 선출된 집감위원과 후보 집감위원은 약 20여개 업종에 분산되어 있었으며,

---

40) 「同業公會委員額數問題(1930. 12. 2 司法院字第三六九號解釋)」, 『商人組織』 180면.
41) 주체인은 그 공사, 행호의 고동(股東)이나 호동(號東)을 가리킨다(「主體人指股東號東而言」, 『商人組織』 191면).
42) 「公會會員代表人數不足(1934. 12. 28 司法院院字第1171號解釋)」, 『商人組織』 187면; 「公會會員代表人數不足(1930. 12. 9 司法院院字第1009號解釋)」, 『商人組織』 180면.
43) 「修正商會法施行細則」, 『商人組織』 59면.

표11 1~8차(1930~37) 시상회 집감위원의 업종별 분석

	銀行	綢緞業	氷鮮魚	木業	絲光棉織	腸業	新藥	裘業	電氣針織廠	捲烟廠
1차	3	2	1	1	2	1	1	1	1	1
3차	2	2	1	1	1	1		1		1
5차	2	2	2	1			2			

	錢業	絲廠	彩印	煤業	航業	棉布號	衣業	煙兒業	麵粉廠	雜糧油餅
1차	1	1	2	1	2	1	1	1	1	1
3차	2									
5차	2					1				

	紗業	華商皂業	米號	洋莊茶業	棉織	礦灰廠業	糖業	飛花業	製藥廠業	電氣製造
1차	1	1	1							
3차	1		1	1	1	1	1	1		
5차				1	1	1	1		1	1

	針織	保險	呢絨業	機器染織	典業	南北拆兒	紙業
1차							
3차							
5차	1	1	1	1	1	1	2

출전 上海市檔案 Q201-1-609; 『商業月報』 10卷 7號, 14卷 7號에 의거해 작성.
■ 1차와 5차는 집감위원과 후보 집감위원, 3차는 자료상의 문제로 집감위원만 조사.

제3차와 제5차 때의 집감위원 역시 대략 15~20개 업종에 걸쳐 있어 특정
업종이 주도권을 행사한 적은 없었음을 알 수 있다(표11 참조). 또한 업종의
종류에도 변동이 많아 은행업과 비단업, 전업을 제외하면 1, 3, 5차에서 계
속 지도부를 장악한 업종은 드물었다.[44] 하지만 업종별 투표의 제한 및 자유

---

44) 根岸佶은 금융업이 여전히 상해 경제계에서 압도적인 세력을 가지고 있긴 하지만, 1930
년 성립한 시상회에서 은행업은 예전에 총상회에서 누리던 만큼의 권위를 누리지 못하게
되었다고 설명했다. 은행업 21명의 대표 그리고 전업의 대표가 합쳐도 상회를 영도하는 것
은 쉽지 않았고, 대신에 상회를 영도할 수 있던 세력을 지닌 것은 다름 아닌 영파방이었다
고 설명했다(根岸佶, 앞의 책 351~55면). 이는 타당성 있는 설명이긴 하지만, 상해에서 영
업을 했던 다수의 사람이 강소, 절강인인 상황에서 어찌 보면 당연한 이야기이기도 하다.

투표제의 도입에 따라 상계의 명망가(名望家)가 집행부로 선출될 가능성이 높아진 짐도 있었다. 시상회의 하부조직으로 규모가 작은 동업공회의 경우에는 "집감위원을 선출할 때에 각기 사적인 정의(情誼)의 친소(親疎) 혹은 영업규모의 대소가 유일한 취사선택의 표준이 되었"지만[45] 300여명이 넘는 상인대표들이 모인 시상회의 경우에는 개인적인 접촉의 폭이 제한적일 수밖에 없었다. 따라서 대기업을 경영한다거나 상계의 활동가로 이름을 날린 사람들, 정부나 당의 지원을 받는 활동가 혹은 특정 동향의 지지를 받는 자에게 유리했다. 제1차 대회에서 4년의 임기가 끝나는 제5차 대회까지 집감위원이 이전의 활동가나 총상회의 활동가를 중심으로 구성되었던 것도(부록 표 4) 이와 관련이 있었을 것이다.

결론적으로 말하자면 특정인 혹은 특정 집단이 지도부 내에서 계속해서 힘을 행사하기는 힘들었지만, 국민당의 지지가 있는 사람이나 명망가에게는 유리했다. 이런 점에서 국민당이 상계를 재편하여 통제하에 두려 했던 의도는 성공한 셈이었다. 그리고 특정 개인이 시상회에서 장기간 조직을 장악하거나 조직의 힘을 이용해 정부에 압력을 가할 수 있는 가능성은 줄어들었다. 이로써 상계의 특정 개인은 개인적으로 정부인사와 접촉하거나 상회가 아닌 다른 루트를 통해 개인의 활로와 영향력을 행사하는 방법을 모색할 가능성이 훨씬 커졌다.

또한 영파방의 제패란 설명은 상회 내부의 권력관계나 상회의 역동성을 설명하는 데에는 전혀 도움이 안 된다. 같은 강소 혹은 절강인이라 할지라도 업종에 따른 경쟁관계, 인맥에 따른 신용관계는 달리 형성될 수 있기 때문이다. 즉 根岸佶의 설명은 너무 포괄적이어서 시상회 내의 구체적인 지도권의 실상을 설명하는 데에 적합하지 않다고 생각한다.

45) 「同業公會組織之硏究(下)」, 『商業月報』 13卷 10號 2면.

3. 시상회의 회원 구성

상정회는 성립과 함께 기존 상회의 정리에 착수했다. 기존 상회와 회관, 공소 등은 법 공포 후 1년 이내에 개조하도록 명령을 받았으며[46] 국민당 상인운동단체였던 상민협회도 해산을 명령받았다.[47] 기존의 모든 단체는 상회법과 공상동업공회법에 따라 우선 상정회에 등록을 하고, 상정회의 조사를 거친 후에 유사 조직의 합병이나 개조 등의 지도를 받아서 정식 동업공회를 만들 수 있었다.[48]

그러나 이런 절차가 쉽지는 않았던 듯하다. 우선 상회 정리의 기본이 될 법제의 제정과 반포가 늦었다. 등기는 전에 없던 일로서 보고대회에서 언급했듯이 등기를 대수롭지 않게 여기거나 개조절차를 제대로 이해하지 못하는 경우도 많았다. 제1차 성립대회 당시에도 여전히 ××상정회라는 이름을 달고 참석한 동업도 있었으며, 1차 대회 이후에도 여전히 소직이 완성되지 않은 동업공회 또한 적지 않아[49] 1차 대회 이후인 8월 2일 등의 통고문에서 각 동업공회는 8월 16일 마감기한을 넘기지 말고 개조를 완성하라고 독촉하고 있다.[50]

자신들의 기존 조직을 유지하려는 욕망, 방파의식(幇派意識) 등도 조직의 개조와 통합을 어렵게 하는 요인이었다. 시내 전체에 동업조직이 1개 이상

---

46) 최초 법률 공포시에는 6개월이었으나 1930년 3월에 공포한 수정상법에서 1년으로 기한을 연장했다. 『商會法釋義』 49면; 「修正商會法」, 『商人組織』 57면; 「一屆大會」, 『商業月報』 10卷 7號 11면.

47) 上海市檔案 Q201-1-627(商人團體整理委員會) 18~21면; 「工商消息彙誌──院令撤消商民協會組織條例」, 『商業月報』 10卷 3號.

48) 上海市檔案 Q201-1-627(商人團體整理委員會) 3, 5면; Q201-1-634(商人團體整理委員會) 17면.

49) 上海市檔案 Q201-1-635(上海市商會普發文件) 20면; Q201-1-627(商人團體整理委員會) 45, 46~48면.

50) 上海市檔案 Q201-1-635(上海市商會普發文件) 205~206면.

있을 경우, 각 단체의 회원수 비율로 정리위원회 수를 결정하여 새로운 단체를 만들기로 했는데,[51] 이는 기존 상계 권력의 재편이기도 했다.

각업(各業)의 조직은 모두 유구한 역사가 있고, 방별(帮別)의 관계가 있어 종전에는 방치된 상태에 익숙해 있었다. 일단 중앙이 반포한 법령에 따라 성실히 실행하자 다소 곤란한 점이 있었다. 가능한 한 1개 공회로 명칭을 개정했으나 각 공회가 재의를 청구하는 공문이 연이어 3~4차례에 이르렀다.[52]

결국 상정회는 '공상동업공회 정리 및 조직 절차'에서 "그 습관, 역사 혹은 업무상"이란 규정을 "업무성질상"이란 규정으로 수정하여[53] 각 동업공회에 정리방침을 통보했다. 주단업의 경우, 지역별 상인단체가 각기 하나의 공회를 만들려 했지만 받아들여지지 않았고, 주단업 동업공회로 통합할 것을 명령받았다.[54] 업무의 동질성만이 유일한 기준으로서 2차 대회의 업무보고에 따르면 선계업동업(鮮鷄業同業)과 계압행업동업(鷄鴨行業同業) 그리고 매석박선업(煤石駁船業)과 박운선업(駁運船業), 화물운송업〔運貨汽車業〕과 택시업〔出租汽車業〕은 업무의 성질이 달라 독립된 조직을 유지할 수 있다고 허락을 받았으나, 호항용철로전운업(滬杭甬鐵路轉運業)은 사회국의 지시로 운수업동업공회로 통합되었고, 이전 총상회의 회원이었던 촉상공익회(蜀商公益會)는 동향인 모임이란 성격이 커서 공상동업공회법과 부합되지 않아 독자적인 조직 유지가 거부되었다.[55]

방별 관념을 품고 자신들끼리 뭉치려는 경향은 1차 대회 이후에도 여전히 남아 시상회와 동업공회의 성립을 방해했다. 수과지화행업(水果地貨行業)

51) 「一屆大會」,『商業月報』 10卷 7號 11면.
52) 같은 글 10면.
53) 上海市檔案 Q201-1-627(商人團體整理委員會) 23면
54) 각 업종의 통합과 정리에 관해서는 「會務紀要」,『商業月報』 10卷 4·5號 참조
55) 上海市檔案 Q201-1-669(二屆大會) 15면.

동업공회는 제2차 회원대표대회에서 이에 대한 불만을 토로했다.

> 동업공회 조직은 전체의 단결을 도모하여 공익을 증진하고 폐해를 바로잡기 위해 설립된 것이다. 이 때문에 모든 동업은 방별로 나누지 않고 모두가 법령을 준수하여 공회에 가입하여 함께 행복을 도모해야 한다. 현재 여전히 추세를 알지 못하는 무리가 방별 관념을 품고 (…) (법령을 하찮게 여기고 있다). 본회 범위 내에서 영업이 서로 같은 미입회자는 홍구 수과행(水果行) 동업조직인 연익당(聯益堂) 수과공소(水果公所), 또 남시 리마로(里馬路) 조방수과행(潮幫水果行) 동업조직인 신의당(愼義堂) 수과공소 등이 있는데, 본회가 명령에 따라 성립한 이래 여러 차례 편지를 보내 가입을 권고했으나 (…) 성의를 보이지 않고 (…) 신의당은 조당잡화업(潮糖雜貨業) 동업공회에 가입을 청구했는데, 상회의 조사를 거쳐 신의당 회원은 완전히 수과행업이 주체이므로 조당공회(潮糖公會)에 가입할 수 없다고 했지만 여전히 방별 관념을 품고서 가입하지 않고…[56]

위의 사례에서 보듯이 동업공회의 조직원칙과는 전혀 무관하게 고향이 같은 조주(潮州) 출신끼리 모이려는 경향마저 보였다. 방별 관념은 동업공회의 구성에 문제를 야기했고, 각 동업공회 내에서는 조직의 주도권 싸움이 방해요인이 되었다.

부록의 표5를 유심히 살펴보면 동일업종임에도 불구하고, 각자 취급하는 주요 물품이나 상점명을 그대로 동업공회로 바꾸어 등록함으로써 같은 업종 안에서도 수많은 동업공회가 성립되었음을 알 수 있다. 염업(染業)의 경우 불양인표포염방업(咈洋印漂布染坊業), 청람포염방업(青藍布染坊業), 회색염방업(灰色染坊業), 사선말염업(紗線襪染業), 주릉염업(綢綾染業) 등으로, 잡량(雜糧)의 경우 미행(米行), 미호(米號), 유두병(油豆餅), 부분(麩粉), 두맥(豆麥) 등으로 나뉘어 있고,[57] 종류가 같은 잡화업(雜貨業)이면서도 남화업

---

56) 上海市檔案 Q201-1-669(二屆大會) 38면.

(南貨業)으로 분리되고, 목업(木業)에 이미 공회가 있음에도 불구하고 목재업(木材業)으로 동업공회를 조직했나.[58]

백화업(百貨業) 동업공회는 화양잡화호업(華洋雜貨號業) 동업공회를 비법(非法)조직이라 주장하며 사회국에 철회 요청을 했다. 하지만 사회국은 두 공회가 취급하는 물품은 같으나 업무범위에서 소매와 도매로 차이가 있으므로 소매는 백화업공회에, 도매는 화양잡화업공회에, 그리고 도소매를 겸하는 경우는 백화업공회에 가입하도록 지시했다.[59]

항업(航業)의 경우 '항상조직보충판법(航商組織補充辦法)'에 따라 실업부 소속에서 교통부 소속으로 옮기면서 윤선과 민선(民船)의 두 공회로 통합하려 하자[60] 이에 대한 반발이 일어났다. "윤선 업무는 강해(江海)와 내하(內河)의 분별이 있고, 민선 업무는 사선(沙船)과 박선(駁船)의 차이가 있는데 이를 소홀히하여 그 명칭이 서로 유사하니 성질 또한 같은 것이라 오인하여 발을 잘라 신발에 맞추어 하나로 합병하려고 한다. 은행과 전장은 금융업에 속하지만 (…) 별도의 조직을 갖고 있는데 (…) 업무성질이 같아도 자본조직, 영업습관이 현저히 다른 점이 있기 때문(이다.) (…) (따라서) 윤선업은 강해와 내하의 구분이 있어야 하고, 민선업도 기존의 공회를 독립적으로 유지해야 할 충분한 이유가 있다"고 항변했다.[61] '동일구역 내 하나의 동업공회의 원칙'은 '동업'에 대한 분류상의 문제로 흔들렸다. 상인들은 자신들의 업무를 그대로 동업공회명으로 전환시키고 나름대로 이유를 갖다붙였다.

1년여의 준비를 거쳐 우여곡절 끝에 동업공회가 만들어졌다. 제1차 대표대회는 142개의 동업공회 대표 346명과 18개의 상점회원 대표 33명을 포함

57) 「同業公會組織之硏究(下)」,『商業月報』13卷 10號 3면;『商業月報』16卷 6號 17면.

58) 「國內外經濟月誌──社會局奉令制止各業化名組織」,『商業月報』14卷 1號 5면.

59) 上海市檔案 S253-1-1(上海市百貨商業同業公會) 7면.

60) 「航業公會之最高監督機關──1932. 11. 23 司法院院字第822號解釋」,「航商組織補充辦法」,『商人組織』235~37면.

61) 「七屆大會」,『商業月報』16卷 6號 24면.

하여 총 379명의 대표가 모여 개최되었다. 시상회로 통합되기 이전엔 모두 261개 단체로, 상민협회에 속한 것이 71개, 총상회에 속한 것이 77개, 갑북 상회 3개, 남시상회 32개였고, 위의 4개의 상인단체에 가입하지 않은 것이 56개, 특종단체 18개(즉 동향단체 및 국화연합단체 國貨聯合團體 등)였다.[62] 그러던 것이 1930년 시상회의 성립과 함께 하나의 상회 밑에 동업공회의 형태로 통합되었다.[63]

동업공회를 구성한 업종은 시상회에 1명에서 많게는 21명까지 대표를 파견할 수 있었다. 동업공회는 기본적으로 1명의 대표를 파견할 수 있었으며 동업의 사용인수가 15인 증가할 때마다 1명을 추가해 파견할 수 있었지만 21인을 초과할 수는 없었다. 이는 상점의 고용인들이 동업조합을 통해 시상회에서 의견을 발표할 수 있는 통로를 만들어 노사분규를 막으려는[64] 의도도 있었다. 경제계에서의 위상이나 실력과 상관없이 아무리 영세한 업종이라도 마음만 먹는다면 시상회 안에서 충분한 대표권을 확보할 가능성이 '법적으론' 열려 있었다.

그러나 현실은 그리 녹록하지 않았다. 회원 대표를 증파할 때마다 회비가 늘어났다. 회비는 동업공회의 자본총액에 따라 5만원 미만 100원, 5만~10만원 미만 150원, 10만~20만원 200원 등으로 10등급으로 나뉘었는데, 10단계는 2천만원 이상으로서 일년에 1000원을 납부해야 했다(장정 46조).[65]

---

62) 「一屆大會」, 『商業月報』 10卷 7號 11면.

63) 총상회와 상민협회 산하단체 및 그후 시상회로 통합된 후에 변화된 동일 종류의 동업공회에 관해서는 小浜正子 『近代上海の公共性と國家』(東京: 硏文出版 2000) 269~73면의 표4-4 '上海總商會・商民協會・上海市商會の構成' 참조.

64) 『商會法釋義』 22면. 사용인이라 함은 상인 영업의 보조자를 말하는데, 영업의 보조자란 영업상의 노무자를 말한다.

65) 회비 납부와 상회에서의 표결권 문제는 큰 공회나 작은 공회 모두에게 불만의 소지가 있었다. 대공회(大公會)의 경우 자본에 따라 많은 회비를 부담하면서도 표결권은 소액의 회비를 내는 소공회(小公會)와 동등했다. 이런 점에서 상회는 확실히 대상인이나 대공회의 영향력을 억누르는 측면이 존재했다. 소공회의 경우도 표결권 문제에 불만이 있었는데, 한 명이

그밖에 회원 대표가 1명 늘어날 때마다 50원을 추가 부담해야 했고(장정 48조), 시상회에서 발행하는 공채에 대한 부담도 있었다(장정 49조). 따라서 이들이 시상회에 파견할 대표수를 마음대로 늘리는 것은 실익이 없는 한 무의미한 일이었다. 물론 동업공회가 아닌 상점회원의 경우이긴 하지만 1차 대회 직후 회비부담의 과중을 들어 시상회에서 탈퇴할 것을 청하는 사례들이 대표대회의 의결사항으로 등장했다. 강남제지공사(江南製紙公司)는 제2차 대표대회 전인 1931년 4월 29일에 시상회로 편지를 보내 새로운 장정에서 규정한 회비가 너무 많아서 부담하기 어렵다는 이유로 탈퇴를 신청하였고, 주풍당자공사(鑄豊搪磁公司) 역시 회비 부담을 이유로 탈퇴를 신청했다.[66] 제3차 때에는 과학의기관(科學儀器館)이 같은 이유로 탈퇴를 신청했다.[67]

자금이 충분하지 못한 동업공회는 회비납부 등의 문제 때문에 시상회에 파견하는 대표수를 늘리기가 힘들었다. 하부조직인 영세 동업공회의 자금사정은 더욱 나빴다. 하나의 예로 1935년 당시 정련업(精練業) 동업공회에는 8개 상점이 회원으로 가입되어 있었는데, 그중 3곳이 회비를 미납하자 나머지 5개 상점도 회비를 납부하려고 하지 않아 공회는 거의 해산된 상태나 마찬가지였는데, 이런 공회가 적지 않았다.[68] 이런 상황에서 영세 동업공회가 시상회에 파견할 대표수를 늘린다는 것은 생각조차 하기 힘든 일이었다.

실제로 각 동업공회의 사용인수와 시상회에 파견한 대표인수를 보면(부록

늘어날 때마다 50원씩 추가 부담해야 하는 대표의 증원은 힘들었고, 따라서 상회에서 자신들의 의견을 반영하는 데 대공회에 비해 한계가 있다고 생각했다. 현실에서는 후술하는 바처럼 대공회의 입김이 작용할 소지는 여전히 있었다. 결국 7차 대회에서는 현실을 감안해 대공회의 영향력을 제도적으로 만들려는 의안과 한편으로 공회 파견 대표수를 21명에서 7명으로 줄여 대공회의 현실적 영향력을 확실하게 제한하려는 의안이 동시에 제출되었다(「七屆大會」, 『商業月報』 16卷 6號 23면).

66) 上海市檔案 Q201-1-669(二屆大會) 22면.
67) 上海市檔案 Q201-1-609(三屆大會) 26면.
68) 「公會不得隨意解散, 同業均須履行義務」, 『商人組織』 216~17면.

표12 시상회에 5명 이상의 대표를 파견한 동업공회와 그 변화 (1930~37)

	銀行業	綢緞業	國藥	南貨	絲光棉織	煤業	新藥	航業*	米號
1차	21	21	7	5	6	5	5	13	9
2차	20	15	7	5	6	5	1	12	5
3차	21	15	7	5	6	5	1	10	3
4차	21	15		5	8	3	1	5	3
7차	21	15	2	1		2	6	10	4
8차	21	15	2			2	6	10	5

	錢業	洋莊茶業	書業	人力車	絲廠	轉運業	國貨橡膠製品	機器染織業	衣業
1차	2	7	8	5	21				5
2차	2	3	9	5	1				6
3차	2	3	6	4	2		1		
4차	15		6	5	2	5	6		3
7차	13	4	6	4			3	10	2
8차	13		6	1	1			10	

출처 上海市檔案 Q201-1-609, 669, 671 및 『商業月報』 10卷 7號, 16卷 6號, 17卷 6號에 의거해 작성.
■ 航業은 7차 때부터 輪船業으로 변경하여 참석.

표5) 상관관계가 거의 없다. 단순 계산하면 사용인수가 315명 이상인 공회는 법률상으로는 최대 21명까지 대표를 파견할 수 있음에도 불구하고, 사용인이 315명이 넘는 100여개의 동업공회 가운데 대표를 21명까지 파견한 공회는 은행업 하나밖에 없었으며, 5명 이상의 대표를 파견한 동업공회도 18개에 지나지 않았다.

하지만 대표인수를 자세히 살펴보면 상해의 경제계에서 중요한 위치를 차지했거나 자금력이 풍부한 업종이 대체로 많은 수의 대표를 파견했음을 알 수 있다. 아마도 시상회에 파견하는 대표수는 경제계의 실력에 따른 자연스런 혹은 인위적인 조정이 아니었는가 생각된다.[69] 제1차 대표대회에 5인 이

---

69) 根岸佶, 앞의 책 351면.

상의 대표를 파견한 업종은 은행업 21명, 주단업 21명 등이었다.[70]

　바로 이런 점에서 싱해 상계 내에서 각 업종의 위상변화를 추정할 수도 있다. 대표수로 판단할 때, 은행업의 위치는 시상회 내에서 거의 변화가 없었다. 1930년 1차 대회에서 1937년 8차 대회 때까지 일관되게 21명의 대표를 파견한 것이다. 특이한 업종은 전업과 사창(絲廠)이다. 전업의 경우 근대적인 은행과 더불어 금융계의 실력자임에도 불구하고 1932년까지는 2명의 대표만을 파견하다가 1933년 4차 대회 이후 대표를 15명, 13명으로 급증시켰다.

　사직업(絲織業)의 변화는 특히 눈에 뛴다. 1차 대회 때 21명의 대표를 파견했던 사창(絲廠)은 2차 대회 이후 대표를 대폭 줄여서 1명의 대표만을 파견했다(표9 참조). 이는 경제상황과도 맞물려 있는 듯한데, 30년대 사창의 경기불황과 그에 따른 파산이 그들의 실력을 감소시켜 이전의 21명에서 1명의 대표 파견이라는 결과로 나타났던 것이다.

　'제도적인' 측면에서 볼 때 하나의 업종이 대표대회에서 주도권을 장악하기는 힘들었지만, 현실적으로는 분산적이었던 중소 동업공회에 비해 규모가 크거나 자금력이 있는 동업공회가 조직적인 행동을 하기에 유리했다.

　　소자본 사업을 경영하는 동업공회는 평균 사용인수를 종합 계산하면 당연히 15인을 초과한다. 그러나 경제역량이 미약해 대표 증가의 비용에 대하여 근본적으로 부담할 방도가 없고, 이 때문에 영원히 대표권 증가의 권리 및 희망을 가질 수 없다. 이에 반해 대자본 사업을 경영하는 동업공회는 그 소속회원 상점이 사용하는 사람 수를 종합 계산하면 당연히 항상 15인 혹은 30인 이상이며 경제능력 또한 충족하다. 이러니 대표 증가의 권리를 계속 누릴 수 있어 대자본 상업공회의 출석대표는 많게는 14~15인 및 21인으로 보통 1, 2인 출석대표의 공회와 비교해볼 때 출석대표의 수에 서로 현격한 차이가 있어 상

---

70) 「一屆大會」, 『商業月報』 10卷 7號.

당히 불평등하고 이 때문에 쉽사리 조정하고 일을 독점하는 등의 병폐를 종종 일으킨다.[71]

시상회에 많은 수의 대표를 파견했던 은행업, 전업, 항업(航業), 주단업, 면포업, 미호업(米號業) 등의 동업공회는 모두 조직상황이 좋았으며, 수업 (繡業), 보세업(報稅業), 구화업(曰花業), 화판기업(花板椅業) 등은 시상회 회원에 등재되어 있긴 했지만 거의 해산된 상태나 마찬가지였다.[72] 따라서 동업공회의 조직이 튼튼하고 많은 대표를 파견했던 은행업·전업·항업·주단업 등이 담합한다면 시상회의 대표대회나 기타 집행위원회에 영향력을 행사할 소지는 여전히 남아 있었고, 이것이 군소 동업공회의 불만의 원인이 되었다. 강조구철업(鋼條曰鐵業), 남화업(南貨業), 단향계원호업(檀香桂圓號業) 등 6개 동업은 시상회에 각종 공회의 복리증진을 도모한다는 조직 목적에 걸맞게 모든 상인들이 이익을 균등하게 반영할 수 있도록 장정 6조를 고쳐서 파견할 수 있는 최대인원을 7명으로 제한해야 한다고 제안했다.[73] 특정인이나 특정 업종이 상회를 농단할 수 있는 상황은 많이 제거되었음에도 불구하고 경제계의 실력에 따른 의사결정 구조의 일부는 여전히 남아 있을 수밖에 없었다.

71) 「七屆大會」, 『商業月報』 16卷 6號 23면.
72) 「同業公會組織之硏究(下)」, 『商業月報』 13卷 10號 1면.
73) 「七屆大會」, 『商業月報』 16卷 6號 23면.

IV. 노동조합의 통합과 그 한세

1. 노조 조직 통일을 위한 활동

1927년 4월 12일 새벽, 총과 곤봉 등으로 무장한 일군의 사람들이 공인규찰대(工人糾察隊) 분대가 머물고 있던 갑북 회문로(會文路)의 호주회관(湖州會館)을 급습하고, 일부는 동방도서관(東方圖書館)의 규찰대 총본부를 습격했다. 이들 습격자는 노동자 사이의 내분을 과장하고 당국과 같은 제3자의 개입이 없이는 노동자간의 갈등이 해결될 수 없음을 보여주어야만 했다. 이들은 장개석의 명을 받아 두월생(杜月笙) 중심의 청방(青幫)이 구성한 '중화공진회(中華共進會)'였다.

중화공진회의 임무는 성공했다. 짜여진 각본에 따라 노동조합의 상황을 주시하고 있던 동로군전적총사령부(東路軍前敵總司令部)는 즉시 출동을 명령했고, 노동자 규찰대의 무장을 해제하고 그곳을 점거해버렸다. 3차폭동을 기반으로 성립한 시정부도, 시당부의 원상회복 노력도, 학련회(學聯會)·시당부·부녀회 등의 청원활동도 아무런 효과가 없었다.[1] 장개석측의 전적지휘부는 이미 청당(淸黨)을 결심하고 있었기 때문에 이를 돌이킨다는 것은 불가능했다.

이제 상황은 변했다. 군인들은 공산당이라 의심되는 사람들을 임의조사하고, 심문 없이 살해하기도 했다. 거리의 상황은 극도로 안 좋았다. 1927년 4월에서 12월 초까지 살해된 상해의 노동자와 공산당원은 2천여명 이상에 달했고, 체포·감금·실직한 자는 1만명에 달했다.[2] 상해인들은 "일단 집을 나서면 돌아올 수 있을지 알 수 없었으며, 집 안에서 문을 닫고 있어도 하늘에서 재앙이 떨어질까 두려워"할 정도였다.[3]

당연히 4·12 이전에 중공이 장악하고 있던 노동조합에 대한 개조도 병행되었다. 4월 12일 아침 공인규찰대의 무장을 해제한 후, 동로군전적총사령부 소속의 진군(陳群)이 노동자의 내분을 이유로 '상해공련총회전원위원회(上海工聯總會專員委員會)'를 구성했으나, 4월 14일 회의에서 상해공련총회의 명칭이 기존의 상해공계연합총회(上海工界聯合總會)의 약칭과 비슷하다는 이유로 상해공회조직통일위원회(上海工會組織統一委員會, 이하 '공통회')로 바꾸었다.[4]

공통회는 성립 즉시 선언을 발표하여 삼민주의에 따라 노동조합을 통일할 것임을 표방하고, 이전의 총공회를 대체하여 새로이 모든 노동조합을 조직적으로 개조·통일하려 했다. 공통회는 공장노조〔區工會〕—산업공회〔區聯

1) 馬超俊(中國勞工運動史編纂委員會 編)『中國勞工運動史』(臺北: 勞工福利出版社 1959) 656~57면.
2) 貧秋「上海工會組織統一委員會與上海工人總會之內幕」,『布爾塞維克』 8期(1927. 12).
3) 章君穀『杜月笙傳』 2冊(臺灣: 傳記文學社 1981) 93면.
4) 공회조직통일위원회는 4·12 이후 급조된 것은 아니었다. 1927년 4월 3일 장개석의 명에 따라 구성된 '상해공계연합총회(上海工界聯合總會)'는 '삼민주의' 신봉을 통한 노동자의 경제적 이익 증가를 표방하며 결성되었다. 그후 이 조직은 표면상으로는 공통회의 성립을 계기로 해소되고 공통회에 통합되지만(馬超俊, 앞의 책 143면), 사실은 조직의 지속적인 연장이었다고 한다. 이에 대한 상세한 과정은 沈以行·姜沛南·鄭慶聲 主編『上海工人運動史』(遼寧人民 1991) 396~97면; 周永祥「評國民黨御用工具—— 上海工總會和上海工總會」,『史林』(1987. 2) 94면 참조.

工會]—총공회로 이어지는 단일한 조직체계를 구상했고, 이 조직체계의 최고 정점인 총공회가 산하 노조를 지도한다는 구상을 내놓았다.[5] 즉 공통회가 통합한 노동조합만 대표권을 인정함으로써 국민당의 확실한 통제하에 묶어두려 했다.

공통회 활동의 첫 과제는 노조 안에 남아 있는 중공세력의 숙청이었다.[6] 공통회는 노동조합의 성립 혹은 준비 여부에 상관없이 노동조합원을 심사할 수 있었고, 간첩이나 유민, 치안을 어지럽힌다고 판단되는 자를 당국에 고발 조치할 수 있는 권한이 있었다. 동시에 노동조합의 등록·심사 시에도 '순수한' 노동자들이 만든 조직이라고 인정되어야 등록이 허락되었다.[7]

사실 노조의 통일은 단순히 청당·청공(淸共) 문제로 한정될 수 있는 성질의 것은 아니었다. 공통회 자신도 노조 통일을 통한 건전한 노조의 육성과 산업발달을 목표로 표방하였듯이,[8] 노조의 통일은 상해 사회에 난무하던 노조 조직을 체계화하고 공업발전에 합당한 조직으로 재창출하는 일을 포함했다. 따라서 노조의 통일은 산업생산과 경제성장정책의 수행에 방해가 되지 않도록 조직노동자들을 충분히 통제할 수 있어야 하며, 다른 한편으로는 노동자들이 그들의 효율성과 노동에 대한 헌신의지를 유지할 수 있도록 어느 정도의 자유와 보상을 제공할 수 있어야 했다. 공통회는 성립과 함께 우선적으로 모든 파업의 중단을 선언하는 것[9]을 잊지 않았다.

---

5) 「上海商業聯合會與工會組織統一委員會討論'調解勞資糾紛'問題有關文件」, 上海市檔案館 編 『一九二七年的商業聯合會』(上海人民 1983) 256~57면.

6) 「上海工會統委會之內部組織」, 『申報』 1927. 4. 20; 馬超俊, 앞의 책 658면; 『一九二七年 的上海商業聯合會』 255면.

7) 馬超俊, 앞의 책 143면. 또한 각 노조의 성립절차를 규정한 내용에서도 공산당의 숙청과 노조의 통제라는 측면을 충분히 엿볼 수 있다. 각 노조는 등록할 때에 순수분자라 인정되어야 등록할 수 있었고, 조직과정에서 공통회의 지도를 일관되게 받아들여야만 했다(「上海工會組織統一委員會組織部緊急布告」, 『申報』 1927. 4. 20).

8) 馬超俊, 앞의 책 667면.

9) 같은 책 659면.

220

공통회가 노조 정리에 착수하면서 부딪힌 첫번째 문제는 노조의 개념규정 문제였는데, 이는 그들의 활동범위와 관련이 있었다. 공통회는 파업중단과 함께 모든 노조의 등록을 선언했다. 이같은 조치에는 물론 3차폭동기에 조직이 급팽창한 점원과 수공업노동자도 포함되었다. 그러나 이는 즉시 상해 상인단체들의 반발에 부딪쳤다. 특히 4·12정변 전에 수공업노동자 및 점원들의 노동운동을 경험한 상민협회 회원들은 점원 등이 자신들의 휘하에서 벗어나 새로이 노동조합을 구성하여 대치하는 상황을 원치 않았다. 공통회는 상민협회와의 논쟁과정에서 점원에 대한 조직권한을 상민협회에 넘겨주었고, 점원은 노동조합을 조직할 수 없게 되었다.[10]

　　점원의 노동조합 결성을 불허한 조치는 국민당이 국민대표대회의 조직원칙인 직업대표제의 원리를 부분적으로 방기한 것이었다.[11] 국민당은 청당이후 용공(容共)시기와 달리 "노동운동은 공업의 발전을 방해할 수 없다"[12]는 '생산 위주'의 노동정책을 실행하려고 했고(노동정책의 진개과정에 대해서는 다음 절 참조), 이를 위해서는 사회의 안정과 노동조합에 대한 강력한 통제가

---

10) 이 책 제3부 제2장 '중국 국민당의 '혁명적 건설'과 상회' 참조.
11) 점원이 상업상의 이익을 같이 향유하기 때문에 노동자로 볼 수 없다는 주장은 사실 표면상의 이유에 지나지 않는 것 같다. 만일 점원이 노조를 결성할 경우, 일단 노동자들의 인원수가 늘어나고(1935년 171만여의 노동자 중 75만 정도가 수공업과 상업·써비스업 관련 노동자였다), 그에 따라 국민회의나 국민대표대회에서 노동자들의 입지도 강화될 수 있는 여건이 마련되는 셈이었다. 그러므로 국민당은 산업의 발전과 사회의 안정을 위해 전통적인 관습을 이용하여 점원이 노동조합으로 뭉치는 것을 막으려 했고, 그에 따른 직업대표제의 부분적 방기는 자본가들의 입지를 상대적으로 강화시키는 역할을 했다. 후에 1931년에 국민회의를 소집할 시에 노동자에 대한 회유책으로 공상동업공회 안에서 대표자수를 15인마다 1인씩 증파할 수 있다는 조항을 10인마다 1인씩 증파할 수 있다고 수정하여 회유했다. 이런 조항은 동업공회가 노동자들의 조직으로 변할 거라는 동업공회측의 우려와 반발에 부딪혔지만(「各業公會集議公會法施行細則」, 『申報』 1931. 3. 4), 조직적 독립이 없는 상태에서 이들이 자신들의 의견을 제대로 대변하기는 어려웠고, 점주와 점원 간의 전통적인 관계를 생각하면 이들의 독립이 어려웠음은 자명하다.
12) 駱傳華 『今日中國勞工問題』(上海 1933) 113면.

필요했다. 이는 생산효율을 높이기 위해 이념의 순수성보다는 현실이 중요했고, 통제의 필요성이 더 강하게 작용했음을 보여준다.

어쨌든 공통회는 성립 초기 노동조합 정리에 상당한 성과를 올리면서 출발했다. 우무공회(郵務工會)가 개조되고 급진적 성향이 강했던 상무인서관(商務印書館)은 국민당계열 인사들에 의해 재조직되었다. 이런 성과를 바탕으로 공통회는 출범 후 얼마 지나지 않은 4월 말에 340여개의 노동조합을 산하에 등록시켰고,[13] 노동조합을 대신하여 협상의 주체로 등장했다.

노조 역시 공통회에 자신들의 고통을 호소하며 원조를 요청하는 경우가 많았다.[14] 예컨대 제사업(製絲業)의 경우, 공통회 성립 이전에는 없었던 직원·남공들의 노조가 공통회의 주도하에 사창직공업무공회(絲廠職工業務工會)를 결성하고, 1928년 8월에 공통회에 처우개선에 관한 12항목의 요구서를 제출했다. 이 요구안은 공통회를 거쳐 노자조절위원회로 회부되었고, 여러 차례의 회합을 거친 후 9월 26일에 최종적으로 사견공소(絲繭公所)와 조합 간에 노동협약이 체결되었다.[15] 이런 활동의 결과로 공통회는 650여개의 노동조합을 아우르는 조직으로 발전했다.[16] 이처럼 공통회가 초기에 순조로이 노동조합을 정리할 수 있었던 것은 4·12에 뒤따른 청당과정의 공포상황이 일익을 담당했다.

그러나 공통회의 활동방식과 구성원에는 문제점이 많았다. 국민당의 입장에서 볼 때, 노조를 체제에 순응하는 조직으로 만들고 자신들의 목적——산업발전——에 적합하게 효율적으로 이용하려면, 청당을 넘어서 조직을 산업발전에 맞는 형태로 재편하는 수순을 따라야만 했다. 그러나 공통회의 목적

---

13) 「工會統一全體委員會議」, 『申報』 1927. 4. 30.

14) 「工會組織統一會消息」, 『申報』 1927. 5. 3; 「工會統一會消息」, 『申報』 1927. 5. 5; 『申報』 1927. 6. 6. 『신보』의 공통회 소식란에는 각 노조가 공통회에 원조를 요청하고, 이에 공통회가 조정에 나서는 기사가 실려 있다.

15) 「調節會公布絲繭職工待遇條件」, 『申報』 1927. 9. 28.

16) 貧秋, 앞의 글.

은 전자, 즉 청당에 강조점을 두었고, 그 결과 노조를 산업발전에 걸맞은 노조로 재편하는 작업은 뒷전으로 밀려났을 뿐만 아니라 역행하는 측면까지 나타났다. 동로군전적총사령부에서 공통회에 단일공장 안에 노조를 여럿 만들어 노동자간에 갈등을 일으킬 요소가 있다고 지적하자,[17] 공통회는 공장 안에 인원이 많거나 작업이 같지 않을 경우에만 따로 '분회'를 설립할 수 있도록 조직체계를 정비했지만, 여전히 노동자의 상호 감시를 통한 청당 활동에 주안점을 두었다.[18] 공통회는 노동자들 사이의 분열을 조장하고 있었다.

공통회의 지도자들에게도 문제점이 있었다. 공통회는 동로군전적총사령부가 중심이 되어 조직된 단체로서 공통회의 간부들은 노동자 출신이 아니었고 노동운동의 경험도 열의도 없는 '국민당 우파와 군인들'이었다. 이들이 공통회에 참여하여 노동조합의 통합을 주도했는데, 그렇게 된 이유는 "과거의 노동운동 지도자들이 청당으로 군중과 유리되고, 새로운 지도자가 아직 만들어지지 않은 상황에서 공통회의 위원을 정당기관에서 지정 파견"했기 때문이다.[19]

공통회의 노동조합 정리와 통합은 상당히 강압적이어서 노동자들의 호응을 얻기는 어려웠다. 공통회가 각 노조에 파견한 지도원들은 권총을 차고 다니며 노동자들을 임의로 구타했고, 무력으로 협박하기도 했다.[20] 이같은 사실은 공통회의 지도자인 진군(陳群)도 일정 부분 인정하지 않을 수 없었다. 진군은 공통회에 대한 훈사에서 공통회가 '관료적이고, 유맹식(流氓式)·신사식(紳士式) 노조'를 만들었다는 비난을 받고 있다는 사실을 언급했다.[21]

공통회가 노동자들의 진정한 신망을 얻어 전근대적인 요소를 일소하고,

---

17) 「東前政部部務會議」, 『申報』 1927. 6. 5.

18) 「工統會解釋工會組織」, 『申報』 1927. 6. 8.

19) 中國國民黨中央民衆運動指導委員會 編 『上海工人運動史』(1935) 181면.

20) 沈以行 等, 앞의 책 399면.

21) 「陳群對於工會統一會訓辭」, 『申報』 1927. 6. 6.

새로운 조직원리에 따라 혹은 민중의 자발적인 참여에 의해 조직을 통합하리라 기대하긴 어려웠다. 공동회의 활동방침 자체가 청당을 목적으로 위에서부터 강압적으로 노조를 개조하는 방식이었고, 임의로 노조를 합병·해산할 수 있었기 때문에 노동자들의 자율적인 조직이나 활동은 거의 불가능했고, 수많은 노동자들을 체포·감금하면서 노동자들의 반감을 샀다.[22] 노조원은 물론이고 일반 노동자들도 공통회를 신임하지 않았는데, 공통회의 지도원이 남양형제연초공사(南洋兄弟烟草公司)에서 노동자에게 감금되어 경고를 받고 쫓겨난 사실[23]이나 선시(先施)·영안(永安) 직공회가 공통회의 명령을 거부하고 따로 조직결성을 시도한 일,[24] 동로군전적총사령부의 정치부 조사반이 공통회는 노동자 이익을 대표하지 못하고 있다고 한 말[25] 등은 이를 뒷받침한다. 공통회 자신도 "우리들이 각 공장에 가서 조사를 할 때에 대개 열 중에 아홉은 문을 열어주지 않을"[26] 정도로 이전의 총공회에 비해 권위가 없음을 자인할 수밖에 없었다.

특히 공통회는 상대적으로 학력이 높거나 문화수준이 높은 노동조합을 쉽사리 체제 내로 순응시킬 수 없었다. 상무직공회(商務職工會)와 우무공회는 다른 노동자들에 비해 학력수준이 높았을 뿐만 아니라, 우무공회는 자체적으로 독서회와 강연회를 열고 잡지를 발행하고 야학을 운영하는 등 상당히

---

22) 貧秋, 앞의 글; 文虎 「中國職工運動狀況(1928~1930)」, 中華全國總工會 中國工人運動史
  研究室 編 『中國工運史料』 23期(北京: 工人出版社 1983); 朱邦興·胡林閣·徐聲 編 『上
  海産業與上海職工』, 上海工人運動史料委員會 校訂(上海人民 1984) 299~300면.
23) 『上海工人』 57期(1928. 1. 14)(沈以行 等, 앞의 책 403면에서 재인용). 이 사실은 공통
  회와 공총회 등 국민당이 주도하는 노동조합에 적대적인 중공계의 잡지에 수록된 것이고,
  인용된 시기가 공통회가 공총회와 대항하던 시기이긴 하지만, 노동자가 공통회에 대해 가
  졌던 생각을 엿볼 수 있다.
24) 「工統會改組兩公司執委會眞相」, 『申報』 1927. 6. 17.
25) 「東前政部部務會議」, 『申報』 1927. 6. 5. 또한 중공계의 잡지도 이런 사실을 증명하고
  있다. 貧秋, 앞의 글.
26) 『一九二七年的上海商業聯合會』 257면.

자율적으로 조합을 운영하였다.[27] 3차폭동기에 활발히 활동한 결과로 청당 과정에서 수많은 노조지도자들이 체포되고 총살당해 노조운동에 타격을 받 았던[28] 이들 노조는 비록 청당 이후에 친국민당 인사들로 조직이 개편됐음 에도 불구하고 노조활동을 금지시킬 수는 없었다. 청당 이후 성립한 4기 우 무공회 집행부는 일반 노동자들의 신임을 잃었고, 결국에는 1927년 말에 새 로운 노조 집행부의 탄생으로 치달았다. 새로 탄생한 5기 우무공회 집행위 원회는 연말에 특별수당을 얻어내는 성과를 거두었다.[29]

　노조의 전통이 깊거나 노동자들 사이에 동향관계와 같이 자연스럽게 뭉칠 수 있는 요인이 많은 경우에도 공통회의 노조 장악 활동은 상당한 어려움을 겪었다. 앞에서 예로 든 우무공회는 노동자들의 학력수준이 높다는 이유도 작용했지만, 종사원의 대다수가 강소와 절강 출신이라는 점이 공통회의 침 투를 어렵게 한 원인으로 작용했다. 강소와 절강의 인원이 거의 80% 가까이 되었기 때문에,[30] 국민당이나 공산당과 관련된 정치적인 노선 문세가 배제 된다면 노동자들의 결집 가능성은 높았다. 우무공회 제5기 집행위원회가 정 치문제에 개입하지 않고, 오로지 노동자의 복리증진을 위한 사업을 선언하 면서 단결력을 높일 수 있었던 것이 그 예이다. 또다른 예로, 호녕철도(滬寧 鐵道) 종사자 중 대다수를 차지했을 뿐만 아니라 기술을 지니고 있던 기계 공들도 여전히 자신들의 전통적인 조직인 진덕회(進德會)·협진회(協進會) 등의 명의로 노동자들의 복지와 상호부조 사업을 추진했고, 노조의 조직에 는 비교적 냉담한 반응을 보였다.[31]

---

27) 駱傳華, 앞의 책 95면; 朱邦興 等, 앞의 책 418면. 체신노동자들의 교육수준 및 상황에
　　관해서는 久保亨「1920年代末中國の黃色工會──上海郵務工會の事例分析」,『中國勞動運動
　　史硏究』2號(1978. 1); 羅蘇文「20至30年代上海産業工人隊伍構成的特點及生活狀況」,『史
　　林』1989 增刊(總16期) 참조
28) 駱傳華, 앞의 책 96면; 朱邦興 等, 앞의 책 440~41면.
29) 沈以行 等, 앞의 책 518~20면.
30) 朱邦興 等, 앞의 책 439면.

이런 사실로 볼 때, 공통회의 노조 장악과 통제는 양적 팽창에 지나지 않 았고 그나마도 청당의 '공포분위기'와 그들의 강압적이고 고압적인 방법 때 문에 가능한 것이었다. 이런 고압적인 방법은 남경정부가 노동조직을 통일, 경제건설로 동원하는 데에는 역행하는 조치였다. 정부의 입장에서 볼 때 최 적의 통제는 이들을 순응시키는 한편으로, 이들이 정부의 정책수행에 역행 하는 조치를 취하지 않을 정도로 '허용하는' 형태임에도 불구하고, 공통회의 통제와 활동방식은 너무나도 고압적이었다.

공통회의 사업이 제대로 진행될 수 없었던 더 큰 이유는 국민당의 파벌투 쟁이었다. 공통회는 동로군전적총사령부의 명령에 따라 상해 노동자들의 최 고기관임을 표방하며 노동조직을 재편·통일하는 임무를 수행했는데, 이것 이 상해 시당부의 농공부와 권한 문제로 마찰을 일으키는 원인이 되었다. 공 통회의 활동이 시작된 지 2개월도 채 안 된 5월 하순에 권한문제로 갈등이 발생하자, 진군은 노동조합 조직에 관한 사항은 공통회가 처리하고 이미 입 당한 노동자들은 시당부의 지도를 받는 것으로 하자고 시당부에 제안했다.[32] 그러나 시당부 주치원(周致遠)이 노동운동 내 세력을 넓히기 위해 파견한 진 군의(陳君毅)가 공통회에 의해 공산당원으로 처벌되는 사태가 발발하면서 갈등은 더욱 확대되었다. 그 이유가 어떠하건 권한문제로 빚어진 갈등의 이 면에는 계계(桂系) 군벌을 견제하고, 상해 노동자에 대한 주도권을 장악하려 는 파벌간의 세력다툼이 자리하고 있었다.

이런 갈등의 와중에 상해 시당부가 노동운동과 노조 문제에 공개적으로 개입할 수 있는 호기가 찾아왔다. 1927년 9월 30일 연엽부(烟葉部) 노동자

---

31) 馬超俊, 앞의 책 663면. 호령·호항철도(滬寧·滬杭鐵道)의 숙련공들은 진덕회(進德會) 를 결성하여 자신들만의 결집력을 자랑했는데, 이는 다른 의미에서긴 하지만 노동자들의 단결을 원했던 국민당이나 공산당 모두에게 방해가 되었다. 「中國共産黨第三屆第一次中央 執行委員文件——各委員報告」, 中央檔案館 『中共中央文件選集』 1卷(北京: 中共中央黨校 出版社 1989) 191면.

32) 「工統會與市黨部農工部劃分權限」, 『申報』 1927. 5. 20.

들의 임금인상 요구를 계기로 시작된 영미연초공사의 파업은 국민당이 개입하면서 복잡한 양상을 띠었다. 영미연초공사는 남경정부의 증세에 저항하고 있었기 때문에, 국민당은 이 파업을 계기로 영미연초공사를 확실하게 굴복시키려 했다. 결국 국민당과 영미연초공사에서 일하던 노동자 사이에 연합이 이루어지고, 국민당은 상해 노동자를 비롯한 각계의 민족주의 감정을 자극하여 영미연초공사에 노동자 후원회를 조직했고 모금활동을 했다. 자연스럽게 상해 시당부는 노조를 공개적으로 동원하고, 노조와 관련을 맺을 수 있었다.

시당부의 공개적인 활동은 공통회를 자극하고, 양자간 세력경쟁을 심화시켰다. 공통회는 즉시 세력 확장에 나섰다. 1927년 11월 상순에 무석(無錫)·소주·상주(尙州)·진강·남통(南通) 등지의 노동조합을 끌어들여 '호석소상진통주호연합판사처(滬錫蘇常鎭通駐滬聯合辦事處)'를 설립하고, 주관홍(周貫虹)을 주임으로 삼아[33] 노동계 안에서 자신들의 지위를 공고히하려고 했다. 이후 12월 18일에는 한걸음 더 나아가 '상해시 각 노조대표 연합판사처'를 창립하여 공장노조—산업노조(혹은 區聯工會)—연합판사처—공통회로 연결되는 망을 구축하려고 했다.[34]

한편, 1927년 11월 17일에 120여 주요 노조는 시당부에 모여 영미연초공사 노동자들의 파업투쟁에 대한 지원방법을 토론한 후 상해 노동자의 총기관을 새로 설립할 것을 결의하고, 이전 중공계의 '총공회'와 명칭상의 혼돈을 피하기 위해 '공인총회(工人總會)'라 명명했다. 그리고 시당부의 지도를 받겠다는 의사를 표방하며 시당부에 등록을 신청하기로 했다.[35] 공통회와 시당부 사이의 갈등이 첨예화되면서, 시당부의 주도하에 공통회에 비견되는

---

33) 「工人運動之大團結」, 『申報』 1927. 11. 10; 馬超俊, 앞의 책 737면.

34) 같은 책 757~59면.

35) 「昨日各工會之重要會議」, 『申報』 1927. 11. 18; 「上海工運之新發展」, 『申報』 1928. 11. 19.

새로운 조직 '공인총회'(이하 '공총회')가 탄생한 것이다.

사실 공총회의 탄생은 노동조합과 관련된 것이라기보다는 정치적인 입김이 강하게 작용했다. 공총회는 비록 노조의 자발적 결의에 따라 시당부에 지도를 요청하고 시당부가 이에 호응하는 형태를 띠었지만, 시당부의 계획으로 추진된 것이었다. 당시 시당부는 손문주의학회와 장개석계열이 장악하고 있었고, 공통회는 계계군벌과 서산파가 장악하고 있었다. 따라서 장개석이 일시적으로 하야한 1927년 7월 이후 계계와 서산파가 정권을 좌우하던 시기에는 시당부가 노동자 문제에 간섭할 엄두조차 내지 못했고 시당부 내에서 장개석파가 위축되기까지 하였다.[36] 더군다나 시당부 농공부장 주치원이 파견한 진군의가 공통회에 의해 공산당원으로 몰려 죽는 일까지 발생해 사태는 더욱 악화되었다.

그러나 1927년 말 장개석의 복권과 함께 상황은 바뀌었다. 상해 시당부는 다시 세력을 회복하기 시작했고, 공통회에 대한 반대선전을 마다하지 않았다. 이런 마당에 터져나온 영미연초공사 파업이 대항조직을 결성할 수 있는 결정적인 계기를 제공한 것이다.

파벌싸움으로 인해 공통회 중심의 노조통일 활동은 심하게 흔들렸다. 당시 노조정리 작업은 공통회가 주관했는데, 시당부는 이것이 몹시 불만스러웠다. 노동자 문제에서 주도권을 쟁취하기 위해 노조원들의 신임을 얻는 것이 급선무였던 시당부는 공통회 활동의 문제점을 부각시키는 동시에 공통회를 대신하여 노동자들의 이익을 대변하는 자신의 모습을 부각시키기 위해 노동자들이 절실히 필요로 했던 경제요구를 실현하겠다는 개량주의적 선전을 고취했다.[37]

공총회는 기존 공장단위 노조를 그대로 인정하고, 이들을 흡수하는 방식을 취했다. 바로 이런 전략이 공총회의 세력을 일거에 공통회와 견줄 수 있

---

36) 寶秋, 앞의 글.
37) 文虎, 앞의 글.

는 정도로 발전하게 했다. 기존 노동자조직과 그들의 응집력 활용 여부가 조직의 발전에 중대한 영향을 끼친 셈이다. 그 결과 당시 상해에서 비교적 명성이 있고 대중적 기초가 있던 노동조합들이 대거 공총회로 몰려들었다. 상무인서관공회(商務印書館工會), 남양연창공회(南洋烟廠工會), 우무공회 등 훗날의 7대 공회가 다 공총회로 결집했던 것이다.

그러나 공통회와 공총회의 싸움은 좋지 않은 결과를 가져왔다. 노동조합 조직을 정리하려던 국민당의 의지는 분산되었고, 노동자는 공통회와 공총회 사이에서 우왕좌왕했다. 그 결과 노동조합들은 노동자의 이익을 전혀 대변하지 못하는 공통회나 공총회에 점차 등을 돌리게 되었고, 공통회는 "이미 '공통회(空統會)'가 되었다"[38]는 평가가 나올 지경에 이르렀다. 예컨대 7대 공회 성립 전에 발표된 선언에서 노조들이 국민당 중앙에 '노동조합의 최고 기관을 명확히 해달라'고 한 요청[39]은 이런 상황의 반영이었다. 삼민주의의 이념하에 노동조합을 개조하고 노동자 총지도기관을 설립하여 그들에게 대표권을 부여하는 한편 체제 내로 순응시키려던 계획은 양자간의 파벌싸움으로 인해 뒷전으로 밀려났다.

결국 1928년 4월 24일 국민당 중앙당부 임시상무회의는 '상해공회정리위원회조직조례(上海工會整理委員會組織條例)'를 제정했다.[40] 그리고 상해공회정리위원회로 하여금 각 노조에 관한 사항을 처리하게 함으로써 공통회와 공총회는 더이상 필요가 없게 되었다. 이후 1928년 5월 1일 공총회는 업무 중지 선언을 발표했고,[41] 5월 초에 중앙당부는 공통회와 공총회의 활동정지를 명령하고 시당부 2인, 송호경비사령부(淞滬警備司令部) 훈련처(訓練處)

---

38) 貧秋, 앞의 글.

39) 馬超俊, 앞의 책 784면.

40) 「中央黨部臨時會議」, 『申報』 1928. 4. 25; 「上海工會整委會組織條例」, 『申報』 1928. 4. 26.

41) 「工人總會結束宣言」, 『申報』 1928. 5. 1.

1인, 농공상국(農工商局) 1인, 공총회 1인, 공통회 2인 등 7명으로 상해공회 정리위원회(이하 '공성회')를 조직했다.[42]

공정회는 설립과 함께 "노조간의 분규와 충돌을 피하고" "노동자가 직접 조직한다"는 노동조합 정리방침을 발표했다. 노조간의 분규소멸 방침은 경쟁적인 노동자단체가 성립하는 걸 허락하지 않았다. 따라서 "동일공장 혹은 동일회사 안에 약간의 분창(分廠)이나 다른 부분이 있더라도 하나의 노조만을 만들 수 있다"는 원칙과 함께, 분규 감소를 목적으로 하는 합병이나 분립도 가능함을 표방했다.

노조는 등록을 할 때에 양식에 맞게 기록한 회원명부를 첨부해야 했다. 등록을 하지 않은 노조는 단속대상이었고, 등록을 한 노조는 명령에 복종만 하면 그 이익과 대표권을 확실히 보장해준다고 명기했다.[43] 공정회는 자신들의 조직하에 노동조합을 확실히 파악하여 통제하려는 의도를 분명히했다. 즉 공정회의 활동방향도 노동자들의 자율적 결집과 활동보다는 체제에의 확실한 복속과 그에 따른 보장, 그리고 산업화를 위한 동원이라는 입장은 다를 바 없었다.

공정회의 노동자 조직방침도 청당 활동의 일환이기도 했다.[44] 노조의 설립은 해당 공장의 노동자만이 가능하여 노동자가 아니거나 위장취업 노동자의 노조 개입을 불허하여[45] 이전의 조직과 마찬가지로 중공 등 제3자 개입 차단과 분규발생을 억제하는 데 주의를 기울였다.

그러나 공정회가 단일공장 안의 분창이나 다른 부분의 존재를 인정하지 않고 단일조직을 선호한다고 해서, 노조의 통합과 노동자간의 갈등이 소멸

---

42) 馬超俊, 앞의 책 808면.
43) 같은 책 810면.
44) 鄒寄寒 「不要誤解三民主義」, 上海工會整理委員會 指導科 宣傳股 編輯 『上海工聲主義宣傳號』(1928).
45) 馬超俊, 앞의 책 809면.

될 수 있는 것은 아니었다. 노조 내부에는 지방색을 띤 방구나 행회적인 습속이 여전히 남아 자신들의 결집력을 과시하고 있었다. 즉 '전통에 기반한 자율영역'이 존재했고, 이들은 산업화나 노조의 근대적인 운영에는 그리 달갑지 않은 존재였다. 이는 상해 사회에서 동향네트워크의 영향을 강하게 받았던 취업구조와 작업장 사이의 차별성과 갈등을 해소하지 않고서는 소멸하기 힘들었다.

더군다나 공정회의 활동시기는 7대 공회로 상징되는 활동적인 노조들이 군소노조의 활동을 지원하거나 직접 파업에 나서고 청원활동 등을 하던 시기로, 공정회가 노조에 입지를 구축하기는 전보다 더 어려웠다. 공정회는 노조정리는 물론이고, 예정된 계획조차도 제대로 실행할 수 없었다.[46] 이 조직 역시 앞의 두 조직과 마찬가지로 그 한계를 벗어날 수 없었던 것이다. 공정회는 노동자 사이에서 신임을 얻지 못해 상층기관만이 존재하고 하층조직이 없는 형상이었으며,[47] "노동조합간의 복잡한 상황을 이해하지 못했고, 위원회의 의지는 체계가 없었다."[48] "정리는 이름뿐이었고, 분규는 소멸되지 않았다."[49]

게다가 7대 공회 가운데 자율성이 강했던 우무공회의 1928년 10월의 파업은 공정회의 입지에 치명타를 가했다. 우무공회의 파업은 비록 나머지 6개 노조의 동의 없이 단독으로 결행되었음에도 불구하고 그 파급효과가 상당했고, 국민당의 통제의도가 실효를 거두지 못했음을 반증한 사건이었다. 결국 국민당 중앙은 우무공회의 파업을 계기로 상해 시당부 공인부장의 경질, '공정회' 해산 등의 대책을 내놓지 않을 수 없었다.[50]

---

46) 같은 책 810면.
47) 『中共中央文件選集』 4卷 519면.
48) 馬超俊, 앞의 책 797, 810면.
49) 「各工會爲督促總工會等委就職宣言」, 『申報』 1929. 9. 5; 上海市年鑑委員會 『上海市年鑑』 (1935) Q-15면.
50) 久保亨, 앞의 글(1978) 13면.

결국 상해의 노동자들을 단일한 조직체계로 직접 편제하여 그들을 단속하는 한편, 그 대가로 이 조직들(공동회, 공정회)이 노동자에 대한 대표권을 갖고 분규를 조정하고 산업생산에 동원하고 나아가서는 경제적인 이익을 향유하게 하겠다는 국민당의 의지는 실패할 수밖에 없었다. 국민당의 노동통합과 통일방안은 법률을 통한 보다 온건하고 합리적인 방법으로 옮겨가게 되었다.

2. 노사화합적 노동정책

공통회와 공정회의 활동은 비록 실패했지만, 남경정부는 노조단일화 방침을 포기하지 않았다. 남경정부는 청당 이후 노동자조직 안의 공산당세력을 제거하고 노동자조직을 국민정부 체제 안으로 편입하려고 노력하는 한편 노동입법도 준비하였다. 이들은 상해에서 발달했던 노동운동의 중요성을 충분히 인식했고, 노동자를 체제 내로 순응시켜 '혁명적 건설'에 매진케 하는 일이 체제안정에 중요하다는 것을 알고 있었다. 따라서 이들은 상해를 장악한 이후 노동자들의 상황과 파업을 분석하는 일에 상당한 공을 들였다. 1920년대 후반에 상해시 사회국에서 노동자에 관한 수많은 통계조사를 펴낸 것은 결코 우연이 아니었다.

남경정부는 청당 후에 체계적인 노동관계 법령 입안에 관심을 기울이기 시작했다.[51] 남경정부는 1927년 7월 18일의 제115차 중앙정치회의에서 "국민정부에 직속되어 법령에 따라 전국의 노공행정사무를 관리하는 노공국(勞工局)을 설치하고, 노공국장에 마초준(馬超俊)을 임명"하기로 결의했다.[52]

---

51) 노동법의 입안과정과 공장법 내용에 관해서는 廣田寬治「南京政府工場法研究序說」, 『中國勞動運動史研究』 10號(1982) 참고
52) 「中央會議紀要」, 『申報』 1927. 7. 20. 노공국의 조직과 직무에 관해서는 王淸彬・王樹

이후 2기 4중전회에서 국민정부조직법의 개정에 따라 남경정부의 노동정책은 주로 공상부에 의해서 추진되었다.

공상부 노동정책의 특징은 노사합작과 산업발전이었다. 공상부장에 취임한 공상희(孔詳熙)는 4월 20일 '공상행정선언'을 발표하여 시정방침을 분명히했다. 먼저 경제정의 및 노사합작 원칙에 의거하여 노공법규를 심사결정하고, 노공복리사업을 적극적으로 촉진한다(5조)는 노동입법 관련사항을 발표했다.[53] 이후 1928년 10월 13일에 개최된 '전국상회임시대표대회' 석상에서도 공상희는 노사합작의 실현을 강조하면서, 그 정신은 '중도'에 있고 "좌경이나 우경 모두 국가에는 불행한 것으로" 노사합작은 공론(空論)이 아닌 공상업 발전의 근본 문제로서 전력을 기울일 것을 희망했다.[54] 공상부의 입안 의도는 노사화합과 생산력 발전에 중점을 두고 있었다. 공상부의 초안은 입법원에 넘겨져 수정을 거친 후 국민정부가 공포·시행했다.

남경정부는 지난 10년간의 노농정책을 병하면서, 그 기본 취지는 노사합작에 있었다고 서술했다. 1937년 국민당 중앙당부 국민경제계획위원회(國民經濟計劃委員會)는 "10년 이래 노동입법의 최고원칙은 삼민주의이고" 입법의 방침은 첫째 사회의 안정, 둘째 경제사업의 보양발전, 셋째 사회 각종 이익의 조절·평형이었다고 총괄하고 있다.[55] 삼민주의 이념을 이어받은 남경정부는 현재 중국의 현실에서는 계급투쟁이 적당치 않다고 생각했고, 당의 지도하에 계급조화를 통해 생산력을 발전시키고, 계급이 소멸되는 사회로 나아가길 바랐다.[56] 따라서 청당 이후에 줄곧 노사화합을 강조하였는데, 이

動·林頌河·樊弘『一次中國勞動年鑑』(北平社會調查部 1928) 3편 95~97면; 馬超俊, 앞의 책 701~703면.

53) 「工商部長孔祥熙對工商行政之宣言」, 『申報』 1928. 4. 22. 5중전회(8월) 후에 훈정 개시, 오원제(五院制) 채용 등으로 공상부의 위치(행정원 10부 5위원회의 하나로 됨)에 변화가 있었지만 8월 6일에 발표된 「工商部擬訂政綱」(『申報』 1928. 8. 7)도 거의 같은 내용이다.

54) 「全國商會臨時代表大會開幕」, 『申報』 1928. 10. 14.

55) 國民黨中央黨府國民經濟計劃委員會 編『十年來之中國經濟建設』(1937) 상편 2장 149면.

는 단순히 자본가의 이해를 대변하기 위해서라기보다는 '전민혁명'이라는 그들의 이념과 연관된 면도 적지 않았다.[57]

법조문에서도 노사화합 입장이 견지되었다. 단체협약법, 노동쟁의처리법 등에서 노사 쌍방의 대등한 입장을 천명했다. 그러나 노사 쌍방이 법조문상 대등한 입장에 있다고 해서 현실적으로도 대등한 역할을 했는지는 별개의 문제이다. 그리고 노사화합의 입장에서 '중도'라는 것이 가치판단과 연결될 때, 이를 평가하기는 힘든 일임에 틀림없다.[58] 그러나 이전에 존재하지 않았던 노동관계법이 제정되었다는 그 자체만으로도 긍정적이려니와 남경정부가 규정한 각종 노동자 관련 조항이나 복지규정은 열악한 노동자들의 권리에 대한 최소한의 법적 근거를 제시했다는 점에서 의미가 있었다.

---

56) 손문 사후에 두드러진 국민당 내의 여러 파벌은 손문의 이념을 결코 무시할 수 없었고, 각 파벌이 주장하는 전체적인 내용은 대체로 비슷한 경우가 많았다. 그러나 손문의 이념은 상당히 애매모호한 점이 많았고, 바로 이 점이 여러 파벌 사이에 이념적인 갈등을 낳은 이유였다. 특히 문제가 된 것은 민중운동이었는데, 민중운동과 계급조화를 어떻게 실현시킬 것인가는 국민당 내 이론가들의 난제였고, 이 점이 개조파와 기타 파벌 사이에 차이를 유발한 원인이기도 했다. 이 책 제3부 제1장 참고.

57) 현실적으로 남경정부가 자본가의 이익을 대변하기 위해 노동자를 탄압했는지 아니면 다른 의도를 가지고 있었는지 면밀히 검토해야 할 사항이지만, 적어도 국민당의 이론에서 볼 때 남경정부는 자본가만의 이익을 위해 노사화합을 강조하지는 않았다. 이들의 주된 관심은 실업진흥(實業振興)이었고, 실업진흥은 국익의 증진과 그에 따른 노동자의 복리증진이라는 구도를 가지고 있었다. 따라서 자본가든 노동자든 국가와 당의 명령에 복종하는 것이 우선이었고, 개인 자본가의 복리는 국익을 위해, 혹은 국가자본을 위해 희생되는 것이 정당화되기도 했다. 예컨대 국가자본과 사인자본이 대결할 때에는 국가자본을 옹호하도록 규정하고 있는 것도 이의 한 예일 것이다(「中國國民黨勞工政策在勞工方面的主要綱領之硏究」, 『社會月刊』 2卷 2號, 1930. 8; 張廷灝 『中國國民黨勞工政策的硏究』, 上海: 大同書局 1931, 98면). 또한 코블이 주장하듯 자본가가 국가에 의해 수탈되었다는 주장은 이런 점에서 일면의 타당성이 있었다.

58) 대표적인 예로 중공은 이런 노동관계법을 노동자들을 탄압하기 위한 도구로 보았고(文虎, 앞의 글), 伊羅生도 공회법, 노자쟁의법이 진정한 노동운동의 말살을 꾀하는 것으로 보고 있다(伊羅生 「國民黨與工人」 下, 『史林』 1990, 77면). 사실 국민당의 의도도 '투쟁적'인 노동운동, '자율적'인 노동운동의 말살에 있었음은 분명했다.

산업발전이라는 노동정책의 기본 취지를 구현하기 위해 각 계급간의 조화와 평형을 지향하던 남경정부는 산업발전을 저해할지도 모르는 그 어떠한 시도도 사전에 차단하려고 노력했다. 파업을 예로 들어보면, 우선 실행 이전에 조정과 중재를 거쳐야 하고, 파업 실행은 조합대회에서 2/3 이상의 동의를 얻었을 때, 그리고 공공질서를 문란케 하지 않고 고용주와 타인의 생명과 재산에 해를 끼치지 않으며 표준임금을 초과한 요구를 하지 않을 때라야 한다는 단서조항을 두었다(23조).[59] 단체협약법의 경우에도 경제정세의 중대한 변화 등으로 당사자 한편의 신청이 있으면 주관관청이 이를 폐지할 수 있으며(28조), 고용주의 사업진행과 맞지 않거나 노동자의 생활표준과 맞지 않는 사항을 발견할 경우 주관관청이 이를 삭제·수정할 수 있다(4조)고 명기하여[60] 노동시장의 교환과정에 개입하려는 의지를 분명히했다.

정부는 노자쟁의처리법에서 강제중재제도를 채용하여 노동상품의 교환과정에 개입하려는 의도를 명확히 드러냈다. 1928년의 '잠행노자쟁의처리법(暫行勞資爭議處理法)'[61]에서 강제중재제도를 채용했는데(4조, 5조) 결정된 중재사안은 그대로 노동계약으로 되고(7조), 이에 복종·이행하지 않는 경우에는 노자를 막론하고 엄하게 처벌한다(38조)고 규정되어 있다. 조정·중재기간에 파업은 당연히 금지되었다(35조).

강제중재제도의 효력은 막강했다. 쟁의가 발생했을 때 예전처럼 해결이 지연된다든가 해결 없이 흐지부지 끝나는 경우도 사라졌다. 자본가는 필요 이상의 폐쇄 혹은 정업을 할 필요가 없었고, 노동자도 필요 이상의 파업 혹은 사보타주를 할 필요가 없었다. 그 결과 1년간의 시험기간 동안 624건의

---

59) 北平社會調查所 『第二次中國勞動年鑑』(1932) 3편 43면.
60) 같은 책 3편 63면.
61) 같은 책 3편 57면. 노자쟁의처리법은 1928년 6월 9일에 '잠행노자쟁의처리법'(6장 47조)으로 시험적으로 시행되다 1930년 3월 17일부터 정식으로 '노자쟁의처리법'으로 공포·시행되고, 1932년 수정을 거쳐 12월 30일부터 '수정노자쟁의처리법'(6장 44조)이 시행되었다.

쟁의 가운데 90%가 원만하게 해결되었다고 한다.[62]

공통회 활동시기에 행해졌던 파업금지와 강압적인 중재, 그리고 쟁의행위 개입을 정당화한 법률 제정 등은 노동운동의 쇠퇴를 재촉했다. 거기에다 중공의 잘못된 지도노선이 노동운동 활동가들을 계속 감소시키는 작용을 한 탓에,[63] 1930년 무렵부터 이미 노동운동의 퇴조가 명확해졌다.

이런 이유로 1930년 3월 17일에 공포된 '노자쟁의처리법(勞資爭議處理法)'에서는 강제중재제도에 관한 조문을 삭제하고, 임의중재제도로 바꾸었다. 중재는 더이상 구속력이 없게 되었다.[64] 그러나 국민당의 생각과 달리 쟁의조정은 원만치 않았다. 중재의 구속력이 없어짐에 따라 분쟁해결이 지연되거나 파업으로 발전하는 경우가 늘어, 1931년에는 분규 가운데 파업이 차지하는 건수와 비중이 다른 해보다 높았다.[65] '노자쟁의처리법' 실시 후의 쟁의 628건 중 "60% 내지 70%는 임의조정으로는 원만히 해결될 수 없었고, 나머지 20~30%는 오히려 악화되고 있었다."[66] 결국 상해 시정부는 강제중재제도의 부활을 요청했다.[67] 국민정부 입법원은 상해 시정부의 의견을 받아들여 1932년 9월 27일 수정된 '노자쟁의처리법'을 공포하고 강제중재 조항을 부활시켜 쟁의 해결의 최후권력을 당과 정부의 손으로 귀속시켰다.[68] 정부는 수많은 쟁의와 파업행위에 간섭했는데, 1928년부터 37년까지 10년

---

62) 廣田寬治, 앞의 글 14면.

63) 중공의 노선착오와 그에 따른 노동자들의 '기습 집회'는 수많은 노동자들과 지도자들이 체포·구금되는 결과를 가져왔고, 상해에서 '적색노조'의 세력은 갈수록 약화되었다(沈以行 等, 앞의 책 473~91면 참조).

64) 『第二次中國勞動年鑑』 3편 57면.

65) 張仲禮 『近代上海城市研究』(上海人民 1990) 808, 828면.

66) 『第二次中國勞動年鑑』 3편 57면.

67) 「吳鐵城提議修改勞資爭議處理法」, 『申報』, 1932. 8. 8.

68) 上海市社會局 『近五年來上海之勞資糾紛』(上海: 中華書局 1934) 11~12면; 上海市政府 社會局 編 『近十五年來上海之罷工停業(1918~1932)』(中華書局 1933) 13면; 「市府奉令頒 佈修正勞資爭議處理法」, 『申報』 1932. 10. 27.

동안 정부기관의 관여로 해결된 분규가 분규총수의 87.68%와 파업총수의 54.45%를 점했다.[69]

정부가 강제중재제도의 실행과 파업 개입을 통해 정부의 의견을 관철시키려 한 데에는 노사화합이라는 생각이 이면에 깔려 있었다. 그리고 노사화합의 기조 위에 파업을 억제, 자본가의 입장만을 대변하는 것이 아니라 양자간의 타협과 양보를 요구하였다는 사실은 정부가 이들 여러 계급의 영향력에서 벗어나 어느정도 자율성을 행사할 수 있었음을 시사한다. 강제중재를 강력히 실행할 수 있었던 것은 중국사회에 국가에 제동을 가할 만한 이익집단이 형성되어 있지 못했기 때문이기도 했다.[70]

3. 산업역군으로서의 노조와 노동계

남경정부가 노사화합의 기치 아래 노동시장에 개입해 분규를 조속히 해결하는 데 성공한 것만큼, 노동자들을 산업전사로 키우는 것 역시 중요했다. 노동자들은 정치적인 활동에서 벗어나 정부의 시책에 순응하여, 기술을 개발하고 산업발전에 매진해야 했다.

노조를 조직적으로 강력히 통제하려 했던 남경정부는 당연히 민중단체의 자율적 활동이나 정치활동을 법률적으로 규제하려 했다. 국민당은 과거 노

---

69) 忻平 『從上海發現歷史——現代化進程中的上海人及其社會生活』(上海人民 1996) 177면; 張仲禮, 앞의 책 827면.

70) 상공계층이 꾸준히 정치적 영향력을 확대해온 것은 사실이나 이들은 정부의 행동에 강한 영향력을 발휘할 정도로 성장하지는 못했다. 일례로 당시 최고의 실력을 자랑하던 총상회의 회장 풍소산이 국가의 시책에 반하여 자신들의 이익집단으로서의 기능을 강화하려 하자, 남경정부는 즉시 이에 개입하여 풍소산을 추방하는 조치를 취했고, 이후 상해 상인단체까지도 재편시켜버렸다. 필자의 견해와 약간 다른 점이 있긴 하지만 池田誠 外 著 『中國工業化의 歷史』 金泰丞 譯(서울: 신서원 1996) 114~40면도 참조할 만하다.

동운동의 최대 오류는 "운동은 있지만 훈련은 없고, 단체의 외적 확대에는 노력했지만 내부의 건전한 발전에는 주의하지 않았던 점에 있다"는 인식하에 "사상·조직·행동에서 완전히 일치한" '건전한' 단체에 의한 '건전한' 운동을 전개하려고 했다.[71] 더군다나 "현재의 민중 대다수가 지식이 없어 쉽게 악의에 찬 선전에 물들기 때문에 국민당은 반드시 민중운동에 대한 지도와 훈련을 책임져야 한다"[72]고 인식한 국민당 지도자는 노동자가 '당의 지도'를 벗어나 '멋대로' 행동하는 것을 원치 않았고, 노동자를 포함한 모든 민중단체를 강력한 당의 지도하에 교육하고 순화시키려 했다.

1928년 2월, 2기 4중전회가 열렸다. 4중전회는 공산당의 활동이 사회와 민중에게 끼친 영향을 강하게 비판하고, 민중들의 훈련을 위한 '민중훈련지도위원회(民衆訓練指導委員會)' 신설을 표방했다.[73] 이후 모든 민중단체의 훈련은 당부가 직접 지휘하고, 농공운동은 '엄격하게 교육과 경제적인' 것으로 한정했다.[74] 이 계획의 일환으로 공정회가 출범했던 것이다. 국민당은 당의 일원적인 지배를 표방했고, 민중의 자발적인 조직활동을 돕거나 옹호하는 입장에 섰던 것은 결코 아니었다. 국민당은 일차적으로 민중운동에서 정치활동을 제한했다.

이후 1928년 7월에 결정된 '민중단체 조직원칙 및 계통(民衆團體組織原則及系統)'은 이런 원칙을 더욱 구체적으로 제시했다. 그중 '공인조직원칙 및 계통(工人組織的原則及系統)'에는 노동자의 조직원칙에 관해 "노동자의 고통은 자국의 자산계급에게서 받는 것도 있지만, (이는) 비교적 적고, 가장 고통스러운 것은 제국주의의 경제침략과 군벌, 탐관오리와 매판계급의 압박이다. 노동자를 경제적으로 해방하려면, 우선 동업의 노동자가 단결하여 기

---

71) 張廷灝, 앞의 책 69면.
72) 駱傳華, 앞의 책 62~63면.
73) 「中國國民黨二屆四中全會記錄」, 『中華民國史檔案資料彙編』 5輯 1編 政治(2), 39면.
74) 『中央黨務月刊』 2冊 28~30, 45~52면.

술의 개발, 산업의 발전을 도모하지 않으면 안 된다"[75]고 서술하여 노동자를 조직하는 목적이 산업발전에 있음을 강조하고 있다. 이후 1928년 10월에 발표된「중집위가 전국의 노동조합 및 노동자에게 경고함(中執委誥誡全國工會及工人)」에서도 같은 취지의 내용을 강조했다.[76]

1928년 10월 공정회 활동의 실패에도 불구하고, 정치활동에 대한 규제는 지속되었다. 1929년 6월에 제정되고, 1930년 7월에 수정 시행된 '수정인민단체조직방안(修正人民團體組織方案)'[77]에는 당과 정부가 노동조합을 포함한 모든 인민단체에 대한 지도·통제권을 갖는다는 것과 불법단체, 당과 정부의 지도·통제에 따르지 않는 단체, 삼민주의를 위반하는 행위를 한 단체에 대한 엄격한 규정과 제재가 규정되었다. 국민당은 노동자를 포함한 모든 인민단체의 정치활동에 대한 엄격한 규제를 일관되게 표방했고, 민중들에게는 '산업의 발전'을 위해 노력할 것을 당부했다.

공회법은 1929년 10월 26일 공포되어 11월 1일부터 시행되었고, 시행세칙은 1930년 6월 6일에 공포·시행되었다.[78] 이들 법은 노조의 설립목적을 "노동자의 지식·기능을 증진하고, 생산을 발전시켜 노동조건 및 생활을 유지·개선한다"(1조)고 규정하고, 노동조합의 연합조직 또한 "회원의 지식·기능의 증진, 생산의 발달, 호조사업의 경영을 꾀하는 경우에 한하고, 주관관청의 허가를 얻어서 산업별·직업별로 조직할 수 있다"(45조)고 명시했다.[79] 즉 노조의 설립은 그 자체로 생산력의 증진을 목표로 하고 있었다. 노

---

75) 같은 책 383면.
76) 『第二次中國勞動年鑑』 2편 4면; 『申報』 1928. 10. 18~19.
77) 『第二次中國勞動年鑑』 3편 39면.
78) 『第二次中國勞動年鑑』 3편 41, 46면.
79) 노동조합법 초안과 1929년에 발표된 노동조합법을 비교해보면 크게 두 가지 차이를 발견할 수 있다. 우선 노조의 설립 목적이 달라졌다는 점이고, 두번째로 노조의 조직체계를 달리하고 있다는 점이다. 이 둘의 문제는 밀접히 연관되어 있는 듯한데, 남경정부는 초기에 노조의 통합을 달성하려 했고, 따라서 통합이 달성되었다면, 노조의 목적이나 성격규정은

조법에서 노동자의 계급적 이익을 대변하는 성격은 약화되었고, 따라서 투쟁중심의 노동사 기구를 조직하기는 어려웠다.

노조 조직에는 정부에 순응하는 단일 지휘체계가 요구되었다. 정부의 시책을 방해하거나 행여 경쟁적인 노조관계의 형성으로 '단결'을 저해하는 사태가 일어나지 않아야 했다. 이는 남경정부의 민중운동에 대한 방침이었고, 1928년에 설립된 민중훈련지도위원회의 조직방침이기도 했다. 그리고 그 내용은 남경정부의 입법과정에도 그대로 반영되었다.

우선 남경정부가 처음으로 마련하여 중앙상위에서 통과된 노동조합법 초안[80]을 살펴보자. 이 초안에 따르면 남경정부가 생각한 노동자의 통합방안은 공통회가 구상했던 조직체계를 그대로 옮겨놓았다고 해도 좋을 정도로 흡사하다. 소조—지부(분회)—공장노조(구공회)—총공회—전국총공회로 연결되는 이 구조는 노동자 내의 하부조직까지도 장악하려는 남경정부의 의향이 반영된 것이었다. 공통회는 비록 강압적 활동으로 인해 실패했지만, 노동자세계의 하부까지 장악하려 했던 그들의 의향은 지속되었다고 볼 수 있다.

하지만 중국 노동계의 상황은 상당히 복잡했다. 노동계에는 수많은 동향방이 존재했고, 이들 사이에는 배타적인 결속력이 있었다. 게다가 포공제 혹은 포신공제의 존재는 노동자에 대한 정부의 접근을 어렵게 만들었다. 국민혁명 이후에 노동자들 사이에 파고든 정치세력들도 노동계의 상황을 더욱 복잡하게 만들었다. 화상전기공사(華商電氣公司)에서는 작업장간 분열이 국민당 내의 파벌과 겹쳐진 양상을 드러냈고,[81] 상무인서관의 경우에는 중공계와 국민당계 간의 갈등이 있었다. 4·12 이후에 국민당계가 노동조합을 장악하면서 중공계는 당연히 이들에게 불만을 품을 수밖에 없었다. 여기에

그다지 문제삼지 않았을 것이다. 그러나 후에 보듯이 노조의 통합이 장애에 부딪히면서, 이들은 노조의 성격을 명확히 규정하지 않고서는 노조를 전면적으로 통제할 방법이 없었다.

80) 『中央黨務月刊』 2冊 368~71면; 馬超俊, 앞의 책 816면.

81) 朱邦興 等, 앞의 책 382~83면.

다 생산라인의 분화까지 겹쳐지면서 중국 노동계는 상당히 복잡한 양상을 보였다.

남경정부도 이런 문제를 잘 알고 있었다.

> 지방주의와 행회(行會) 문제, 이 문제는 노동자조직에서 가장 중요한데 중국 노동자는 산업이 낙후하고 교통이 막히어 향토 관념이 노동자의 머릿속에 뿌리깊게 들어박혔기 때문에 노동자의 최초 조직에 지방 관념이 넘쳐나지 않는 곳이 없으니 성에 따라 광방(廣幇), 소방(蘇幇)과 같은 유의 것이 있으며, 현에 따라서 한구방(漢口幇), 양양방(襄陽幇)과 같은 것이 있고, 심지어 같은 현에 속하면서도 구역의 구분이 있다. 이러한 조직은 그야말로 내부투쟁에 지나지 않으니 이런 단결로서 제국주의 군벌과 싸운다면 무슨 힘이 더 남아 있겠는가. 따라서 법률로서 단속하는 이외에도 당은 훈련의 책임을 맡아 그들을 깨우치고 이런 유해무익한 조직을 소멸시켜야 한다. 행회 또한 용납할 수 없는데, 현재 수공업공회는 여전히 행회의 색채를 벗어나지 못하고 있으며, 신업노동자도 행회의 심각한 영향을 받았는데, 예컨대 광동 노동자는 항상 업무시에 서로 다투고, 업무가 끝난 후에 서로 배척하니 모두가 행회의 나쁜 작용이 일으킨 것이니, 이런 내부투쟁의 조직은 이후 노동조합 안에서 없앨 방도를 마련해야 한다.[82]

또한 중공이 노동조합을 장악했을 때에 점원·학도·수공업노동자를 노동조합에 포함시킴으로써 연합전선을 파괴했고, 공상업이 완전히 정체되고 점원은 일자리를 잃고 상점은 도산하게 만들었다고 비난했다.

방구의 존재나 포공제 등은 효율적인 산업화에 아무런 도움이 되지 않았다. 그리고 이런 존재를 없애는 것은 노동시장의 개선과도 맞물려 있었다. 포공제 혹은 포신공제의 소멸은 노동자와 공장주 간의 직접 접촉을 가능케 하고, 동시에 정부의 노조통일 방침과 다른 이질적인 존재를 소멸시키는 과

---

82) 『中央黨務月刊』 2册 384면.

정이기도 했다. 이런 맥락에서 장정호(張廷灝)는 남경정부의 노동정책 실시 방안을 열거하면서 그중 하나로 포공제의 철폐를 들고 있다. 그는 포공제는 노동자의 이익을 약탈하여 고용주와 공두를 살찌우는 것이라 주장했다.[83]

그러나 정작 중요한 문제는 이들 시행법과 남경정부의 의도가 단위사업장에서 얼마나 관철될 수 있는가 하는 것이었다. 상해의 노동조합은 공장단위를 기본으로 하고 있고, 공장단위의 노조는 단체협약과 노사분규에서 기본적인 역할을 수행하는 노동조합운동의 중심이었다. 따라서 남경정부가 자신들이 원하던 노조 통합을 이루기 위해서는 바로 이 공장단위의 노조를 정리하고 재편하는 일이 관건이었다.

실상 4·12 이후에 상해 노동계의 단위사업장 안에서는 다양한 문제가 첨예하게 표출되고 있었다. 중공이 주도하던 노동계에 대한 숙청을 핑계로 자본가들은 공산당원이라는 명목으로 노동자들을 임의로 해고하거나 이미 맺은 노동계약을 파기했다.[84] 예컨대 1927년 여름 중화서국은 원래의 노자협약을 파기하고 '영업부진'을 이유로 정업을 선언한 뒤 전체 직공을 해산시켰다. 또한 7월에 호서내외면(滬西內外綿) 동서 5창의 일본 자본가도 노동자 120여명을 해고했고, 선시(先施)·영안(永安)·신신(新新) 3대 백화공사는 300여명의 직공을 해고했다.

자본가들은 농촌에서 올라온 파산한 농민 혹은 수공업자를 해고자 대신 고용하거나 소년공과 여공으로 대체하여 노조의 세력을 약화시키려 했다. "청당 관계 때문에 노동자조직의 개조가 있었다. 그러나 이때에 일반 자본가는 청당을 등에 업고, 이전에 노동자들이 승인했던 조건을 부정했다. (…) 이전에 노조에 참가한 적이 있던 자는 공장측에서 더욱 싫어해서 점차적으로 해고되고, 대신에 향촌에서 올라와 노조를 조직할 줄 몰랐던 노동자로 대

---

83) 張廷灝, 앞의 책 67~68면.
84) 曹祥華「1928年上海工潮資料」, 中國科學院 歷史研究所 第三所 編『近代史資料』18(1958年 1期) 92~104면.

체되었다. 또한 노동자들이 처음 공장에 들어올 때, 두 상점의 보증이 있어야 했으며 어떤 때에는 보증금을 내야만 했고, 공두에게 선물을 보내야 했다."[85] 동시에 성년 남공에 비해 임금이 싸고 통제하기 쉬운 소년공과 여공도 증가했다. 예컨대 양수포 신신(申新) 7창은 1928년 공장 전체 4천여 노동자 가운데 남공이 40%를 차지했으나 1929년에는 겨우 46명만이 남아 있었고, 포동의 일화사창에서는 1927년에 40% 정도를 차지하던 남공이 1929년에는 30% 조금 넘는 정도로 바뀌었다.[86] 이런 변화에 따라 상해 전체 노동자 가운데 성인 노동자의 인원수는 감소했고, 여공과 소년공의 비율은 증가했다. 상해 조계와 화계의 소년공 총수는 산업공 총수의 1/4을 점했다.[87]

당시 상해 시당국도 이런 사실을 알고 있었다. 1927년 9월 17일 농공상국은 상해 상업연합회에 보내는 편지에서 "본시에서 발생한 노사분규를 조사하니 노동자 쪽에 원인이 있는 것이 많지만 자본가측이 임의로 기존 조약을 변경하거나 많은 인원을 감원하여 분규가 발생하는 것 역시 적지 않다"고 지적했다.[88] 같은 날 농공상국이 발표한 제9호 포고 또한 "공장주(廠主), 상점주인 역시 상업의 일시 부진을 이유로 앞다투어 약속을 파기하고 경제난국 타개에 적합한 구실로 많은 노동자를 해고하니, 노동자 실업자가 날로 늘어나 사회문제가 되었다"고 지적한 후, "직공은 분수에 넘치는 요구를 해서는 안 되고, 업주 또한 무정한 압박을 가해서는 안 된다"고 발표했다.[89]

1927년부터 1930년까지 발생했던 파업은 이런 관계의 반영이었다. "청당 이후 비록 노조가 분산되기는 했지만 노동자의 파업투쟁은 여전히 감소하지 않았다. 이의 명확한 원인은 자본가의 기회를 틈탄 압박이다."[90] 자본가들의

---

85) 『上海工人運動史』 182면.

86) 楊之華 「太平洋勞動婦女運動和反帝國主義鬪爭」, 『布爾塞維克』 3卷 2・3期 合刊, 173면.

87) 같은 곳.

88) 「上海特別市農工商局關于繕送協調勞資糾紛維持市內治安布告函」, 『一九二七年的上海商業聯合會』 274면.

89) 같은 곳.

역공에 의해 해고노동자가 속출하자, 노동자들은 이에 반발하여 파업을 단행했다. 자본가들이 노동자들을 해고하는 일이 많아진 것만큼 노동자들의 요구사항에도 해고금지가 상당폭으로 늘어났다. 1928년부터 32년까지 해고와 고용 문제가 파업의 원인 중 약 27%를 차지했고, 노사분규 원인의 약 68%를 차지했다.[91]

노동자들은 4·12 이전과 달리 공장에서 가해지는 억압을 몸으로 느끼고 있었고, 이를 효율적으로 대변해줄 대표기구가 필요했다. 결국 노동자들은 자신들을 강압적으로 재편하려는 공통회를 신임할 수 없었고, 노동자의 기존 조직을 용인하는 태도를 취했던 공총회마저도 1927년 12월에 광주폭동을 핑계로 파업금지 조치를 내리는 데에[92] 실망하지 않을 수 없었다.

노조를 정부 주도하에 강압적으로 통일하려는 조치에 반발한 단위노조들이 갈 길은 명확했다. 노동자들은 자신들을 보호하기 위해 결집력을 강화시켜나갔다. 노조에 대한 통제가 심한 상황에서 가장 손쉽게 뭉칠 수 있는 방법은 동향방과 작업장을 활용하는 것이었다. 1928년 이후에 나타난 파업의 대부분이 각 작업장을 단위로 한 경우가 많았고, 다른 작업장과 갈등을 보인 경우도 적지 않았다. 예컨대 하나의 공장에 국한된 파업 건수는 1931년에 약 90%로 최고조에 달한 이후, 1932년에서 37년까지 80% 전후를 맴돌았다.[93]

그리고 작업장의 파업에서 동향감정이 중대한 영향을 끼쳤다. 일례로 1934년에 발생한 미아사창(美亞絲廠)의 파업은 각 동향방 사이에 심각한 분열상황이 없었기 때문에 가능하기도 했지만, 파업을 지속하려면 동향 방구

90) 『上海工人運動史』 191면.
91) 『近十五年來上海之罷工停業(1918~1932)』 11면; 『近五年來上海之勞資糾紛』 5, 15, 55면.
92) 馬超俊, 앞의 책 755~56면.
93) 古山隆志 「上海市社會局ストライキ統計の紹介と業種別再集計」, 『中國勞動運動史研究』 13號(1984).

간의 꾸준한 협력이 필요했다. 미아사창의 파업을 분석한 한 보고서는 실패 원인의 하나를 '통일전선의 운용'이 충분치 않은 데에서 찾고 있다. "먼저 육창에서 파업 전에 상당한 통일전선 공작이 있었는데, 예컨대 본창 중에서 각 방파의 노동자를 우의회(友誼會)에 흡수했고, 더 나아가 각 공장과 우의회를 조직했으나, 파업이 실현된 후에 이 운동은 정지되어 더욱 진전된 통일 공작이 없었다"라고 평했다.[94] 노동자들이 동향방과 작업장을 기반으로 파업을 단행하면서 노동조합의 분열상황은 그대로 재현되었다. 결과적으로 국민당이 산업화에 종사한 산업역군과 통일된 노조를 만들려던 노력은 장애에 부딪쳤다. 1930년대에도 동향방은 여전히 융성했고,[95] 동향방의 확대·발전 및 결속력 강화를 위한 동향회의 세분화 현상까지 나타났다.

결국 1928년 3월 단위사업장을 중심으로 한 개량적인 7대 공회가 노동운동의 전면에 나서면서 노동자들의 입장을 대변하기 시작했다. 사실 7대 공회는 국민당의 말처럼 지역이나 업종에서 공통점이 없었다. 이들의 연합은 기형적이었음에도 불구하고, 공통회 등이 노동자의 이익을 보장하지 못하는 상황인지라 7대 공회의 성립은 불가피한 것이었다.[96] 7대 공회는 노동운동에 대한 자신들의 견해를 남경정부에 청원하는 한편, 상해의 기타 노동단체에 대한 원조활동과 개량적인 활동을 전개했다. 1928년은 이들 7대 공회가 활발히 활동한 시기로 1930년까지 노동운동이 위축되어갔음에도 불구하고 각 공장의 노조는 노동자들을 결집시키고, 자신들의 의견을 발표했다.

한편 공통회, 공총회, 공정회의 활동이 성과를 거두지 못하고 해산되면서 남경정부가 의도했던 상해시 노동조합을 통괄할 최고조직의 성립은 어려워졌다. 1928년 10월에 공정회가 해산된 후, 노동조합 정리의 사무를 시당부 민중훈련지도위원회가 담당하게 되면서 상해시 노동조합의 최고조직은 더이

---

94) 朱邦興 等, 앞의 책 145 162, 167면.
95) 羅蘇文, 앞의 글(1989 增刊) 46~47면.
96) 『上海工人運動史』 312면.

상 존재하지 않게 되었고 노조정리 사업은 중단되었다. 이런 상태에서 1929년 5월 1일 노동절에 상해시 각업 노동자가 남시 공공체육장에 모여서 상해시 총공회 설립을 주비했다. 상해특별시 당부 또한 상해시 총공회주비위원회의 설립을 인준하고 진군의 등을 파견했다. 그리고 그해 7월 1일에 주비회가 정식으로 출범했다.[97]

그러나 남경정부는 공장단위의 노조를 통일, 통제할 수 없었기 때문에 공장단위의 노조를 기본단위로 하여 설립된 총공회를 인정하기는 쉽지 않다. 결국 1929년 10월에 공포된 공회법에는 초안에 있던 총공회 관련 조항이 삭제되었다.[98] 상해에서 노동자들이 자율적으로 추진, 시도한 노동자 최고기관인 총공회는 당의 통제 아래에 확실히 들어온 존재가 아니었기 때문이다. 총공회는 법적 근거가 없는 상태로 존재할 수밖에 없었다.

결국 남경정부는 동향적 요소를 일소하고 이들 조직을 포섭하여, 단위사업장에까지 자신들의 조직력을 관철하려던 의도를 포기할 수밖에 없었다. 1929년 남경정부가 발표한 노조법은 단위사업장에서 상해시의 최고 노동자 조직에 이르는 노조의 체계를 건립하려던 의도를 버리고, 단위사업장을 배제하는 방향으로 노조통일 방향을 잡았다. "동일구역 내의 동일산업은 단지 하나의 노조만을 설립할 수 있고," 연합회의 조직도 정부의 허가를 얻도록 규정되었다.[99]

1931년에 이루어진 국민회의 개최는 민중단체, 특히 노조의 통제에 대한 새로운 전기였다. 1930년 중원대전(中原大戰)을 승리로 이끈 장개석은 자신의 정통성을 공고히하기 위해 1931년 국민회의 개최를 준비했다. 각지의 농회, 공회, 상회 및 실업단체, 교육회·국립대학·교육부 인가 대학 및 자유직업단체, 중국 국민당 대표로 국민회의를 개최하고 여기서 훈정기의 국가

---

97) 馬超俊, 앞의 책 921~22면.
98) 같은 책 905~20면.
99) 같은 책 912면; 『第二次中國勞動年鑑』 3편 41, 45면.

기본법인 약법을 심의하려 했다.[100] 훈정기 민중은 공회, 농회, 상회 등을 통하지 않고서는 정치에 참여할 수 없었기 때문에 각지에서 국민회의 대표를 선출하기 위해서는 우선적으로 민중단체의 정리가 이루어져야 했다.

따라서 국민당은 발표 이후에도 제대로 실시되지 않고 있던 노조법을 이 시기에 강하게 밀어붙이며 재편을 단행하려 했다. 국민당은 기존에 공장단위로 하던 노조를 취소하고 시를 10개 구역으로 나누어 각 구역마다 업종별로 하나의 노조를 설립하게 하고, 구역별 노조 설립이 불가능한 업종은 전 구역을 합쳐 1개의 노조를 만들려 했다. 직공회(職工會)는 해산을 명령받았고, 공장단위 노조 불허에 대한 회유책으로 각 공장에 분사무소(分事務所)의 설립을 허락하기는 했지만, 분사무소는 당연히 독립된 행동을 할 수 없었다.[101] 하나의 노조라는 원칙을 여전히 관철시키려 했던 것이다.

이 계획의 의도와 결과는 너무나도 명확했다. 노동자들이 자신들의 문제를 가장 명확하게 느낄 수 있는 단위사업장에서 문제를 개선하고 사율적으로 의견을 표방할 수 있는 가능성은 사라졌다. 동향방이나 작업장을 매개로 단결력을 발휘, 노조로 전환시킬 수 있는 방법이 사라지자 곧바로 각 노조의 반대가 터져나왔다. 보고 3일째인 2월 4일에 보계공회(報界工會)는 개조방침에 따른 단위노조의 활동력 상실 문제와 개조 이후에도 자신들의 이익이 계속 보장될 수 있는지 여부를 질문했다.

문: 노조를 개조한 후에 원래 정한 노자계약은 유효한가.
답: 그 점은 문제가 될 수 없다. 개조와 계약은 별개의 문제이기 때문이다.
문: 이번에 공회법에 따라 개조하면 이후 당연히 공회법에 따라 중재해야 하는데, 그렇다면 노자계약 모두에 동요를 야기한다. 계약 1조를 예로 들어 말

100) 『中央黨務月刊』 12冊, 255면; 『中央黨務月刊』 13冊 90; 393~419면.
101) 「市民訓會召集各工會代表談話」, 『申報』 1931. 1. 30; 「黨政機關報告整理各工會意義」, 『申報』 1931. 2. 3; 『第二次中國勞動年鑑』 3편 47면.

하면 노조는 전체 '노동자'를 대표할 권한이 있는데 공회법에 "노조 회원은 수시로 노조를 탈퇴할 수 있다"고 규정했으며, 노자쟁의처리 표준에는 "노조를 거쳐야 노조원을 해임할 수 있고, 동시에 자본가 역시 그 공작을 정지해야 한다라는 규정을 둘 수 없다"고 되어 있는데, 회원이 자본가와 결탁하거나 자본가가 회원을 매수하여 조직을 파괴할 때, 노조는 법률로써는 막을 방법이 없으니 이 개조는 해산과 마찬가지이다.

답: 이는 고려할 필요가 없다. 공회법이 실행된 지 이미 오래되었고, 아울러 그런 사실이 발생한 적이 없으니 답변할 필요조차 없다.

문: 원래 계약은 노자 쌍방의 동의를 거쳐 이미 4년여를 실행했는데, 만약 개조 후에 보장을 받지 못한다면 본회는 개조할 수 없다.[102]

이 논의의 핵심은 기존 단체협약의 보장을 요구함으로써, 단위노조의 불법화로 인해 노동자들의 이익을 대변할 방법이 없어지는 것에 우려를 표명한 것이었다. 그러나 민중훈련지도위원회는 이런 반발에도 아랑곳하지 않고, 보계공회에도 개조주비위원 6인을 지정 파견하여 개조를 진행했다.[103]

결국 계획은 원안대로 실시되어 상무직공회 등을 포함하여 2월 28일에 상해시 출판업노조가 성립되었고, 이후에 상무직공회의 독립정신은 사라졌다.[104] 12월 26일 상무인서관의 일군의 노동자들이 노동자가 직접 노조를 관리할 수 있도록 해달라고 요구한 것이나 12월 초순에 모자제조업 노조와 서약업(西藥業) 노조의 노조원들이 동일한 행동을 취한 것은 이를 반증한다. 즉 자신들의 이익을 위해 노동자들이 직접 선출한 지도자로 노조를 만들려던 시도는 모두 실패했다.[105] 국민회의를 평계로 시작된 노조의 재편은 노동

---

102) 「報界工會商務四工會與社會局談話之經過」, 『申報』 1931. 2. 5.

103) 「上海報界工會代表大會宣言」, 『申報』 1931. 2. 9; 「報界工會昨開臨時代表大會」, 『申報』 1931. 2. 9.

104) 駱傳華, 앞의 책 95~96면. 駱傳華의 책에는 출판업노조의 성립이 1931년 겨울로 되어 있으나 이는 착오인 듯하다. 「市民訓會委定出版業工會籌備員」, 『申報』 1931. 2. 18; 任建樹 『現代上海大事記』(上海辭書出版社 1996) 457면 참조.

자들의 결집력을 분산시키는 결과를 초래했다. 이제 노동자들이 자율적으로 모여, 자신들의 의견을 단위사업장에서 표출하여 이익을 보장받을 수 있는 방법은 사라졌다.

결국 단위노조는 국민회의 대표 선출과정에서 노조의 개조를 받아들였다. 국민당의 일원적 통제가 완성되면서, 국민당은 노조를 자신들의 의도대로 동원할 수 있는 구조를 '형식적'으로나마 갖추게 되었다. 노동자의 개별적 이익은 국가의 이익에 종속되어야 했고, 그 대가로 노동자는 정부에 지원을 요청했다.[106]

그러나 남경정부가 단위노조를 불법화하면서 만든 통합방안은 일정한 한계를 내포하고 있었다. 남경정부가 노사화합과 생산력 발전을 중점으로 노동정책을 실시하려 한 이상, 노동자들을 산업전선에 동원할 수 있는 구조를 만들어내야만 했다. 그러나 남경정부는 단위사업장에 그들의 권력을 확장시킬 수 없었을 뿐만 아니라 노동자 내에 존재하던 '소규모의 자체적인 결집체'를 해체할 수도 없었다. 전통의 힘은 너무나도 강했다. 결국 남경정부는 상해 사회에 존재하던 전통적인 색채가 강한 취업구조를 깨뜨리지 못했고, 동향방과 포공제가 여전히 존재하여 남경정부의 노동자 동원에 일정한 장애요인이 되었다.

역설적이게도 남경정부의 노조 통합방안은 동향방과 같은 전통적인 의식에 기반한 노동자들의 자율적인 결집방식을 깨려던 의도와는 달리 노동자 사이에 전통조직의 재흥, 나아가서는 확대를 가져왔다. 1930년대에 동향방과 동향단체의 존재는 더욱 활성화되었다. 사업장에서 노동자들의 이익을 대변할 존재──노동조합──가 소멸하자 노동자들은 공장주에게 그대로 노출되었다. 더군다나 포공제를 대신하여 시행된 양성공제는 일반 노동자의 생활을 더욱 불안하게 만들었다. 포공제는 분명히 노동력을 착취하는 제도

---

105) 伊羅生「流氓幇會與工人階級」,『史林』(1990. 2) 79면.
106) 「黨政機關第二日報告整理工會意見」,『申報』1931. 2. 4.

였지만 한편으론 노동자들의 직업을 공두가 책임진다는 점에서 최소한의 생계를 유지하는 데에는 유리했다. 노동조합의 소멸, 양성공제의 시행 등은 노동자들로 하여금 자신을 보호해줄 새로운 보호막을 필요로 하게 만들었고, 이는 역설적이게도 전통조직의 활성화로 나타났다. 그리고 세계공황이 상해를 덮치면서, 노동계와 청방이 결합되는 양상으로 발전해나갔다.

제4부

1930년대 민간단체의 사회적 위상과 기능

I. 훈정치하의 상해 사회

1. 1930년대 초의 정치상황과 상해

4·12정변과 그후 수립된 남경정부는 민중의 피의 대가로 성립된 정권임에도 불구하고, 일반민중이 처음부터 외면한 것은 아니었다. 장개석의 승리는 군벌통치의 종식과 새로운 시대의 시작이었고, 특히 상공업자에게는 각별한 의미가 있었다. 이들은 새로이 수립된 강력한 정권이 자신들의 사업과 사회에 안정을 가져다주길 바라며 장개석을 환영했다. 1927년 5월 초순 수많은 상인단체들이 장개석 환영대회를 개최했다.

국민혁명기에 이미 국민당파와 공산당파로 갈라져 있던 학생운동 내에서도 환영의 분위기는 있었다. 국민당 지지 학생들은 장개석의 청당과 정권수립을 새 시대의 시작으로 받아들였다.

이런 분위기는 단순히 친국민당 인사나 국민당원에 국한된 것은 아니었다. 지식인들은 장개석의 승리를 군벌의 통치와 통일된 중국, 그리고 부강한 조국의 건설을 알리는 시작으로 간주했다. 장개석이 '선안내(先安內) 후양외(後攘外)' 정책을 취하면서 일본과 타협적인 태도를 취한 것에 불만을 품고 반국민당 활동을 활발하게 전개했던 추도분(鄒韜奮)도 당시에는 국민당에 희망과 기대를 표명했다.[1] 지식인들에게 국민당은 근대적이고 개혁적인 정부를 만드는 그 자체였다.

상해 시정부는 성립 이후 상해의 민간단체들이 수행하던 사회활동을 정리, 수용하기 시작했다. 1928년 8월에 농공상국에서 명칭을 바꿔 업무를 넘겨받은 사회국은, 그동안 체계 없이 중복되게 진행되어온 각 단체의 활동과 사회문제를 조사하고, 그 해결방안을 모색했다. 부녀문제와 이에 관여하던 사회단체에 대한 조사를 실시하고, 1400여명의 유민(遊民)에 대해서도 조사를 통해 해결방안을 모색했고, 판자촌 문제를 해결하기 위해 평민주택 건설에 나섰다. 위생문제 해결과 미신타파의 일환으로 공동묘지의 설립과 운영을 적극 추진하기도 했다.[2]

이런 활동은 1920년대 상해 사회의 민간단체들이 옷을 나눠주고, 쌀과 약을 나눠주던 단순한 구제활동과는 비견할 수 없는 '적극적인 유민대책'으로서 자립의 기반을 만들어주어야 한다는 생각을 거의 그대로 수용하여 착수한 것으로[3] 상해인들의 지지를 받기에 충분했다. 일례로 '빈민대출소〔貧民

1) Wen-Hsin Yeh, "Progressive Journalism and Shanghai's Petty Urbanites: Zou Taofen and the Shenghuo Weekly, 1926~1945," Frederic Wakeman, Jr., and Wen-Hsin Yeh eds., *Shanghai Sojourners*(Berkeley: University of California 1992).

2) 「上海婦女救濟事業應有的改革」, 『社會月刊』 1卷 2號(1929. 2); 「一千四百餘遊民問話的結果」, 『社會月刊』 1卷 4號; 「提倡公墓之重要」, 『社會月刊』 1卷 2號; 「平民住宅與閒人洋房」, 『生活週刊』 6卷 5期(1931. 1. 24). 평민주택은 1930년에 판자촌이 많던 갑북과 호남(滬南) 지역에 500여 칸을 만들어 공급했고, 다시 1000여 칸을 만들 계획을 수립했다.

3) 상해의 유민문제는 1부에서 서술한 바와 같이 사회문제의 근원이나 다름없었다. 상해의 상인이나 사회단체들은 이런 문제를 해결하기 위해 자선단체를 설립하거나 동향회를 통해 구제활동을 하여 사회를 안정시키려 했다. 그러나 유민문제가 심각해지면서 단순한 물자 제공만으로는 근본적인 해결책이 될 수 없다는 인식하에 '적극적인 대책'으로 유민의 자립기반을 만들기 위한 방안이 모색되었다. 그 방법으로 빈민공창(貧民工廠) 설립을 통한 기술 전수, 공공취로사업의 유민 이용, 평민은행(平民銀行) 설립과 소자본 대출을 통한 자립기반의 제공 등이 모색되었다(『申報』 1923. 1. 23). 이런 내용은 남경정부 수립 후에 상해 시정

借本處]'의 설립은 실직한 후 조그마한 장사라도 하며 끼니를 때우려 해도 돈을 빌릴 곳이 없거나 심하게는 이자가 원금의 2배에 가까운 일수 돈을 빌려야 하는 상황을 개선하기 위한 조치였다.[4]

그러나 국민당은 국민의 열망에 부응하여 통일된 정책을 수행하고, 신국가를 건설할 수 있는 통합된 조직체라고 말하기에는 미흡한 점이 많았다. 국민당 내에는 다수의 분파가 자리잡고 있었고, 북벌기에 끌어들인 장군들조차도 자신의 무력을 바탕으로 여전히 지방분권적인 세력을 굳히고 있었다. 비록 1928년 12월에 장학량(張學良)의 역치(易幟)로 형식적인 통일이 달성되었다고는 하지만, 각 군의 지역장악은 계속되었고, 당내 세력은 1927년 특별위원회의 성립으로 무한·상해·남경의 분파를 일시적으로 봉합하는 선에 그친 상태였다.

당과 군 내부의 파벌싸움은 끊이지 않았다. 2기 4중전회와 2기 5중전회에서 개조파의 도전이 있었고, 경제건설을 위해 군비를 축소하고 군을 중앙집권화하려는 장개석의 의도는 여러 장령들의 반발에 부딪혔다. 편견회의(編遣會議)는 장령들의 이해에 따라 부침을 거듭했고, 성과는 거의 없었다. 게다가 장개석과 장령들 간의 알력은 계속해서 무력충돌로 불거져나왔다. 공동의 적이 소멸되고, 내부정비 문제가 본격화되기 시작한 1929년부터 군의 정비 문제가 대두되면서, 이종인(李宗仁)·풍옥상(馮玉祥)·염석산(閻錫山) 등의 반란이 연이어 발생했다.[5]

장개석정권의 체제안정에 가장 치명적인 사건은 중원대전(中原大戰)이었다. 당에서 축출된 개조파와 서산회의파, 그리고 군권의 약화를 우려하던 이

부에서 그대로 인수하여 실시하였다(「一千四百餘遊民問話的結果」,『社會月刊』 1卷 4號). 그런 점에서 상해 시정부는 상해인들의 지지를 확보할 기반을 마련하였다.

4) 「試辦中之貧民借本處」,『社會月刊』 1卷 5號.

5) 이에 관한 구체적인 전개 과정은 裴京漢『蔣介石研究──國民革命時期의 軍事的·政治的 擡頭過程』(서울: 일조각 1995) 226~70면; 横山宏章『中華民國史──專制と民主の相剋』 (東京: 三一書房 1996) 93~133면.

종인·염석산·풍옥상 등이 연합하여 장개석에게 대항하는 국면이 형성되었다. 장개석정권은 최대의 난관을 맞이한 것이다. 하지만 장개석은 이 이질적 집단의 결합을 장학량의 지지를 받아 제압했고, 이제 그의 전도에 심각한 장애요인은 없는 듯이 보였다.

내전도 상해 경제를 근본적으로 흔들지는 못했다. 중국에서 내전이 발생한 시기는 세계대공황이 본격적으로 시작되던 해였다. 세계경제는 불황의 늪으로 빠져들어갔고, 각국의 물가와 은값은 큰 폭으로 하락했다.[6] 그러나 중국은 은값 하락으로 오히려 수출시장을 확대하고 수입품의 공세에서 벗어날 수 있었고, 신용대출이 늘어났다. 각국이 불황에 허덕이고 도매물가가 곤두박질치고 있을 때에 상해의 도매물가는 은값 하락 덕분에 1926년에서 33년 사이에 약 25% 상승에 그쳤고,[7] 공황은 1931년 말까지는 아직 상해에 상륙하지 않았다.

상해의 공업생산은 1931년까지 계속 늘어났다. 상해 최대의 산업이자 중국 최대의 산업인 면방직업에서 면사·면포의 생산이 증가했고 시설설비도 늘어, 방직공업의 방추 개수가 1926년의 198만 추에서 1931년에 273만 추로 증가했고, 직기도 11,121대에서 20,599대로 많아졌다. 상해의 신신방직(申新紡織), 영안사창(永安紗廠), 항풍사창(恒豊紗廠)은 은값 하락 덕에 거액의 이윤을 냈다. 이들은 설비를 증설하고 생산을 확대했으며, 투자를 위해 돈을 끌어들였다. 영종경(榮宗敬)은 신신사창(申新紗廠)을 확장하기 위해 많

---

6) 中國科學院上海經濟研究所·上海社會科學院經濟研究所 編『上海解放前後物價資料匯編』
(上海人民 1958) 11, 114면의 부록5 '英美銀價物價 및 그 指數表' 참조(이하『解放前後物價資料』라 약함).

연도	1926	1927	1928	1929	1930	1931	1932	1933
런던은가지수	100	90.8	93.2	85.3	61.5	50.4	62.1	63.1
뉴욕은가지수	100	90.9	93.7	85.4	61.7	46.5	44.7	55.3

7) 같은 책 126면; Lloyd E. Eastman, *The Abortive Revolution: China under Nationalist Rule, 1927~1937*(Cambridge: Harvard University Press 1978) 185면.

256

은 차입금을 끌어들였다. 1929년 차입금 대 자기자본 비율이 이미 4 : 1에 달할 정도였다.[8]

　문제는 심리적 불안감이었다. 장개석정권의 성립 이후 체계적인 발전이 가능할 거라는 기대와는 달리 각파는 정권을 장악하고, 자신의 지반을 지키기에 바빴다. 그 와중에 발생한 갈등은 물가 및 쌀값 안정에 악영향을 끼쳤다. 내전이 발발하기 시작한 1929년에 상해의 도매물가지수는 2.4% 상승했고, 중원대전이 발생한 1930년에는 9.9%, 1931년에는 10.3%가 상승했다.[9] 1929년에 곡물가격은 전년도인 1928년에 비해 5% 정도가 상승했고 1930년에는 다시 3%가 상승했다.[10] 이런 상황은 장개석정권에 대한 신망을 약화시키고, 정국의 안정에 대한 심리적인 불안감을 가중시켰다.

　그 대표적인 예가 공채시장의 몰락이었다. 장개석은 상해를 장악한 이후 북벌의 지속과 군비 마련을 위해 계속 공채를 발행했고, 상해의 자본가들이 이를 소화했다. 송자문(宋子文)은 정부발행 공채와 채권을 대규모로 할인하여 발행일 전에 은행에 넘겼고, 은행은 50% 정도의 현금을 지불하여 공채를 인수했다. 이후 은행이나 전장은 이 할인된 가격의 공채를 증권교역소에서 시가로 경매할 수 있었다.[11] 따라서 공채 인수는 수지가 맞는 장사였고, 은행과 전장은 이를 통해 상당한 이익을 남겼다. 그러나 정치적인 변화는 장개석정권의 안정성에 의심을 불러일으켰고, 장개석이 수반으로 있을 당시 발행했던 공채의 신용도를 떨어뜨렸다. 이런 현상은 중원대전이 발발했던 1930년 중반부터 시작하여 1931년 광주에서 '국민당 중앙집행위원회 비상회의'의 성립과 일본의 상해 침공으로 절정에 달했다.

---

8) 영종경의 기업경영과 문제점 그리고 부도사건에 관해서는 졸고 「中國 近代化와 民族資本家」, 『時代轉換과 歷史認識』(서울: 솔 2001) 참조; 魏永理 『中國近代經濟史綱』 下(蘭州: 甘肅人民 1990) 318~21면; 祝慈壽 『中國近代工業史』(重慶出版社 1989) 662~70면.

9) 『解放前後物價資料』 10면.

10) 같은 책 54면 등 참조.

11) 李紫翔 「中國的銀行之特質」, 『東方雜誌』 30卷 21號(1933. 11. 1) 35~36면.

1931년 성립한 비상회의는 광동과 광서의 세수를 장악하여 중앙정부의 재정을 압박하고 공채의 안정성을 약화시켰다. 정치적 동향에 민감한 상해 증권교역소의 공채가격이 하락하기 시작했다.[12] 광주 비상회의의 공채정책 또한 공채가격의 하락에 영향을 끼쳤다. 광동세력은 장개석의 공채정책을 비난하며 "진재공채(賑災公債) 외에 나머지 공채는 모두 내전을 연장하고 다른 사람을 제거하는 데 사용되었다. 남경정부가 성립한 지 4년도 안 되어 이미 6억원의 공채를 발행했으니 도대체 예산이 있다고 할 수 있는가? (…) 현재 송자문은 이미 장개석의 회계관리원이 되었으니, 장개석은 원하면 원하는 대로 얻을 수 있다"고 송자문과 장개석을 비난했다.[13] 그러면서 만일 광동정부가 정권을 잡는다면 기존의 공채조건을 인정하지 않고 구공채의 이자율을 줄이고 상환기일이 연장된 새로운 통일공채로 대체할 것이라고 선언했다.[14]

광동정부의 이런 선언과 함께 남경과 광동 간의 대립이 갈수록 악화되자 이미 공채에 상당액을 투자한 상해 상인들은 놀랄 수밖에 없었다. 만일 광동정부가 정권을 잡거나, 그들의 생각이 실행되는 날이면 그야말로 이전의 공채는 '휴지조각'이 되는 것이나 다름없었다.

1931년 일본의 만주침입으로 정치적 위기가 가중되면서 공채시장은 나락으로 떨어졌다. 9월 18일 일본의 침입 이후 6일 동안 공채시장은 극심한 변동을 겪었다.

---

12) "Bondholders' Delirium," *China Weekly Review* 1932. 1. 30, 182면.

13) 孫科 「討蔣及和平統一之經過」, 中國國民黨 中央執行委員會 西南執行部 秘書處 編 『中國國民黨中央執監委員非常會議紀要』(1932) 267면(이하 『非常會議』라 약함); 「中央監察委員彈劾蔣中正電」, 같은 책 220면.

14) 黃愼之 「中國財政整理問題」, 『中央導報』 1931. 8(Parks M. Coble, *The Shanghai Capitalists and the Nationalist Government, 1927~1937,* Cambridge: Harvard University Press 1986, 90면에서 재인용).

지난주 각 채권 시가는 외교형세가 험악하여 증시에 대한 불안감이 가중되면서 모두 극심한 변동을 겪었는데, 월요일(21일)에 일본군이 계속해서 남만주 각 지역의 도시를 침략하여 제멋대로 약탈·참살하고, 일체의 건설을 파괴하여 시장의 불안감을 크게 조성하여 (…) 모두 매도로 돌아서자 (…) 각 채권은 그 압박을 견디지 못하고 개장 초에 급격히 하락하여 거래가 중지되었다.[15]

이런 상황은 1932년까지 이어져서 결국 1932년 1월 15일부터는 더이상 거래소를 열 수 없는 지경에 이르렀다. 상해에서 5개 주요 공채의 평균 시가는 액면가의 30~40%로 하락했다.[16]

공채시장의 붕괴는 상해 금융자본가에게 심대한 타격이었다. 은행은 투자자금이나 은행권에 대한 지불준비금으로 정부증권을 보유했다. 또한 그동안 은행들은 꽤 '괜찮은' 장사였던 공채투기로 얻을 막대한 이익을 미끼로 장기저축을 유도해왔으며, 정부공채를 담보로 개인에게 대출도 했다. 이 때문에 상해의 은행은 정국의 변화에 민감한 반응을 보이지 않을 수 없었다.[17] 이런 상태에서 일본의 침입 이후 4개월도 채 못 되어 공채가가 50% 하락하자 상해의 은행들은 장부상 수억의 손실을 기록하지 않을 수 없었다. 공채로 된 은행준비금은 은행통화를 담보하기에 부족했고, 그 결과 투자자금이 동결되고 현금부족 현상이 발생했다.

일본의 침입에 대항하라는 민중의 압력에 밀려 남경정부와 광동이 타협함으로써 새로 성립한 정부의 공채정책은 공채 신용도를 더욱 하락시켰다. 일본의 침입이라는 외적 요소는 광동과 남경정부 간의 분열을 종식시켰고, 손

---

15) 「證券——上週證券市之回顧」, 『申報』 1930. 9. 27.

16) "Bondholders' Delirium," *China Weekly Review* 1932. 1. 30; 「爲內國債券緩付本息之反響」, 「國難聲中之金融市場」, 「債券跌價問題」 등, 『錢業月報』 12卷 1號; Coble, 앞의 책 5장 表8 참조; 中國銀行行史編輯委員會 編 『中國銀行行史』(北京: 中國金融出版社 1995) 293면.

17) 李紫翔, 앞의 글 34~35면.

과가 재정부장으로 취임했다. 그러나 손과가 직면한 남경정부의 재정상태는 좋지 않았다. 군비는 매달 1억 6000만원씩 늘어갔으나 손과가 거두어들일 수 있는 세수는 겨우 700여만원 정도에 지나지 않았다. 결국 손과는 공채의 지불정지를 통해 이 문제를 해결하려 했고, 이는 공채의 신용도를 더욱 악화시키는 계기로 작용했다.

채권 소지자들은 경악했다.

> 최근의 정보에 의하면 모측에서 근래의 재정곤란 때문에 중앙에 일부 채권의 원금과 이자 지불 연기를 제의했다고 하는데, 각계는 이를 듣고 두려워 마지않았다. 그로 인해 채권시장에 매물이 쏟아져나오고, 수요는 극히 적어 가격이 급락했다. 시장에 유통되는 공채 총수 중에 은행계가 관여된 것은 단지 1/5이고, 그 나머지는 모두 일반적인 보통채권 소지인의 손에 있다. 따라서 공채 원금과 이자 지불 연기 논의가 사실로 이루어진다면 가장 고통을 받는 자는 당연히 일반 보통채권 소지인이다. 일반 채권 소지인과 학교 기금 및 부녀와 어린 가장 등 공채를 소유하고 그에 의거하여 생활하는 자가 입을 손해는 가히 상상할 수도 없다.[18]

지불정지가 실행된다면 공채는 사실상 휴지조각이나 다름없게 되고, 따라서 공채를 지불준비금으로 보유한 은행권의 지불보증이 의심스러워질 수밖에 없었다. 은행의 도산을 두려워한 예금자는 예금을 인출하고, 은행권을 은으로 바꾸기 시작했다. 전장은 은행권을 매각하고, 외국통화를 사들이기 시작했다. 통화시장은 급격히 위축돼 두 개의 은행이 도산했고, 몇 개의 전장과 은행이 공채시장 붕괴에 따른 직접적 결과로서 극도의 자금궁핍 상태에 빠져들었다. 상당수의 상해 자본가 또한 개인적으로 정부공채에 투자했고, 종종 차액을 노린 투기를 했었는데, 공채가의 수직하락은 그야말로 '머리가

---

18) 「國難聲中之金融市場」, 『錢業月報』 12卷 1號.

도는' 상황을 연출했다.[19] 이런 상황이 정권에 대한 신용도를 떨어뜨렸음은 물론이고, 공채를 주로 인수했던 은행공회와 전업공회 측의 강력한 반발이 뒤따랐다.[20]

2. 민중운동의 재흥

정권의 신용도에 좀더 큰 영향을 끼친 것은 일본의 침입과 그에 대한 남경정부의 대응이었다. 공채가의 하락에 반비례하듯이 일본의 침입으로 민족주의 감정이 수직상승해 거리에는 반일감정이 넘쳐흘렀다. 추도분(鄒韜奮)의 친구는 일본인으로 오해받아 택시를 탈 수가 없었고, 또다른 친구는 일본의 침략에 분개하여 일본인을 태우지 않고 질주하는 상황을 경험했다.[21] 1920년대에 주로 가정문제와 무협을 주제로 상영되던 영화도 일본의 침략 이후 현실과 항일 문제를 주제로 한 영화가 제작되기 시작했다.[22]

---

19) 「一週間國內外大事述評」, 『國聞週報』 9卷 5期; "Bondholders' Delirium," *China Weekly Review* 1932. 1. 30, 282면.

20) 「爲內國債券緩付本息之反響」, 『錢業月報』 12卷 1號; 「各界反對政府公債本息之表示」, 『錢業月報』 12卷 2號. 공채의 지불정지를 통해 재정문제를 해결하려 했던 손과의 노력은 각계의 반대로 실패로 돌아갔다. 그러나 불과 한달 후에 장개석측이 추진한 공채의 지불정지는 각계의 이의가 있었음에도 불구하고 비교적 무난하게 수행되었다(「經濟紀聞──持票人會對於內債之宣言, 銀行公會等商討內債本息緩付問題, 國難救濟會維持公債宣言」, 『錢業月報』 12卷 3號). 이런 차이를 두고 코블은 청방의 장개석 지지, 그리고 장개석의 당・정・군에 대한 통제권 장악 때문에 가능했다고 주장했다(Coble, 앞의 책 95~109면). 이 지적은 올바른 것이지만, 1・28사변 이후에 상해에 만연했던 반일감정(어떤 의미에서는 더 중요한)도 고려에 넣어야 한다. 멀리 떨어진 동북지방에서 일어난 일에 비해서 눈앞에서 전개된 일본의 침략은 상해인들에게 애국감정을 불러일으켰기 때문에, 장개석측의 '국가의 이익'을 위해 '사적 이익'을 희생해야 한다는 설명이 비교적 쉽게 받아들여질 수 있는 분위기가 만들어졌다.

21) 「人民已經團結一致的表現」, 『生活週刊』 6卷 46期.

그리고 남경정부의 강압적인 통제의 틈새에서 민중운동이 다시 싹텄다. 7월의 '만보산(萬寶山) 사건'을 계기로 상해시 각계 대표 500여명은 상해에서 상해시각계반일원교위원회(上海市各界反日援僑委員會, 이하 '반일회')를 결성했다. 이후 반일회는 일본의 9·18사변 발발에 대한 항의로 9월 22일에 각 단체 대표대회를 열고, 국민정부에 전국 총동원을 통해 일본군을 쫓아낼 것을 요구하며 반일회를 항일구국회(抗日救國會, 이하 '항일회')로 개칭했다.[23] 만주의 상실은 국토의 상실뿐만 아니라 경제적으로도 커다란 손실이었다.

상해의 각계는 분개했다. 상해의 각 대학 학생들은 수업거부를 결의했다.[24] 그리고 1931년 9월 26일 시당부는 항일회의 각 단체 대표대회 요청에 따라 공공체육장에서 시민대회를 소집하지 않을 수 없었다.[25] 10월 2일에는 '전시공계대표대회(全市工界代表大會)'가 시당부와 일부 노동조합 대표에 의해 소집되고, 이들은 즉시 출병과 경제절교를 통한 항일을 요구했다.[26] 10월에는 '전시공인항일구국연합회(全市工人抗日救國聯合會)'가 조직됐다.

남경 국민정부는 민간단체를 재편하여 통제하고 정치적으로 무력화시켰지만, 국토의 상실이란 민족적 위기상황에서 이들이 다시 국가적 대사에 관여하는 것을 억제할 방법이 없었다. 더군다나 남경정부는 여전히 민족주의에 의거한 반제(反帝) 입장을 견지하고 있었다. 따라서 민중의 반일운동에 대해 시정부나 시당부 또한 방조적인 입장을 취하기도 했다.[27] 다만 국민당은 이런 민중운동이 자신들의 '지도와 감독' 아래 진행되어, 민중운동을 그

---

22) 朱劍·汪朝光 編著 『民國影壇』(江蘇古籍 1997) 113, 148~53면 등.

23) 「今日全市下半旗誌哀──二十六日開市民大會」, 『申報』 1931. 9. 23.

24) 「滬教界積極抗日運動」, 『申報』 1931. 9. 24.

25) 「今日擧行市民大會──昨有代表分赴京粵」, 『申報』 1931. 9. 26; 「八百餘團體二十萬群衆擧行抗日救國大會」, 『申報』 1931. 9. 27.

26) 「抗日救國運動昨聞」, 『申報』 1931. 10. 3.

27) 後藤春美 「上海の排日貨と日本海軍陸戰隊の出動」, 『歷史學硏究』 700號(1997. 8) 31, 32면.

들의 의도대로 조정할 수 있기를 원했다.

그러나 민족의 위기상황에 직면하여 국민당의 통제가 이완된 상황에서 민중운동은 활동을 넓혀가기 시작했다. 9월의 시민대회와 10월의 전시공계대표대회는 국민당의 부저항정책과 국제연맹 제소와 같은 미온적 태도에 불만을 드러냈다. 국민당에 대한 비판이 등장하고, 공산당원의 선동으로 반장개석 구호까지 등장했다. 반일 청원에 대한 정부의 탄압에 학생들은 공개적으로 저항했다.[28]

국민당의 민중단체에 대한 통제력은 약화되고, 시당부는 분열되기 시작했다. 격화되는 민중운동을 통제할 수 없게 되자, 12월 중순에 시당부 집감위원이 연이어 모두 사직했다.[29] 왕한량은 시 전체의 국민당원을 소집하여 긴급회의를 개최하고, 시당부를 부인하고서 당무개진회(黨務改進會)를 만들었다. 당무개진회는 당부의 민중운동에 대한 억압적 태도를 비난하면서 "민중운동의 부활과 언론의 자유 그리고 검열제도의 폐지"를 주창했다.[30] 낭의 분열은 여기에서 그치지 않았다. 왕가륜(王家倫) 등은 당무개진회를 투기분자들의 활동으로 치부하면서 다시 1400여명의 당원을 모집, 긴급대회를 개최하고 따로 개진당무위원회(改進黨務委員會)의 설립을 의결했다.[31] 민중단체를 통제할 당이 사분오열되고 있었다.

민간단체의 재편으로 정치활동이 정지 내지는 축소되었던 민중단체들도 활동을 재개했다. 시상회의 성립으로 정치적인 권력을 박탈당했던 풍소산 등은 상인운동위원회를 조직하여 다시 시상회를 장악하려고 시도했고,[32] 상총련회도 일본의 침략을 평계로 민중운동 회복과 민주정신 실현을 주장하며

---

28) 「北大示威團游行發生衝突」, 『申報』 1932. 12. 6; 「各大學昨電請國府釋放北大同學」, 『申報』 1932. 12. 8; 「各大學生昨日向市政府請願」, 『申報』 1932. 12. 10 등.
29) 「王延松辭職談話」, 『申報』 1931. 12. 14; 「市黨部全體執監委員辭職電」, 『申報』 1931. 12. 17.
30) 「全市黨員緊急大會」, 『申報』 1931. 12. 14; 「黨務改進會改組黨務宣言」, 『申報』 1931. 12. 22.
31) 「全滬黨員緊急大會」, 『申報』 1931. 12. 22.
32) 이 책 제4부 제2장 제3절 '시상회에 대한 도전과 응전' 참조.

다시 활동을 시작했다.[33] 항일은 민중운동이 남경정부의 통제를 뚫고 다시 성치활동을 지향하게 만들었다.

1932년에 들어서면서 이런 활동은 더욱 가속화되었다. 1932년 1월에 사량재(史量才)·황염배(黃炎培)·유홍생(劉鴻生) 등은 '임신구락부(壬申俱樂部)' 명의로 빈번히 집회를 개최했고, 직업교육사(職業敎育社)는 장개석의 개인독재를 통렬히 비판하는 송경령(宋慶齡)의 선언을 게재했다. 그리고 마상백(馬相伯), 황염배(黃炎培), 목우초(穆藕初), 웅희령(熊希齡), 조봉창(趙鳳昌), 온종요(溫宗堯) 등은 중화전국국난구제회(中華全國國難救濟會)와 강소성국난구제회(江蘇省國難救濟會)를 만들었다. 이들은 당이 국민의 자유에 간섭하는 것을 금지하고, 지방자치를 힘써 실행하고, 헌정 시행을 준비하라고 주장했다.[34]

1932년 1월 일본의 상해 침공[35]은 상해에 더욱 심각한 문제를 야기했다. 1월 18일 상해에서 일본인이 사상(死傷)당하는 사건이 발생하자 1월 22일에 일본전함이 상해에 도착하여 중일간의 긴장은 더욱 고조되었다. 결국 1932년 1월 28일 새벽, 일본군이 공공조계의 일본인 거주지역에서 진군을 시작해 상해의 갑북지역을 급습했다. 인구밀집지역에 대한 공중폭격을 비롯한 전투의 확대는 갑북과 주변지역을 황폐화시켰고, 수많은 피난민이 공공조계로 밀려들었다.[36]

1931년 말에서 1932년은 국민당 통치에 또다른 위기를 안겨준 시기였다. 남경정부는 상해 인민의 지지, 특히 중소상인과 대상인, 지식인들의 지지를 바탕으로 탄생했음에도 불구하고, 1932년의 민족위기는 남경정부의 정통성

33)「各路商界聯合會繼續工作」,『申報』1931. 12. 24.
34)「中華民國國難救濟會昨日成立大會」,『申報』1931. 12. 20;「國難會電請實行制憲」,『申報』1931. 12. 25; 劉惠吾 主編『上海近代史』下(上海: 華東師範大學出版社 1987) 230~31면.
35) The Shanghai Incident(Shanghai: the Press Union 1932) 3~9면.
36) 1·28사건의 진행과정과 그에 대한 중국인과 조계의 대응에 대해서는「國內三周間大事日記」,『國聞週報』9卷 7期(1932. 2. 22) 참조.

에 심각한 의문을 불러일으켰고 국민정부의 민간단체에 대한 통제에 상해인들은 불만을 품게 되었다. 그들은 남경정부를 회의의 눈초리로 바라보기 시작했다.

1932년 1월 28일의 상해사변 이후 상해에는 좀더 영향력 있는 단체들이 출현했다. 우선 상해전투가 진행되는 동안 이를 지원하고 사태를 수습할 새로운 단체로서 '상해시민지방유지회(上海市民地方維持會, 이하 '지방유지회')'가 결성되었다. 지방유지회에는 상해의 저명인사들이 결집했다. 『신보(申報)』와 『신문보(新聞報)』의 대주주이자 직업교육사와도 밀착되어 있던 사량재(史量才)를 필두로 하여, 시상회 주석이었던 왕효뢰와 청방 대부 두월생이 참석했다. 그리고 장공권(張公權), 전신지(錢新之), 진윤경(秦潤卿), 임강후(林康侯), 진광보(陳光甫), 목우초(穆藕初), 유홍생(劉鴻生), 우흡경 등이 이사회에 참석하여, 지방유지회는 명실공히 상해 대상인과 저명인사들의 집합체였다. 지방유지회는 저명인사들의 역량을 바탕으로 행정·재정·군사 원조 임무를 수행하여 전쟁기간 내내 통치공백을 메우는 역할을 담당했다.[37]

1932년 6월에 전쟁이 일단락되면서 상해시민지방유지회는 상해시지방협회(上海市地方協會, 이하 '지방협회')로 개조되었다. 전쟁기간 질서유지 등의 업무를 수행했던 지방유지회가 해산과 동시에 지방협회를 결성한 것이다. 지방협회는 종전 후에도 민중의 단결을 고취하고 정부와 민중 간 의견소통 기능을 해나갈 것이라 자임하고 나섰다. 정부의 통제로 민간단체가 경제문제가 아닌 정치문제에 접근하기 힘들던 상황에서 지방협회가 정부에 민의를 전달하는 기관으로서 등장한 것이다.[38] 지방협회는 1932년 6월에 "본시 시민의 복리와 각항 지방사업의 운영 및 개진을 도모하고 협력한다"[39]는 취지

---

37) 上海市地方維持會 『上海市民地方維持會報告書』(上海地方協會 1932)의 「導言」 및 「上海市民地方維持會會員錄」 「上海市民地方維持會職員錄」 「大會記錄節要」 등을 참조.
38) 「閉會宣言」, 같은 책; 「市民地方維持會昨擧行閉會禮」, 『申報』 1932. 6. 4.

아래 설립되었다.

또 하나의 영향력 있는 단체가 내전 폐지를 목표로 내걸고 구성되었다. 1932년 4월 호강대학(滬江大學校) 유감은(劉湛恩)이 내전을 없애고 외모(外侮)에 대항하자는 주장을 했다. 이에 지방협회와 임강후, 오정창(吳鼎昌) 등이 주도하여 전국 각지 상회, 은행공회, 전업공회 및 북평·천진·상해의 각 단체 영수에게 '폐지내전대동맹(廢止內戰大同盟, 이하 '대동맹')' 건립을 호소했다.[40] 통전에 따르면 대동맹의 유일한 목적은 내전 방지였다. 중국의 대외치욕은 국내혼란에 원인이 있고, 따라서 내적 갈등을 없애야만 중국은 외국의 침입에 저항할 수 있다는 것이었다.[41]

1932년 8월에 '대동맹'은 상해 시상회 건물에서 첫번째 전국집회를 개최했다. "내전 반대가 중국 인민 구국의 길"이며 "내전 유발자와는 결코 협력하지 않는다"는 기치 아래 대표단은 오정창과 임강후의 연설을 들었다. 오정창은 개회사에서 대동맹은 평시에 공개적인 반내전 선전을 실행하며, 정치 분규가 발생할 때에는 내전으로 발전하지 않도록 조정하고, 내전으로 비화 시에는 협력을 거부하자는 의견을 제시했다.[42]

다음날 열린 토론회에서는 대동맹과 관련된 중요 의제 두 가지가 등장했다. 그중 하나는 50여명이 넘는 대표들이 제안한 것으로 내전 유발자의 자금원을 근절시키기 위해 금융계의 공채구입을 막을 수 있느냐 하는 문제였다. 이 문제와 관련해 은행가 전영명(錢永銘)은 대동맹에 가입한 모든 은행과 전장은 금후 내전을 유발하는 자에게는 한푼도 제공하지 않을 것이라고 말해 회의 참석자들로부터 박수를 받았다. 대동맹의 사업은 주로 상해 은행

39) 「地方協會成立」, 『申報』 1932. 6. 9; 劉惠吾, 앞의 책 260면.
40) 「本業公會聯合全國商聯合會·上海市商會·銀行同業公會發起廢止內戰大同盟通電」, 『錢業月報』 12卷 6號.
41) 같은 글.
42) 「廢戰內地大同盟會成立, 昨開代表大會」, 『申報』 1932. 8. 28.

가로 구성된 상시적인 상임위원회에 위임되었다. 그리고 호적(胡適)과 단기서(段祺瑞) 같은 명망가를 포함하는 명예위원이 선발되었다.[43]

28일 오후의 3차회의 토론의제 가운데 가장 난제는 내전의 범위 설정이었다. 초공전(剿共戰)은 과연 내전인가 아닌가. 심사위원회는 비초공(非剿共) 성질의 전쟁행위를 내전이라고 하면서도 상무위원회가 이를 연구, 결정할 것이라는 의견을 제시했다. 그러나 곧이어 또다른 사람이 초공전의 내전 여부를 재차 문의했다.[44] 장개석이 초공전을 진행하고 있는 상태였던만큼 이는 정권과의 대결 가능성을 내포할 수도 있었다. 대동맹은 이 문제에 대해 의견이 분분했고, 결국 상무위원회는 이 문제에 관한 한 어떤 실질적인 결정도 내릴 수 없었다.[45]

대동맹은 1930년대 초반의 가장 유력한 민간단체였다. 상해의 상인 영수들이 모두 대동맹으로 결집했다. 그러나 이들은 내전 폐지를 실천할 마땅한 방법을 마련하기 어려웠다. 그 어느 때보다도 강력한 정권이 근접하여 존재했고, 민간단체를 재편·통제하던 상황에서 예전과 같은 강력한 저항을 시도하기는 어려웠다. 이들이 실천할 수 있는 방법은 "내전을 일으키는 자와는 협력을 하지 않고" "간절히 애원하는" 것 이외에 별수단이 없었다. 왕중방(王仲芳)은 "우리의 과거 경험은 군지도자의 강요에 감히 저항하는 은행가나 상인은 목숨과 재산이 커다란 위험에 휩싸이게 됨을 우리에게 보여준다"[46]라고 말하며, 대동맹의 활동에 대해 비관적인 견해를 제시했다.『생활주간(生活週刊)』도 이 운동을 피상적인 노력으로 치부하면서 "내전을 폐지하려는 그들의 방법은 성공할 가능성이 없다"[47]고 결론지었다.

---

43) 「廢戰同盟昨日兩次會議, 昨晚宣言閉會」,『申報』1932. 8. 29; 「一週間國內外大事述評」,『國聞週報』9卷 35期(1932. 9. 5). 그밖의 명예위원들은 마상백(馬相伯), 이석증(李石曾), 양사이(梁士詒), 황부(黃郛), 웅희령(熊希齡), 주경란(朱慶瀾)과 우흡경이었다.

44) 「廢戰同盟昨日兩次會議, 昨晚宣言閉會」,『申報』1932. 8. 29.

45) 劉惠吾, 앞의 책 262면; Coble, 앞의 책 118면.

46) "The Anti-Civil-War Conference," China Weekly Review 1932. 9. 10.

좀더 정치적인 성격을 띠고 정객(政客)과 지식인이 많이 참여한 단체는 '중국민권보상동맹'이었다. 1932년 10월에 송경령(宋慶齡)은 국민당 중앙위원의 자격으로 정치범 문제를 다룰 특별위원회 설립을 추진했다. 그러나 그 노력이 물거품으로 돌아가자, 송경령은 12월 18일 채원배(蔡元培)·양행불(楊杏佛)·여조환(黎照寰)·임어당(林語堂) 등과 함께 '중국민권보장동맹' 조직을 선언했다. 이들은 동맹의 목적은 국내정치범에 대한 석방을 촉구하고 불법구금이나 가혹행위, 살육 폐지를 위해 노력하고, 법률적 지원 혹은 기타 원조를 함과 동시에 감옥의 상황을 조사하고 국내의 민권 압박 사례를 간행하여 사회의 여론을 환기시키는 것이라고 선언했다. 동시에 언론, 출판, 집회, 결사의 자유를 실행하기 위해 노력할 것임을 다짐했다.[48]

1932년 12월 29일에 채원배 등은 상해에서 중국민권보장동맹의 정식 성립을 선언했고, 1933년 1월 17일에 상해 분회가 성립되었다.[49] 중국민권보장동맹은 이후 조직의 확대를 도모했지만, 정치범의 석방과 같은 민감한 문제를 다루는 것은 위험성이 컸다. 특히 정치범이 좌경적인 색채를 띤 인사와 관련되어 있을 경우 일반인들이 동조하기는 쉽지 않았다. 결국 민권보장동맹은 분회를 거의 조직할 수 없었다. 민권보장동맹은 국민당이나 사회에서 영향력을 행사하던 송경령·채원배·양행불·노신(魯迅)과 같은 인물로 국한되었고, 조직은 총부와 북경 분회, 상해 분회가 거의 전부였다고 할 수 있다.

1932년 상해사변을 전후하여 나타난 이들 운동의 특색은 국민당 통치가 행하던 억압적인 민중운동정책에 대한 도전이었다는 점이다. 당무개진회, 상인운동위원회 등이 모두 민중운동의 회복을 요구했고, 국난구제회는 "국내

47) 「論非戰運動」, 『國聞週報』 9卷 22期(1932. 6. 6); 寒松 「我們對於廢止內戰運動的感想」, 『生活週刊』 7卷 21期(1932. 5. 28) 318~19면.

48) 「宋慶齡等發起中國民權保障同盟」, 『申報』 1932. 12. 18.

49) 「中國民權保障同盟昨日招待中外記者」, 『申報』 1932. 12. 31; 「中國民權保障同盟滬分會昨成立」, 『申報』 1933. 1. 18.

일부 집단이 당치를 표방하며 정권을 장악하고 통치계급에 자거(自居)하면
서 대다수 국민의 주인 지위를 무시한다"고 주장하며, 인민 자유에 대한 간
섭을 폐지하라고 요청했다.[50] 민권보장동맹 또한 국민당의 억압적인 민중운
동 탄압을 비판하고, 정치범 석방을 위해 노력했다.

심지어 일본군의 침입 이후 민심이 이반하는 사태를 수습하고자 국민당이
개최한 국난회의(國難會議)와 시참사회(市參事會)의 설립에서도 국민당이
이당치국(以黨治國)을 바탕으로 실시하고 있는 훈정에 도전하는 사태가 발
생했다. 국난회의는 광동의 비상회의와 남경측이 합치는 과정에서 제안되었
다. 1931년 11월 광동측과 남경측은 일본의 침입과 민중의 항일 요구에 호
응하여 타협을 모색했다. 광동과 남경 측은 각자 4전 대회를 개최한 후 합치
기로 타협하고 각기 광주와 남경에서 4전 대회를 개최했다.[51] 남경측은 4전

---

50) 「中華民國國難救濟會昨日成立大會」, 『申報』 1931. 12. 20; 「國難會電請實行制憲」, 『申
報』 1931. 12. 25.

51) 「中國國民黨中央執監委員非常會議召集第4次全國代表大會通電」, 『非常會議』 226~27
면. 타협과정에서 광동측과 이견을 보였던 왕정위는 따로 상해로 빠져나와 4전 대회를 개
최했다. 그래서 3개의 4전 대회가 개최되었다. 개조파의 영수인 왕정위가 장개석과 대립하
는 과정에서 보인 행동에서 우리는 그의 사상과 행동 간의 괴리를 엿볼 수 있다. 민두기는
왕정위의 행동이 국민당 '좌파'의 이상에 부합되지 않는 측면이 많다는 점을 감안해 개조파
를 이념을 지닌 하나의 파벌로서보다는 정치적인 이익을 따라 부침하는 정객(政客) 정도로
파악했다(閔斗基 「國民革命期 陳公博의 革命理論과 政治活動」, 閔斗基 編 『中國國民革命
指導者의 思想과 行動』, 서울: 지식산업사 1988 참조). 왕정위의 정치적인 행태를 볼 때,
이런 지적은 확실히 옳은 것 같다. 그러나 개조파가 처음 탄생될 당시에 표방한 이념은 진
보적인 청년과 당원들에게 확실히 인기가 있었고 국민혁명기에 지속되어온 '혁명적 열정'
을 반영하고 있었다. 다수의 '진보적'인 당원과 학생들은 개조파에 대한 지지를 아끼지 않
았다. 그러나 개조파의 최고지도자라 할 수 있는 왕정위는 이념과 권력이란 양자를 추구했
다. 그 와중에 이념의 순수성을 고집하기보다는 '권력'에 집착하는 모습을 보인 적이 많았
고, 최고의 지위를 차지하려는 그의 개인적인 야망은 강렬했다. 급변하는 정세 속에서 왕정
위의 개인적인 열망과 정치적인 '투기'는 더욱 두드러지게 나타났고, 각 정파간의 갈등과정
에서 수시로 배반과 타협을 거듭하게 했다. 따라서 4·12 직후 개혁적인 전망을 지녔던 수
많은 젊은이들은 개조파에 대한 지지를 점차 철회했고, 개조파는 단순한 하나의 투기적인 '정

대회에서 현재의 난국을 수습하기 위한 국난회의 개최를 제의하고, 1932년 4월 7일에 개최하기로 결정했다. 그러나 남경정부측이 이반하는 민심을 수습하려고 초빙한 각계의 명사들은 도리어 국민당의 '일당독재(一黨專政)'를 비판하는 목소리를 높였다. 이들은 국토와 주권의 수호를 요구했고, 동시에 인민들의 언론·출판·집회·결사의 자유와 헌정 준비 그리고 '국민대표회 (國民代表會)'의 설립을 요구했다.[52] 국난회의가 주장한 '국민대표회'는 예산·결산과 국채, 중요 조약, 국민대표회의 조직, 대표의 인원수 등을 결정할 권한을 갖는 것으로 되어 있었는데, 이는 국민당의 '훈정' 통치이념에 대한 명백한 수정 요구였고, 정책결정에 있어 사회단체의 참여폭을 넓히려는 움직임이었다.

1932년의 위기로 확산된 각종 민중운동이 국민당의 통치에 도전하고, 일당통치에 도전하기 시작했음에도 불구하고, 민중운동은 기본적으로 국민당의 통제에서 벗어날 수 없었다. 1931년 여름부터 시작된 민중단체의 활동은 기본적으로 당의 '지도'와 '감독'하에 있었다. 1931년에 결성된 반일회에는 시당부가 관여했고, 시민대회나 공계대표대회 모두 소집주체는 시당부였다. 비록 이들 대회에서 국민당의 통치를 비판하는 방향으로까지 운동이 발전했음에도 불구하고, 민중운동은 여전히 국민당의 통제를 받았다. 국민당 중앙은 1932년 1월에 일본과의 충돌을 피하기로 결정했고[53] 시당부는 자신들이 통제하던 100여개의 동업공회와 상해시 총공회를 이용해 항일회 해산을 요구하도록 만들었다. 시당부의 의도대로 이들 단체는 항일회에 대해 "잘못된 조치를 취하여 경제에 해를 끼친다"고 비난하며 "우리 민중의 기대와 위반되는 것으로" 해산해줄 것을 시정부에 요구했다.[54] 민중운동은 여전히 시당부와 정

객'으로 전락하고 말았다(졸고 「改組同志會의 國家建設構想과 政治活動(1927~1930)」, 『中國現代史研究』 1집 참조).

52) 「國難會議閉幕」, 「國難會議決議設立民意機關」, 『申報』 1932. 4. 13.

53) 劉惠吾, 앞의 책 238면.

부의 손아귀에 있었던 것이다.

　민중운동은 확실히 활성화되었지만, 시당부의 지도와 감독은 여전했다. 이런 상황이 연출된 것은 상회의 통합과 영업세 도입과정(다음 장 참조)에서 볼 수 있듯이 민중들의 의견을 수렴하여 정부에 전달하는 한편으로, 정부의 시책에 협조하도록 되어 있는 민간단체의 이중적 성격 때문이었다. 각 단체는 당의 방침을 하부조직에 전달하여 실천하는 일을 하면서 동시에 민중들의 요구를 수렴하여 당에 전달하는 '전달자'로서의 역할도 해야 했다. 따라서 당이나 국가의 통제력이 강할 때에는 하향식의 기능이 강했던 반면, 당의 통제권이 약화될 때에는 민중들의 요구를 수렴하여 표방하는 상향식 기능이 더 크게 부각되었다. 민간단체는 당과 국가의 통제력이 이완될 때면 하부조직의 요구사항을 어떻게든지 관철시켜야 된다는 압력에 시달리게 되는 것이다.

　바로 이런 이유로 인해 민간단체의 활동력이 강화될 때, 바꾸어 말해 당의 통제력이 약화될 때 그들은 가능한 한 당의 통제를 배제한 채 자신들의 역량을 강화시켜 '사회적 합의'에 의해 사회문제와 정치문제를 해결하려고 시도하는 것이 당연한 결과였다. 1932년에 국민당의 통치에 대한, 일당독재에 대한 도전이 강화된 것은 이런 연유 때문이었고, 민간단체가 중심이 되어 '사회적 합의에 의한 사회운영'을 강화하려는 움직임이 재차 나타났다. 즉 '민중단체'의 재편 이전에 총상회를 비롯한 상계단체가 주장한 독일식 경제회의 구상이 다시 고개를 들었다.

　내우외환이 한꺼번에 몰려오는 이때에 전국의 재능과 지혜를 모으고, 설계·감독의 권한을 주어 천천히 신중하게 토론하여 성안(成案)을 만들어 즉시 시행토록 하지 않으면 안 된다. 재정·경제 등 이대 건설은 착수하여 효과를 보기가 극히 어렵기 때문이다. 전국경제회의는 비록 민국 17년 6월 말에 1차 소집되었으나 개회기간이 너무 짧았을 뿐만 아니라 그 직권은 단지 재정부의

---

54) 「抗日會取消」, 「取消抗日會中各團體消息」, 『申報』 1932. 1. 28.

자문 역할에 불과하여 독일의 전국경제회의와 명실상부하지 않았다. 따라서 비록 좋은 결의가 있어도 실현될 수 없었다.[55]

그러나 국민당의 민간단체에 대한 통제가 무력화되지 않는 한, 민중운동과 국가의 관계는 '하향식 전달'과 '상향식 건의'의 충돌과 역관계의 변화일 뿐, 국가와 민중단체의 관계를 근본적으로 변화시킬 수는 없었다. 결국 일본과의 관계를 어느정도 정리하면서 국민당의 민중운동에 대한 통제는 다시 강화되기 시작했다. 시상회를 비롯하여 민간단체의 활동은 정부와 민중을 연결하는 중개자 역할에서 여전히 벗어나지 못했다.

또다른 특징은 이 당시에 정치활동의 주역이 되었던 지방협회, 폐지내전대동맹, 민권보장동맹의 활동주체가 이전의 운동주체와는 차이가 있었다는 것이다. 1920년대 중반과 후반의 각종 반제(反帝)·반군벌(反軍閥) 운동의 주체는 자각한 개인을 바탕으로 한 집단이 아니라 '동향방'이나 특정 단체에 개인이 매몰된 상태에서 집단의지를 바탕으로 한 민중이었다. 이들은 민간단체의 통합과 정리로 정치적인 힘을 상실하고 남경정부에 '충실한' 단체로 변했다. 반면에 1930년대에 전개된 정부에 비판적인 운동의 주체는 상대적으로 정치적인 자각과 의지가 있던 지식인과 대상인들을 중심으로 한 사회의 지도층 인사들이었다.

지방협회, 폐지내전대동맹, 민권보장동맹의 주도층은 사회적 위치, 자산, 정치적 명망성에 힘입어 상대적으로 국민당의 통제에서 자유로웠다. 민권보장동맹 상해 분회는 초기에 송경령, 채원배, 양행불, 임어당, 추도분, 진빈화(陳彬和), 호유지(胡愈之), 노신, 아이작(Isaccs, 伊羅生) 등이 집행위원이었고, 1933년에 중앙집행위원과 상해 집행위원을 겸하고 있던 송경령 등 7인을 대신하여 선출된 이는 욱달부(郁達夫), 홍심(洪深), 오매(吳邁), 심균유(沈均儒), 왕조시(王造時), 전화(錢華), 령명여(寧明予)였다.[56] 이들 대다수가 국민

---

55) 「經濟紀聞 ── 市民聯合會促開全國經濟會議」, 『錢業月報』 12卷 2號.

당 내에 영향력을 갖고 있거나 사회적으로 저명한 지식인들이었다.

지방협회는 단체가 아닌 개인을 구성원으로 했는데, 대다수 성원이 상해 대상인들이었다. 자금력이 있던 이들은 남경정부의 공채를 소화하는 과정에서 상대적으로 남경정부의 통제를 덜 받을 수 있었다. 100여명으로 구성된 지방협회의 활동방식은 각 방이나 동업공회를 정치적인 기반으로 삼아 활동하던 과거의 방식과는 차이가 있었다. 대다수의 동업공회가 상회법에 따라 시상회로 통합되고, 동향회도 민중단체등록법에 따라 통제를 받고 변화되던 상태에서 동업공회 등을 정치적 지지기반으로 삼아 남경정부에 대항하기는 어려웠다. 이들이 의지한 정치적 자산은 자신들의 경제적인 능력과 사회적 명망성이었다.

3. 공황에 따른 상계 이익의 균열

정치적인 변동과 1·28사변에 이어 상해인들의 불안심리에 치명타를 가한 것은 공황이었다. 1931년까지 은값 하락의 이익을 누리던 상해의 경제는 1932년부터 세계공황의 여파에 휩싸이기 시작했다. 세계 각국은 불황에서 탈출하기 위해 안간힘을 썼다. 1931년 영국을 선두로 금본위제(金本位制)를 폐지하고, 화폐가치의 절하를 단행했다. 그 뒤를 이어 1931년 12월에 일본이, 1933년에는 미국이 금본위제를 폐지했다. 그 대가로 은값이 상승하기 시작했다.

은값 상승으로 1931년까지 누리던 경제적인 성장은 급작스럽게 암흑기를 맞았다. 경제성장기에 시설투자를 늘렸던 각 공장들은 확대된 시설에서 생산된 물품을 팔 곳이 없었다. 물가는 하락하기 시작했고, 경제는 불황의 늪

---

56) 「中國民權保障同盟滬分會昨成立」, 『申報』 1933. 1. 18; 「民權保障同盟昨日召開會員大會」, 『申報』 1933. 3. 19.

표13 상해에서 중국 통화의 외환비율 가중지수 (1931~35)

연도	1931	1932	1933	1934	1935
지수	100.0	128.3	145.9	173.1	199.2

출전 Lin Wei-ying, *The New Monetary System of China*(Chicago 1936) 15면.

으로 빠져들었다.

불황은 농촌에서 먼저 시작됐다. 상해의 농산물 도매물가지수는 1930년을 100으로 할 때, 32년에 86.67, 33년에 77.14, 34년에 68.38로 떨어졌다.[57] 게다가 1931년에서 34년에 걸쳐 일어난 가뭄과 수재는 중국 농촌의 경기침체를 가속화했다. 1931년에서 34년 사이에 중국 국민총생산 중 농업의 점유비중이 현시가로 계산하여 47% 하락했다.[58] 농촌의 은은 불황을 피해 높은 이자를 찾아 상해로 몰려들었다.

농촌불황과 은값 상승은 수요를 감소시켜 상해의 산업과 상업도 침체기에 접어들었다. 1932년에 물가가 11.4% 하락한 데 이어 1935년에는 1932년에 비해 23.9%가 하락했다.[59] 경기는 침체되고 물건은 팔리지 않았다. 1933년 10월에 제분업의 재고량은 2000만 포 이상이었고, 밀가루 가격은 포당 3.50원에서 1.80원으로 하락했는데, 이는 수십년간 일찍이 볼 수 없었던 낮은 가격이었다.[60]

상해와 중국 산업의 핵심이라 할 수 있는 면방적·방직업도 심각한 타격을 받았다. 1933년 봄에, 면사 가격은 대다수 공장의 생산가를 밑돌았다.[61] 결국 화상사창연합회(華商紗廠聯合會)는 각 공장의 조업을 20~25% 단축하

---

57) 「目前恐慌中中國農民的生活」, 『東方雜誌』 32卷 1號(1935. 1. 1).

58) Eastman, 앞의 책 189~90면.

59) 『解放前後物價資料』 12면.

60) 魏永理, 앞의 책 335면; 劉惠吾, 앞의 책 279면.

61) 上海社會科學院經濟硏究所 編 『榮家企業史料』 上(上海人民 1980) 362~63면과 530면의 도표.

기로 결정했다.[62] 상해가 중심이 된 주요 공업품의 영업액은 급격히 하락하여 1931년을 100으로 할 때, 1933년에 면방직업은 44.9, 제분업은 41.9 등으로 떨어졌다.[63] 불황은 계속되었다. 영종경은 "예전에 시황이 좋지 않았을 때엔 잠시 희생을 견디면서 그나마 활동할 수 있었으나 현재 면포는 갈수록 싸지고 판로는 갈수록 줄어드니 더이상 희생할 수 없는 지경에 이르렀다. 면사공장을 설립한 이래 근년과 같은 어려움은 없었다"고 고통스럽게 말했다.[64] 은행들의 대출 기피로 현금시장이 긴축되고 도산이 만연하여 1935년에는 1933년의 2배에 해당하는 기업이 도산했다.[65]

상업이 상대적으로 먼저 불황의 영향을 받았다. 1932년 일본의 침입은 상업의 침체를 가져왔고[66] 이후 불황이 덮치면서 회복이 어려운 상태에 이르렀다. 1934년 중반에 통화시장이 긴축된 이후, 각 상점의 파산이 상점가를 휩쓸었다. 한달 평균 상업파산자가 2배 이상 증가했고, 상점은 최대의 희생자가 되었다.[67] 1935년 당시 상해의 상공인들은 상해 상공업에서 공장 휴업이 40%, 상업 휴업이 30%에 달했고, 실업 노동자가 50여만을 헤아린다고 주장했다.[68]

경기침체는 부동산 거래에도 나쁜 영향을 미쳤다. 9·18사변으로 타격을 입은 부동산업은 은행이 농촌에서 유입된 자금을 바탕으로 부동산에 투기를

---

62) 「榮宗敬報告上海華商紗廠危機幷擬具救濟方案致行政院呈」, 中國第二歷史檔案館 編 『中華民國史檔案資料彙編』 5輯(江蘇古籍出版社 1994) 1編 財政經濟(6) 15면(이하 『檔案彙編』 5-1-財政經濟(6)으로 표기); Coble, 앞의 책 149~57면; 魏永理, 앞의 책 331~35면; 劉惠吾, 앞의 책 280면.

63) 『解放前後物價資料』 15면.

64) 『榮家企業史料』 上, 362~63면.

65) 吳承禧 「民國二十四年的中國銀行界」, 『東方雜誌』 33卷 7號(1936. 4. 1) 77면; 劉惠吾, 앞의 책 284면.

66) 「日兵犯境中之本埠商業」, 『錢業月報』 12卷 2號.

67) 吳承禧, 앞의 글 75~77면.

68) 「工商救濟會電呈成立原文」, 『申報』 1935. 3. 6.

표14 중국은행이 평가한 각종 산업의 영업액 변동지수 (1930~33)

산업	영업액 지수 (1930=100)		
	1931	1932	1933
면방업	78	52	35
면직업	128	110	110
염직업	125	110	80
모직업	89	65	85
사직업	160	110	90
침직업	100	70	50
제분업	120	85	50
연초업	115	105	80
성냥업	120	135	140
橡膠業	200	135	80
搪瓷業	158	126	95
漆油業	128	137	185
화장품	120	75	85
機器業	125	81	73
調味粉	112	135	100
보온병	100	120	150

출전 中國銀行總行・中國第二歷史檔案館 合編『中國銀行行史資料匯編』上編 三(南京: 檔案出版社 1991) 2127면.

하면서 일시 회복되는 기미를 보였으나, 9・18사변 전의 번영을 되찾지는 못했을 뿐만 아니라 미국의 '백은구매법(白銀購買法)'이 효력을 발휘하면서 부동산 거래는 더욱 뜸해지기 시작했다. 1934년의 부동산 거래는 1931년의 7.1%밖에 안 되는 12,990,150원이었다.[69] 땅값은 폭락했고 빈집이 허다했으며 방세를 내지 못하는 자가 속출했다.[70]

상해의 경기가 전반적으로 침체되고 상공업자가 곤경에 처해 있을 때, 은행은 때아닌 호황을 누렸다. 불황이 먼저 찾아든 농촌지역의 부유층들이 상해의 은행으로 자신들의 돈을 유출시킨 때문이었다. "내지 자금이 도시로 몰

---

69) 「上海之房之産業」, 『申報』 1936. 3. 5.
70) 張仲禮 『近代上海城市研究』(上海人民 1990) 454면.

려들어" 1932년에 중국은행(中國銀行)에 유입된 자금총액은 해외 분행(分行)의 유입금을 제외하고 약 7억 5천여만원으로 그중 약 50% 정도가 상해로 유입되었다.[71] 중국은행뿐만 아니라 상해에 있던 은행들의 수신액은 대부분 증가했고, 1934년에 10여개의 신규 은행이 설립되었을 뿐만 아니라 분행이 속속 설립되었다.

1932년에 시작된 공황은 1934년경에는 전산업에 영향을 끼쳤지만, 상해에 닥친 공황은 시기나 파급효과 면에서 일률적이지 않았다. 표14에서 보듯이 각 산업이 공황에 노출되는 시기가 각기 달랐고, 그만큼 자본가간의 이해관계도 상충되어 나타났다. 금융산업은 상대적으로 공황의 영향을 늦게 받았고, 화폐가치가 상승하는 상황에서 전례없는 융성을 누릴 수 있었다. 그러나 금융업자는 은값의 상승에 따른 고율의 이자로 예금 예탁자에게 그에 상응하는 이자를 지불하기 위해서 수익성 있고 안정된 사업을 찾아야 했다. 그 때문에 이윤이 낮고 위험성이 높은 상공업에 대출을 하기는 어려웠다.

1934년 후반에 미국의 은구매정책이 효력을 발휘하면서, 은행가의 호황도 종결로 치달았다. 내지에서 상해로 흘러들어온 은은 다시 해외로 유출되었다. 상해 은행들의 은보유고가 급격히 줄어들고 은행업을 융성하게 했던 조건은 사라졌다. 금융 경색에 따라 금융업도 쇠락하기 시작했다.[72]

1934년은 농민, 상인, 제조업자에게 재앙이었다. "농촌은 대재해 때문에 파산을 면할 수 없었는데, 소위 지상의 천당이라 불리던 소주에서도 농민폭동이 일어날 정도이니 그 상황은 가히 상상할 수 있다." 각 상점의 도산이 끝없이 이어졌고, 잠사업(蠶絲業)과 방직업의 위기는 더욱 심화되었다. 각 성의 재정상황도 세수의 감소로 악화되어 재정담당자는 날마다 돈을 빌리는 것이 일일 정도로 그날그날을 메우기에 바빴다.[73]

---

71) 中國銀行總行・中國第二歷史檔案館 合編 『中國銀行行史資料匯編』 上編 三(南京: 檔案出版社 1991) 2064~65면.

72) 劉惠吾, 앞의 책 284면; Coble, 앞의 책 6장 참조.

동향관계나 개인적인 인맥을 통해 돈을 빌리는 것도 경제상황의 악화로 한계에 달했다. 중소형 공장이나 상점을 경영하는 상인들이 자금압박으로 고통을 받을 때에도 면방직업과 제분업의 대자본가였던 영종경은 은행이나 전장에 투자를 하고 그 대가로 비교적 쉽게 돈을 대출받아 썼다. 영종경은 상해은행에 주주로서 참여했고, 중국은행의 송한장(宋漢章)과는 사돈관계를 맺었다. 이런 관계(關系)를 통해 영종경은 많은 돈을 빌릴 수 있었는데, 1933년 12월까지 상해상업은행의 면방직업에 대한 대출의 58.6%를 신신사창(申新紗廠)이 장악했을 정도였다.[74] 영종경은 전장에 투자한 액수보다 많은 돈을 빌리거나 담보 없이 혹은 적은 담보로[75] 거액의 자금을 빌려 쓸 수 있었다.

하지만 영종경조차도 1934년에는 더이상 자금압박을 견딜 수 없었다. 영덕생(榮德生)은 1934년의 상황을 "이곳저곳에서 구멍이 났으나 영업은 정지할 수 없고 (…) 단지 억지로 지탱할 뿐이다"라고 기록했다.[76] 1934년에 영

73) 吳承禧「民國二十三年的中國銀行界」, 『東方雜誌』 32卷 2號(1935. 1. 16) 34~35면.
74)　中國人民銀行上海市分行金融研究所　編　『上海商業儲蓄銀行史料』(上海人民　1990) 513~14면;『陳光甫與上海銀行』(北京: 中國文史出版社 1991) 22면. 상해상업은행의 면방직업에 대한 투자가 신신에 집중된 이유는 투자자금의 안정성을 확보하기 위한 일환으로서 기업의 회생을 통한 투자자금의 회수라는 생각도 작용했다(『上海商業儲蓄銀行史料』, 109면; 中田昭一「恐慌下の中國における銀行融資――信用リスクの增大と中國銀行業」, 『史學研究』 222號 38~39면 참조).
75) 상해은행, 중국은행과 각 전장이 담보품을 잡고 대출을 했음에도 불구하고, 이런 담보가 항상 채권 회수를 보장하는 것은 아니었다. 예컨대 신신7창 경매사건에서 나타난 상황을 살펴보면 회풍은행은 제1채권자로서 자신들의 부채를 회수하기 위해 신신7창을 경매에 부쳐 225만원에 낙찰되었다. 200만원의 회풍은행 채권을 상환하고 나면 남는 돈은 25만원에 불과했다. 하지만 중국은행, 상해은행과 영강전장(榮康錢莊), 자풍전장(滋豊錢莊) 등 13개 은행과 전장이 구성한 은행단도 제2채권인으로 신신7창을 담보로 대출을 했다. 따라서 제2채권단은 돈을 회수할 방법이 거의 없었고 그들의 담보는 허구에 지나지 않았다. 또한 경대전장(慶大錢莊)의 경우 140만원 가치의 부동산을 담보로 140만원을 대출하고 있으며 신신7창에 대한 채권단에도 참여하고 있다(『榮家企業史料』 上, 405~406, 469~70, 472면 참

표15 영종경 혹은 신신사창의 은행 및 전장에 대한 투자와 대출액 (단위: 천원)

	中國銀行		上海銀行		振泰錢莊		新康錢莊		滋豊錢莊		福泰錢莊		生昶錢莊		榮康錢莊	
	연도	금액	연도	금액	연도	금액	연도	금액	연도	금액	연도	금액	연도	금액	연도	금액
투자액	1935	250	1935	450	1932경	34.56	1932	25.2	1932	?	1932	7.2	1932	28.8	1932	14.4
대출액	1934	10,340	1933	13,220	1931 1933	340 288	1935	180	1934	120	1934	100	1934	?	1934	?

출전 上海社會科學院經濟研究所 編『榮家企業史料』上(上海人民 1980) 254, 401, 406~407, 457, 498, 553면의 관련 기사 및 도표;『中國銀行行史資料匯編』上編 二, 1100~1103면에 의거해 작성.

■ 금액은 國民黨中央黨府國民經濟計劃委員會 編『十年來之中國經濟建設』(1937) 4章 財政 2면에 의거하여 이전 화폐단위인 냥(兩)을 0.72의 비율로 은원(銀元)으로 환산한 수치임.

■ 자료의 부족 때문에 시간 기준이 동일하지 못함에도 불구하고, 투자와 대출의 상관관계를 파악하는 데에는 커다란 무리가 없을 것으로 판단한다. 또한 각 전장이 1934년 당시에 계속 채권자로 권한을 행사하고 있다는 점에서 대출액이 투자액을 상회하였음은 분명하다. 이는 신강(新康)의 소송사건에서 명확히 드러났는데, 소송 당시 사업을 정리한 신강이 받아야 할 액수는 18만원이었다.

■ 진태전장(振泰錢莊)의 대출액은 1931년과 1933년에 각각 대출한 액수이다.

종경의 신신사창은 회풍은행(匯豊銀行)의 빚을 갚을 길이 없었고, 결국 신신7창은 1935년 회풍은행에 의해 경매되는 최악의 사태를 맞이해야 했다.[77]

조). 또한 전장 대출의 25% 정도가 신용대출이었다(같은 책 554면). 이런 점에서 볼 때 영종경의 관계를 바탕으로 한 대출은 영종경의 입장에서는 상당히 성공적(?)이었다.

76) 같은 책 378면.

77) 영종경의 신신7창 문제는 중국 면방직업의 장래와 연관된 중대한 사건이었다. 따라서 수많은 정부인사와 상해 각계의 관심을 받았고, 회풍은행의 경매사건은 중국인의 심한 반발을 불러일으켰다. 연일 신문에는 신신사창에 관한 관련보도와 지원 요청이 쇄도했는데, 경매 당시에 구입자측의 법률대리인이 일본인이었다는 사실 때문에 구입자가 일본측 공장이 아니냐는 설이 난무했고, 다시 반일·반영(反英) 분위기가 나타나고 있었다(「陳公博昨來滬謀救濟申新七廠」,『申報』1935. 3. 1;「各界昨續商救濟申新七廠辦法」,『申報』1935. 3. 2;「申新七廠事待孔部長返滬後解決」,『申報』 1935. 3. 3;「申新七廠事週內可望解決」,『申報』1935. 3. 4;「申新七廠決定取贖」,『申報』1935. 3. 20. 등). 당시 영종경은 전반적으로 자금 압박에 시달리고 있었는데, 제분업은 중국은행과 상해상업은행에 상당한 빚을 지고 있었다.

상공업자, 노동자 등 상해인들의 마지막 의지처는 정부였다. 공황 같은 거대한 폭풍을 소규모 민간단체의 힘만으로 막아내기는 힘들었고, 이들은 보다 큰 보호막으로서 정부의 지원을 원했다. 시총공회는 각 공장의 휴업으로 노동자의 생계가 위협받고 있음을 지적하며 정부에 지원을 요청했고,[78] 중소상공인들은 '공상업구제협회(工商業救濟協會)'를 결성하여 정부에 재정지원을 요청했다.[79] 민간단체의 재편으로 정부의 권한이 강화된 상태에서 공황이 정부의 경제개입을 더욱 정당화하면서 정부의 역할은 강화되고 민간사회의 자율적인 힘은 약화되었다.

공상업구제협회는 파산에 직면한 기업에게 500만원의 소액대출을 해줄 것을 중국은행과 교통은행에 요구했다. 그리고 경제부흥을 위해 실물을 담보로 한 대출을 허락하도록 정부에 청원했다.

정부는 상해의 상공업자를 위해 움직이기 시작했다. 공상희는 상공업자의 제안에 호응하여 각계 인사를 초청, 실업구제 방안을 공동 모색했다.[80] 중국은행과 교통은행, 그리고 중앙은행이 곤경에 처한 상공업자를 위해 차관을 제공하자고 제안하고 독촉했다. 그리고 표면적으로나마 이런 요구를 수용하여 공상희는 3월 20일에 중앙정치회의(中央政治會議)에서 1억원의 관세공채를 통과시켰다. 보광진(陳光甫)을 위원장으로 한 은행위원회는 공채로 얻은 돈이 상계 발전을 위해 대출되리라 생각했고 구체적인 방법을 토론하기 시작했다.[81]

---

78) 「總工會代表請願市府要求救濟失業廠工」, 『申報』 1935. 3. 19; 「淸潔工人昨向市政府請願救濟」, 『申報』 1935. 3. 19; 「市當局救濟人力車夫」, 『申報』 1935. 3. 22; 「全國火柴聯合會昨再呈財部呼籲救濟」, 『申報』 1935. 3. 24.

79) 「工商救濟會電呈成立原文」, 『申報』 1935. 3. 6.

80) 「中國工商業救濟協會議定救濟工商辦法」, 『申報』 1935. 3. 8; 「中國工商業救濟協會推定代表向政府請願」, 『申報』 1935. 3. 9; 「孔部長昨召集各界領袖會商救濟市面辦法」, 『申報』 1935. 3. 10; 劉惠吾, 앞의 책 286면; Coble, 앞의 책 7장.

81) 「中政會決議發行金融公債一萬萬」, 『申報』 1935. 3. 21; 「中央銀行函復商會承兌匯票可重

그러나 예상과 달리 공상희는 3월 21일 돌연 1억원의 공채를 다른 용도로 발표했다. 3000만원은 중앙은행의 증자용으로, 그리고 2500만원과 1000만원은 중국은행과 교통은행에 정부가 대주주로 참여하는 자본으로 사용될 것이라 설명했다. 나머지 3500만원은 중앙은행의 차입금 상환에 사용된다고 발표했다.[82]

이 조치로 정부는 중국 최대의 은행인 중국은행과 교통은행의 최대주주가 될 수 있었다. 중국은행의 원자본액은 2500만원으로 그중 500만원이 정부의 주식이었다. 여기에 다시 정부자금 2500만원이 추가됨으로써 정부는 중국은행의 주식을 과반수 이상 소유하게 되었다.[83] 교통은행의 자본은 1000만원으로, 그중 정부 주식이 200만원이었는데 정부에서 다시 1000만원을 추가 출자한 것이다. 이로써 정부는 명실공히 중국은행과 교통은행을 지배할 수 있는 최대주주로 자리잡았고 이런 조치는 형식적으로나마 주주총회에서 확인받았다.[84]

이 조치는 자본가들 사이에 그나마 남아 있던 여력과 독립성을 빼앗는 조치였다. 국민당은 공황으로 위기에 처한 공상업 구제를 구실로 사회에 대한 장악도를 높일 수 있었고, 중국은행과 교통은행에 대한 증자라는 단 한번의 조치로 중국 최대의 자본가를 자신의 수중에 넣을 수 있었다. 장개석은 "세 은행에서 정부 지분 주식의 증가는 금융통제의 실시이다"라고 말했다.[85] 중

貼現」,『申報』 1935. 3. 21.「財部爲救濟市面發行一萬萬元公債」,『申報』 1935. 3. 22.

82)「財部爲救濟市面發行一萬萬元公債」,『申報』 1935. 3. 22;「孔祥熙昨晨抵滬」,『申報』 1935. 3. 22;「財部發行金融公債增三銀行資本」,『申報』 1935. 3. 24.

83) 처음에 2500만원을 증액하기로 한 공상희의 의도는 중국은행 주주총회를 거쳐 1500만원으로 삭감되었으나, 1500만원만 증액해도 정부가 최대주주가 되는 것에는 변화가 없었기 때문에 재정부는 이에 동의했다. 이에 대한 구체적인 자료는『中國銀行行史資料匯編』上編 一, 215~21, 382~85면.

84)「中國銀行今日開股東會, 討論增加官股問題」,『申報』 1935. 3. 30;「中國銀行昨開股東總會」,『申報』 1935. 3. 31.

85) 劉惠吾, 앞의 책 287면.

국인 소유의 은행자본가는 민간단체 재편 이후 정치적 영향력을 발휘할 수 있었던 거의 유일한 상계집단이었다. 따라서 그들의 몰락은 중국 금융계에 대한 완벽한 정부 지배를 의미할 뿐만 아니라 독립된 압력집단이자 이익집단으로서의 기업가의 종말을 의미했다. 상해 사회에서 정부의 영향력이 더욱 커졌음은 말할 필요도 없을 것이다.

II. 정부와 상인의 중개자 시상회

1. 상거래와 시상회, 동업공회

남경 국민정부의 상계 재편에 따른 동업공회와 시상회의 결성은 상인단체 조직의 통합과 조직 외형의 변화를 가져왔다. 기존의 회관, 공소, 그리고 상민협회, 총상회, 현상회, 상총련회 등의 조직은 동업공회와 시상회로 일원화되었다. 외형적인 조직형태의 변화는 상인단체의 활동방향 및 경제영역에서의 역할에도 변화를 야기했다.

국민정부가 정한 공상동업공회법에 따라 각 업종이 편제된 후 전통적인 회관, 공소는 변화를 겪었다. "사회 진화를 방해하는 것이나 지방 관념 혹은 봉건관계에 기반하여 조직된 민중단체"[1]에 혐오감을 나타냈던 남경정부는 전통적인 행회제도를 이용하면서도 이들을 통제해야 한다는 것을 잊지 않았다. 즉 국민당의 통합방침은 전통적인 행회제도와 유사한 동업공회라는 '외면적인' 틀을 이용하면서 회관, 공소의 지연적 결합과 자립성의 약화를 목표

---

1) 『中央黨務月刊』 2冊 379면.

로 했다.[2] 하나의 동업공회로 통합을 노린 국민당은 '공상동업공회법' 시행 후 1년 내에 공소, 회관 모두 개조하도록 명했다. 동업공회 결성과정에서 방별 관념 혹은 주도권 장악 등과 관련해서 독자적인 조직을 만들려는 움직임이 있었으나 이는 허락되지 않았다(이 책 제3부 제3장 참조).

동업공회로 재편된 후에 동업공회의 역할은 명확하게 경제관계로 한정되었다. 이전에 회관이나 공소가 수행하던 종교적 역할이나 자선단체적인 기능은 자연스럽게 동업공회의 역할에서 제외되었다. 회관, 공소, 동향회는 경제단체와 동향단체의 성격이 불분명하게 혼재되어 있던 상태에서 경제적인 성격과 동향업무 가운데 하나를 택하지 않을 수 없었다. 일례로 전업종사자와 관련된 단체는 총공소(總公所)와 북시전업회관(北市錢業會館), 그리고 새로 조직된 전업동업공회가 있었다. 전업종사자는 정월 초오일에 공회에 모여 일률적으로 개점하고, 13일에 총공소로 달려가 신을 모시고 단배(團拜)를 행하고 주연을 개최했다. 경제업무와 동향업무의 분리였다.[3]

동향단체는 남경정부의 상회법 실시 이후, 자신들의 역할을 동향인을 위한 봉사활동으로 한정했다. 회관과 공소의 경제적인 역할이 동업공회로 귀속된 이후, 동향회는 생존자에 대한 업무를 그리고 회관과 공소는 죽은 자에 대한 업무를 취급하는 것으로 자연스럽게 귀착되었다.[4]

동향회조차도 남경정부의 민간단체 재편을 피할 수는 없었다. 남경정부는 모든 민간단체의 등록과 당의 지도·감독을 원했던만큼, 동향단체에 대한 간섭과 영향력을 확대해나갔다. 당과 정부의 간섭이 확대되는 과정에서 당과 정부의 인정이 동향단체들의 존립에 결정적인 영향을 미치는 상황이 되

---

2) 根岸佶『上海のギルド』(東京: 日本評論社 1951) 18, 212~13면 등. '길드'의 자립성 존속 여부에 관해 명확한 언급을 회피한 경우에도 동업공회가 길드제도의 연장임을 표방하여 그 지속성을 주장하고 있다. 그러나 남경정부가 청조와 달리 통제정책을 펴고 있으며 그런 의도도 가지고 있었음을 같이 언급하여 상호 모순된 서술도 눈에 띤다.

3) 같은 책 120, 212면.

4) 高洪興「近代上海的同鄉組織」,『上海研究論叢』5輯(1990) 121면.

어갔고, '봉건성과 종법성'을 배타시하는 국민당의 '근대적' 태도와 화장제도의 발달 등에 따라 동향단체의 영향력도 감소될 수밖에 없었다.

반면 동업공회는 설립 당시부터 경제문제에 집중할 것을 표명했다. 국민정부는 동향단체인지 경제단체인지 명확치 않고 그 기능마저도 애매했던 이전의 회관과 공소에서 경제단체의 기능을 분리하여 동업공회로 이전하도록 했다. 성격이 불분명하던 경제단체의 합리적 정비였다. 국민정부는 상회─동업공회─개인으로 이어지는 위계질서를 구축했고, 그럼으로써 상회나 동업공회를 통해 그 회원을 통제하고 나아가서는 시장을 통제하는 것을 목표로 했다.[5]

국민정부는 시상회나 동업공회가 대외경쟁력 신장 및 민족경제의 증진을 위해 노력하길 바랐다. 대외개방 시대에 자본이 부족한 중국이 다른 나라와 대결할 수 있는 방법은 집단화라고 국민정부는 생각했다. 동향방이 집단의 힘으로 다른 집단과 경쟁했던 것과 마찬가지로, 개방시대에 중국이 세계시장에 대응하기 위해서는 각 업종이 집단 단결력을 강화하고, 그 힘으로써 외국과 대항하는 것만이 방법이라고 생각한 것이다. 즉 집단의 힘을 바탕으로 시장경제에 진입하여 경쟁력을 신장시키려는 특징을 지니고 있었다.

사실 동업공회로 통합되기 이전의 회관, 공소, 총상회와 같은 상인단체가 상거래에 개입하고 교역조건을 결정하는 데에는 한계가 있었다. 업종에 따라 차이가 있긴 했지만 관습적으로 지켜왔던 업규를 모든 회원에게 '엄격하게' 강제할 수는 없었다. 남북화업동업공소(南北貨業同業公所)는 3곳이 있었는데, 하나는 상해방의 숭의당(崇義堂), 다른 하나는 호방(湖幫)의 춘택당(春澤堂), 나머지 하나는 영방(寧幫)의 영흥회(永興會)였다. 이들 공소에서 물건값을 결정했지만 실제로는 대부분이 준수하지 않았다.[6] 반업(飯業)에는 영호방(寧滬幫)이 만든 것과 소석방(蘇錫幫)이 만든 2개의 공소가 병립하고

5) 졸고 「1930年代 上海市商會의 構成과 位相」, 『東洋史學硏究』 85집.
6) 「上海商業習慣調査」, 『社會月刊』 1卷 7號 3면.

있었는데, 그 이유는 업규를 통일할 수 없었기 때문이다. 영호방 공소의 중요 직무는 가격표를 발행하는 것이었고, 동업은 모두가 이를 반드시 준수해야 하고 필요시에는 의논을 거쳐 변경할 수 있었지만 사실상 지켜지지 않아 공문(空文)이나 마찬가지였다.[7]

1929년에 상해의 상업관례를 조사한 바에 따르면 동업조직에 업규가 없는 경우도 많았다. 또한 회관, 공소의 규정은 영업에 대한 명문규정보다는 종교적인 성격에 대한 규정이 많았다.[8] 이는 동일업종의 정신적인 단합과 동의에 바탕을 둔 습관적인 영업규칙이었는데, 동일업종에 종사하는 사람의 양적인 팽창과 그에 따른 경쟁의 심화로 업규를 모든 상인에게 적용하기는 힘들었다. 상해의 각 상인들은 친밀집단이나 동향을 중심으로 상방을 결성하여 단합했지만, 동일한 업종에 종사하는 집단끼리 경쟁하는 경우도 있었고 다른 업종의 집단과도 경쟁을 해야 했다. 상해 사회는 소규모 집단 내의 상호부조와 여러 집단간의 경쟁이 공존하던 사회였다. 물론 집단끼리 무한경쟁을 한 것은 아니었지만 지역적 편차, 각종 상인집단의 난립 등으로 일치된 행동과 통일된 업규의 적용은 사실상 힘들었다.

1930년에 각종 상회가 시상회와 동업공회로 통합됨으로써 새로운 전기가 마련되었다. 업종별로 하나의 단체를 구성했던 동업공회는 장정을 제정하고 업규를 정하여 가격결정 방법과 영업규칙 등을 구체적으로 정함으로써 동업 내 경쟁규칙을 제정했다. 동업공회 장정 및 업규는 업종마다 차이가 있었지만 국민정부의 업규강요(業規綱要) 14조와 동업공회업규통칙(同業公會業規通則)의 범위를 크게 벗어나지 못했다.[9] 각 상점들은 법률과 규칙 등에 의해 정부와 동업공회라는 이중의 통제하에 있었다.

하나의 예로서 상해시잡량호업동업공회(上海市雜糧號業同業公會)의 업규

---

7) 같은 글 37면.
8) 文樞「淸季之商業業規」, 『商業月報』 12卷 5號.
9) 「同業業規問題」, 『商業月報』 11卷 9號.

를 보면 총 6장 13조로 제1장 총강(1~3조), 2장 가목(價目, 4, 5조), 3장 영업 (6~8조), 4장 고용인원(9, 10조), 5장 처벌(11조), 6장 부칙(12, 13조)으로 구성되었다. 그중에 몇가지 조항만을 뽑아보면 다음과 같다.

제3조　상해 시구역 내에서 잡량호(雜糧號)를 경영하는 모든 업자들은 회원, 비회원을 막론하고 반드시 이를 준수해야 한다.

제4조　동업 중에 (1) 새로 상점을 열거나 (2) 점포를 옮기거나 (3) 상점명을 바꾸거나 (4) 성립기념일 중의 한 항목에 해당하는 자는 가격인하, 사은품 증정 및 기타 유사한 행사를 3일에서 7일까지 할 수 있다. 그러나 시작과 종료일을 반드시 3일 전에 본회에 통지해야 한다. 만약 특수한 사정이 있을 때에는 사전에 이유서를 구비하여 본회에 신청하면 구제방안을 모색하여 사회국에 심사 결정을 상신(上申)한다.

제5조　동업의 가격은 공회가 의논하여 가격표를 결정하고 사회국에 올려 심사 비준을 받고, 아울러 시상회에 보내 등록을 신청한 후에 각 동업에 통고하여 따르도록 한다.

제7조　동업 중에서 영업범위를 변경하려는 자는 아래 사항에 따라 처리한다.

(1), (2) 생략 (3) 만약 본회가 상황이 중요하다고 생각되면 시상회에 편지를 보내 사회국에 상신하여 그를 처리해줄 것을 청구한다.

제11조　동업 중에서 2, 3, 4장 각 조의 규정 가운데 하나를 위반했을 시에는 조사를 거쳐서 사실임이 드러나면 본회가 처벌, 제재방법을 마련하여 사회국에 사정(査定)을 상신한다.[10]

동업공회의 업규는 회원·비회원 구분 없이 모두 준수하도록 규정되었다. 이 규정에 따르면 시장의 모든 거래는 동업공회에 의해 그리고 그를 통제하는 국가에 의해서 통제될 수 있었다. 국가는 동업공회나 상회라는 '대리인'

---

10) 「附載——上海市各同業公會業規」, 『商業月報』 13卷 1號 5~6면.

을 통해 간접적으로 거래과정에 관여하면서 시장과 상인에 대한 통제권을 얻었다. 하지만 역설적이게도 상인에 대한 통제와 경제관리의 일정 부분을 상회와 동업공회에 위임함으로써 국가는 전통시대와 같이 경제에 대한 또다른 방임을 야기할 가능성도 있었다.

2. 정부와 시상회의 갈등과 협력

(1) 반발과 청원

1930년 10월에 국민정부는 1931년 1월 1일을 기해 이금(釐金)을 철폐한다고 선언했다.[11] 그리고 1931년 1월 20일, 재정부는 '각성영업세징수대강(各省營業稅徵收大綱)'[12]을 발표하여 영업세징수방법의 가이드라인을 제시했다. 영업세제의 경우 우선 지방세로서 지역의 사정에 맞게 결정된다는 것, 그리고 영업세율은 0.2%를 넘을 수 없다는 것이 핵심적인 내용이었다. 그리고 정부가 세금을 직접 징수하며 청부제도를 부인했다는 점과 영업세 징수를 심의할 영업세평의위원회(營業稅評議委員會)를 규정하여 상인과 정부의 타협과 상의를 제도적으로 만들어놓았다는 점 또한 특징적인 것이었다.

상인들도 영업세징수대강에 합의했다. 1928년 국민정부는 이금철폐로 발생할 재정부족분을 메우기 위한 방안을 모색하기 위해 이금철폐회의〔裁釐會議〕를 개최했다. 이금철폐회의는 재정부와 실업부 그리고 각성의 재정청장

---

11) 「行政院關于務于1931年1月1日實施裁釐訓令(1930. 10. 11)」, 中國第二歷史檔案館 編 『中華民國史檔案資料彙編』 5輯(江蘇古籍出版社 1994) 1編 財政經濟(2) 315면(이하『檔案彙編』 5-1-財政經濟(2)로 표기); 「實行裁釐文電」, 『錢業月報』 11卷 1號.

12) 「宋子文呈送各省徵收營業稅大綱及補充辦法(1931. 1. 20)」, 『檔案彙編』 5-1-財政經濟(2) 423~25면.

과 상회대표로 구성되었고, 이 회의에서 영업세에 대한 일반적인 원칙이 정해졌다. 그 규정이 바로 재정부가 발표한 내용으로서, 이금철폐회의에서 결정한 영업세율은 상인과 정부 간 타협의 소산이었다.

하지만 1931년에 상인들이 그렇게 바라 마지않던 이금철폐가 선언되고 그 대안 가운데 하나로서 영업세가 제안되었지만, 정작 상인들의 반응은 그다지 좋지 않았다. 국민정부가 상인과 합의하여 실시하기로 한 영업세는 1928년 이후 계속 연기되어왔다.[13] 상인들은 2년여가 경과한 상황에서 재정보충을 핑계로 이금이 모양만 바꾼 채 새로운 세금으로 출현하는 것은 아닌가 우려하고 있었다.[14] 그리고 그 우려가 현실로 나타날 가능성이 높아졌을 때, 상해의 상인을 비롯하여 각 지역의 상인들은 정부의 방침에 반발하기 시작했다.

그 직접적인 원인은 강소, 절강성의 '영업세징수판법'의 발표에 있었다. 절강성이 발표한 세율은 정부가 발표한 영업세징수대강보다 훨씬 높았다. 제조업은 자본액의 0.2%, 인쇄출판업은 자본액의 0.2%, 은행업·전장업은 영업수익의 0.2%, 전당업(典當業)·질압업(質押業)·임조물품업(賃租物品業)·화잔업(貨棧業)은 자본액의 0.2%, 보험업은 영업액의 1%, 운송업·교통업은 영업액의 0.2%, 교역소업은 자본액의 1%, 물품판매업은 영업액의 0.1~1.5%, 주채차관업(酒菜茶館業)·오락장업(娛樂場業)은 영업액의 5%, 여관업은 영업액의 3%, 조상업(照相業)은 영업액의 2%, 저축회(貯蓄會)는 자본액의 0.3~1%, 아행업(牙行業)은 영업수익의 5%, 포작업(包作業)은 청부가격의 0.2%였다.[15]

강소성도 정부의 방침에 호응하여 영업세징수판법을 준비했고, 그 내용을 발표했다. 세율은 0.2~2% 사이[16]로 역시 재정부가 발표한 영업세 규정을

---

13) 졸고「國民政府의 營業稅 導入과 上海市商會」,『中國學報』49집 526~29면.

14) 覽齋「裁撤釐金之後」,『錢業月報』11卷 1號 述評 5면.

15)「浙營業稅法草案摘述」,『錢業月報』11卷 2號 雜纂 8면.

훨씬 뛰어넘었다.

강소성과 절강성의 영업세징수판법은 언뜻 보아도 알 수 있듯이, 재정부의 방침과 상당히 차이가 났다. 우선 재정부에서는 0.2%를 넘을 수 없다고 했음에도 불구하고, 강소·절강성의 영업세율은 지나치게 높았고 지방정부의 자의성이 강했다.

강소성과 절강성의 영업세 징수방침은 상해의 상계를 떠들썩하게 만들었다. 두 곳은 상해와 가까워 영업관계가 많은 곳이었고 두 성의 규정이 향후 계속해서 발표될 다른 지방과 상해의 영업세 징수에 끼칠 영향 때문이었다. 시상회와 각 업종의 동업공회들은 즉시 공회(公會) 회의를 개최하고 영업세 문제를 논의했다. 각업 공회는 대표를 선출하여 청원을 하기로 결정했다. 제문기(諸文綺), 정징청(鄭澄淸), 락청화(駱淸華), 장지강(蔣志剛), 손주성(孫籌成), 사중락(謝仲樂), 소보흥(邵寶興), 왕렴방(王廉方), 임장영(林章榮) 등 대표 15인은 1월 31일에 중앙은행(中央銀行) 및 송자문의 공관(公館)으로 가서 면담을 청하였으나 송자문이 병을 이유로 만나지 않자 정문(呈文)을 전달하여 자신들의 의견을 피력했다. 또한 시정당국과 건설·재정 두 토론위원회에 편지를 보내 영업세 관련 내용을 청원했다.[17]

이들이 국민정부, 행정원, 재정부, 강소·절강 성정부 그리고 상해 시정부에 보낸 청원 내용은 크게 3가지였다. 첫째, 특종세(特種稅)나 영업세 등은 이금철폐 이후에 재정손실을 보충하기 위한 것이므로 이금철폐 이후에 그 보충을 위해 거두어들이는 영업세율은 재정손실 범위에 한정되어야 한다. 둘째, 상해는 화계와 조계의 구별이 있는데 이 두 곳에서 영업하는 상인들이 모두 세금을 내야 한다. 셋째, 시민부담의 증가는 반드시 시민대표의 동의를 얻어야 한다.[18]

---

16) 「蘇省徵收營業稅辦法」, 『錢業月報』 11卷 2號 雜纂 4~9면.

17) 「各業一致注意營業稅問題」, 『申報』 1931. 2. 1.

18) 같은 글.

시상회와 각 동업공회는 영업세 세율 및 징수방법 등에 대해서도 강한 불만을 토로했다. 상해시 화장품업 동업공회는 자신들의 업종이 사치품에 포함된 것에 반대해, 화장품업 공장에서 생산하는 물품은 화장품도 있지만 일용위생용품도 있으므로 당연히 항목을 나누어 명확히할 필요가 있다고 상해시상회, 상해시 각업 동업공회 세칙연구위원회(이하 '세칙회'), 그리고 상해기제국화공창연합회(上海機製國貨工廠聯合會)에 편지를 보내 청원해줄 것을 요청했다.[19]

다식업(茶食業)도 강소성이 다식업의 영업세율을 2%로 정한 것을 보고 2월 1일에 임시대표대회를 소집하여 의견을 정리하고 세칙회에 참석하여 다식의 세율은 0.2%를 넘어서는 안 된다는 점을 강조했다. 그리고 시상회에 세율 감면을 대신 청원해줄 것을 요청했다. 사상(絲商)은 2월 2일에 상무위원회를, 그리고 2월 4일에 전체대회를 열고 사창(絲廠)은 국제무역과 관계되어 있으므로 물품판매업에서 사견(絲繭)을 제외시켜줄 것을 청원하기로 결정했다.[20] 2월 4일에는 미호업(米號業), 5일 사창 동업공회와 서복업(西服業) 동업공회, 6일 다엽업(茶葉業) 동업공회, 7일 박업공회(箔業公會), 8일 전업(錢業)과 화장품업, 그리고 10일에는 면포업(棉布業)·구업(裘業)·유칠업(油漆業)이 영업세율 경감을 주장했고, 이런 흐름은 2월 내내 그리고 그 이후에도 계속 이어졌다.[21]

세율과 관련하여 시상회와 동업공회가 반발한 핵심 내용은 각 업종의 개별적인 이익에 관계된 것을 제외하면 3~4가지 점에 집중되었다. 우선 강소·절강 두 성이 발표한 세율이 재정부의 규정과 맞지 않게 너무 높다는 점이었다. 또한 영업세가 물품세로 징수되고 세율도 높아 모든 물품에 세금이 부과되었던 이금과 유사하여 이름만 바꾼 것에 지나지 않는다고 항변했

19) 「化粧品公會要函」, 『申報』 1931. 2. 2.
20) 「絲商請刪絲繭營業稅」, 『申報』 1931. 2. 3; 「絲廠同業公會昨開全體大會」, 『申報』 1931. 2. 5.
21) 『申報』 1931년 2월 내내 보도된 영업세 관련 기사는 졸고, 앞의 글 532면 참조.

다. 그리고 외국인에 대한 동등부과 문제와 사치품의 세부적인 규정 문제 등
이 제시되었다.

강소성의 규정은 이금철폐회의에서 통과된 내용 및 재정부의 영업세징수
대강과 현격한 차이가 있었다. 이금철폐회의에서는 "영업세 세율은 물품판
매업·제조업·인쇄업·반점업(飯店業)·여관업·오락장업·조상업(照相
業)은 모두 그 판매금액의 0.1~0.2%를 징수하고, 아행업(牙行業)은 받은 중
개금액에 따라 0.2%를 징수하고, 포작업(包作業)은 그 청부금액의 0.5%, 임
조물품업(租賃物品業)은 그 임대금액의 0.1%, 운송업은 수령한 운송금액의
0.1%, 전장업·전당업·퇴잔업(堆棧業)은 그 자본금액의 0.1%를 징수한다
고 규정하여 대개 세율이 0.1%이고, 많아도 0.2%를 넘지 않았다." 하지만
"강소성의 과세표준은 98업종 중에서 0.2%를 초과하는 것이 57개 업종이고,
1% 이상이 48개 업종으로 민국 17년의 이금철폐회의에서 정한 영업세판법대
강과 큰 차이를"[22] 보였던 것이다.

또 한가지 문제가 된 점은 사치품 영업과 기타 단속대상 물품에 관한 규
정이었다. 영업세대강 4조의 사치품 영업과 기타 단속대상인 물품은 0.2%를
넘을 수 없다는 세율제한 규정에서 예외로 취급되었는데, 무엇이 사치품 영
업이고 무엇이 단속대상 물품인지 규정이 없다는 것이 상인들의 불만이었
다.[23] 상인들이 이런 세부규정까지 문제로 삼은 이유는 강소·절강 성정부
가 규정한 내용이 영업세징수대강 규정을 초과하여 세금을 부과할 수 있는
유력한 근거가 되었기[24] 때문이다.

외국인에 대한 동등부과도 간과할 수 없는 문제였다. 만일 외국인에게 영
업세가 부과되지 않는다면, 혹은 조계 내에서 영업을 하고 있는 중국인에게
영업세가 부과되지 않는다면 중국인, 특히 화계에 사는 중국인은 세제상 상

---

22) 「無錫商會請糾正蘇省營業稅稅率」, 『申報』 1931. 2. 4.
23) 蒼生 「談營業稅問題中幾點」, 『錢業月報』 11卷 2號 述評 4~5면.
24) 「各業稅則會再請糾正江浙營業稅」, 『錢業月報』 11卷 3號 雜纂 12면.

당한 불이익을 받을 수밖에 없었다.

물품을 대상으로 세율이 매겨진 것도 문제였다. 물품판매업의 경우 영업세율이 물품단위로 정해져 있는데, 물품마다 세액이 달라 장부에 세분하여 기록하기 힘들고, 장부 검사시에 관리와 상인 사이에 분쟁이 발생할 소지가 있으므로 고쳐야 한다고 주장했다. 물품을 단위로 하는 세금징수가 이금의 또다른 재판이 될 가능성에 대해서도 우려를 나타냈다. 그들은 안휘성이 마련한 징수방법을 모방하여 물품이 아닌 업종별로 과세를 하되, 영업수입액을 기준으로 세액을 징수할 것을 주장했다.[25]

또한 철저한 준비 없이 이금철폐와 영업세 징수방침을 발표함으로써 영업세 시행 전부터 문제가 나타났다. 국민정부는 조례제정은 물론이고 영업세 시행에 대한 준비 및 구체적인 방법이 없는 상태에서 이금철폐를 선언하고 각 성에 준비를 위임했다. 따라서 이금철폐는 선언되었지만 실행되지 않는 경우도 있었고[26] 그 후속조치인 영업세가 준비되지 않았음은 물론이고, 이금과 영업세 간의 연계관계나 공백기간의 세금처리 문제 등에 대해서도 어떠한 규정도 없었다. 그로 인해 물품에 대한 과세의 근거가 준비되지 않은 상태에서 물품의 통행을 금지시키는 경우도 발생했다. 절강성의 경우 박류(箔類) 영업에 대해 성정부가 영업세 실행 전이라는 핑계로 상품의 통행을 금지하여 이금철폐로 혜택을 받기보다는 오히려 피해를 입고 있었다.[27]

세칙회나 시상회가 결성한 영업세연구위원회는 문제가 된 3~4가지 점에 대한 대안과 보완책을 중심으로 정부에 청원했다. 즉 화계와 조계의 동시실행, 사치품과 단속대상 물품에 대한 명확한 규정, 물품이 아닌 업종을 단위로 세율을 정할 것 등을 주장했다.[28] 각 동업공회는 소속 상인의 의견을 반

---

25) 「本市舉辦營業稅問題」, 『申報』 1931. 2. 7; 「市商會昨開營業稅研究委員會」, 『申報』 1931. 2. 10; 「各業稅則會昨訊」, 『申報』 1931. 2. 13; 「各業稅則會續陳營業稅意見」, 『申報』 1931. 2. 15.
26) 「南市常關尙未實行裁撤」, 『申報』 1931. 4. 2.
27) 蒼生, 앞의 글 4~5면.

영한 영업세율의 정정을 청원했다.[29] 그리고 시상회나 세칙회는 영업세율을 정하기 위해서는 우선적으로 재정당국이 이금철폐로 입은 손실을 공개해야 한다고 요구했다.[30] 이들은 세율을 높게 잡았던 강소성이나 절강성의 경우 조차도 영업수입액을 기준으로 하여 0.2% 정도의 영업세를 징수해도 두 성의 상업 발달상황에 비추어볼 때 이금철폐로 인한 손실을 보충하고도 남는 다고 판단했다.[31]

보다 근원적인 문제는 영업세 결정과정에 상인들의 의견을 반영할 기회가 없었던 데에 있었다. 사실 상인들이 영업세율 결정과정에 참여하고, 적극적으로 의견을 개진할 수 있었다면 이런 문제는 애초에 나타나지 않았을지도 모른다. 상인들은 이금철폐회의 이후에 정부가 상인들의 의견을 청취한 적이 없다고 강하게 불만을 토로했다.[32]

시상회와 각업 동업공회는 상인들의 의견을 관철시키기 위해서 다각도로 접근했다. 재정부 등의 중앙정부와 상해 시정부에 영업세 문제에 관한 세부 내용을 청원하는 한편 재정토론위원회에 참석하여 영업세 문제를 다루고 있는 왕효뢰, 서기경(徐寄頃), 왕연송, 섭혜균(葉惠鈞), 우흡경, 진윤경(秦潤卿)에게 상계의 의견을 반영하라는 내용의 편지를 보내고, 동시에 회계사에게도 편지를 보내[33] 압력을 가했다. 특히 영업세 전문가인 상해의 회계사가 절

28)「市商會昨開營業稅研究委員會」,『申報』1931. 2. 10;「各業稅則會呈述營業稅意見」,『申報』
   1931. 4. 20 등.
29) 세율과 관련하여 생필품 거래의 면세문제, 사치품 포함 여부, 그리고 유사업종이면서도 다른 세율이 매겨진 경우와 매매행위를 하지 않고 구입만 하는 장객(莊客)과 같은 경우의 부과 여부 등 많은 안건이 존재했다. 각 업종의 세율 정정 주장은 세율이 결정될 때까지 신문에 계속 실렸다.
30)「各業稅則研究會昨開第二次委員會」,『申報』1931. 2. 5.
31)「市商會再陳營業稅意見」,『申報』1931. 2. 10.
32)「各業稅則研究會昨開第二次委員會」,『申報』1931. 2. 5.
33)「各業稅則委員會昨開第二次代表會」,『申報』1931. 2. 3;「各業稅則研究會昨開第二次委員會」,『申報』1931. 2. 5.

강성의 영업세율을 결정하는 데 참여했다는 소문[34]은 상해의 상인들이 회계사 문제에 더욱 신경을 쓰게 만들었다. 그들은 이 문제를 확인하고 사전에 압력을 가할 필요성을 느꼈다.

사실 상해의 상인들은 영업세 정책결정과정에 의견을 반영할 수 있는 유리한 위치에 있었다. 시상회의 주석인 왕효뢰가 바로 상해의 영업세 징수조례 및 세율을 준비하는 시재정토론위원회(市財政討論委員會) 주석이기도 했기 때문이었다. 정부측에서도 '재정위원회 중 대다수가 상민(商民)이므로 당연히 상민을 대표할 수 있다'고 생각했다. 그리고 시장도 세율을 결정할 때에는 상민의 의견을 받아들일 것이라고 일찌감치 공언했다.[35]

2월 1일 상해 시상회 주석이자 재정토론위원회 주석인 왕효뢰는 『신보(申報)』 기자가 영업세 관련 내용을 질문하자 상해의 영업세율은 상인들의 의견을 취합하여 결정할 것이라고 분명하게 말했다. 왕효뢰는 각업이 제안한 세율안에 기초하여 토론을 거친 후에 초안을 만들고, 시상회에 넘겨서 다시 각업 대표대회에서 토론한 후 이를 재정국이 시정부에 올려 비준을 받아 시행하려 한다고 향후의 영업세 시행절차를 밝혔다.[36]

하지만 시상회나 동업공회에서는 이 정도에 만족하지 않았다. 세칙회는 재정토론위원회의 성격 및 위원의 위상에 대한 불만을 토로했다. 위원회는 결정권이 없는 자문으로 역할이 한정되어 있으며, 비록 상계의 명사가 참여한다고는 하지만 정부의 초빙에 따른 개인적인 참여로서 상계를 대표하는 데는 한계가 있으므로 각업 대표대회를 소집하여 토론을 통해서 영업세 관련 내용을 결정해야 한다고 주장했다.[37] 시상회나 세칙회는 개인적인 접촉이나 청원 이외에도 '단체'로서 직접 정책결정과정에 참여할 수 있는 방안을

---

34) 「徐永祚談營業稅問題」, 『申報』 1931. 2. 5.
35) 「各業一致注意營業稅問題」, 『申報』 1931. 2. 1.
36) 「上海市營業稅」, 『申報』 1931. 2. 2.
37) 「各業一致注意營業稅問題」, 『申報』 1931. 2. 1.

모색하였다. 그 방안으로 시상회는 영업세율을 결정할 때에 상계 대표가 직접 토론에 참여할 수 있게 해달라고 청원했다.

　세칙회는 한걸음 더 나아가 제도적인 측면에서 지속적으로 상인들의 의견을 반영할 수 있는 방법을 마련하는 데 주의를 기울였다.

> 시민대표기관은 법에 따라 일정한 조직이 있어야 하는데, 제공(諸公)은 현재 자연인 지위로서 재정토론위원에 임명된 것으로 제공이 설사 상민을 위해 이야기하고, 시민을 위해 생각한다고 해도 한계가 있는 것이며 (…) 하물며 행정당국도 위원회 일원으로 참여하고 있는데 면전에서 논쟁하기 쉽지 않다. 본회의 의견은 제공이 시부(市府) 당국에 말하여 신속히 법에 따라 시참의회(市參議會)를 조직하여 시민이 직접 선거하도록 하는 것이고, 만일 곤란하면 국민회의 선거법에 따라 각 법정단체(法定團體)가 대표를 선출하여 시민정식대표기관(市民正式代表機關)이 성립하면 (…) 위원들이 모든 책임을 지지 않아도 되니 좋지 않겠는가.[38]

　6월 27일에 열린 제2차 회원대표대회에서 면포업(棉布業) 동업공회는 정부가 상회법령이나 세금 증수에 관한 내용을 발표할 때에는 반드시 상회의 동의를 얻을 것과 특정 업종에 관련된 사항에 대해서는 그 업종의 상회가 참여해야 한다는 의견을 제안했다. 면포업 동업공회는 이같은 제안을 하게 된 이유로 유럽의 경제회의 조직을 예로 들면서 재정부가 이금철폐회의를 개최했던 사실을 상기시켰다. 시상회 대표대회는 이 제안을 정부에 청원하기로 의결했다.[39] 영업세 문제는 세율의 문제를 넘어서서 민중들, 특히 상인의 의견을 반영할 수 있는 루트의 모색으로 발전하고 있었다.

　더 나아가 각 지역의 상인들은 강소·절강성의 영업세 문제에 대해 공동의 대응을 모색했다. 영파시의 15개 동업공회는 영업세율을 낮추기 위해 상

---

38) 「各業稅則硏究會昨開第二次委員會」, 『申報』 1931. 2. 5.
39) 上海市 檔案 Q201-1-669(二届大會) 52면.

해시로 대표를 파견했다.[40] 무석상회는 진강, 남경, 상해 및 각지의 상회에 전보를 쳐서 강소성 영업세 수정을 위해 일치된 주장을 하자고 요청했다. 그리고 절강성 상회연합회는 1931년 2월 말에 회원대표대회를 열고 영업세 문제를 논의했다. 이 대표대회에서 토의된 42개의 안건 중에서 17건이 영업세 관련 안건이었다.[41]

강소성의 현상회는 진강에 모여서 영업세율 문제를 토론하고 의견을 발표했다. 그들이 주장한 세제 개선방안은 세부적인 내용을 제외한다면 상해와 마찬가지로 업종단위 과세, 0.2% 초과 금지, 화상(華商)·양상(洋商) 일률징수 등이었다. 이들은 중앙정부의 최종 비준절차에 압력을 가해 강소·절강 두 성의 영업세 징수규칙을 검토해서 적절하게 제한을 가할 것을 청구했다.[42] 그리고 재정부로부터 긍정적인 답변을 받았다.[43] 이런 상인들의 공통된 주장은 더 발전되어 1931년 3월에 전국상련회를 중심으로 전국적인 '영업세연구위원회' 설립에까지 이르게 되었다.[44]

(2) 타협과 협조

시상회와 세칙회의 노력이 결실을 맺는 데에는 많은 시간이 필요치 않았다. 상해는 상인들이 차지하는 비중이 높았고, 영업세 문제에 대한 관심이 커서 상인들의 입장을 무시하기 어려웠다. 시재정국은 시상회측에 영업세율 문제를 토론하는 자리에 대표를 파견해줄 것을 요청했다. 시상회는 2월 6일에 제11차 집행위원회를 열어 11인으로 구성된 영업세연구위원회를 구성했

---

40) 「甯波市各業代表來滬」, 『申報』 1931. 2. 10.

41) 「浙商會聯合代表大會」, 『申報』 1931. 2. 26.

42) 「蘇各商會在鎭討論營業稅之第一日」, 『申報』 1931. 2. 27; 「蘇各縣商會討論營業稅第二日」, 『申報』 1931. 2. 28.

43) 「各省營業稅率」, 『申報』 1932. 2. 4; 「江浙營業稅在糾正中」, 『申報』 1931. 2. 19.

44) 「全國商聯會通電組織營業稅研委會」, 『申報』 1931. 3. 5.

다. 그리고 왕연송, 락청화, 방초백, 제문기(諸文綺), 진송원(陳淞源) 등 5인을 재정국의 요청에 따라 파견 대표로 선출했다.[45]

상해 시재정국장 당내강(唐乃康)은 상인들의 의견을 대부분 받아들이는 자세를 취했다. 2월 7일 사천로의 청년회 시정연구회에서 당내강은 향후 세율의 고저는 아직 연구중이긴 하지만 시부(市府)는 중앙이 반포한 대강 및 원칙을 벗어나지 않는 선에서 최대로 낮출 방침이고, 화계·조계 역시 동시에 거행할 것이니 조계의 열심 애국자는 정부에 협조하길 바란다는 취지의 강연을 했다.[46] 상해 시정부는 시상회 대표대회를 소집하여 영업세율에 대해 의견을 나눌 것이라고 발표했다.[47]

정부의 요청에 따라 시상회의 대표는 영업세징수판법 토론에 참가하여 영업세율을 상세히 심사했다. 그리고 심사위원회에서 심사가 끝난 안건을 시상회에 넘겼는데, 시상회는 이를 영업세연구위원회에 넘겨서 상세히 연구토록 했다. 연구위원회는 영업세를 시행할 때에 세율은 0.2%를 넘을 수 없다는 등의 원칙을 여전히 고수했다. 그리고 이 의견을 시상회 상무위원회에 넘겨 시상회의 대표가 재정국에 출석하여 발표할 근거로 삼도록 했다.[48] 세칙회 또한 상회 대표 및 각업의 사전동의 없이 정해진 0.2%를 넘는 세율을 모두 부정한다고 선언하고 이를 청원했다.[49]

그러나 4월 18일을 즈음하여 나온 소식들은 그리 희망적이지 않았다. 세율 초안이 대강의 규정을 초과했다는 소식이 들리자 47개의 동업공회는 연명으로 시장에게 세율 0.2% 초과 금지의 대강 규정 준수, 상인 의견 수렴

---

45) 「本市擧辦營業稅問題」, 『申報』 1931. 2. 7; 「營業稅率會議」, 『申報』 1931. 2. 4.

46) 「唐乃康昨演講市財政」, 『申報』 1931. 2. 8; 「市財政局長報告財政狀況」, 『申報』 1931. 3. 4.

47) 「市財政局擬定營業稅條例及細則」, 『申報』 1931. 3. 30.

48) 「市商會定期審査本市營業稅則」, 『申報』 1931. 2. 22; 「營業稅研究會二次會議」, 『申報』 1931. 2. 25; 「市商會決定對營業稅具體意見」, 『申報』 1931. 3. 2.

49) 「各業稅則會九次會議」, 『申報』 1931. 4. 2; 「各業稅則會電請重修營業稅率」, 『申報』 1931. 4. 6.

등의 원칙을 지킬 것을 재차 청원했다.[50] 하지만 우려는 현실로 나타났다. 4월 20일에 신문에 보도된 영업세율 초안은 0.1~2%로 규정되어 있었다.[51] 그러나 영업세주비처는 상인들의 의견을 수렴하고 토론을 거쳐 결정하겠다는 약속에 따라 각 동업공회의 의견을 2주일 이내에 제출하면, 시상회 대표를 불러서 토론에 부칠 것이라는 의견을 밝혔다.[52] 아직 조정의 가능성은 남아 있었다.

1931년 6월에 국민정부는 영업세법을 발표했다.[53] 영업세법에는 영업세대강과 달리 과세표준을 3가지로 나누었고, 세율은 대강 때보다 높아졌다. "영업총수입액을 표준으로 하는 경우 세율은 0.2~1%로 한다. 영업자본액을 표준으로 하는 경우에는 0.4~2%를 징수하고, 영업순수익액을 표준으로 하는 경우에는 0.2~1%를 징수한다"고 규정했다. 영업세에 대한 가이드라인은 이금철폐회의 의결―영업세대강―영업세법으로 이어졌는데 가이드라인의 내용이 변화한 것이었다.

영업세법의 제정으로 상인들이 반발하고 청원할 수 있는 근거 또한 약해졌다. 상인들은 국민정부가 상인들과 타협한 후 발표한 영업세대강의 내용을 근거로 강소와 절강의 영업세판법에 반발했던 것이다. 그런데 이 근거를 국민정부가 영업세법을 제정하면서 변경시켰다. 변경내용은 세율의 인상이었지만, 다른 한편으론 강소·절강이 규정했던 세율보다는 낮았다. 이는 명백한 타협책이었다. 각 지방의 재정상황을 고려하는 동시에 상인들의 의견을 어느정도 수렴하여 세율을 조정했다고 생각하지 않을 수 없었다. 하지만 영업세는 지방세였기 때문에 지방에 따라서 상황이 약간씩 다르게 전개될 가능성이 있었다.

---

50) 「各業同業公會函呈張市長注意營業稅率」, 『申報』 1931. 4. 18.
51) 「市財政局擬定營業稅率草案」, 『申報』 1931. 4. 20.
52) 「市營業稅籌備處召商會代表參加討論」, 『申報』 1931. 4. 22.
53) 「行政院電奉國府頒發營業稅法訓令(1931. 6. 20)」, 『檔案彙編』 5-1-財政經濟(2) 426면.

강소성 정부는 재정부의 심사를 통과한 절강성의 영업세 장정에 의거하여 세율을 3등급으로 조정했다. 즉 강소성 영업세 장정 10조에 강소성에서 징수하는 영업세율은 영업총수입액 혹은 영업자본액에 따라 잠정적으로 0.5%, 0.8%, 1%의 3종류로 나눈다고 규정했다. 그리고 18조에는 영업세는 영업자가 납부해야 할 세액을 직접 영업세국에 납부하거나 세국(稅局)에서 파견한 사람이 각 상점에서 직접 징수하고, 각 동업공회 혹은 임의의 사람이 청부맡아 처리할 수 없다고 규정했다.[54]

강소성과 절강성의 영업세율은 확실히 줄어들었다. 상인들의 계속된 청원이 국민정부를 움직인 것이다. 하지만 현실적으로 지방정부의 요청도 무시할 수 없었다. 이금철폐회의의 원칙을 지켜내지 못한 절강·강소 상인들의 힘은 약간의 세율경감이란 성과를 얻긴 했지만 상대적으로 정부의 힘에 밀렸다는 것을 의미했다. 절강성의 전업은 영업세율이 너무 높으니 세율을 상해시의 규정만큼 낮추어줄 것을 청원했는데, 그에 대한 절강성 재정청(財政廳)의 답변은 싸늘했다. "각성과 상해의 상황은 달라 서로 비교할 수 없으며 (…) 만일 전업 영업세를 상해시 세율로 고쳐서 징수한다면 기타 각업 역시 그 예를 따라 청구할 것이고 무수한 분규를 일으킬 것으로" 사실상 실행이 어렵다고 통보했다.[55]

정부가 상인보다 우위에 있었던 상황은 1930년대에 공황의 심화와 함께 더욱 심해지는 추세에 있었다. 상업의 부진은 곧 영업세의 감소를 의미했고, 재정수입의 감소로 이어졌다. 절강성 정부는 재정수입을 늘리기 위해 영업세율 변경을 시도했고, 1934년에는 국산품 보호를 명목으로 또다시 영업세 변경을 추진했다.[56]

54) 「蘇省修正營業稅章程」, 『商業月報』 12卷 11號 工商要聞 3면.
55) 「浙錢業請減營業稅率」, 『錢業月報』 11卷 9號 經濟紀聞 49면.
56) 「程輔臣等請勿實施營業稅改正千分之十代電(1932. 5. 14)」, 「稅務整理研委會秘書處通知該會擧行日期暨檢送議程函(1934. 5. 8)」 등, 『檔案匯編』 5-1-財政經濟(2) 429면

상해에서의 상황은 절강, 강소와 다르게 나타났다. 영업세법에 대해 상해 상인들은 여전히 불만이었다. 상해의 각업 세칙위원회는 세법이 대강만을 제시한 점을 지적하면서 시행세칙을 제정할 때에 상업발전을 방해하지 않는다는 원칙을 견지하여 자신들이 지금까지 주장해온 화양(華洋) 동등부과, 업종을 단위로 한 영업세 징수 등의 원칙들을 꼭 삽입할 것을 주장했다.[57]

상해의 영업세는 전국에서 가장 낮은 세율로 규정되었다. 세율을 정할 때에 시상회가 재정국과 여러 차례 토의를 거쳤고, 동업공회는 연이은 청원활동 등으로 시정부에 영향력을 행사했다. 최종적으로 상해 상인들이 얻은 세율[58]은 이금철폐회의에서 약속한 0.2% 선에 근접했으며, 다른 지역에서 사치품으로 분류되어 고율의 세금이 부과되던 항목에는 0.3%의 세율이 부과되었다.[59] 물론 업종에 따라서는 여전히 세율에 대한 불만이 있었는데, 백화상점업(百貨商店業), 안경업(眼鏡業) 등은 계속해서 세율에 대한 불만을 청원했다.[60] 그리고 상해시 영업세징수처는 청원에 대한 답변으로서 시상회에 영업세율의 경감 사실을 통보했다.[61] 세율은 상해의 상인들이 보기에 대체적으로 만족스러웠다. 그리고 시상회와 동업공회는 시정부의 영업세 징수에 협조하기 시작했다.

영업세 시행일은 7월 1일로 예정되어 있었다.[62] 2월에 조직 구성을 시작했던 영업세주비처[63]는 40여명의 조사원을 파견하여 상해 각업의 영업성질 및 범위에 대한 조사를 4월 초에 마무리했다.[64] 그리고 4월 말에 영업세율

---

57) 「各業稅則會電陳營業稅法施行細則意見」, 『錢業月報』 11卷 7號 經濟紀聞 11면.

58) 『錢業月報』 11卷 7號 經濟紀聞 19~21면.

59) 上海市檔案 Q201-1-669(二屆大會) 17면.

60) 「各業稅則會請修正營業稅率」, 『錢業月報』 11卷 8號 經濟紀聞 7면.

61) 「百貨業旅業營業稅減徵」, 『錢業月報』 11卷 9號 經濟紀聞 6면.

62) 「市營業稅規定起首日期」, 『錢業月報』 11卷 7號 經濟紀聞 7면

63) 「市營業稅籌備處」, 『申報』 1931. 2. 22.

64) 「營業稅籌備處裁撤調查員」, 『申報』 1931. 4. 7.

초안을 발표하고, 그후 상인들과 토론을 거쳐서 다시 결정했던 것이다. 하지만 정작 영업세를 징수할 때에는 조계 등 또다른 요인을 고려해야 했다.

영업세주비처는 시상회에 편지를 보내 영업세 징수 위탁을 타진했다. 이에 시상회는 15차 집행위원회에서 토론을 거친 후, 6월 27일에 열린 시상회 제2차 회원대표대회에서 이 사실을 토론에 부쳤다. 토론 결과 협조 원칙에 동의하기로 결정되었고, 이를 영업세주비처에 알림으로써 시상회가 영업세 징수의 협조자로 등장했다. 7월 3일에 시상회 16차 집행위원회는 상해시의 위탁방법을 조문별로 토론하고, 그 자리에서 수정을 가한 후 통과시켜 주비처에 알렸다.[65] 이로써 북평(北平), 천진뿐만 아니라[66] 상해도 시상회가 영업세 징수를 위탁받아 처리하기로 결정되었다.

상해 시정부는 '상해시 영업세를 상회에 협조 징수하여 대납하도록 위탁하는 방법(上海市營業稅委託商會協收代繳辦法)'을 정했다.[67] "본시의 영업세 징수는 상민의 편의를 위하여 영업세 징수처가 재정부에 글을 올려 시부(市府)의 조사 비준을 거친 후에 상회에 협조 징수하여 대납하도록 위탁할 수 있"고 "상회의 본시 영업세 협조징수대납은 일을 나누어 각 해당 동업공회에 협조 처리를 위탁할 수 있다"고 규정하여 정부가 시상회에 위탁하고, 시상회가 다시 하부의 동업공회에 위탁하여 영업세를 징수하도록 규정했다.

시상회는 시정부의 위탁에 근거하여 1931년 8월 22일에 제18차 집행위원회를 열어서 영업세 징수 협조방안을 토론했다. 이 회의에서 상회의 영업세 징수 협조방안 초안이 결정되었는데, 시상회에서 판사처를 설치하여 영업세를 징수하기로 했다. 판사처는 시상회 상무위원의 지시에 따라 업무를 처리하며 상무위원이 위원회 주임을 맡고 그 아래에 총무과, 재무과, 상무과를 두었다. 그리고 영업세 징수는 동업공회가 있는 경우는 동업공회에 위탁

---

65) 「市商會協收營業稅辦法」, 『錢業月報』 11卷 8號 經濟紀聞 13면.

66) 「平營業稅實施包辦」, 「津營業稅協商包辦」 『錢業月報』 11卷 7號.

67) 「上海市營業稅委託商會協收代繳辦法」, 『錢業月報』 11卷 9號 專件 1면.

하고, 없는 경우는 직접 징수하되 회원 여부와는 상관없이 모든 상인들을 대상으로 함을 명확히 규정했다.[68]

이후 시상회는 사회국에 정식으로 등록하고 아울러 그해의 회비를 납부한 상회 회원인 동업공회에 해당 동업의 영업세 징수를 위탁했다. 영업세 징수를 위임받은 동업공회는 각 상점에서 영업세를 징수한 후 매일 오후 3시 이전에 연표(聯票)와 함께 시상회의 감독을 받는 영업세판사처에 송금했다. 세금징수를 위해 필요한 경비는 징수한 세액을 기준으로 하여 시상회는 징수액의 10%, 그리고 동업공회는 5%에 해당하는 금액을 재정국에서 받았다.[69]

영업세를 징수하기 위해서는 우선 각 상점의 영업액 혹은 자본액에 대한 조사나 성실신고가 이루어져야 했다. 상해시 영업세징수처는 영업세신고서(營業稅塡報表)를 만들어 시상회를 통해서 배포했다.[70] 상해의 상인들은 다음과 같은 절차를 거쳐야 했다.

(1) 해당 업종의 동업공회에서 혹은 동업공회가 없는 자는 시상회에서 영업세징수처가 제작한 영업세신고서를 수령하여 항목에 따라 기록한다.
(2) 신고서가 완성되면 각 업종 동업공회 혹은 상회가 도장을 찍어 증명하고 영업세조사필증을 수령하여 전달한다. 그러나 고분유한공사(股份有限公司)는 회계사의 증명을 거친 후에 동업공회나 상회를 통해 조사필증을 수령한다.
(3) 조사필증 수령 후, 영업세를 납부한다.[71]

모든 단계에서 각 상점은 시상회와 동업공회를 통해 서류를 수령하고 증

---

68) 「本會協收代繳營業稅辦法」,『商業月報』 11卷 9號 工商要聞 1면; 「上海市商會協收代繳營業稅辦法」,『錢業月報』 11卷 9號 專件 4면; 實業部工商訪問局,『工商半月刊』 3卷 19號 (1931. 10) 法令規章 6면.
69) 『工商半月刊』 3卷 19號(1931. 10) 法令規章 6면.
70) 「滬市營業稅準備徵收」, 「滬市商會催塡營業稅表」,『工商半月刊』 3卷 19號(1931. 10) 國內經濟 13~16면.
71) 「營業稅準備調査」,『錢業月報』 11卷 9號 經濟紀聞 6면.

명을 받아야 했는데, 이 또한 동업공회의 청원에 따른 결과였다.[72] 만일 상인이 법령을 위반할 때에는 동업공회가 책임을 지고 시상회를 거쳐 영업세 징수처에 보고해야 했다. 이 영업세 징수를 통해서 시상회와 동업공회는 회원, 비회원을 가릴 것 없이 상인들을 장악할 수 있었다.

하지만 상해의 영업세 징수제도는 몇가지 문제가 있었다. 이금철폐회의 이후 영업세대강, 영업세법 모두 납세자의 직접 납부라는 원칙을 일관되게 견지했고, 다른 사람이 대리할 수 없다고 분명히 규정했었다. 그런데 상해는 영업세 징수를 시상회와 동업공회에 위임한 것이다. 혹시 상점이 허위사실을 기록했다고 의심되면 징수기관이 수시로 조사할 수 있다는 단서조항과 처벌규칙[73]을 두고 있기는 했지만 명백히 세금의 청부징수였다. 그리고 이 청부징수는 시상회나 동업공회를 통한 상인의 통제였고, 정부는 상회나 동업공회에 의존하지 않을 수 없었다. 시상회와 정부는 역할이 서로 중첩된 상태에서 상호 의존적인 관계를 형성했다.

청부제도에 따른 또다른 문제는 세금을 내야 할 상인들이 동시에 세금징수의 주체가 된다는 점이었다. 세금감면을 청구하는 집단이 동시에 세금을 징수하는 아이러니, 즉 공과 사가 뒤섞인 양상이 시상회와 동업공회의 활동에 나타났다. 섭혜균(葉惠鈞)은 다음과 같이 말했다. "본시 영업세율의 최고 비율은 0.3%로 전국 각 성시 중 최저로서, (이를 쟁취하기 위한) 모든 상회의 노력과정은 시 전체 상민이 모두 잘 아는 바이다. 현재 시상회는 시재정국의 위탁을 받아 세금 징수일을 협조, 처리하고 있는데, 이는 수속(手續)과 조사 방면에서 모두 상민의 이익을 위한 것이다."[74] 즉 상회와 동업공회는 동업 가운데 세금 누락이 발생하는 것을 막기 위해 규정에 따라 세금을 내

---

72)「各業稅則營業證應由同業公會蓋印請領」,『申報』1931. 4. 5.

73)「上海市徵收營業稅條例草案」,「營業稅處罰規則擬定」,『錢業月報』11卷 7號 經濟紀聞 17~22면

74)「經濟紀聞——葉惠鈞談同業公會組織」,『錢業月報』12卷 1號.

도록 동업에 재촉하는 역할을 했고, 가세(苛稅)에 대해서는 적극적으로 감세나 징수 정지를 요구할 수 있었다.[75] 시상회는 민과 관 사이에서 중개 역할을 수행함으로써 두 영역의 활동이 중첩되어 활동의 투명성이 의심받을 가능성도 많았다.

또 하나의 문제는 조계였다. 국민정부는 외국인에게도 동등하게 영업세를 부과하고 조계에서도 걷겠다고 공언했었다. 조계는 상해의 상인들과 각 지역의 상인들이 꾸준히 주장해온 화양 동등부과 문제의 시험대였던 것이다.

상해 시정부는 영업세 문제를 처리할 징세기관을 공공조계에 설치했다. 하지만 중국이 공식적으로 행정권을 행사할 수 없는 지역인 공공조계에 중국 정부기관을 설치함으로써 문제가 발생했다. 1931년 9월 2일 공부국 동사회는 국민정부가 동사회의 동의 없이 조계 내에 세국(稅局)을 설치한 것을 토론의 의제로 삼았다. 의장은 영업세는 시정부가 세수 확대를 위해 조계 주민으로부터 걷는 것이기 때문에, 조계 납세인의 이익을 위하여 즉시 세국의 직권행사를 막아야 한다고 제안했다. 장기간의 토론을 거쳐 동사회는 중국 당국은 먼저 통상적인 수속을 준수하여 조계 내에서의 직권행사에 대한 비준을 청구해야 하며, 조계당국은 그후에 설치 가능성 여부를 연구할 것이라고 잠정적으로 결론을 내렸다. 그리고 만일 조계 내의 세국이 다음 동사회가 개최될 때까지도 직권을 행사할 경우 동사회는 즉시 세국을 봉쇄할 것임을 중국당국에 통보하기로 결정했다.[76]

여기서 진퇴양난에 부딪힌 사람은 공부국 동사회에 참여하고 있던 중국인 동사(華董)였다. 중국인 동사는 중국정부와 공부국 사이에서 세국 문제에 대한 원만한 타협을 시도했으나 성과를 거두지 못했고, 9월 16일에 동사회가 다시 열릴 때까지도 세국은 여전히 활동을 하고 있었다. 그러자 공부국 동사

---

75) 張仲禮 『近代上海城市硏究』(上海人民 1990) 555면; 根岸佶, 앞의 책 212면.

76) Shanghai Municipal Archives, *The Minutes of Shanghai Municipal Council* Vol. XXV (Shanghai Classics Publishing House 2001) 95~96면.

회 의장과 외국인 동사들 사이에서 강경론이 터져나왔다. 중국당국이 스스로 철수하지 않는다면 강압적인 방법으로 세국을 봉쇄하여 확실한 태도를 보여주어야 한다는 것이었다.

하지만 공부국 또한 월계축로를 포함한 현안 문제를 둘러싸고 중국당국과 협상해야 한다는 사실을 의식하지 않을 수 없었고, 결국 카니(Carney)의 제안으로 송자문에게 조정을 의뢰하여 세국 문제를 원만하고 온건한 방법으로 처리하기로 결정했다.[77] 공부국은 송자문과 안면이 있는 사람을 내세워서 세국을 철수하겠다는 보증을 받아냈다.[78]

국민정부는 북벌의 완성으로 통일정부를 구성했지만 조계 내에서는 여전히 중국 관헌이 활동하기가 어려웠다. 이 사건은 공공조계가 여전히 중국정부의 통치권 행사에 방해요인임을 확인하게 하였고, 이를 극복해야 한다는 것을 보여주었다. 국민정부는 공언했던 대로 조계에서 세금을 징수하기 위해서라도 어쩔 수 없이 민간인 조직인 상회의 도움이 절실히 필요했다. 송자문이 세국 철수에 순순히 동의했던 것도 그 이면에는 시상회가 영업세를 징수하기로 한 결정[79]이 한몫을 했던 것이다.

시상회는 영업세의 일률징수를 명확히했다. 시상회는 장주업(醬酒業) 동업공회의 요청에 대해, 영업세는 조계나 화계의 구분 없이 일률적으로 징수할 것이며, 만일 공회에 소속된 동업상점이 조계에 상점을 개설하고 영업세 신고서를 기록하지 않을 경우 동업공회는 그 상점명, 주소 및 경리인 성명을 적어 시상회에 통보하고 재정국 영업세징수처에 보내 조사·처리할 것이라고 통보했다.[80] 상회는 정부를 도와 세금을 징수하고 상인들을 통제했다.

시상회의 징수 협력 및 조계 안 상인들의 협조로 영업세 징수액은 1931

---

77) 같은 책 99~100면.
78) 같은 책 105면.
79) 같은 곳.
80) 「市營業稅一律徵收」, 『錢業月報』 11卷 10號 經濟紀聞 1면.

년 72,500원에서 1932년에는 1,486,280원으로 증가했다.[81] 시상회는 정부의 재정확보 및 상인들의 통제에 협조했고, 그 대가로 정부의 권위로 지탱되는[82] 동업공회와 상회의 독점적인 이익을 향유할 수 있었다. 그 구체적인 표현이 바로 동업공회의 업규였으며 그들 이익을 대변하여 청원할 수 있는 독점적인 권한이었다.

3. 시상회에 대한 도전과 응전

1931년 12월에 시상회는 성립 이후 최대의 장애에 부딪혔다. 1931년 9·18사변 이후, 격앙되는 민중운동의 와중에서 상회의 실권을 빼앗긴 풍소산이 재기해 시상회를 장악하려 한 것이다. 일본의 침입에 따른 민중의 압력으로 광동의 비상회의와 남경정부는 타협했고, 남경정부에 광동 출신들이 대거 등장했다. 풍소산은 바로 이 광동세력의 등장을 배경으로 '상인운동위원회(商人運動委員會)'를 조직했다. 그리고 그가 총상회를 빼앗겼던 방식을 모방하여 시상회를 무력으로 빼앗으려고 했다.[83]

상인운동위원회의 등장은 풍소산의 개인적 원한도 있었지만, 현재의 상회 아래에서는 정치활동이 어렵고 각 방의 의견을 반영하지 못한다는 일반 상인들의 인식도 한몫을 했다. 풍소산은 시상회가 정권에 부합하여 전체 상인의 이익을 대변하지 못한다는 점을 강조하면서, 각 동업공회의 합의에 기반한 상회의 활동을 요구했다. 그는 "이전 총상회는 국가의 법률을 어긴 적이

---

81) 「國民政府主計處編印各省市1931年度營業稅表(1932. 12. 7)」, 「國民政府主計處編印各省市1932年度營業稅表(1934. 5. 8)」, 『檔案彙編』 5-1-財政經濟(2) 434, 441면.

82) 국민정부는 상점─동업공회─시상회로 이어지는 위계질서를 주장했는데, 이런 절차를 거치지 않고 동업공회나 상점이 '멋대로' 행동하는 것을 용납하지 않았다(「各業同業公會不得自行召集代表大會」, 『申報』 1931. 3. 7).

83) 「市商會昨日發生糾紛」, 『申報』 1931. 12. 19.

없으며 민중들에게 불신과 불충을 행한 일도 없거늘, 당이 권세를 이용하여 정부의 손아귀에 집어넣어 현재의 상회는 당적(黨賊)에게 장악되어 상인의 이익을 대변하지 못하며 당의 괴뢰"나 마찬가지이니 상회를 당적의 손에서 회수하여 전체 상인에게 되돌려주어야 한다고 선언했다.[84]

1931년에 벌어진 상인운동위원회와 시상회의 싸움 과정에서 상인들의 의향이 어디로 기울었는지는 불명확한 점이 많다. 짧은 시간이지만 상회와 상인운동위원회는 논쟁과 성명전을 반복했고, 각 동업공회의 지지를 받기 위해 음모와 유언비어가 난무했던 듯하다. 상인운동위원회가 발표한 성명서에 등재된 동업공회는 자신들의 참여를 부인하기 바빴고, 시상회는 상인운동위원회가 시상회의 명칭을 도용하여 도장을 받아가는 일이 있다고 동업공회에 알렸다.[85] 대다수 동업공회가 상인운동위원회가 개최한 회의에 참석한 것을 부인하면서, 시상회는 여전히 상인단체의 주도권을 장악할 수 있었다.

그러나 논쟁과정에서 시상회의 합법적 지위와 각 동업공회의 공익 대변 구조가 문제로 제기되었다. 시상회는 총상회에서 상회로 이관될 때 총상회의 주도세력이 참여했고 집행위원도 대다수 참여했으며 동업공회가 현재의 시상회를 찬성하고 있다는 견해를 피력했다.[86] 동시에 전업공회의 지도자 중 한 사람이었던 섭혜균은 "상운위회 주석 풍소산은 동업공회의 주관자가 각업 상인의 지지를 받고 있는가라고 말을 했는데 이는 대단히 주의해야 될 문제이다. 또한 개탄스럽게도 동업공회 그 자체가 건전하지 못하다는 등의 말을 했는데" 이전에 조직의 상황은 복잡하고 불건전했으나 현재 이런 상황은 전혀 없다고 하면서 "지지 여부는 각 해당업의 상인이 정당한 수속에 따

84) 「商運會二次宣言」, 『申報』 1931. 12. 21.
85) 「市商會昨日發生糾紛」, 『申報』 1931. 12. 19; 「市商會糾紛後所聞」, 『申報』 1931. 12. 20; 「市商會重要聲明」, 『申報』 1931. 12. 21; 「市商會糾紛昨聞」, 『申報』 1931. 12. 22; 「本市各業公會否認本日召集會議」 『申報』 1931. 12. 22; 「市商會主席王曉籟招待各業代表」, 『申報』 1931. 12. 23.
86) 「市商會糾紛後所聞」, 『申報』 1931. 12. 20.

라야 (공회)를 주관할 수 있고, 법령에 따라야만 퇴직·개선할 수 있다. 만일 풍소산이 말한 바와 같다면 공회 명칭을 사용할 수 없으며, 멋대로 속이고 기만하면 전시 동업공회가 즉시 일어나 그를 올바르게 고칠 것이다"라고 주장하며 상인운동위원회의 견해를 반박했다.[87] 소위 각 방 혹은 개별상점의 의견이 동업공회를 통해 시상회로 결집되어 전체 상인의 의견을 대변하는 구조가 여전히 유효함을 논증하는 데 주안점을 둔 것이다.

그러나 상인운동위원회와 그 동조자들은 이 구조가 일부 '당적(黨賊)'에 의해 파괴되었다고 주장했다. 당시 각업 공회대표대회 연석회의 명의로 발표된 선언을 보자.

민주가 고양되어 전국에 충만한 이때에 독재정치가 남긴 오점과 영향을 철저하게 없애야 한다. 상해 시상회를 1929년 독재 잔당의 소수 상인 좀벌레들이 차지한 이후 과거의 여러 부패, 사악한 행적, 예컨대 상인운동을 좌지우지하고, 선거를 농단하고, 회원의 의지를 짓밟고 남경정부의 권력자에게 아첨하고, 당내의 무뢰배(黨棍)와 결탁하여 반대세력을 배척하는 불법행위를 일삼아서, 우리 각업 상인의 비난의 눈길을 받았다. (…) 생각건대 상해 시상회는 우리 상해시 각업 상인의 대표기관으로, 우리 각업 공회가 실로 이 회의 주인이다. 현재 2년여 동안 상회에 웅거한 소수 독재 잔당, 무뢰한 상인 좀벌레들은 남은 목숨을 부지하면서 여전히 상회를 조종하고 있어 민주 역사에 수치를 남겼으니 진실로 우리 각업 상인이 허여한 바가 아니다. (…) 본회 등은 사태가 급박하여, 부득이 비상대처를 하지 않을 수 없었고, 이에 본회 등 각업 연석회의는 각업 공회 임시대표대회 소집일자를 정하여 일체의 문제에 대해 합법적이고 정당한 해결을 도모하고, 우리 시 전체 상계에 정중하게 알리기로 했다. 이후 상해 상회의 접수와 개조에 대해 우리 각업 공회대표대회의 합법적 의결을 거치지 않는다면, 어떤 명의든 어떤 행동이든 모두 부인할 것이다.[88]

---

87) 「經濟紀聞—葉惠鈞談同業公會組織」, 『錢業月報』 12卷 1號.

88) 「上海市各業公會代表大會聯席會議對于上海市商會問題重要宣言」 全宗號 Q222-10, 上

이들은 당시의 시상회를 폄하하기 위해 시상회의 모습을 더욱 강하게 비난하였을 것이므로 그들의 비난내용을 그대로 받아들일 수는 없다. 그러나 그들의 주장은 국민당의 총상회 접수가 당과 정부의 주도 아래 이루어지면서 각업의 의견, 좀더 작은 단위로는 각 방구(幇口)의 의견을 적절히 수용하지 못한 데 대한 비난이었고, 현실의 동업공회를 자신의 지지자로 수용하려 한만큼, 시상회의 실상을 어느정도 반영했음은 틀림없는 사실일 것이다. 남경정부는 통제에 중점을 두어 각 동업공회의 자율적인 의견조율과 그 바탕에서 '공적 기능'을 수행하는 구조를 파괴했고, 이것이 반대자들의 불만이었던 것이다.

일제의 침입으로 야기된 민중운동의 고양 속에서 상인들의 활동재개를 노렸던 풍소산의 노력은 실패로 끝났다. 각 동업공회를 포괄하려는 상인운동위원회의 노력은 12월 23일 각업 공회대표회의가 경찰의 방해 등으로 무산되면서 실패로 돌아갔다.[89] 그 결과 시상회는 여전히 당치하에서 상인들을 통제하는 기관으로 남을 수 있었다.

4. 상계의 대표자 시상회의 한계

(1) 시상회의 실상과 허상

시상회나 동업공회는 하나의 지역에 하나만 설립됨으로써[90] 그 지역의 상인들을 대표하는 유일한 단체로서 위치지어졌다. 이들은 실질적으로 상계의

海市檔案館 所藏.

89) 徐鼎新・錢小明 『上海總商會史(1902~1929)』(上海社會科學院 1991) 400면.

90) 「平均使用人以十二個月計算, 同一區域內不得設立兩商會(1930. 2. 11 司法院院字第230號解釋)」, 『商人組織』 95~97면.

대표자로서 상계의 이익을 대변하고, 정부를 도와 상공업 발달에 이바지해야 했다. 그리고 그 역할에 걸맞게 정부의 인가를 받은 상회나 동업공회에는 정부에 청원할 수 있는 권한이 주어졌다.[91] 세금의 대리징수나 밀수 단속[92]과 같은 행정 역할도 부여받았다. 그들은 단순한 민간인집단이 아니라 행정의 보조자이기도 했던 것이다.[93] 그러나 이런 역할이 원활히 수행되기 위해서는 시상회가 상해 전체의 상계를 아우르는 것이 필수요건이었다.

동업공회법 7조에는 "동업의 공사·행호는 모두 동업공회의 회원이 될 수 있다"고 명기되었다. 그리고 상회법과 1930년에 대표대회에서 통과된 장정에 따르면 "회원은 대표를 선출 파견하여 본회에 참석할 수 있다"라고 규정했다. 후술하는 바와 같이 "될 수 있다"는 규정이 나중에 문제가 되긴 하지만 시상회 성립 당시에 그리고 시상회 설립의도에서 볼 때, 모든 상점은 동업공회의 회원이 되고, 동업공회는 시상회의 회원이 되는 것을 상정하고 있었다.

그렇다면 동업공회가 시상회 회원으로 어느 정도 가입하고 있었는지 살펴보자. 『상해시연감』(1935)에는 217개의 동업공회가 등기를 마친 것으로 되어 있다.[94] 하지만 동업공회에 가입한 상점은 모두 합해도 2만여 곳이 조금 넘을 뿐이었다(부록 표5 참조). 1932년에 상해에 등록된 공장을 제외한 상점만도 7만여 곳이었던 점[95]을 감안하면 1/3에도 미치지 못하는 숫자였다.

더군다나 『상해시연감』에 나온 통계는 사회국 자료, 시상회 자료 등에 의거하여 편찬한 것인데 이마저도 의문의 여지가 있다. 회원대표대회에서 보고한 회원 동업공회의 총수와 참석한 동업공회를 표기하면, 1차 총 170공회

---

91) 「未登記團體不能請求救濟協助(1935. 11. 29 上海市社會局第8787號訓令)」, 같은 책 19~20면.
92) 「七屆大會」, 『商業月報』 16卷 6號 17면.
93) 根岸佶, 앞의 책 315~64면.
94) 上海市年鑑委員會 『上海市年鑑』(1935) 商業(R) 28면.
95) 上海市地方協會 『民國二十二年編上海市統計』(上海: 商務印書館 1933) 商業 1면.

가운데 140개, 2차 총 168공회 중 118개, 3차 총 194공회 중 156개, 4차 157개 공회, 5차 193공회 중 180개, 6차 171개 공회, 8차 119개 공회만이 회의에 참석했다. 이런 차이는 동업공회를 구성하여 사회국에 등록한 이후 실질적으로 활동을 하지 않거나 상인단체를 만들고도 등록을 하지 않는 경우도 있었던 데서 비롯된다.[96]

게다가 회원으로 등록되어 있다가 회비 미납으로 회원자격을 상실한 경우도 있었다. 대표대회의 보고에 따르면 역대 대표대회 가운데 최고로 많이 참석했을 때가 1934년에 열린 5차 대표대회였는데, 193개의 공회 중에서 180공회, 339명이 참석했다. 하지만 2개의 공회는 회비를 2년 이상 미납하여 참석이 거부되었고, 상점회원 33곳 가운데 8곳은 불참, 1곳은 회비 미납으로 참석이 거부되었다.[97] 심지어는 대표대회에 대표를 파견하여 상회에서 활동했음에도 불구하고, 『상해시연감』에는 기록조차 되어 있지 않는 등 실제 시상회가 어느만큼 동업공회를 산하단체로 받아들이고 있었는지 약간씩 차이를 보이고 있다. 회원대표대회에서 시상회에 가입한 상점보다 가입하지 않은 상점이 더 많다는 말[98]은 단순히 수사상의 과장만은 아니었다.

시상회는 많은 수의 상점을 회원으로 받아들이지 못했지만 규정상 이 또한 문제가 되지 않았다. 희망을 품고 설립되었던 시상회는 1차 대회에서 곧바로 자신들이 정한 모든 업규(業規)를 회원, 비회원 관련 없이 모두 적용하기로 결정했다.[99] 그리고 '각업 동업공회 행규(行規)유지위원회'를 10월 27일 결성하고, 동업공회의 대표를 모아 의견을 결집하고 의견관철을 위한 청원활동을 전개했다.[100]

---

96) 「商人團體補報備案辦法(1935. 2. 22 上海市商會通告)」, 『商人組織』 25면; 「未登記團體不能請求救濟協助(1935. 11. 29 上海市社會局第8787號訓令)」, 같은 책 20면.

97) 「五屆大會」, 『商業月報』 14卷 7號 2면.

98) 「七屆大會」, 『商業月報』 16卷 6號 6면

99) 「一屆大會── 各同業公會呈請官廳核準備案之行規應視同官廳爲該業特定之條例, 未入會同業應共同遵守案」, 『商業月報』 10卷 7號

사실 모든 동업에 업규를 일률적으로 적용한다는 것은 상당히 어려운 문제였다. 예전과 달리 동일한 업종이라도 각 상점 사이에 자본규모의 차이가 있어 생산가격 차이가 벌어질 가능성이 훨씬 커졌고, 상품이나 써비스를 염가로 판매하여 푼돈이라도 벌어 생계를 유지하려는 상인들이 존재하는 이상, 이들을 업규에 강제로 종속시키기는 힘들었다. 1930년 공상부는 시상회가 1차 대표대회의 의결에 근거하여 청원한 업규의 일률준수안을 거부했는데, 담합에 의한 독점 가능성과 폭리를 취하려는 심리가 존재한다는 것을 거부 이유로 들었다.[101]

하지만 상인들은 여기서 멈추지 않았다. 1930년 말 공상회의에서 다시 업규의 일률준수안을 의제로 삼고 공상부에서 재심리해줄 것을 요청했으며, 연이어 상해시 매업(煤業)·화분업(花粉業) 공회, 강음현상회주비회(江陰縣商會籌備會), 항주(杭州)시상회·산두(汕頭)시상회, 영파시상회 등의 상인들이 청원을 했다. 결국 상해시 사회국의 제안에 따라 "각업이 정한 업규는 해당 지역의 공상행정을 주관하는 관서의 심사비준을 거쳐야 한다. 심사비준을 통과한 업규는 규칙과 동일시되어 반드시 준수해야 하며, 회원·비회원을 가리지 않는다. 만일 파괴하는 자가 있으면 법에 따른 처벌을 관청에 신청할 수 있다"고 하여 관청의 감독기능을 추가하여 업규의 일률준수안을 받아들였다.[102] 이에 따라 사광면직업(絲光棉織業), 영조업(營造業) 등이 업규를 정해 사회국에 심사를 의뢰했다. 1931년에 '상해시 동업공회 업규강요' 14조가 나온 이후 연이어 나온 각 업종의 동업규칙은 회원, 비회원 구분 없이 동업공회가 정한 업규를 준수할 것을 명시했다.[103]

100) 上海市檔案 Q201-1-623(上海市各業同業公會維護行規委員會).
101) 上海市檔案 Q201-1-669(二屆大會) 16면;「同業業規問題」,『商業月報』11卷 9號 2면; 「本市各業業規之爭持及審核批准槪略」,『商業月報』12卷 5號 1~2면;『商人組織』209~11면.
102)『商人組織』209~11면.
103)「同業業規問題」,『商業月報』11卷 9號 3면;「上海市各業同業公會業規十七種」,『商業月報』12卷 5號;「上海市各業同業公會業規」,『商業月報』13卷 1號;「附載」,『商業月報』

하지만 상회의 동업공회에 대한 통제와 동업공회의 회원상점에 대한 통제에는 많은 어려움이 따랐다. 비회원은 공회가 정한 가격을 지키지 않고 경쟁적으로 가격을 낮추어 업규를 파괴했다. 공회의 권고는 먹혀들지 않았다. 그러나 통제할 권력이 없는 상황에서 공회는 권고 외에는 별다른 조치를 취할수 없었다. 회원 또한 비회원의 업규 위반을 구실로 회비납부를 거절하니 공회의 활동조차도 어렵게 되었다.[104] 회원 미가입 실태에서도 드러나는 바와같이 일반상점은 동업공회에 가입을 하지 않았고, 가입했다 하더라도 2~3년치에서 4~5년치 회비를 납부하지 않고 있었다.[105]

(2) 시상회 활동을 제약하는 요인들

시상회가 모든 상인들을 통제할 수 없었던 이유는 여러가지였다. 우선 많은 상점이 공공조계 안에 자리하고 있었다.[106] 공공조계 안의 상점들은 국민정부의 권력이 미치지 못하는 것을 보호막으로 삼아 국민정부와 동업공회 등이 정한 규칙을 지키지 않았다. 전회행업공회(磚灰行業公會)는 다음과 같이 불만을 토로했다. "점포와 증명서가 없는 불법 중개인이 조계를 보호처로 삼아 분쟁을 일으키고 어지럽히며 나쁜 일을 하는 데 모든 수단을 다 사용한다. 동업 업무는 파괴되고, 의논하여 정한 가격은 그 때문에 문란해지고 공회는 없는 것이나 마찬가지가 되었고, 업규는 헛된 글처럼 되었다."[107]

14卷 4號.

104) 「七屆大會──討論呈請政府修改公會法, 强制同業入會案」, 『商業月報』 16卷 6號 19면.

105) 「八屆大會──討論執行會章第十三條之規定, 凡不繳淸該年會費者, 停止其出席於該屆大會案」, 『商業月報』 17卷 6號 13면.

106) 졸고 「1930年代 上海의 區域商圈과 消費生活」, 『中國近現代史研究』 17집; 「1930年代 上海 公共租界의 商圈, 居住地, 地域社會」, 『靑藍史學』 8집.

107) 「七屆大會──討論增加公會權力, 實施統制案(磚灰行業公會提案)」, 『商業月報』 16卷 6號 15면.

또다른 이유는 공황의 심화, 경쟁의 심화와 같은 경제여건의 악화였다. 공황의 심화와 함께 생존경쟁은 날로 치열해졌고, 그에 따라 상도덕이 점점 추락하고 허위선전, 동업간 질투 등 이전투구식 싸움이 늘어갔다.[108] 설상가상으로 일본의 만주점령과 화북으로의 세력권 확장에 따른 밀수의 성행까지 더해져 동업공회의 활동은 더욱 위축되었다. 경제상황의 악화가 단결력을 약화시켰던 것이다.

또한 업규를 어겼다 하더라도 증거수집이 어려웠다. 동업의 업규 위반을 확인하여 관련당국에 보고해도 당국은 동업공회의 심의결과보다는 증거를 중시했기 때문에[109] 증거가 충분치 못할 경우 처벌이 어려웠다.

또한 전술한 바와 같이 집감위원의 연임금지 규정에 따라 1930년대 중반에 소규모의 동업공회는 집행부를 제대로 구성하지 못했고 활동이 사실상 정체되면서, 동업공회와 시상회의 영향력은 많이 줄어들 수밖에 없었다.

시상회 초기에 유사업종이 세분화된 형태로 각자 동업공회를 조직하면서 비슷비슷한 동업공회가 복수로 존재했던 것도 문제였다. 유사한 동업공회가 난립하자 회원들은 필요에 따라 공회를 옮겨다닐 수 있게 되었고, 이는 곧 동업공회의 통제와 권위를 무너뜨리는 결과를 가져왔다. 일례로, 단화창〔旦華熱水瓶廠〕의 화물이 광동애국단체에 의해 일본상품으로 지목되어 압류된 일이 있었다. 압류를 풀려면 법단(法團)의 증명이 있어야 했는데, 단화창은 관련 공회인 보온병제조업공회〔熱水瓶製造業公會〕에 일년 이상 회비를 납부하지 않아 공회의 증명을 얻기 위해서는 밀린 회비부터 완납해야 했다. 밀린 회비를 완납하고 공회의 증명을 얻는 게 마땅한 상황이었다. 그러나 단화창은 밀린 회비를 납부하는 대신에 국화공창연합회(國貨工廠聯合會)에 새로 가입하여 회비 2원만 내고 문제를 해결하려 했다. 그러자 보온병제조업공회

---

108) 「七屆大會」, 『商業月報』 16卷 6號 21면.

109) 「七屆大會──討論各業業規核準公布, 但實施感覺困難, 應何硏究增加效力案」, 『商業月報』 16卷 6號 16면.

에서 동업 공장의 청구사항에 대한 처리 권한은 자신들에게 있다고 주장하며 법원에 제소하였다. 결과적으로 보온병제조업공회는 회비를 받을 수 있었지만 단화창과의 감정이 악화되어 남는 바가 없게 되었다.[110] 이와같이 각 업이 세분화된 상태에서 하나의 회사·상점이 여기에 들고 저기를 탈퇴하거나 양쪽에 들어[111] 조직의 통일을 방해했다.

동업공회와 시상회의 통제력을 약화시킨 또다른 요인은 당연가입 규정과 강제이행 규정의 미비로 회원가입을 하지 않은 동업들이 상당수 존재했던 점을 들 수 있다. 이 문제를 해결하기 위해 시상회 2차 대표대회 이후 상점들의 당연가입안이 계속 의안으로 제출되었고, 7차 대표대회 때에는 총 45개 의안 중에서 13건이 동업공회가 제대로 기능을 할 수 없는 이유의 핵심은 강제집행권의 미비에 있다고 서술하면서 그 대안을 제안했다.[112]

시상회와 동업공회는 통제력을 강화하기 위해서는 우선 공상동업공회법의 회원가입 규정을 당연가입 규정으로 개정해야 한다고 보았다. 최초의 조문에는 '회원이 될 수 있다'라고 규정되어 있어 회원가입은 의무조항이 아니었고 결과적으로 가입을 하지 않아도 법을 어긴 것이 아니었다. 또 모두가 동업공회의 업규나 장정을 지켜야 한다고 되어 있었지만 미가입자가 이를 위반해도 처벌할 방법이 없었다. 회원은 온갖 의무를 준수해야 하지만 비회원은 의무는 지지 않고 회원과 동일한 혜택을 누리는 상황[113]은 시상회나 동업공회를 유지해나가는 데 걸림돌이 되었다. 결국 3차 대회(1932)에서 당연가입 규정으로 개정되어야 한다는 의안이 통과되었다.[114] 이후 국민정부와 행정원, 실업부에 서면으로 청원하는 한편, 수도에 대표를 파견하여 청원활

---

110) 「七屆大會」, 『商業月報』 16卷 6號 20면.

111) 「七屆大會」, 『商業月報』 16卷 6號 17면.

112) 제7차 대회에 제출된 제9호 안건과 제20~31호 안건이 동업공회와 상회의 통제력 강화에 대한 내용이었다. 『商業月報』 16卷 6號 14~20면.

113) 上海市檔案 Q201-1-609(三屆大會) 26~27면.

114) 같은 곳.

동을 벌였다. 그 결과 1932년 10월에 국민정부령에 따라 공상동업공회법 제7조의 "공사, 행호는 모두 동업공회 회원이 '될 수 있다〔得〕'"는 조항이 '되어야 한다〔應〕'로 고쳐졌다.[115]

그러나 이도 부족했다. 모든 상점은 당연히 가입하여 회비를 납부해야 했지만, 회비를 미납했을 때 강제할 방법이 없었다. 1934년 9월에 동업공회와 관련된 행정소송이 열렸다. 균익인력거공사(均益人力車公司) 등이 오현(吳縣)의 현정부가 차량영업세 수납을 거절하고 차량을 압류한 사건에 대해 행정소송을 제기한 것이다. 사건은 오현정부가 새로운 차량영업증을 발급하면서 시작되었다. 오현의 동업공회는 현정부에 공회 회비를 납부한 후에 공회의 증명을 받은 자에 한하여 신영업증을 발급하도록 요청했고, 현정부는 이를 받아들였다. 그런데 소송을 제기한 원고의 경우 공회 회원이 아니었기 때문에 공회가 증명을 해주지 않아 영업세를 내려고 해도 현정부에서 받아주지 않았다. 결국 비회원이었던 원고 등은 신영업증을 발부받지 못한 상태에서 영업을 하여 차량이 압류되었던 것이다.

이에 원고 등은 강소성 건설청과 성정부에 소원을 제기했지만 받아들여지지 않자 행정소송을 제기하게 되었고, 손해배상까지 같이 청구하기에 이르렀다. 재판 결과 손해배상 소송은 이유 없음으로 기각되고, 관청의 영업세 접수 거부도 철회하라는 판결이 내려졌다. "동업공회의 증명을 받아야 신영업증을 발급한다는 것은 사실상의 강제규정으로 현재 원고 등이 공회에 미가입한 것은 공상동업공회법을 어긴 것이긴 하나 미가입자에 대한 처리규정이 없고, 약법(約法)에 영업의 자유가 있으므로 관청의 임의 강제규제는 위법의 소지가 있다. 동시에 원고 등도 영업증이 없는 상태에서 차량을 운행한 것은 위법이므로 손해배상의 이유도 없다"는 것이 판결 이유였다.[116]

강제이행 규정이 없는 공상동업공회법과 상회법은 무의미한 것이었다. 당

---

115) 上海市檔案 Q201-1-671(四届大會) 12면.
116) 「同業未入公會不得强制(1934. 9. 21 行政法院判字第15號判決)」, 『商人組織』 218~22면.

연가입이 법제화된 이후에도 동업의 조직이나 동업공회의 숫자가 늘어나지 않자 동업공회나 시상회에 가입하지 않은 동업에 대한 안건이 상회에서 중요 의안 중의 하나로 자리를 잡았다. 1933년에 열린 4차 대회에서 3개의 안건, 1934년 5차 대회에서는 집행위원·주단업공회(綢緞業公會)·성의업공회(成衣業公會) 등이 각기 미가입자 및 회비 미납 문제를 안건으로 제기했다.[117] 미가입자에 대한 강제집행방법이 논의의 핵심이었다. 결국 사법원은 강제집행방법의 하나로서 민사소송으로 회비를 받을 수 있다고 결정했다.[118]

하지만 민사소송은 실효가 적었다. 화수업공회(花樹業公會)는 "한 회원이 매년 6원을 납부해야 하는데 3년을 미납하면 18원이다. 일단 기소하면 소송비, 장비(狀費), 전표(傳票) 및 대리인 거마비 등등 비용이 많아 승소한다고 해도 소송비조차 건지기 힘들며 시간이 많이 걸릴뿐더러 소송당한 회원과 원수지간이 되니 민사소송은 실행하기 힘들다"고 불만을 토로했다.[119]

결과적으로 시상회와 동업공회가 명실상부한 상계의 대표자로서 자리를 잡으려면 소속 회원 및 상점에 대한 행정적인 집행권이 필요했다. 당연가입 규정을 획득한 후인 시상회 제4차 대표대회는 강제이행 규정의 제정을 위해 움직였다.[120] 7차 대회에는 강제집행방법과 관련한 많은 의안이 제출되었는데, 벌금을 징수하거나 위약한 화물을 몰수하거나 영업을 정지시키는 등의 방법이 제시되었다.[121] 이는 민간집행기구가 공권력에 접근하려는 시도였고, 이런 점에서 시상회나 동업공회는 확실히 정부의 권한을 분담하는 형식을 취했다.

---

117) 「本會擧行五屆代表大會之經過」, 『商業月報』 14卷 7號 4면.
118) 「國內外經濟月誌——社會局訓令本會追繳會費辦法」, 『商業月報』 14卷 1號; 「商會委員改選及退職問題, 欠繳會費可以民訴辦理(1935. 5. 31 司法院院字第914號解釋)」, 『商人組織』 109~10면.
119) 「七屆大會」, 『商業月報』 16卷 6號 18~19면
120) 上海市檔案 Q201-1-671(四屆大會) 29면
121) 「七屆大會」, 『商業月報』 16卷 6號 16~17면 등.

마지막 대안은 법률의 개정이었다. 동업공회와 시상회의 끈질긴 청원 등의 영향을 받아 입법위원 중의 하나였던 마인초(馬寅初)가 강제집행권을 넣은 새로운 법을 추진했다.[122] 동시에 행정원은 실업부가 전국 상업의 수요에 따라 상계의 의견을 모아서 작성한 초안 4종을 입법원에 넘겼다. 이제 신상회법의 제정과 공포만이 남은 과제였다. 중일전쟁 직전에 열렸던 8차 대회는 신속하게 신상회법을 제정·공포하여 동업에 대한 통제가 가능해지기를 기대했다.[123] 하지만 그 기대는 중일전쟁으로 무산될 수밖에 없었다.

경제적인 관점에서 볼 때, 수출과 수입의 증감 그리고 거래선이 다름에 따라 교역에서 얻는 이익이 서로 달랐던 것도 상인들의 단합을 어렵게 만들었고 시상회의 지도력에 한계를 드리웠다. 개항 이후 양잠업과 제사업은 중국의 비단업보다는 해외시장을 겨냥하여 생사를 생산, 판매했기 때문에 구미의 비단업과 밀접한 관련을 맺었다. 자연히 수출이 많아짐에 따라 국내의 비단업자에 대한 원료공급이 부족하게 되어 두 집단간에 갈등이 일어나는 경우도 있었으며,[124] 해외의 경기동향에 따라 상황은 민감하게 변했다.

대외개방과 아주 밀접한 관계가 있는 관세개정 문제에서도 각 업종간 그리고 유통단계에 따라 입장의 차이가 분명하게 드러났다. 특히 공업자본과 상업자본은 원료의 수입 문제를 놓고 첨예하게 부딪쳤다.[125] 각 상인이 의존했던 교역네트워크의 차이는 상업으로 얻는 이익의 차이를 낳았다.

면방직은 일본상품과 경쟁관계에 있었기 때문에 중국의 면방직업자들은 일본상품 배척운동으로 이득을 볼 수 있었다.[126] 이들은 면사와 면포의 국내 판매에서 국산품 애용론을 열렬하게 지지했다. 하지만 방적업자는 면사와

---

122) 「七屆大會」, 『商業月報』 16卷 6號 6면.

123) 「八屆大會」, 『商業月報』 17卷 6號 8면.

124) 根岸佶, 앞의 책 236면.

125) 久保亨 「1930年代中國關稅政策と資本家階級」, 『社會經濟史學』 47卷 1號(1981) 46~51면.

126) 졸고 「中國 近代化와 民族資本家」, 『時代轉換과 歷史認識』(서울: 솔 2001) 205~10면.

면포의 생산원가를 낮추고 질 좋은 면사를 생산하기 위해 면화(棉花)의 수입에 대해서도 민감하지 않을 수 없었다. 면화 수입은 원료 수급상황을 개선해 원료값을 하락시켰지만 국내 면상(棉商)의 이익을 감소시키는 조치였다.

면상은 이런 손해를 농민들에게 전가시키기 위해 수매시에 낮은 가격을 책정하는 것이 보통이었다. 또한 면상은 면화의 수입 및 관세인하에 반대입장을 취했다. 1932년에 영종경의 면화 수입과 1933년의 면맥차관(棉麥借款)에 대한 면화상(棉花商)들의 반대[127]는 이런 입장을 반영한 것이었다. 면화 수매상과 면화 수입상 그리고 면사공장과 농민들의 이익은 상반되었고, 이들은 면화 수입이라는 하나의 문제를 놓고 대립했다. 면방직은 일본상품 배척운동을 외쳤지만 면화 수입 문제에서는 국산품 애용론자가 아니었다.

방적공장에는 면농(棉農)이나 국내 면화판매상과 달리 또 하나의 네트워크가 존재했다. 해외의 원료를 들여와서 생산을 할 수 있었고, 내수가 아닌 수출을 통한 국면의 타개도 가능했다. 해외무역 네트워크에서 드러났듯이 상해의 제조업자들은 많은 양은 아니지만 동남아에 수출을 하고 있었다. 공황시기에 제조업자는 화교를 통한 동남아 판로의 개척으로 입지를 넓히려 했고, 정부도 지원방안을 모색했다. 방적업자들은 일본의 중국시장 진출에는 보호관세를 부과해야 한다고 생각했지만 동남아시장에 대해서 혹은 수출을 할 때에는 면세나 감세를 주장했다.

상해의 상인들은 국내시장에서 외국제품과 치열한 경쟁을 벌이기도 했지만, 생산원가를 낮출 수 있는 원료의 수입이나 제품의 판매에서 분명히 개방에 따른 이익을 향유하고 있었다. 이들의 활동에는 개방에 대한 저항적인 태도와 개방적인 태도가 공존했다. 그리고 집단적 결집으로 시장화에 대응하려 했다는 점에 특색이 있었다. 또한 어떤 교역네트워크를 형성하고, 얼마나

---

127) 「全國經濟委員會等部會辦理上海市棉花辦運業同業公會關于救濟棉業治標治本方案的有關文件」, 『檔案彙編』 5-1-財政經濟(6) 33면; 『榮家企業史料』 上, 388~92면; 면맥차관(棉麥借款)에 대한 우려로는 「美國大借款」, 『東方雜誌』 30卷 13號와 18號도 참조.

다양한 네트워크를 형성하느냐에 따라서 위기를 축소하거나 다른 방향으로 전환하는 것이 가능했다.

집단적 단결과 국제적 개방이란 이중성은 민족 혹은 국산품에 대한 개념까지도 자의적으로 해석하게 만들었다. 1937년 광동성의 수입미 면세 문제에 대해 상해 미곡상인(米穀商人) 및 산미성(産米省)의 입장과 광동성 상인의 입장이 달랐다.[128] 상해 미곡상인은 수입미를 면세로 들여오려는 조치에 대해 국산쌀 이용을 주장하며 반대했다. 하지만 광동성 상인은 주로 동남아시아 화교를 통해서 들여오는 쌀의 수입 역시 동포에게서 수입하는 것이기 때문에 국산미에 해당한다는 논지를 전개했다. 상업상의 이익 및 국내외 물자의 거래관계 형성 여부가 민족주의라는 외피를 이용하는 형태도 다르게 만든 것이다.

이런 갈등을 조정하고, 상인들을 통제하고 단합을 꾀하기에는 민간단체인 시상회의 역할은 한계가 있었다. 시상회는 민간단체로서 이해가 충돌하는 상인이나 이익집단을 조절할 능력이 부족했다. 대신에 국민당의 원래 의도대로 이런 갈등을 조절하고 시장을 통제하기 위한 국민정부의 역할은 증대할 가능성이 높았다.[129] 관세로 상징되는 민족국가의 경제영역에서 해외무역의 증대와 감소는 국가의 정책과 힘에 크게 좌우될 수 있다. 따라서 국제개방, 국내산업의 보호, 이익집단 혹은 국내산업간의 갈등 조절 그리고 물자

---

128) 姜抮亞 「1930年代 廣東省의 輸入米 課稅論爭과 南京政府」, 『東洋史學研究』 75집 (2001. 7) 183~88면.

129) 정권의 생존문제가 해외시장에 대한 개방과 민족경제의 보호란 요인과 밀접하게 관련될 여지는 많았다. 정권의 지지기반, 국제경제 상황 등에 따라 정부의 입장은 산업 개방과 보호의 입장 사이에서 유동적으로 변할 가능성이 있었다. 재정상황도 무시할 수 없는 요인이었는데, 국민정부는 재정상황이 좋지 않았기 때문에 관세정책의 경우 재정확보와 산업보호라는 두 가지 입장 사이에서 고민을 해야 했다. 여기서는 정권의 생존도 교역의 조건과 시장정책을 결정하는 또 하나의 중요한 변수였다는 점만을 지적하고, 구체적인 논의는 생략하고자 한다.

의 수급을 원활하게 조절하기 위해서는 국가가 주도하는 통제경제가 필요하다고 당시 사람들은 생각했다.

특히 1930년대에 대공황으로 경제상황이 악화되면서 정부에 대한 기대가 높아지고 국제적으로 보호주의가 득세하는 과정에서 국민정부는 괄목할 만한 성과를 거두지는 못했지만 통제경제에 많은 관심을 기울였다.[130] 집단화에 의한 시장사회에 적응하려던 노력은 공황과 겹쳐지면서 통제경제로의 이행을 쉽게 만들었다. 게다가 상회와 같은 민간단체를 통한 통제에 한계가 드러나면서 자연스럽게 국가주도의 통제경제로 이행해갔다. 공황에 시달리고 있던 상인들도 이에 동조했다. 하지만 정부는 자금부족 등에 시달렸고 통제경제는 논의만 되었을 뿐 실행은 되지 않았다. 면업 통제를 위해 계획되었던 면업신탁공사는 서류상의 계획으로 남아 있었고, 지원이 없는 상태에서 상인들의 힘은 더욱 약해졌다.[131] 자연스럽게 국가가 경제적 힘이 취약해진 상인들을 통제할 가능성은 늘어만 갔고, 항일전쟁 기간을 지나면서 정부의 산업에 대한 장악력은 더욱 확대되었다. 그 결과 항일전쟁을 지나면서 전시통제경제를 통해 정부의 산업에 대한 통제가 더욱 강화되었다.

---

130) 졸고 「恐慌과 南京國民政府의 棉業統制政策」, 『歷史敎育』 80집.
131) 같은 글.

III. 1930년대 민간단체와 상해인

1. 생존과 보호막

남경정부의 민중운동 통제와 민간단체 재편이 가져온 일차적인 현상은 민간단체의 정치적 활력 감소였다. 일반민중들은 "정치를 말하지 못하던 민국 이전 독재시대로 돌아가, 국가의 대계(大計)에 대해 입을 다물고 감히 말하지 못하거나 마음속으로만 비난하며, 광명정대(光明正大)한 책임 있는 태도로 사태를 바로잡으려 하지 않는"[1] 태도를 취하게 되었다.

한편으로 노동단체의 통합과 통일, 그리고 시상회의 재편과정은 국가에 의한 '강압적'인 정치통합이었다. 동향감정 등에 의해 분열적인 경향을 보이거나 분립되어 있던 여러 단체를 하나로 통합하여 국가가 통제함으로써 소규모 집단의 정체성을 국가로 귀속시키려고 했던 것이다. 동향감정이나 분파의식은 부정되었고, 각 단체는 국가의 지도하에 시상회로 그리고 산업별 노동조합으로 결집하여 산업발전에 매진함으로써 국가의 번영에 기여해야

---

1) 「中華民國國難救濟會昨日成立大會」, 『申報』 1931. 12. 20.

했다. 민간단체는 정부와 민중의 중개자로서 그 역할이 두드러지기 시작했다. 민간단체는 국가의 방침을 전달하고 정부의 통제를 받는 대신에 정부에서 인정하는 '유일한' 합법단체로서 해당 분야의 민중을 보호하고 그 이익을 대변하여 청원할 수 있는 중개자로서의 권한을 부여받았다. 하지만 '청원'할 수 있는 권한 이외에 각 단체들이 지속적으로 자신들의 의견을 국가에 전달할 수 있는 장치가 결여된 상태에서 민간단체는 소속원의 이익을 대변하고 국가의 행동을 감시하기보다는 국가의 방침을 집행하는 쪽으로 역할이 커질 수밖에 없었다.

더욱이 1930년대 중반에 밀어닥친 공황은 상인들을 정부에 더욱 예속시켰다. 공황의 파급효과는 산업마다 달랐고, 경제네트워크의 차이에 따라 상인이 누릴 수 있는 이익도 각기 달랐다. 동업의 이익을 대변하는 동업공회나 시상회는 소속원을 통솔하고 보호하는 기능을 수행하기에 역부족이었다. 이러한 상황 속에서 상인들은 그들 스스로 통제경제를 옹호하며 각 이익집단의 모순을 조정하고 상업을 보호해줄 것을 정부에 요청했다. 통제경제의 우월성이 논의되고, 독재가 공공연히 찬양되었다.[2] 그나마 남경정부에 재정적인 지원을 함으로써 일정 정도 '독립적'인 영향력을 행사할 수 있었던 은행공회와 전업공회도 공황과 그후의 은행업에 대한 정부의 증자과정에서 정치력을 상실하고 남경정부에 예속되어버렸다. 정부의 조정과 통제, 감독을 받지 않고 자율적인 활동을 할 수 있는 사회단체와 직업단체는 거의 존재하지 않았다.

더 작은 규모의 상인단체라 할 수 있는 회관·공소의 영향력도 남경정부가 동업공회법을 시행하면서 약화되었다. 회관·공소가 제공하던 상업상의 이점과 동향인에게 편의를 제공하던 두 기능은 분리되어 실행되어야만 했

---

2) Lloyd E. Eastman, *The Abortive Revolution: China under Nationalist Rule, 1927~ 1937*(Cambridge: Harvard University Press 1978) 141~59면; 橫山宏章 『中華民國史—— 專制と民主の相剋』(東京: 三一書房 1996) 134~64면.

다. 이제 회관과 공소는 죽은 자에 대한 봉사활동을 주로 하는 동향인 자선
단체로 변화되거나 동향회로의 흡수통합이 가속화되었다.[3] 또한 경제영역과
동향단체의 활동을 분리시킴으로써 회관과 공소 혹은 동향방이 각 동향인에
게 끼칠 수 있는 영향력은 상대적으로 줄어들었고, 전처럼 특정 동향집단이
특정 직업영역을 장악하고 동향인을 전적으로 보호하던 기능은 약화될 수밖
에 없었다. 동향관계에 의존한 인사조치 또한 사회의 객관화가 진행되면서
지식인뿐만 아니라 노동자들의 반발을 초래하여 실행에 상당한 어려움을 겪
기도 했다.[4] 그 결과 동향인을 고용하던 관행 때문에 발달하기 어려웠던 직
업소개업도 비록 경제영역에서 그 영향력과 활동 정도가 크다고 할 수는 없
지만, 1930년대 중반에는 동업공회를 조직했다.[5]

자선단체의 경우 심하지는 않았지만 최소한 운영기금의 사용을 통제받았
다.[6] 자선단체의 주된 자산과 운영기금은 부동산 수입과 공채 등이었는데,
이도 일본의 침입에 따른 공채가의 하락과 공황으로 수입 감소를 경험하지
않을 수 없었다.[7] 국가도 보호의 역할을 적극적으로 수행하기에는 역부족이
었다.

한편, 동향회는 남경정부 치하에서도 여전히 중요한 역할을 하였는데 동
향인에 대한 봉사뿐만 아니라 각종 사회활동에도 관여하였다. 특히 대다수
의 직업단체가 정부의 재편과 등록 방침에 따라 정부의 통제를 받게 되면서
정부의 경제발전전략과 상대적으로 관련이 적었던 동향회의 활동이 더욱 두
드러지게 되었다. 포동동향회의 경우 동향회 명의로 각종 사회사업과 정치

3) 高洪興 「近代上海的同鄕組織」, 『上海硏究論叢』 5輯 114면.
4) 「讀郵務工會力爭郵局組織法通電」, 『生活週刊』 6卷 38期.
5) 「雇傭業組織同業公會」, 『申報』 1935. 3. 2.
6) 「上海特別市社會局 訓令字 第一四八三號」(1927. 9. 17), 「上海特別市社會局 訓令字 第
   一四三六號」(1929. 9. 7), 「上海特別市政府公函 第五七七號」(1928. 6), 全宗號 Q114-1-
   10, 上海市檔案館 所藏.
7) 「爲內國債券緩付本息之反響」, 『錢業月報』 12卷 1號.

문제, 즉 정부의 지방자치 실행이나 자선사업, 교통사업과 같은 공익사업에 관여하여 그들의 영향력을 넓히려 하였다.[8]

사실 당과 정부는 상회나 노동조합의 재편과는 달리 동향단체나 자선단체의 통제에 별 관심을 기울이지 않았다. 이는 동향회가 표면상 산업발전이나 정치적인 사안과 관련이 적었을 뿐만 아니라, 이들이 주로 조계지역에 존재했던 것도 하나의 원인이었다. 동향회는 등록을 늦추었고 자산 보고를 고의적으로 회피했다. 동향회 등록은 생각보다 지연되었고, 1935년에 알려진 65개의 동향회 중 27개만이 모든 법절차를 마쳤고 나머지 37개는 등록절차를 밟는 중이었으며, 하나는 여전히 심사비준을 거치지 않았다.[9]

그러나 당과 정부는 동향회에도 통제권을 행사할 수 있었다. 1928년 동향단체는 사회국과 상해시 국민당 당부에 등록하도록 명령받았다. 원칙상 동향회와 경제단체 간의 관계는 부정되었고 동향회 집회에는 당과 정부의 지도원이 파견되었다. 정부의 권력 앞에 동향회는 자신들의 소유권 행사에 대한 제한도 감내해야 했는데, 1929년과 30년에 사명공소(四明公所)는 각각 상해 시당부와 공안국으로부터 건물을 빌려줄 것을 요청받았고, 결국 사명공소는 공안국의 건물 사용을 허락할 수밖에 없었다.[10]

동향회의 등록은 당에 종속되는 것을 의미했다. 각 민중단체가 민중단체 조직법안에 따라 조직을 만들어 등록하는 한 삼민주의에 복종하고 당의 지도와 감독을 수용할 수밖에 없었다.[11] 각 동향회지(同鄉會誌)는 정부의 등록증을 게재하고, 장정에 삼민주의 준수와 국민당의 지도 수용, 반혁명분자의 일소를 선언했다[12]

---

8) 「浦東同鄉會昨開會員大會」, 『申報』1937. 3. 1.

9) 上海市年監委員會 『上海市年鑑』(1935) E-13면.

10) Bryna Goodman, *Native Place, City, and Nation: Regional Networks and Identities in Shanghai, 1853~1937*(Berkeley: University of California 1995) 294면.

11) 「修正民衆團體組織方案」, 『商人組織』3면.

12) Goodman, 앞의 책 296면.

1930년대에 동향회의 규모는 더 커졌지만 국민당의 통제와 공황으로 인해 약간의 어려움에 시달려야 했다. 동향회는 자체 경비를 회원들의 회비로 충당했는데, 1930년대에도 이런 관행은 변하지 않았다. 일반회원에서 특별회원에 이르는 계층적인 질서는 회비 액수로 특징지어졌고, 많은 금액의 회비를 납부하는 회원이 동향회의 운영을 주도했음은 물론이다. 그러나 국민당은 동향회를 개조하는 과정에서 특정인이 동향회의 운영을 주도하는 것을 막기 위해 위원제(委員制)를 실시하도록 했다. 동향회는 비록 국민당의 지시에 따라 위원제를 채택하긴 했지만[13] 고액납입자가 동향회를 주도하는 현상은 막을 수 없었으며 고액납입자의 대부분은 상인이었다.[14] 따라서 공황으로 상공업자가 곤경을 겪게 되면서 동향회 자금줄 또한 경색되었을 것이라는 점은 충분히 예견할 수 있었다.

동향회에 대한 당의 간섭과 통제 강화, 그리고 공황으로 인한 자금원의 경색은 동향회에 새로운 변화를 가져왔다. 동향회가 계속해서 살아남아 동향인에 대한 복무를 지속하기 위해서는 실권을 장악하고 있던 당과 정부인사에게 의존하지 않을 수 없었다. 각 단체의 존재 여부가 당과 정부의 인가에 달려 있고, 이권을 얻어내는 데에도 이들의 영향이 중요했던만큼 동향회는 당과 정부 내에서 자신들의 동향을 열심히 찾았다. 1927년과 28년에 남경정부가 상해 사회의 확실한 지배자로 등장하면서 신문에 보도된 각종 동향회 관련 기사에서 유력인사의 환영회가 연이어 개최되었다는 사실이 이를 잘 말해준다.[15] 그리고 정부인사의 치적을 기리기 위한 행사에도 앞장서서 장개석과 오철성(吳鐵城)의 기념사업을 동향회와 동업공회가 주도했다.[16] 이

---

13) 高洪興, 앞의 글 126면.
14) Goodman, 앞의 책 282면.
15) 당과 정부의 실력자가 상해를 방문할 때마다 이들과 연관된 동향단체는 환영회나 취찬회를 연이어 개최했다. 1927년과 28년의 신문기사를 참조할 것.
16) 「廣東同鄕會董事會議紀」, 『申報』 1935. 3. 17; 「吳市長辭建紀念亭」, 『申報』 1935. 3. 21; 「各界籌建蔣委員長銅像近訊」, 『申報』 1935. 3. 22 등.

는 행정권력의 힘이나 간섭 정도, 영향력이 약했던 상태에서는 필요치 않았지만, 남경 국민정부라는 강력한 행정권력이 등장함에 따라 그 존재방식을 변화시켜야 했음을 의미한다.

각 동향회는 사회의 저명인사를 명예회장으로 초빙하여, 그의 사회적 영향력을 바탕으로 단결을 꾀하였다. 이전에 동향인들이 출신지방 특유의 신을 공통의 숭배대상으로 삼아 단결을 꾀하던 관습과는 달라진 모습이었고[17] 현실 권력관계의 변화를 상징했다. 영파동향회의 경우 장개석을 명예회장으로 삼아[18] 우흡경을 중심으로 결집했다. 포동동향회는 두월생을 영수로 했다. 소홍과 강령(江寧) 동향회는 왕효뢰와 사량재를 중심으로 모였다. 공황으로 휘청거리고, 정부의 통제를 받게 된 동향회에 실질적으로 도움을 주는 것은 집단적인 '향의(鄕誼)'보다는 현실의 실력자였다. 한 예로 1934년에 영종경이 부도의 위기에 직면하여 기업이 정리위기에 놓였을 때, 정부에 힘을 써서 이를 막아준 것은 영종경과 동향이었던 오치휘(吳稚暉)였다.[19] 동향회는 연례총회에 당과 정부의 인사들을 초빙했고, 유명인사의 휘호를 받아 그들의 사회적 영향력을 과시하는 수단으로 삼았다.[20]

동향회가 활성화될 수 있었던 원인은 외지에서 외로움을 달래고, 생업의 도움을 얻기 위해서였던만큼 그들이 가능하면 많은 동향인과 관계망을 만들고 실력자와 연계를 만들려고 노력하는 것은 당연했다. 현대의 동창회나 동향회 들이 일종의 사교장으로서 사회관계망을 확충하는 수단으로 이용되듯이 1930년대 상해의 동향회 역시 그러했다. 그러나 1930년대 상해의 동향회는 이런 일반적인 모습 이외에도 다른 어떤 시기보다도 권력과 유착되는 특

---

17) 高洪興, 앞의 글 114면.
18) 「甬同鄕會請蔣總司令爲名譽總隊長」『申報』1928. 2. 28. 등. 영파동향회가 자금모집대회를 열면서 장개석에게 명예대장을 의뢰했고, 장개석은 이를 수락했다.
19) 졸고 「中國 近代化와 民族資本家」, 『時代轉換과 歷史認識』(서울: 솔 2001) 224~30면.
20) Goodman, 앞의 책 296면.

성을 지니고 있었다.

포동동향회 건물의 낙성식은 이런 특성을 전형적으로 보여주었다. 포동동향회의 낙성식에는 수많은 정부인사가 초빙되었고, 벽면에는 그들이 보낸 휘호가 가득 장식되어 있었다. 동향회 건물 낙성식에 참석한 국민당 대표는 "상해는 중국의 모범이고, 포동동향회는 전국적으로 모든 동향회의 모범이다. 포동동향회는 포동의 복지에 기여했고, 국가의 영광에 기여했다"라고 칭찬했다.[21] 당과 정부의 인사들은 낙성식에 참석하여 동향회를 인정했고, 동향회는 이들의 참석을 통해 자신들이 정부의 후원을 받고 있음을 과시했다.

청방 두목이 주도하는 동향회 행사가 상해 사회의 축제로 변질되어 있다는 사실은 1930년대 동향회와 사회생활의 한 측면을 보여준다. 포동은 낙후된 지역으로 당시 사람들에게 그다지 중요치 않았다. 그러나 두월생의 등장은 새로운 변화를 가져왔다. "두월생이 포동 출신이었기 때문에 오랫동안 포동의 사투리가 상해에서 유행했는데, 적어도 건달이나 그 동료들은 일부러 몇 마디의 포동 사투리를 배워서 자랑하며, 은연중에 두월생과 관련이 있음을 드러냈다."[22] 두월생은 1930년대 초반에 사회 저명인사의 반열에 들어 있었고, 그가 거느렸던 청방세력과 국민당 핵심세력과의 결합은 공공연했다. 따라서 두월생과 같은 힘있는 인사의 보호를 필요로 했던 수많은 사람들이 포동동향회로 몰려들었다. 포동동향회는 동향회임에도 불구하고 출신지에 관련없이 회원을 모집했고, 그 결과 보호를 원하는 많은 노동자가 포동동향회를 찾았다.[23] 사회의 새로운 보호자로서 청방의 역할이 증대했다.[24]

이런 영향으로 1930년대의 동향회는 이분되는 양상을 보였다. 당과 정부에

---

21) 「浦東同鄉會開會員大會」, 『申報』 1937. 3. 1.

22) 章君穀 『杜月笙傳』 2冊 312면.

23) 포동동향회는 다른 동향회와 달리 그 성원 가운데 노동자가 많아 약 20%정도를 차지했다. Goodman, 앞의 책 282면.

24) 郭蘭馨 「杜月笙與恒社」, 國人民政治協商會議 上海市委員會 文史資料工作委員會 編 『舊上海的幫會』(上海人民 1986) 307면; 朱學范 「上海工人運動與幫會二三事」, 같은 책 14면.

연줄을 갖고 있고 공황 와중에도 지속적으로 자금을 동원할 수 있는 대상인이 존재했던 동향회는 더욱 융성했다. 반면 이런 배후자를 찾지 못한 동향회는 자연히 약화될 수밖에 없었다. 중산동향회(中山同鄕會)의 경우 1·28사변 이후에 정체에 빠졌고, 1935년 3월에 가서 다시 활동을 시작했지만 회원의 단결과 모집을 위해 회비를 할인해주는 조치를 취하지 않을 수 없었다.[25] 반면에 영파동향회와 포동동향회의 동향인에 대한 기여는 더욱 커졌고 그로 인해 공황하에서 고통받던 더 많은 동향인들을 동향회로 결집시켰다. 이렇듯 특정 동향회는 보호막의 역할을 함으로써 결집력을 강화할 수 있었다.

1930년대에 상해인에게 영향력이 있었던 또 하나의 세력은 청방이다. 청방은 청말 양자강 하류지역의 곡물수송 노동자들로부터 유래했다. 처음에 청방은 전통적인 비밀결사와 마찬가지로 구성원간의 수직적인 위계질서, 친족질서를 모방한 호칭, 비밀스런 가입절차를 채택했으나 20세기 초에 변화하는 현대도시에 맞추어 상해 사회의 암흑세계 범죄조직으로 변형되었다.

청방은 아편판매를 주된 수입원으로 했고 도박, 매음, 보호금 갈취와 부유한 중국인의 납치로 영역을 넓혀갔다. 청방은 또한 상해의 수많은 걸인들을 통제했다.[26] 걸인들은 상인들이 '보호금'을 내도록 '설득'하는 것을 돕기 위해 망을 보거나 유혹하고 감시했으며, 그 대가로 특정 지역을 할당받았다. 1920년대 말에 상해의 청방 성원은 2만명에서 10만명 정도였다고 알려져 있다. 청방은 '마마자국이 있는 황〔黃痲皮〕'으로 더 잘 알려진 황금영(黃金榮)과 그의 절친한 두 동료, 두월생과 장소림이 이끌었다.[27]

두월생은 청방을 더욱 확대시킨 인물이다. 황금영의 정부(情婦) 눈에 든

---

25) 「中山同鄕會擧行徵求會員」, 『申報』 1935. 3. 3.

26) 田騄 「開埠以後上海乞丐群體成因初探」, 『上海研究論叢』 9輯(1993).

27) Brian G. Martin, *The Shanghai Green Gang: Politics and Organized Crime, 1919~1937* (Berkeley: University of California Press 1996) 1장, 2장; 羅玆 墨菲, 『上海——現代中國的鑰匙』, 上海社會科學院 歷史研究院 編譯(上海人民 1986) 8~9면; 張仲禮 『近代上海城市研究』(上海人民 1990) 6장.

두월생은 청방에 가입했고 황금영이 프랑스 조계의 사복경찰인 점을 이용하여 아편판매망을 확장했다. 그러나 1926년 7월에 개시된 북벌은 청방의 아편판매망에 검은 그림자를 드리웠다. 청방은 자신들의 사업이 지속될 수 있기를 바랐고, 결국 1927년 4·12정변에서 장개석을 지원하여 그들의 이권을 지속적으로 향유할 수 있었다.[28] 두월생은 장개석의 의중에 맞게 임무를 수행했고 그 결과로서 소장참의(小將參議)의 직책을 부여받았다.

초기의 업적으로 말미암아, 청방세력은 상해에서 계속 융성할 수 있었다. 청방은 아편판매를 지속할 수 있었을 뿐만 아니라, 두월생은 남경정부 산하의 아편전매국 국장이 되어 그 이익을 늘려갔다. 동시에 노동계 안에서도 명성을 넓혀갔다. 1927년 이후 상해 노동계는 포공제에서 포신공제로 변화되고 있었고, 청방이 이런 포신공제를 주도했다.[29] 그리고 1931년 프랑스전차공사의 파업에 대한 중재를 시발로 노동계의 파업에 관여, 해결을 주도했다.

두월생은 암흑세계 두목으로서 평판이 좋지 않았음에도 불구하고, 정부와의 관계를 이용하여 합법적인 사업에 뛰어들었다. 1929년 2월에 그는 중회은행(中匯銀行)을 건립하고 총지배인과 이사회 의장이 되었다. 또 화상증권교역소(華商證券交易所)와 상해의 12개 중요 은행의 이사이기도 했다. 그는 후에 상해은행 동업공회, 상해 시상회와 중국은행의 이사로서 활약했다. 두월생은 또한 국민당의 특무기관인 CC, 그리고 대립(戴笠)과 개인적으로 절친한 동료였다.[30] 두월생은 합법적인 상업집단을 소유했고 강력한 정치적 관계망을 구축하고 있었으며, 암흑사회의 지배자로서 국민당 치하의 상해에서 가장 영향력 있는 사람 가운데 하나였다.

28) Martin, 앞의 책 135~41, 178~80면; Elizabeth J. Perry, *Shanghai on Strike: the Politics of Chinese Labor*(California: Stanford University Press 1993) 80면.

29) Emily Honig, *Sisters and Strangers: Women in the Shanghai Cotton Mills, 1919~1949*(California: Stanford University Press 1986) 120~31면.

30) 郭旭 「杜月笙與戴笠及軍統的關系」, 『舊上海的幫會』; Matin, 앞의 책 163~68면.

상해인들은 생존을 위해 두월생에게 의지하기 시작했다. 청방이 상계와 노동계에서 자신들의 실력을 바탕으로 방회원들의 생계에 도움을 주었기 때문이다. 노동자는 청방의 구성원이 됨으로써 직장 내에서 그들의 지위를 보존하고, 편안한 작업을 얻거나 승진을 빨리 할 수 있었다. 자본가들 역시 청방의 힘을 이용하여 그들의 상대자를 제거하거나[31] 청방을 중심으로 새로운 관계망을 형성했다.

2. 상해의 노동자와 청방

국민정부의 통제와 함께 1930년대 초에 시작된 경제공황은 또 한번 노동계를 위축시켰다. 중국의 공업이 노동집약형이었던 관계로 기업의 도산은 노동자들의 고용불안을 한층 재촉했다. 1930년대 초에 사창(絲廠)의 약 90%가 휴업·도산했고,[32] 고무업은 갑작스레 성장했다가 급락했고, 방직노동자는 15,000명 정도가 감소했다.[33] 각 기업은 경제공황의 여파로 도산하고, 노동자들은 일자리를 잃고 거리를 헤매야 했다. 특히 조건이 비교적 좋고 대우가 괜찮은 직업, 예컨대 우체국과 영상전차공사(英商電車公司), 법상전차전등자래수공사(法商電車電燈自來水公司) 등 공용사업의 일은 더욱 찾

---

31) 郭緒印 「國民黨統治時期的上海幇會勢力」, 『民國檔案』 1989. 3; Martin, 앞의 책 173~74면.

32) 사실 사창(絲廠)이 도산하고 경쟁력이 약화된 이유는 공황만은 아니었다. 중국의 사창은 이딸리아의 재래식 기계를 계속 사용했고, 이것이 경쟁력 약화의 한 원인이기도 했다(上野 章 「上海製絲業と勞動運動──1927~1928」, 『中國勞動運動史研究』 14號 참조). 생산시설이 낙후했던 사창이 인조견사의 출현과 공황을 맞아 선진국의 공장과 대결하며 견뎌나가기는 어려웠다.

33) 羅蘇文 「20至30年代上海産業工人隊伍構成的特點及生活狀況」, 『史林』 1989 增刊(總16期) 48면.

기가 어려웠다. 상해 우체국이 집배원(信差) 60여명을 뽑는 데 시험에 응시한 자가 2400여명에 이를 정도였다.[34] 이제는 처우개선과 동료 노동자의 해고방지를 위해 노력하기보다는 자신의 생계를 보호하고 어떻게든지 회사에 붙어 있어야만 했다.

일반적으로 경제호황기에 파업이 성행하고, 경제쇠퇴기에 파업이 줄어든다는 경제사가들의 지적은 상해에서도 예외가 아니었다. 1920년대 말과 1930년 초까지 성행하던 파업은 줄어들기 시작했다. 1927년과 28년에 파업을 통해 자신들의 입지를 지키려 했던 노동자들의 노력은 이제 더이상 가능하지 않았다. 수많은 기업들이 도산하고 상해의 경제는 불황의 늪에서 헤매었다.

이런 상황에서 가장 큰 위기감을 느낀 것은 일반 노동자였다. 일반 노동자는 숙련공과 달리 월급이 충분하지도 않았고, 하층노동자들처럼 도시의 주변적인 생활에 만족할 수도 없었다. 이들은 그러기에는 너무나도 도시화되어 있었다. 게다가 남경정부의 민중단체 재편으로 노조의 힘도 약해졌고 대량실업이라는 상황 아래서 동향방의 힘만으로는 이를 뚫고 나가기 어려웠다. 결국 이들은 직장에서 자신들의 위치를 지키기 위해서, 동요하는 사회에서 살아남기 위해 새로운 방법을 찾아야만 했다.

1930년대에 노동자들 사이에 청방이 융성할 수 있었던 것은 이런 이유들이 복합된 결과였다. 자신들의 입지를 대변해줄 '자율적'인 노동조합의 결성은 불가능했기 때문에——설사 존재했더라도 공황으로 노동운동이 활성화되기는 어려웠을 것이다——직업을 찾고, 유지하고, 일신의 안전을 도모하기 위해 새로운 의지처를 찾아야 했는데 그것이 바로 방회였다. 상해의 공장들은 공두를 통해서 노동자를 모집하는 경우가 많았는데, 공두의 태반이 방회의 소두목이었다. 노동자들은 생활을 유지해가기 위해 방회에 입회했고 보

---

34) 朱學范, 앞의 글 2면.

호를 원했다.[35)]

방회가 성행할 수 있었던 데는 노동자들의 자발적인 참여가 한몫을 했다. 특히 임금이 상대적으로 높고, 조건이 좋은 직종에서 이런 경향이 더 두드러졌는데, 영국전차공사나 우무공회와 같은 기업은 대우가 좋은 반면 각종 벌금과 해고의 위험에 시달려야 했다.[36)] 그 결과 청방과 연계를 맺어 자신을 보호하려 하였다. 이것이 30년대에 전례없이 방회가 융성하고, 방회가 노동조합을 완전히 통제하는 현상이 나타난 이유였다.

방회 가입은 노조 지도자들의 입장에서 특히 필요했다. 국민회의를 핑계로 노조의 재편을 시도하기 전까지는 수세에 몰려 있으면서도 독자적인 활동을 할 수 있었던 노조들은 1932년의 노조 재편과 공황의 급습으로 조직을 유지하고 노조원들의 요구를 수용하는 것조차 힘들었다. 누군가의 원조가 필요한 상황에서 노조 지도자들이 선택한 것은 노동자 사이에서 세력을 유지하고 있던 청방이었다. 1931년 5월에 체신관계에 종사하던 육경사(陸京士)·주학범(朱學范)·장극창(張克昌) 등 12명의 핵심인사가 청방에 가입했는데, 이들의 목적은 두월생의 청방세력을 이용하여 우무공회·총공회 등에서 자신의 지도력을 강화하고, 노동계에서 자신의 지위를 높이는 것이었다.[37)]

노조 지도자들이 자신들의 지위를 확고히하고, 노조의 세력을 확장하기 위해 취한 방법은 '방회단체'의 결성이었다. 방회단체 결성은 1930년대 중반에 특히 융성했는데, 이는 노조의 재편과 공황의 영향이라 할 수 있다. 1930년대 이전에도 노동자, 특히 잡업노동자 사이에 방회세력은 상당했는데, 이들이 노동계를 완전히 통제하고 일반 노동자에게까지 영향력을 끼쳤던 적은 거의 없었다. 그러나 경제상황이 악화되고 자신들의 의견을 결집해 개진할

---

35) 같은 글 14~15면; 陳衛民「解放前的幇會與上海工人運動」,『史林』(1993. 3) 61~62면; 饒景英「30年代上海的幇會與工會」,『史林』(1993. 3) 47~48면.

36) 朱學范, 앞의 글 2~3면.

37) 같은 글 5, 8~10면.

수 있는 조직이 '주변에서' 사라지거나 보호기능을 충실히 수행하지 못하는 상황에서 일반 노동자들이 생존할 수 있는 방법은 현실의 실력자와 개인적인 '은혜와 보호-충성' 관계를 형성하는 것이었다. 이런 수요에 가장 적합한 것이 방회단체였다. 방회단체는 '의사(毅社)'나 '여사(勵社)' '붕사(鵬社)' 모두 개인적인 교류를 중시했고[38] 입회시에 단체의 최고 우두머리라 할 수 있는 찬조인(贊助人)에게 입사지원서를 제출하고, 절〔鞠躬〕을 해야 했다.

방회단체의 조직은 우선 우무공회에서 시작되었다. 육경사는 우무공회 내에서 오십고당(五十股黨, 혹은 精神團)을 조직했다. 1934년에 육경사가 송호경비사령부(淞滬警備司令部) 군법처(軍法處) 처장이 된 이후, 육경사를 대신해 총공회를 맡은 주학범은 총공회의 세력을 조계에까지 확장하기 위하여 두월생의 지지하에 '의사(毅社)'를 조직했다. 이후 1935년에 주학상(周學湘)이 여사(勵社)를, 섭상고(葉翔皐)가 붕사(鵬社)를 조직했다. 이들 조직은 모두 두월생의 '항사(恒社)'를 모방하여 설립되었다. 방회단체는 1935년 전후 특히 성행했는데 상해에서 공황이 더욱 기승을 부렸던 시기와 일치한다는 점에서 시사하는 바가 있다.

주학범, 주학상 등의 밑에 있던 사람들도 똑같은 형태로 조직을 확대했다. 노조의 하부조직에서도 방회단체의 결성이 융성했다. 왕진백(王震百)은 우무공회에서 300여명의 의사(毅社) 사원을 확보하여 체신사업에 종사하는 노동자 중 최대의 단체였다. 오십고당의 기타 성원, 예컨대 장극창(張克昌)은 창사(暢社)를 조직했고, 육극명(陸克明)은 명사(明社)를, 유심권(劉心權)은 심사(心社)를 조직했다.[39] 이런 조직은 특히 임금조건이 비교적 좋은 직장에서 만연했는데, 이는 경제적인 불황과 자신들만의 조직이 없는 상태에서 지위를 유지하고자 하는 심정을 반영한 것이었다. 의사(毅社), 여사(勵社), 홍방(紅幇) 모두가 영전(英電)에서 100여명을 확보했고, 이외에 적지 않은 형

---

38) 『毅社章程』, 『勵社章程』, 『鵬社章程』(饒景英, 앞의 글 45~46면에서 재인용).
39) 같은 글 46면.

제회(兄弟會) 조직이 있었다.[40] 우무공회 또한 이에 못지않았고, 법상수전공사(法商水電公司)에는 기무부(機務部) 노동자 중에 '취찬회(聚餐會)'와 일종의 '사(社)' 등의 조직이 있었으며, 차무부(車務部)에 청방(靑幇)과 연익사(聯益社), 연의사(聯誼社) 등의 조직이 있었다.[41]

　그 결과 1930년대에는 산업 전체에서 방회의 힘이 증가했다. 산업조직 내에서 방회단체나 그와 유사한 조직들이 성행했는데, 주학범의 통계에 따르면 "우체국 방면에서 직공 총수의 20%를 점했는데, 시 전체 직공의 방회 입회비율은 이보다 더 높았을 것이다. 만일 방회 가입의 직공인수에다 각 행업 단위에서 직공들이 자발적으로 조직한 형제회(兄弟會), 자매회(姉妹會), 관제회(關帝會) 등을 합치면 시 전체 직공 총수 가운데 점하는 비율은 더욱 높을 것이다"[42]라고 씌어 있다.

　총공회는 노동자들 사이에 존재하는 이런 단체를 통해 하층 노동조합을 지도·통제했다. 그들은 각종 방회단체를 통해 수많은 문도(門徒)를 모아 노동자와의 관계를 강화하여 총공회의 사회적 기초를 확대하고, 총공회가 노동계 안에서 지속적으로 주도적인 지위를 차지할 수 있도록 했다. 노조는 방회를 통해 결집했기 때문에, 국민당이나 공산당이 직접 노조에 끼어들기는 힘들었다. 예컨대 1932년 당시에 상해 조직노동자에 대한 두월생의 영향력은 중공의 선망의 대상이 될 정도로 효과적이었다.[43]

　방회세력의 융성은 당연히 청방 두목 두월생의 영향력 확대를 가져왔다. 노조원과 노조 지도자들은 자신들의 입지 강화와 노조의 영향력 확대를 위해 청방에 접근했고, 청방의 두월생은 자신의 야망을 위해 이들과 결합했다.

40)　朱邦興·胡林閣·徐聲 編 『上海産業與上海職工』, 上海工人運動史料委員會 校訂(上海 人民 1984) 261~64면.
41)　같은 책 362~63면.
42)　朱學范, 앞의 글 4면.
43)　Martin, 앞의 책 169면.

노조 지도자와 두월생의 야심이 시의적절하게 맞아떨어진 것이었다. 국민당이 청방을 활성화하여 노조를 탄압했다는 주장은 결과적인 면을 중시한 판단인 듯하다. 1932년 이전에 노동문제에 대한 두월생의 개입은 노동자들의 숙청과 프랑스 조계 내의 노사분쟁에 한정되었다. 그러나 1932년 이후 두월생은 자신들의 문도를 통해 수많은 노동쟁의의 중재 역할을 했다.

당과 정부는 청방의 노동자 장악을 인정하지 않을 수 없었다. 특히 산업발전을 위해 신속한 파업해결을 선호했던 남경정부와 상해 시당국은 상해 노동조합 내의 방회세력을 인정, 이들을 또 하나의 매개로 끌어들이지 않을 수 없었다. 1932년 우무공회가 파업을 일으켰을 때, 상해의 국민당 당국은 우무공회의 지도자들이 두월생의 문도인 것을 알고 두월생에게 중재를 부탁했다. 파업은 5월 26일 타협이 이루어져 성공적으로 끝을 맺었고, 이는 국민당이 두월생을 이용한 결과였다. 그리고 이 파업 이후에 두월생의 문도였던 육경사는 CC파에 가입했고, CC파가 통제하는 공인행동대대(工人行動大隊)를 이용해 1933년 항풍방직공장(恒豊紡織工場) 파업을 종결시켰다.[44] 형식적으로는 노동자 내부에서 파업이 '자율적'으로 종결된 것이었다.

그리고 청방원들이 상해의 노동문제를 다루는 중심기관인 사회국에 두드러지게 진출했다. 예컨대 오성아(吳醒亞)가 사회국 국장이었던 때(1932~36)에 사회국의 4개 분과 중 3개 분과를 두월생의 문도가 장악했다.[45] 노조는 청방을 이용해 자신들을 보호하고, 청방 특히 두월생은 노사중재를 통해 '사회적인 명망'을 얻었다. 이제 청방은 상해 시정부가 노조를 통제하는 하나의 고리를 형성했다.

그러나 청방 단체의 유행은 노동자들의 문화에 좋지 않은 변화를 가져왔다. 공통회, 공정회가 주도했던 강압적인 노조통합정책으로도 조직통일을 달

---

44) 같은 책 169~70면.
45) 上海社會科學院 政治法律硏究所 社會問題組 編 『大流氓杜月笙』(北京: 群衆出版社 1965) 50~51면.

성할 수 없었던 노조에 청방식의 권위주의적인 문화가 싹트고 청방이 조직적으로 노조를 통제하는 국면이 야기되었다. "노동자들이 방회에 가입하면 그 때문에 일을 할 수 있고 실직할 걱정이 없는"[46] '은혜와 보호-충성'은 당시 상황에서 세력확장의 가장 유효한 방법이었고, 이는 노동자 사이에 권위주의적 문화의 융성을 초래했다.

　남경정부의 노조통일과 노동자 통제에서 청방의 개입은 무엇을 의미하는 것일까. 남경정부는 노조통일을 시행하면서 공장단위를 포기함으로써 민중과 직접 접촉할 수 있는 구조를 상실했고 이 틈새를 상해 사회의 암흑가 세력인 청방이 비집고 들어올 수 있는 여지를 제공했다. 그 결과 남경정부는 노동자들의 동원과 통제를 위해 청방과 결탁하지 않을 수 없었다. 이로써 남경정부의 노동자 통제구조는 청방이라는 또 하나의 세력을 중간에 끼워넣지 않을 수 없게 되었다.

　정부의 노동통제구조에서 청방이 하나의 매개체가 되었지만, 이들이 정부의 명령만을 충실히 수행할 것이란 보장은 없었다. 사실 대다수의 정치깡패들이 정치권력에 의지하고 정치권력의 지원과 자금지원 덕에 계속 존재할 수 있다는 것은 분명한 사실이지만 동시에 이들이 정권의 의도대로 움직여주지 않을 가능성 또한 배제할 수 없었다. 특히 상해의 청방은 아편판매라는 독자적인 자금원을 갖추고 있었고, 상해 노동계 안에서 상당한 신망을 얻고 있었다. 또한 방회에 가입한 노조원들이 총공회를 장악했고, 하층노동자의 경우에 청방의 영향력은 절대적이었다. 따라서 이들이 남경정부에 항시 복종적이길 기대하긴 어려웠다. 이는 남경정부의 노조통일화 방안이 가진 한계와 모순이었다.

　노동자의 입장에서 볼 때 남경정부의 통제망에 확실하게 편입되지 않았다는 사실 자체가 이들이 통제에서 벗어날 가능성 또한 존재함을 의미한다. 비

46) 伊羅生「流氓幇會與工人階級」, 『史林』 1990. 2.

록 중도에 그만두긴 했지만 1929년의 총공회 설립 움직임이나, 이후 1932년 1·28사변 이후 항일을 주장하고 총공회를 설립하여 불법인 상태에서 지속적으로 활동한 것 등은 이의 반증이다. 1930년대 후반에 일본의 침입에 맞서 항일을 주장한 것 또한 중앙정부의 시책과는 맞지 않았다. 노동자는 비록 당과 정부의 지도를 받고 청방과 결합하기는 했지만 자신들의 조직을 어느 정도 유지했고 사회적 여론과 부합하는 의견을 개진할 수 있는 능력을 계속 보유하고 있었다.

청방을 통한 노조통제라는 방식은 1930년대 후반에 일본의 침략에 따른 항일 민족주의 감정의 폭발에 따라 시총공회와 국민당의 갈등이 심화되면서 한계를 드러냈다. 노동자들은 항일을 원했고, 이들의 주장은 장개석정권 입장에서는 달갑지 않았다.

결국 노조통제의 강화를 위해 1936년 8월에 새로운 조직인 생활호조사(生活互助社)가 설립되었다. 생활호조사 설립 이면에는 공공조계 공부국의 통제권에 있던 공장들에 대한 시총공회의 통제권이 미약했던 점도 있긴 했지만, 이는 명백히 시총공회의 세력을 약화시키고 두월생의 노동조합에 대한 통제를 더욱 강화하려는 시도였다. 생활호조사의 추진자 15명 모두 국민당 당부의 당원과(그들은 CC파의 성원이었다) 두월생의 문도였고, 두월생의 항사 성원이었다.[47] 생활호조사는 1937년 4월에 약 400명의 성원을 거느렸고, 운수노동자 사이에서 우선 분회를 설립했다. 생활호조사의 설립은 정부에 의한 사회통합이 실패했다는 것을 의미한다. 국민당의 노동자에 대한 조직적인 통제는 청방을 통해 실현될 수 있었고, 청방은 남경정부의 노조통제 구조에서 빠질 수 없는 한 부분이 되었다.

---

47) Martin, 앞의 책 171면.

결론

    가족, 친족 나아가 동향관계를 중시했던 중국의 가족주의적 전통은 변모하는 근대도시 상해의 환경에 적응하면서 서구의 영향을 받은 단체의 결성에도 영향을 끼쳤다. 각지에서 상해로 이주한 사람들은 많은 부분에서 친족과 동향인들의 도움을 받았다. 이주민들은 동향끼리 모여서 단체를 만들어 다른 집단과 경쟁하고, 때로는 연합하면서 상해에서 뿌리를 내려갔다. 동향 네트워크간의 분열과 갈등, 그리고 연합은 상해의 일상사와 정치사에 중요한 영향을 끼쳤다. 상회와 노동조합은 조직 결성에서 동향관계의 영향을 많이 받았고, 경제활동과 정치활동에서도 동향네트워크의 힘이 작용하는 것은 피할 수 없었다. 그렇다면 단체의 결성에 동향관계가 작용했다는 사실은 개인주의, 단체의 활동 등에 대해 어떤 정치적인 함의를 가지고 있는가? 동향 네트워크의 존재가 국민정부의 국가건설 과정에서 갖는 의미는 무엇인가? 이하에서는 본문의 내용을 바탕으로 개인과 민간단체, 국가가 동향네트워크에 대해 취했던 태도와 행동을 분석하여 국민정부 성립 전후에 민간단체의 존재양태와 활동방식의 변화 및 그 함의, 그리고 남경정부의 국가건설 과정의 특징 및 정치적인 의미를 살펴보려고 한다.

상해는 낯선 사람에겐 이질적이고 경쟁적인 사회였다. 몰려든 인구로 사람들 사이에 익명성이 더 심해졌고, 경쟁 또한 더욱 치열해졌다. 1930년에 출판된『상해지남(上海指南)』을 근거로 할 때, 상해에서 상업이 가장 발달했던 공공조계는 인구수에 비해 상점의 밀도가 아주 높았는데, 공공조계 상점 하나당 산술적인 평균 고객은 44명 정도에 지나지 않았다.[1] 상인들은 치열한 경쟁을 겪었고, 경쟁에서 살아남기 위해 세일·복권 증정·쇼윈도 등의 다양한 판촉수단들이 등장했다.[2] 해외무역과 국내무역의 성장은 생존경쟁을 더욱 치열하게 만들었다.

이런 상태에서 경쟁을 헤쳐나가고 생존을 모색하는 방안의 하나로서 동향인끼리의 결집이 늘어났다. 노동자·상인·학생 등은 각자의 영역에서 동향 네트워크를 통해 결합했고, 회관과 공소, 동향방 그리고 동향회 등이 만들어졌다. 때로는 사회계층을 모두 포괄하여 종적으로 연결하는 동향네트워크가 만들어지기도 했다. 신해혁명 이후에 서구식의 조직형태를 본받아 상인·노동자·학생 등이 모두 참여한 동향회의 성립이 늘어났는데, 이런 경우에 주로 상인이나 사회의 명망가가 주도권을 행사했다.

동향네트워크가 작용했던 방식은 약간씩 다르지만 동향인에 대한 상호부조와 생존기회의 확대란 점에서는 거의 같았다. 동향네트워크는 동향인끼리 돈을 빌려준다거나 직업을 소개하는 등의 일을 하여 특정 직업영역에서 특

---

1) 『상해지남』(商務印書館 1930)에 의거하여 계산한 공공조계 중구의 상점밀도는 1㎢당 약 1780개였는데, 상점밀도는 『상해지남』의 기록이 가진 한계 때문에 훨씬 더 높다고 보아야 할 것이다. 그리고 한 상점의 고객수를 정확하게 계산하기는 힘들다. 상권이 포괄하는 고객의 지리적 범위, 업종에 따른 고객의 차이, 상품의 소비주기 등을 고려해야만 한다. 여기서는 상점의 경쟁 정도를 파악하기 위해 아주 단순하게 공공조계의 인원을 상점수로 나누어서 한 상점이 확보할 수 있는 산술적인 고객의 수치를 제시했다. 이 산술적인 평균 고객이 어느 상점으로 몰리느냐에 따라 상점의 번성과 몰락이 좌우되었다. 이와 관련하여 졸고「1930年代 上海 公共租界의 商圈, 居住地 그리고 地域社會」,『青藍史學』8집(2003. 8) 133~38면 참조.

2) 졸고「1930年代 上海의 區域商圈과 消費生活」,『中國近現代史研究』17집(2003. 3) 참조.

정 지역 출신이 다수를 차지하는 현상을 초래하기도 했다. 더 나아가 동향인을 상대로 한 다양한 자선활동과 구제사업을 전개하기도 했다. 동향단체는 직업소개나 자선활동 등을 통해 동향인 사이에서 신망을 얻었고, 이런 신망을 바탕으로 각 사회계층을 망라하는 동향회나 동향조직은 동향 전체의 이름으로 고향에 관련된 정치문제에 의사를 개진하거나 동향간의 분쟁에 '향의'를 표방하며 중재에 나서기도 했다. 동향네트워크는 정치·사회문제에 의견을 발표하는 데 유효한 동원 기제이기도 했던 것이다.

한편으로 사회의 다양화와 복잡화는 다양한 네트워크를 탄생시켰다. 정치단체가 사회문제에 개입하고, 학연과 혼인관계 등이 복합적으로 얽히면서 상해에는 다양한 네트워크가 형성되어가고 있었다. 공산당이 노동운동에 개입하면서 노동자 사이에 이념적인 입장이 추가되었고, 자본가들은 사업관계를 다변화하기 위해 사업관계로 연결된 새로운 네트워크를 형성했다. 영종경은 중국은행의 송한장과 사돈관계를 맺었고, 많은 전장과 투자관계를 통해 새로운 네트워크를 형성했다. 동향네트워크는 이념과 사업, 혼인 등의 관계로 중층적으로 얽히게 되었다. 다양한 네트워크가 형성되고 있었지만, 그 중에서도 이주민의 사회였던 상해에서 동향네트워크는 상대적으로 더 중요한 역할을 하고 있었다.

네트워크의 특성은 쉽게 관계를 변화시킬 수 있다는 점과 개인의 의지에 따라 관계변화가 가능하다는 점을 들 수 있다. 네트워크상의 사람관계는 상호 의존적이고, 관계망이 중층적으로 형성될 수 있으며, 필요에 따라 언제든지 변환이 가능하다는 특징이 있다. 이런 점에서 네트워크에의 참여 및 탈퇴는 개인의 의지 및 필요성, 자각과 밀접한 관련이 있다.

하지만 중국의 동향네트워크는 '생래적(生來的)' 특성을 지니고 있어 변경이 거의 불가능했다. 네트워크는 자기 자신이 임의로 변경하기 힘든 '출신지'와 같은 하나의 표지를 중심으로 형성되었기 때문에 다른 지방 출신은 네트워크에 접근할 수 있는 길이 아예 봉쇄되었다. 동향네트워크는 탄력적이기보다는 배타적이었고, 네트워크의 확장과 변경도 '조건'이 맞는 사람에게만 한정되는 일정한 제약을 지닐 수밖에 없었다. 제한된 조건은 네트워크에 연결된 사람들의 집단 동질감을 더욱 강화하고, 다른 집단과의 차이점을 명확히 부각시켰다.

결과적으로 네트워크 내의 사람들은 개인적인 측면보다는 집단성을 중시하고 네트워크에 훨씬 더 의존적이 될 수밖에 없었다. 동향네트워크에의 참여 및 탈퇴 그리고 혜택을 받는 것은 본인의 선택이기도 했지만, 생존을 위한 다른 대안과 관계망을 만들기 힘든 상황에서 '자연스럽게' 참여할 수 있는 동향네트워크는 최대의 우군이었다. 네트워크에서 멀어지는 것은 생존을 어렵게 했고, 네트워크 집단의 의견을 거스르는, 즉 '향의'를 위반하는 행동은 네트워크의 도움을 더이상 받을 수 없다는 것을 의미했다. 결국 사람들은 네트워크 내의 질서와 규율에 훨씬 복종적이 될 수밖에 없었다. 이런 점에서 동향관계나 동향방 내에서의 관계는 평등의 원칙을 표방했음에도 불구하고, 집단의지가 우선시되었고, 특정인의 주도로 운영되거나 방두의 영향력이 절대적일 수밖에 없었다.[3]

동향관계가 생존을 위한 유효한 수단이었기 때문에 네트워크의 확장은 개인에게 선택의 기회가 많아진다는 것을 의미했다. 소북인이 동향인이 별로 없어 취직에 어려움을 겪고 막일로 전전했던 것과는 달리, 영파인의 폭넓은 네트워크와 활동영역은 영파인의 활동폭과 직업선택의 영역을 훨씬 넓혀놓았다. 개인의 생존은 자신이 의존하고 있는 동향네트워크의 힘과 집단의 힘의 크기에 따라 좌우될 가능성이 많아졌다. 또한 역으로 특정 개인의 출세나 권력의 획득 등 활동폭의 확대 또한 전체 네트워크의 활동영역의 확대를 가져왔기 때문에 개인적인 활동폭과 네트워크의 활동폭은 밀접한 연관을 맺고 연동했다. 네트워크의 확장은 개인 이익의 확장이기도 했지만 결과적으로

---

3) 橘樸 『支那思想研究』(東京: 日本評論社, 1936) 277~78면 참조.

네트워크 집단의 이익으로 환원될 수 있었다. 따라서 개인은 부단히 네트워크를 이용하고 그 네트워크를 확대시키기 위해 노력했다.

문제는 이 네트워크가 생래적 특성에 의해 결합된다는 점에서 다른 집단에게는 경계의 대상이 된다는 점이다. 즉 A집단의 네트워크가 다방면으로 확장되는 것은 B집단의 입장에서는 활동영역의 축소를 의미하고 자신들의 생존영역이 줄어든다는 것을 의미했다. 따라서 이런 생래적 특성에 따른 배타적 네트워크는 '모두'에게 인정받는 '사회자본'으로서의 긍정적인 기능보다는 지역 차별적인 요인으로 생각될 여지가 많았다. A집단 네트워크의 확장은 B집단이 볼 때 A집단의 이익이 확장되는 사익의 한 형태에 지나지 않았다. 따라서 특정 네트워크의 확장을 막는 것은 바로 나의 생존기회를 높이는 것이기도 했다. 이것이 상해 사회에 만연했던 집단간의 경쟁과 분열의 원인이고 동향네트워크간의 갈등이었다.

한편으로 새로운 C집단의 등장이나 기존 A, B 두 집단의 무한경쟁은 A집단이나 B집단 모두에게 불리했다. A와 B 집단은 또다른 동향네트워크의 생성과 개입을 막기 위해 연합할 필요가 있었고, 기존 동향네트워크끼리의 일정한 타협이 필요했다. 상회나 노동조합은 동향방의 갈등을 말하면서도 항상 전체의 단결을 외쳤고, 회관이나 공소가 마련한 업규는 세부적인 영업규칙을 통일적으로 규정함으로써 공존공영을 모색하고 새로운 개설자를 통제했다. 새로운 경쟁자의 진입을 막기 위하여 연합 속에 기존 집단끼리의 연합과 경쟁이 존재하던 것이 동향네트워크를 통한 생존의 장이었던 것이다.

각종 민간단체는 동향관계의 영향이 짙었던 여러 집단의 연합에 의해 탄생했지만, 새로 만들어진 단체는 더이상 동향방의 단순한 집합체가 아닌 새로운 단체의 형성을 의미했다. 동향방의 연합에 의한 단체 결성은 특정 동향인만을 위한 집단이 아니라, 형식적으로는 여러 동향의 의견을 반영하는 그리고 사회의 '공익'을 반영하는 단체였고, 외국과의 경쟁 등을 위한 단합과 같은 새로운 이념과 목적으로 포장되었다. 이로써 새로 결성된 단체는 내부의 다양한 동향방의 의견을 결집한, 즉 대중의 공익과 공론을 반영하는 단체로서 사회에서 인정받는 민간단체로 성립할 수 있었다. 민간단체는 특정 동향의 문제가 아닌 상해와 전국의 정치·경제문제에 관여할 수 있는 입지를 확보했다. 총상회는 각종 정치·사회문제에 관여하여 사회의 공신력을 획득함으로써 활동의 폭을 더욱 넓힐 수 있었다. 민간단체는 내적으로는 동향방의 연합을 바탕으로 활동력을 획득했지만 외부에서 보기에는 하나의 새로운 단체였다.

하지만 내부에서는 여전히 동향방의 의견과 이익의 분배에 신경을 써야 했다. 각종 단체는 여러 동향방의 연합으로 구성되었기에 각 동향방의 이익을 균등하게 고려하여 단체의 활동이 특정 동향네트워크에만 치중되거나 이익이 되지 않도록 주의해야 했다. 1924년의 쌀 유출에 대한 상인들의 반응, 1926년의 총상회 선거 등은 그 사건의 '진위' 여부를 떠나서 특정 동향네트워크나 집단에 대한 경계의식이 깔려 있었다. 이는 역으로 특정 동향인을 차별적으로 대우함으로써 연합을 깨뜨릴 수 있다는 것을 의미했다. '다른' 동향집단의 이익과 손해는 '우리' 집단의 이익과 손해와는 '무관'했다. 소속된 단체가 각 동향집단의 이익을 균등하게 배려하지 못하거나 불만이 생길 때에는 '공적' 집단으로서 단체의 위상은 위협을 받았다.

한편 네트워크의 형성 및 동향간의 이익 균분이 생존권의 확보 및 기득권의 옹호라는 측면에서 생긴만큼 이들은 생존권을 보장하는 질서유지자로서의 특징 및 질서유지자와 동질적인 행동과 특성을 보일 가능성이 많았다. 상인들이 동향인들과 거래선을 트고, 노동자들이 동향네트워크를 통해 취직하는 등 이들의 네트워크는 경제적 생존을 위한 네트워크이기도 했다. 사회문제에 대한 민간단체의 적극적인 대응도 사회안정을 유지하려는 성격이 있었고, 자치운동이 상해 경제의 동요라는 사태에 직면하여 지역자치를 추구한 것은 상해의 안정과 질서유지를 위한 선택이었다. 삼성연합회가 제안한 정부구성안은 기존의 동향단체 주도의 질서를 바꾸지 않고 그대로 지역자치로 연결시키려는 시도였다.

　마찬가지로 길드 속성을 지녔던 상회 등도 기존 질서를 그대로 유지하려는 특성이 있었다. 국민정부 이전의 업규는 모든 사람에게 통일적으로 받아들여지진 않았지만, 업규는 상계의 영업방침을 규제하여 기존 영업자의 이익을 보호하고 이익을 공유하게 만들었다. 상회나 노동조합 등에 새로운 동향네트워크가 형성되어 발달하는 것은 기존 질서의 변화를 의미했기 때문에 이를 막아야 하는 것은 당연했다. 상회의 길드 속성과 동향네트워크가 주도하는 사회는 기존 질서의 안정을 원했다.

　1926년 말과 27년 초에 상해 사회에는 새로운 관계가 싹트고 있었다. 동향네트워크보다는 정치와 계급적 요인이 사회의 문제를 주도했다. 노동자들의 조직과 행동은 늘어갔고 국민당의 개입 가능성이 현실로 나타났다. 사회질서의 전반적인 재조정이 눈앞에 닥쳤다. 기존 질서의 변화 가능성과 사회분열이 상대적으로 쉽게 국민정부를 새로운 질서유지자로서 상해에 불러들였다.

　국민당과 국민정부는 중국의 생존권 보호자로서 자임했다. 국민당은 낙후한 중국경제, 제국주의의 침탈을 받는 중국을 구하고 근대화하기 위해서 국가가 경제건설을 주도해야 한다고 생각했다. 그리고 혁명의 수행자와 '완성자'로서 스스로 자기정당성을 확보한 국민당은 그 대립점에 있는 방해세력을 부정했다. '국민당'이 '혁명'으로 일소하려고 했던 부정적인 요인들, 즉 국가자본의 성립과 단결을 막는 개인주의, 계급 혼투, 낙후한 사고와 종법주의 그리고 지방주의 등의 분열적인 속성 등은 혁명의 방해세력으로서 제거되어야 했다. 국가는 초계급적 입장에서, 그리고 보호자의 입장에서 민중을 훈련시키고 산업을 발전시킬 책임을 스스로 떠맡았다. 이는 가부장 혹은 보모 역할을 하는 국가로서, 국가가 각 이익집단의 이익을 알아서 조정하고 분배하는 형식이었다. 국가는 혁명 정당성을 바탕으로 '공익' 체현자로서 등장했다.[4]

질서유지자로서 강력한 정부가 등장하면서, 정부의 사회문제에 대한 개입 정도에 따라 민간단체의 활동폭은 변동할 가능성이 많아졌다. 문제의 핵심은 누가 민간단체의 활동폭을 결정하고 사회의 중요 문제에 대한 정책결정에서 주도권을 행사하는가였다. 상해의 민간단체는 국민정부 등장 이전에 상해의 정치·경제·사회 문제의 해결과 의사결정에서 중요한 역할을 했다. 하지만 국민당은 이런 상황에 대해 근본적인 의문을 제기했을 뿐만 아니라 국가의 강력한 개입을 공식 천명했다. 국민당은 각종 민중단체가 당의 지도와 감독을 받기를 원했던 반면에, 민간단체는 이전의 방식대로 민간단체가 상호의 이익을 절충 타협하고 경제·정치의 중요 문제를 결정하는 데 관여할 수 있기를 바랐다. 보모론 대 자율론의 대결이었다.

만일 총상회가 주장한 경제회의 방식이 실현되었다면 이익 조정의 주체로서 민간단체의 활동역량이 강화되었을 것이다. 직업단체 혹은 이익집단이 경제문제를 조정하는 주체가 되고 입법원에서 국가의 정책결정과정에 참여하는 집단민주주의로 발전할 가능성이 있었던 것이다. 즉 개인의 자유 신장이 아닌 집단의 자유와 정치참여권의 신장이란 형태로 발전할 가능성이 있었고, 여기에 중국적 특색이 있다. 요컨대 단체 내부에서 개인의 역할과 자유는 신장되지 않더라도 직업 대표라는 형태를 띠고 집단으로서 정책결정과정에 참여할 가능성과 정부 안에서 민간단체의 입김이 늘어날 가능성은 있었다.

---

4) 국민당의 지도자들은 국민에 대한 계몽주의적 관점에서 당의 역할을 극도로 중시했다. 그 결과 당이 국가가 되고 '전민족의 이익을 책임'지는 주체로 변하게 되면서 당은 곧 민족이란 등식으로 연결되었다. 그러나 이런 생각은 흔히 권위주의적 정부 혹은 '혁명'을 정당성으로 삼은 혁명정부에서 나타나듯이 대중의 본질적인 욕구, 민족의 생존과는 별개의 문제였다. 특정 정권은 '통치의 정당'으로서 민중의 지지를 확보해야 했다. '혁명의 정당성'과 '통치의 정치'는 별개로 검증되어야 했다. 민중은 '국민당식의 미래'가 아닌 다른 미래를 선택할 수도 있기 때문이다. 그러나 국민당은 이런 욕구를 무시했고, 결국 중국의 '대중민족주의'는 정권에 의해 치장되어 표현될 수밖에 없었다.

하지만 중국의 민간단체가 가변성이 별로 없는 생래적이고 '배타적' 네트워크에 따라 구성되고, 그들의 연합하에 힘을 행사하는 한 그런 생래적·배타적 요소가 정치의 영역으로 확장되는 것도 피할 수 없을 것이다. 즉 현실의 동향네트워크의 파워관계가 정부 내에서 그대로 재현될 가능성도 있는데, 이는 자치운동 기간에 삼성연합회가 만든 시정부 조직방안에서 그대로 드러났다. 물론 정부의 구성이나 활동이 동향관계만으로 되는 것은 아니지만, 동향단체를 중심으로 한 시정부 조직은 동향단체의 활동을 강화하게 되고, 동향단체는 배타적 속성으로 뭉쳐 있기 때문에 다른 집단의 진입을 어렵게 한다. 직업영역에서 그러했듯이 출신지역에 따른 분배와 위계질서화를 강화할 가능성도 배제할 수 없다. 1930년대에 동향회가 같은 고향 출신의 정부인사와 유대관계를 강화하고 동향회의 규모나 실력이 이분화되는 것은 이런 논리의 반영이었다.

한편 국민당은 민간단체가 지역감정에 따라 서로 대립하고 반목하여 각종 단체로 분열되어 있는 것도 불만이었고, 민중의 정치능력과 이해관계의 자율적 조율능력에 대해서도 불신했다. 지역감정은 낙후한 '봉건적' 유습에 의존하여 특정한 지역의 이익을 옹호하는 것이고 국민의 단결을 방해하는 것이었다. 국가에 대한 충성의 전단계로서 '배타적인' 관계망에 따른 지역정체성은 민족의 단합보다는 분열로 갈 가능성도 배제할 수 없었다. 지방주의와 미신적인 태도, 노동자 가운데 존재하던 공두제 등의 낙후한 생각은 없어져야 하며 민족은 단합하여 제국주의와 상전(商戰)을 효과적으로 치러 민족의 생존을 증진시켜야 했다. 국민정부 역시 민족의 단합과 집단주의를 강조했고, 이 점이 상인단체 내의 분열적인 속성을 부정하면서도 생존을 위한 타협과 단합을 중시하도록 만들었다.

결국 민간단체의 재편과정에서 기존의 분열적인 속성, 즉 동향방에 따른 단체의 결성은 부정되고 모든 상인들은 업종에 따라서 하나의 단체로 통합하도록 명령받았다. 노동조합은 산별노조로 통합을 시도했다. 상회와 노조의 설립목적은 하나의 단체로 통합하여 국가의 경제발전을 위해 노력하고 구성원들의 이익을 증진시키는 것이었다. 단합을 중시한 국민정부는 하나의 단체로 통합하여 그들을 일정하게 통제하는 대가로서 그 단체에 소속원의 이익을 대변하여 정부에 청원할 수 있는 대표권을 부여함으로써, 상회의 경우국가—상회—동업공회—상인으로 이어지는 위계질서를 구축하려고 했다. 노동조합의 경우에도 동향방과 같은 분열적 속성의 제거가 목적이었고, 계급갈등보다는 화해와 타협의 입장에서 생산력을 발전시키고 국가의 산업발전에 노력해야 했다. 이런 점에서 국민정부는 재래의 습관을 부정하면서도 '단합'이란 명목 아래 상인단체의 '길드' 전통을 이용하여 가부장적 보호자로서의 위상을 구축하려고 했다.

국민정부의 이같은 통합조치는 경제단체의 합리적인 정비이기도 했다. 이전에 상인단체나 노동조합 등의 직업단체는 동향감정에 기반한 친목모임과 종교적인 성격, 생존권을 지키려는 경제단체의 성격이 뒤얽혀 있었는데, 이를 동향회와 상회 혹은 노동조합으로 명확히 분리시켰다. 상회의 경우를 통해서 볼 때, 기존 단체를 통합한 후 하나의 단체와 통일된 업규로서 통제하는 체제로의 편성이었지만 그 내적인 구성원리는 차이가 있었다. 상인단체에 존재하던 경제단체로서의 모습과 동향단체로서의 모습은 분리되어 시상회, 동업공회, 동향회로 분리되었다. 기존 상회의 활동영역 분리 및 그 역할의 축소였고, 그 대안이 순수한 경제적 입장에 따른 상회와 노조의 산업별 정리였다. 이는 경제조직의 합리화 및 근대화 과정이었고, '제도상' 그리고 '형식상' 동향네트워크가 작용하는 영역의 축소를 의미했다.

다른 한편으로 우리는 동향방과 같은 동향네트워크의 영향력 축소 및 제거 노력에서 국민정부가 충성심을 지니는 '국민'을 창출하려 한 과정이라는 의미도 발견할 수 있다. 즉 종족주의나 지방주의로 뭉친 중층적 정체감은 '정치적 공동체의식'으로서 국민국가 의식으로 충돌 없이 전환될 수 있는가?[5] 동향 정체성은 국민정부의 국가건설과 정치·사회 통합에 도움이 되

350

는가? 국민정부가 이에 대해 부정적으로 본 것은 틀림없다. 따라서 동향네트
워크나 기타 소규모 집단의식의 부정은 국가의 근대화를 위해 필요한 조치
였다. 즉 국민정부는 소규모 집단의식을 해체 혹은 부정하면서——최소한 약
화시키면서——민족국가의 위상을 높이려 했다.

　현실의 실행과정에서 민간단체 재편은 순조롭지만은 않았다. 상회는 노조
보다는 명확하지 않았지만 여전히 지역감정을 유지하고 조직을 만들려고 했
다. 같은 지역 출신끼리 뭉쳐서 새로운 단체를 만들려고 하거나 조직의 '유
구성'을 내세워 기존 조직을 유지하려는 움직임이 존재했다. 때론 상점명을
업종명으로 바꾸어 하나의 동업단체를 결성하여 등록하려고 했다. 노동자단
체의 통합은 공산당 숙청에 중점을 둔 활동으로 노동자의 반발을 야기했고,
조직의 통합을 맡았던 단체들이 노동자의 단합을 꾀하기보다는 오히려 분열
을 조장하는 측면이 있었다. 또한 당-정의 주도권 싸움 등으로 조직통합은
쉽지만은 않았다. 우여곡절 끝에 1930년 시상회가 탄생했고 1932년 국민회
의를 핑계로 노조의 재편을 마무리지었다. 민간단체의 재편은 '보모론'의 승
리였고, 상회나 노동조합 등이 국가의 정책결정에 참여하는 '집단민주주의'
혹은 '직업대표제 민주주의'의 가능성은 없어지고, 그를 대신한 것은 국가의
종속적인 지위로 전락하여 국가와 사회를 매개하는 '중개자'인 민간단체의
존재였다.

　정부는 모든 상인들은 당연히 동업공회와 시상회에 가입하도록 규정을 만
들었고 시상회와 동업공회에 그 업종의 이익을 대표할 수 있는 유일한 권한
을 부여했다.[6] 그리고 시상회와 동업공회는 정부의 권위를 등에 업고 모든

---

5) 굿맨은 지역적 정체성이 민족의식으로 전환되었다고 주장한다(Bryna Goodman, *Native Place, City, and Nation: Regional Networks and Identities in Shanghai, 1853~1937*, Berkeley: University of California 1995).

6) 이탈리아의 파시즘 등 권위주의적 정권을 연구하는 과정에서 나온 조합주의 국가이론은 좀더 탄력적으로 적용되어 자유민주주의를 실행하고 있는 '선진국'뿐만 아니라 제3세계의 개발도상국 등을 분석하는 이론도구로 널리 적용되고 있다. 조합주의 국가는 '사회조합주

상인에게 적용되는 통일적인 업규를 마련하여 상인의 통제 및 '길드적 질서'를 공고히했다. 영업세의 도입에서도 상황은 동일했다. 정부의 영업세 시행에 대해 상인들은 시상회와 동업공회를 통해 정부에 의견을 전달했고, 정부와 협의에 도달한 이후, 시상회와 동업공회는 정부에 대한 협조자로서 영업세를 징수했다. 이로써 시상회는 정부와 상인을 연결하는 중개자로서의 입지를 구축했던 것이다.[7]

정부와 상인단체의 관계는 전통적으로 지속되어왔던 상업행정의 일부를

의'(social corporatism)와 '국가조합주의'(state corporatism)로 나누어 생각할 수 있는데, '사회조합주의'는 국가의 공익을 위해 민중단체가 스스로 이익집단의 이익을 절충하여 사회의 화합과 공존을 도모한다. 반면에 국가조합주의는 개발도상국, 그리고 구사회주의 국가에서 다수 발견되는데, 이는 국가의 주도하에 집단이익을 절충하는 과정이라고 볼 수 있다. 슈미터의 언급으로 주로 인용되고 있는 조합주의 국가의 가장 일반적인 특징은 국가는 특정한 목적수행을 위해(개발도상국의 경우, 주로 산업발전에 해당) 집단이익의 절충과 화합을 중시하고, 각 사회세력을 분야별로 하나의 조합으로 결성하여, 이들에게 독점적인 대표권을 부여함과 동시에 국가의 통제를 받아들이게 함으로써 특정 목적의 달성에 모두 동참하는 체제를 가리킨다. 따라서 공익을 위한 개별집단의 이익은 양보와 타협이 당연시된다. 조합주의 국가의 특색에 관해서는, 최장집『韓國의 勞動運動과 國家』(서울: 나남 1997); Peter J. Williamson, *Varieties of Corporatism* (Cambridge: Cambridge University Press 1985); Anita Chan, "Revolution or Corporatism? Workers and Trade Union in Post—Mao China," *The Australian Journal of Chinese Affairs* 29 (1993. 1); Jonathan Unger and Anita Chan, "China, Corporatism, and the East Asian Model," *The Australian Journal of Chinese Affairs* 33 (1995. 1) 등 참조. 오스트레일리아에서 나온 논문들은 현재의 중국을 조합주의 국가 이론을 가지고 해석하려는 경향이 강한데, 이는 장개석정권의 유산 혹은 국민당과 공산당의 단절과 연속성의 문제 등 연구해야 할 많은 논쟁점을 제공한다고 생각한다.

7) 남경정부가 사회재편 과정에서 만든 질서는 유럽이나 라틴아메리카의 조합주의와 약간 달랐다. 남경정부는 이론상 각 이익집단의 조화와 타협을 당만이 주도할 수 있도록 함으로써, 정책결정과정에 집단의 대표가 참여할 권리를 인정하지 않았다. 당이 각 이익집단의 이해관계를 파악하여 정책을 결정하고 실행하는 것으로, 이런 점에서 남경정부와 사회의 관계는 좀더 권위적이고 하향적인 성격을 띠었다. 남경정부 아래에서 민간단체의 역할은 '상향식' 의견전달보다 '하향식' 명령이 강조되었고 항상적인 정치참여를 보장하는 제도적인 측면은 없었다.

상인단체에 위임하는 '대리'의 관행과 별다른 차이가 없어 보인다. 정부는 상업행정의 일부를 시상회와 동업공회에 대리시키고, 시상회는 이런 역할을 수행하면서 상인을 대표하는 권한을 확립해갔다. 결국 민간단체인 시상회와 동업공회는 상인들의 '사적' 이익을 관철하기 위해 노력하는 집단이면서 한편으로 정부를 도와 민간인을 통제하고 세금을 징수하는 공과 사가 겹쳐진 영역에서 활동했다. 따라서 시상회의 활동을 감시하고 통제할 방법은 모호하게 남을 수밖에 없었다.

한편, 국민정부가 만든 씨스템이 효과적으로 작용하려면 국가가 '적절히' 통제하면서도 그 대가를 지불하여 민간단체가 통제범위 밖으로 벗어나지 않는 것이 중요했다. 민간단체는 국가의 권위를 등에 업고 일정 정도의 활동과 자유의 제약을 감수하더라도 대표권을 보장받고, 그를 통해 성원으로부터 자발적이든 강압적이든 대표권을 인정받아야 국민정부가 만든 제도를 유지하고 강제해나갈 수 있었다.

하지만 1930년대의 상황은 국민정부에 그리 달갑지 않았다. 일본의 침략으로 국가의 권위는 흔들렸고, 1931년 후반부터 중국에 본격적으로 닥치기 시작한 공황의 영향으로 개인, 업종, 동일업종 내 종사범위의 차이 등으로 각각의 이익이 노골적으로 대치하기 시작했다. 공황의 위험에 노출되는 정도는 업종에 따라, 상업네트워크에 따라 각기 달랐다. 동북지방의 상실과 공황으로 상해인의 생활은 점점 힘들어지고, 그에 따라 경쟁은 더욱 적나라하게 진행되었다. 동질적 유대관계는 유지하기 힘들었고, 상회는 회원들의 이익을 조정하고 단합을 요구할 만한 힘이 없었다.

상인들은 당연가입 규정에도 불구하고, 동업공회와 시상회에 가입하지 않고 시상회의 '지도'를 회피했다. 시상회는 미가입자들에 대한 강제집행권을 정부에 요구하는 한편으로 통제경제를 옹호하고, 정부에 산업보호대책을 요청했다. 상인들은 국가권력의 통제 및 간섭 강화를 스스로 요청하면서 민족국가에 대한 기대치를 높여갔다.

국민당의 이념 가운데에 국가주도의 산업발전계획이 존재한데다 상인들의 요청은 국가의 산업에 대한 개입의 정당성을 증가시켰다. 민간단체는 스스로 자신들의 활동영역을 축소했고, 그나마 남아 있던 민간단체의 대표권과 이익조절 기능을 국가에 더 의존하게 만들었다. 동업공회와 시상회의 산업에 대한 개입 요청으로 국가의 통제는 더욱 강화될 가능성이 많아졌다. 사실 통제경제는 일부 산업부분에서만 시도되고, 대개 계획에 머무르고 말았지만 집단 혹은 국가 단위로 국제시장경제에 대응하려 했다는 특징은 변함이 없었다. 개인의 무한경쟁이 아닌 집단의 힘을 바탕으로 시장사회에 진입하고, 집단이익을 국가나 특정 단체가 조정한다는 점에서 이는 상회를 통한 통제와 일맥상통했다. 민간단체(직업단체)가 주체가 되건 국가가 주체가 되건 그들이 추진하려 했던 경제발전전략에는 여전히 개인을 집단 속에 묶어 집단의 이익 혹은 국가의 이익을 우선시하는 태도가 자리잡고 있었다.

한편 일본의 침략, 공황 등으로 국민정부의 통제가 이완되면서 개인은 소속집단을 이탈하여 생존에 직접적인 도움을 줄 개인이나 집단을 따로 모색했다. 동향네트워크를 찾게 되고, 혹은 상해의 '실력자'로 떠오른 두월생 및 그 휘하의 '청방'과 관계를 맺으려 했다. 추가 연구가 필요한 부분이지만, 1930년대에 네트워크를 맺는 방식에 변화가 생긴 것이다. 국민정부의 성립으로 '국가권력'이란 현실 실력자의 존재 그리고 공황에 따른 현실의 어려움은 네트워크를 맺는 방식에도 약간의 변화를 초래했고, 초래할 가능성이 많았다.

네트워크나 관계의 형성은 그 자체가 생존과 상호 도움의 필요성 때문에 나왔지만, 1930년대에 그 '필요성'은 더욱 커졌다. 생존환경이 '악화'되는 상황에서 동향네트워크는 현실적으로 이익을 줄 수 있는 사람이 절실히 필요했다. 1920년대에 동향네트워크로 맺어진 단체들이 지녔던 '공동체'로서의 성격은 약화되고, 네트워크의 유지 및 형성은 상호 이익의 가능성에 의해 확대 혹은 축소될 가능성이 더욱 높아졌다. 결과적으로 현실의 실력자와 관계를 맺을 수 있는 네트워크나 단체는 사람들이 몰려들면서 역량이 한층 강화된 반면 힘없는 동향네트워크의 약체화라는 이분화를 더욱 심화시켰다. 또한 사적인 네트워크의 융성은 씨스템에 의한 해결보다는 개인적이고 비공식적인 루트를 통한 문제해결의 가능성을 높였다. 결과적으로 행위의 과정이나 결과의 예측 가능성은 줄어들었고, 영종경이 그랬듯이 개인적인 친소관계에 따른 문제해결의 가능성이 더욱 높아졌다.

1930년대의 상황은 두 가지 추세를 만들었다. 우선 민간단체의 매개기능이 약화되면서 국가의 역할이 강화되는 추세가 형성되었다. 그리고 민간단체가 중개자로서의 역할을 '충실히' 수행하지 못함으로써 국민정부가 약화시키려고 했던 개인들의 사적 네트워크가 다시 그 공백을 메우는 두번째 추세가 만들어졌다. 동향네트워크의 재흥, 청방네트워크의 융성과 같은 비공식적이고 가변적인 네트워크가 다시 원활한 사회생활을 위한 주요 자원이 된 것이다.

비공식적이고 가변적인 네트워크, 특히 '생래적'인 요소에 의존하는 네트워크는 모두에게 열려 있는 공간은 아니었다. 더욱이 현실적인 실력이 네트워크의 형성·유지·확대에 끼치는 영향이 많아지면서 개인의 사적인 지위와 능력 그리고 '출신지'라는 요소가 덧붙여져 개인이 만들 수 있는 네트워크의 폭이 결정되고, 동일한 네트워크에서 얻을 수 있는 이익의 향유폭도 개인에 따라 차이가 커지는 것은 당연한 논리적 귀결이었다. 결과적으로 네트워크는 기존 사회질서를 확대 재생산하고, 기존 권익을 계속 유지시키는 보수적인 측면으로 작용했다. 동향네트워크와 관계망은 현실에 적응하면서 지속적으로 '기존 질서'를 재생산하고 권력의 급격한 재분배를 막았다.

'혁명'정당으로서 국민당이 만든 국민정부는 사회변화를 주도해가는 데 한계를 드러냈다. 파벌의식, 권력자와 밀착되는 관계망의 형성, 그리고 국민정부가 '봉건적'인 의식으로 치부하면서 없애려고 했던 지방 관념은 1930년대에도 여전히 살아남았다. 전통적인 관계망과 관계방식은 현실에 변화 적응하면서 제도에 따른 '정상적인' 절차를 혼란시키고 복잡하게 만들었다. 그 이유는 일본의 침입과 경제공황 같은 정치·경제적인 환경이 좋지 않았기 때문이기도 했지만, 민중이 정치에 참여할 방법을 '원천적'으로 봉쇄한 것에도 원인이 있었다. 즉 민간단체를 중개자로서 만들어놓은 씨스템이 제대로 기능을 못할 때에 민중들이 목소리를 낼 수 있는 방법이 없었다. 더욱이 '비공식' 관계를 맺기 위해 지불할 수 있는 대가가 적었던 일반서민들은 네트워크 형성에서도 뒤처질 수밖에 없었다. 달리 말하자면 중개자로서 민간단체의 역할을 대체 혹은 보완할 제도적인 장치나 이념적인 기반이 '훈정'체제 속에는 존재하지 않았다. 결국 민간단체가 중개자로서의 기능을 제대로 하지 못하는 상태에서 국민정부는 국가의 역할을 강화하면서 이익의 합리적인 분배자, 가족의 이익을 책임지는 가부장이 아닌 억압자로 변질될 가능성이 농후했다.

【부록】

표1 상해 공공조계 인구의 관적 구성(1900~1935)

省＼年度	1900	1905	1910	1915	1920	1925	1930	1935
江蘇	141,855	169,001	180,331	230,402	292,599	308,096	500,576	591,192
浙江	109,419	134,033	168,761	201,206	235,779	229,059	304,544	388,865
廣東	33,561	54,559	39,366	44,811	54,016	51,365	44,502	53,338
安徽	4,320	7,422	5,263	15,471	29,077	26,500	20,537	30,956
山東	1,379	2,863	2,197	5,158	10,228	12,169	8,759	14,765
湖北	2,021	4,744	3,353	7,997	11,253	14,894	8,267	9,674
湖南	378	1,266	680	2,798	2,944	7,049	4,978	4,315
江西	905	2,659	1,488	5,353	7,221	10,506	4,406	5,540
福建	2,184	3,358	2,134	5,165	9,970	12,464	3,057	3,787
河南	224	773	832	2,481	3,662	7,049	2,027	3,454
河北	2,469	4,674	4,623	7,211	16,259	15,803	7,032	11,403
四川	301	1,235	973	3,244	3,551	6,694	1,135	1,516
廣西	172	619	587	1,464	1,213	3,746	224	171
山西	373	785	704	2,135	1,929	5,002	177	365
雲南	25	602	407	1,025	584	3,538	172	174
陝西	51	688	630	1,424	932	3,547	167	179
貴州	51	723	469	944	469	2,422	144	141
甘肅	20	293	516	926	686	2,073	19	17
其他					104	110	151	1,008
計	299,708	390,297	413,314	539,215	682,476	722,086	910,874	1,120,860

출전 鄒依仁 『舊上海人口變遷的研究』(上海人民 1980) 114면. 양행(洋行)이나 가옥, 공장에서 거주하는 자와 선상가옥(船上家屋)은 포함되지 않았다.

표 2 상해 화계 인구의 관적 구성(1929~1936)

省＼年度	1929	1930	1931	1932	1933	1934	1935	1936
上海		436,337	455,662	430,875	473,636	488,631	513,704	513,810
江蘇	1,046,622	669,253	725,470	619,298	725,510	751,531	797,843	868,903
浙江	283,995	342,032	367,270	283,625	341,568	358,364	384,622	412,583
安徽	51,099	60,013	64,882	65,324	79,852	86,510	91,726	94,576
福建	9,654	12,173	13,454	11,052	12,963	13,196	13,351	12,348
湖北	19,681	24,270	27,291	26,798	28,836	34,211	35,100	34,782
湖南	5,282	8,200	9,414	9,256	10,810	11,401	12,276	15,882
廣西	559	846	975	637	1,065	1,129	1,147	452
廣東	36,947	40,554	47,023	22,343	38,579	48,795	54,987	57,127
江西	5,926	6,946	8,407	6,801	7,898	8,432	9,293	10,900
雲南	97	320	325	146	213	216	232	222
貴州	112	224	277	63	142	130	163	157
四川	1,615	2,420	2,648	1,798	2,028	2,134	2,193	2,775
甘肅	17	138	188	50	44	37	30	36
陝西	855	818	247	216	208	202	177	218
河南	2,677	4,872	6,213	5,706	7,758	8,306	8,859	9,875
山西	375	383	382	306	380	405	424	416
山東	20,395	25,958	28,861	25,836	30,259	31,684	33,018	35,165
河北	14,462	14,840	16,889	15,173	18,614	30,294	31,649	33,310
南京		22,875	25,211	25,195	29,959	31,316	33,237	33,407
北平		4,204	5,309	5,013	6,095	6,466	7,065	7,123
青島		734	713	539	560	631	549	529
其他	130	13,925	16,878	15,039	19,652	653	754	721
計	1,500,500	1,692,335	1,823,989	1,571,089	1,836,629	1,914,674	2,032,399	2,145,317

출전 鄒依仁 『舊上海人口變遷的研究』(上海人民 1980) 114면. 1929년의 인구통계는 그해 4월의 수치임. 1929년 상해 본지적(本地籍)의 인구는 강소성적(江蘇省籍) 인구 내에 포함. 1933년의 인구는 그해 12월의 인수. 그 나머지는 모두 9월의 인구통계임.

표3 행정구역별 상업 번성 도로의 종류별 구성

	1 飲食處	2 客寓	3 遊覽處	4 金融類	5 介紹類	6 進出口類	7 雜貨類	8 教育品類	9 美術品類	10 金屬類	11 建築類	12 染織類	13 綢布類	14 衣着類	15 裝飾品類	16 日用品類	17 燃料類	18 飲食品類	19 農牧類	20 藥品類	21 包裝業類	계
公共租界	189	189	57	436	57	586	130	348	150	305	276	308	434	233	106	140	213	585	50	155	7	4,954
南京路	18	9	5	24	3	19	18	19	16	4	8	16	42	32	32	25	11	39	2	14		356
北京路	3	1	1	45	4	66		6	5	9	21	8	22			8	12	17	2	1		231
江西路	1			25	2	90	5	12	3	9	10	13	2	1	3	2	4	15	3		2	202
河南路	6	1		25		2	12	35	9	4	5	7	15	26	7	5	2	17		21		199
福州路	35	20	2	5	3	22	2	35	10	2	6	6	10	6	1	1	7	9	2	10		198
廣東路	7	6		17		48	22	7	5	1	8	6	10	17	1	6	17	8		7		193
四川路	3	3		16	5	78	3	9	3	3	12	7	3	6	1	9	8	16		4		189
福建路	8	20		3			6	2			6	5	9	43	30	2	9	3	33		3	182
漢口路	16	20	1	10	2	21		8	4	4	4	6	33	14	12	1		3	2	11		162
愛多亞路	4	9	3	23	6	28	7	12	3	14	22	13	4	7		11	10	14	4	4	1	199
佛租界	31	25	12	20	1	22	29	45	28	26	23	49	59	25	15	28	24	204	5	13	8	692
公館馬路	14	4		6		14	14	5	5	6	4	3	24	3	8	4	3	35	1	5		158
吉祥街		3	1					9	2	1	4	3			4		7			1		35
小東門大街	5			1					1		1		2		1	1		17		1		31
霞飛路	1	4	3	1		2		1	3	2		7		2	1	1		3		12		44
法華民國路				1				7	6	1	3	2	3				6	45				74
閘北	10	2	10	8	1	2	3	30	14	8	35	60	13	4	10	11	7	56	7	15	1	307
光復路											10	8				1		13				32
寶山路	7			1	1			2	1	1	1		3	1	1		1	3	3	2		28
長安路											1	6			1		1	8				17
恒豐路	1		1	1				1	1		1	3			1			5				15
交通路							2	10	6			3	1							2		24
성내	11	2	5	13	0	0	7	31	36	13	16	14	30	19	27	12	5	33	2	13	4	293
大東門內肇嘉路								2		1	5		3	1	2		1	6		4		25
民國路		1		5			6	10	7	7	5	1	3			4		4		2	3	58
小東門內方浜路				1				5					3	4	3			6		1		23
豫園路	3						2	1	13						6	1		1				27

	1 飲食處	2 客寓	3 遊覽處	4 金融類	5 介紹類	6 進出口類	7 雜貨類	8 教育品類	9 美術品類	10 金屬類	11 建築類	12 染織類	13 綢布類	14 衣着類	15 裝飾品類	16 日用品類	17 燃料類	18 飲食品類	19 農牧類	20 藥品類	21 包裝業類	계
南市	9	7	3	33	0	0	14	33	1	25	68	34	25	19	7	24	30	261	38	38	20	689
內鹹瓜街								3		1							3	8				15
大碼頭				2		3	2			1	7	1	3	3	1	5	1	6	11			46
豆市街				7			3											33	1	2		46
裏馬路	1	2		4		8	6			11	5	10	11	14	1	4	8	80	11	3	3	182
外馬路	2	2								1	30		2				4	9				50
外鹹瓜街				1			3						1					8		26	3	42
기타	1	1	7	3	1	0	0	4	0	5	6	8	2	6	0	1	1	19	1	0	0	66

출전 『上海指南』(商務印書館 1930)에 의거하여 작성

표4 각종 상인단체 지도부(동사, 집행위원 혹은 집감위원)와 그 변화

인명	1920/22/24 총상회	1926 총상회	상업 연합회	상민 협회	1928 총상회	상정회	시상회 1차	시상회 3차	시상회 5차	비고
簡玉階		O								
季偉侯		O								
傅其霖		O								
謝光甫		O								
謝永霖		O								
盛澤承		O								
邵立坤		O								
沈厚齋		O								
嚴康懋		O								
嚴子鈞		O								
王心貫		O								
劉萬靑		O								
林孟垂		O								
張延鍾		O								
陳雲佳		O								
陳鶴亭		O								
洪雁賓		O								

인명	1920/22/24 총상회	1926 총상회	상업 연합회	상민 협회	1928 총상회	상정회	시상회 1차	시상회 3차	시상회 5차	비고
戴耕莘	O	O								
傅筱庵	O	O								
謝扮甫	O	O								
謝仲笙	O	O								
謝衡愍	O	O								
盛筱珊	O	O								
孫衡甫	O	O								
陳子壎	O	O								
薛文泰	O	O	O							
孫梅堂	O	O				O				
方椒伯	O	O					O	O	O	
厲樹雄		O							O	
榮宗敬	O		O							
鏟新之	O		O							
馮仲卿	O		O							
沈潤挹	O		O							
顧馨一	O		O		O	O	O			
勞敬修	O		O		O		O	O		
穆藕初	O		O		O					
聞蘭亭	O		O		O	O	O	O		
徐慶雲	O		O		O	O				
葉惠鈞	O		O		O	O	O			
王曉籟	O		O	O		O	O	O	O	
姚紫若	O		O			O				
虞洽卿	O	O	O	O	O	O				
朱吟江	O		O			O				
秦潤卿	O		O			O				
葉扶霄			O		O					
沈田莘			O	O					O	
吳蘊齋			O			O				
王彬彦			O	O		O				
王一亭			O			O				

인명	1920/22/24 총상회	1926 총상회	상업 연합회	상민 협회	1928 총상회	상정회	시상회 1차	시상회 3차	시상회 5차	비고
陸伯鴻			O			O				
陳翊周			O		O			O	O	
胡孟嘉			O			O				
馮少山	O		O		O					
徐補蓀			O		O					
石芝坤			O		O					
孫景西			O		O					
尤森庭			O		O					
毛子堅			O							
範和笙			O							
徐新六			O							
徐靜仁			O							
余日章			O							
倪文卿			O							
吳麟書			O							
伍詠露			O							
姚慕蓮			O							
劉鴻生			O							
錢承緒			O							
陳炳謙			O							
蔡聲白			O							
馮炳南			O							
黃明道			O							
王漢良				O						
潘冬林				O						
尙雲洲				O						
冼冠生				O						
楊湧潤				O						
嚴諤聲				O						
王肇成				O						
兪銘巽				O						
兪仰聖				O						

인명	1920/22/24 총상회	1926 총상회	상업연합회	상민협회	1928 총상회	상정회	시상회 1차	시상회 3차	시상회 5차	비고
俞紫標				O						
張子廉				O						
張振遠				O						
張賢芳				O						
陳勇三				O						
陳蔚文				O						
陳芝壽				O						
霍守華				O	O					
成燮春				O		O	O			
鄔志豪				O	O	O	O			
王延松				O		O	O	O	O	
袁履登	O	O		O	O	O				
陸祺生				O		O	O			
陸文韶				O		O	O	O		
錢龍章				O		O				
程祝蓀				O					O	
陳翊庭				O	O	O				
顧子槃	O				O					
顧棣三					O					
高秋眉					O					
樂振保					O					
藍璧如					O					
陶梅生					O					
譚海秋					O					
傅佐衡					O					
謝錫九					O					
葉露生					O					
施省之					O					
沈承福					O					
嚴均安					O					
沈燮臣	O				O					
吳蔚如					O					

인명	1920/22/24 총상회	1926 총상회	상업 연합회	상민 협회	1928 총상회	상정회	시상회 1차	시상회 3차	시상회 5차	비고
王作霖					O					
王鴻濱					O					
王介安					O					
姚德馨					O					
兪子章					O					
劉仲英					O					
陸培之					O					
林康侯					O					
錢辛元					O					
鄭錫棠					O					
趙南公					O					
曹啓明					O					
陳才寶					O					
陳滄來					O					
許廷佐					O					
黃首民					O					
黃鴻鈞					O					
趙晋卿	O				O					
裵雲卿					O		O	O	O	
徐寄傾					O	O	O		O	
陸鳳竹					O	O	O			
諸文綺					O		O	O		
陳松源					O	O	O	O		
黃楚九					O		O			
胡熙生					O	O				
陳良玉	O	O			O		O			
郭標						O				
葉琢堂						O				
容顯麟						O				
陳光甫						O				
陳布雷						O				
鄭澄淸						O			O	

364

인명	1920/22/24 총상회	1926 총상회	상업 연합회	상민 협회	1928 총상회	상정회	시상회 1차	시상회 3차	시상회 5차	비고
貝淞蓀						O	O	O		
柯幹臣									O	
葛傑臣									O	
金潤庠									O	
駱清華							O	O	O	
屠開徵									O	
杜月笙								O		
馬驥良							O	O		
馬少荃								O	O	
潘旭昇							O	O		
謝筱初									O	
葉家興							O	O		
謝仲樂								O		
葉蓉三									O	
兪佐廷								O	O	
張一鹿									O	
蔣志剛							O	O		
張佩珍									O	
程毓傑									O	
鄭澤南								O	O	
陳小蝶									O	
陳子明							O		O	
陳蔗青								O	O	
朱得傳							O			
陳澤春							O			
許冠羣									O	
許曉初									O	
胡西園									O	
項松茂	O						O			

出전 上海市檔案 Q201-1-609(3屆大會); 『商業月報』 10卷 7號(一屆大會), 14卷 7號(五屆大會); 『時報』 1927. 3. 21; 上海市檔案館 『一九二七年的商業聯合會』(上海 1983); 上海總商會 『上海總商會會員錄』(上海: 上海總商會 1928. 4) 등에 의거 작성.

표 5 상회에 가입한 동업공회의 회원수와 사용인수 및 상회 파견 대표인수

동업공회	회원	사용인	대표	동업공회	회원	사용인	대표
鋼條舊鐵業	46	345		煤業	232	159	5
鋼剗業	39	109		剗館	27	343	1
鏡木作	76	476	1	剗糊	205	482	1
經售米糧	34	123	2	剗粉廠	14	473	1
鷄鴨行	19	106		棉布業	320	421	3
桂圓	19	315	1	麵皮業	73	16	1
古玩	210	320	1	棉花販運業	32	140	1
廣告	46	123	2	帽莊	43	231	1
廣雜貨			1	毛茶			1
礦灰廠	18	268	4	木業	27	511	2
杆臘	10	70	1	木材	51	637	2
裘業	34	1010	2	米號業	905	5457	3
舊花業	105	325	2	箬業	43	461	2
國產顏料雜貨	28	245	1	百貨商店業	104	1051	1
國藥	306	2296	7	餅乾糖果罐頭	63	2086	1
國貨像膠裝品	36	250	1	保險業	23	391	3
軍裝業	41	242	1	北貨	43	543	2
金屬琺瑯業	14	130	1	汾酒業	266	854	
金業	123	137	2	哔洋印漂布染坊	44	409	1
機器模樣	63	127	1	飛花	70	2504	2
機器造繩業	38	168	1	氷鮮魚行	23	1074	3
機製切麵	48	119		絲光棉織	62	86	6
汽車材料	60	223		砂石業	75	321	1
絡疏袋布	109	787	1	紗線襪染業	66	388	1
南北貨拆兌	19	447	3	絲線業	34	376	1
南貨	315	1104	5	沙船號	17	230	1
內河輪船局	15	315	1	紗業	42	192	3
菉筍業	10	171	1	絲織業	96	4505	
蛋業	46	795	1	絲廠			1
蛋廠	20	52	1	紗布號	35	56	1
소계	1,947	11,198	45	소계	3,035	24,397	53

동업공회	회원	사용인	대표	동업공회	회원	사용인	대표
檀香桂圓業	13	201		紗花號	44	73	
糖業	61	1360	2	參燕業			2
搪瓷業	12	182	1	橡皮五金車料	31	209	1
火機軋花業	21	217	1	橡皮製造			1
度量衡器業	38	168	1	西服	249	1041	1
銅錫	48	413	2	西式木器作	190	967	1
銅鐵機器業	159	2873	2	鉛印	28	719	1
豆米行業	124	2698	3	煙兒業	1811	1811	
煤石駁船業	39	392	1	營造廠	438	1400	2
西顏料業	65	634	2	五金	64	520	1
西業	50	3170	6	牛羊			1
西煙業	7	134	2	牛羊生皮業	26	172	
西菜業	14	277		郵運	31	194	1
書套			1	牛皮草貨業	58	369	
鮮鷄業	35	93	1	運鎮石灰號業	9	152	3
鮮藥業	21	58	1	運輸			4
鮮魚	8	164	1	運貨汽車	131	183	1
鮮肉業	810	468	4	柳器業			1
鮮猪宰作	24	192		油蔴	33	401	1
鮮猪販賣業	66	166		油漆木器	149	1541	3
鮮貨行	12	371		輪船木材業	14	184	
成衣業	2000	6589	1	銀樓	32	461	2
洗衣業	207	1097	1	銀行	24	2697	21
梳蓖			1	水菓地貨行	50	300	2
梳牆鏡箱			1	履業	181	7505	2
紹酒業	95	828	1	呢絨業	78	779	1
樹柴行業	25	91	1	人力車業	222		4
繡業	61	475	1	印鐵製罐業	8	128	
修租脚踏車業	180	545		瓷業			2
修造民船	35	624	1	熟水甁製造業	11	51	
熟水店業	600	400		榨油廠			2
소계	4,830	24,880	39	소계	3,912	21,857	62

동업공회	회원	사용인	대표	동업공회	회원	사용인	대표
熟貨	95	658	1	榨菜業	18	108	
柴炭運鎖業	37	458	1	雜糧零售			1
柴炭行	60	395	1	雜糧號業	24	310	2
新法洗染	192	755	1	雜柴業	16	21	1
新藥	35	1302	1	雜貨零售	43	228	1
牙骨器	90	157	2	腸業	30	66	1
眼鏡業	35	461	1	醬園	192	2442	2
押店	41	256	1	醬酒號	290	1323	1
藥材業	93	147	2	宰鴨作	177	318	1
陽傘	32	46	1	猪行			2
梁燒酒行	51	483	1	電氣絲織廠	31	327	1
洋莊茶業	19	156	3	電器業	109	544	1
漁輪業	12	352		電器製造業	16	143	
醃臘	34	452	2	鑄業	98	219	
旅業	120	677	1	錢業	69	1923	2
碾米	47	227	2	典業	126	523	3
煙葉	28	194	1	土布	34	707	
轉運報關業	188	2000	2	土黃酒作	32		
轉運業	116	866	5	玻璃業	63	535	
磚灰行	112	458	2	販製脚踏車業	13	101	1
精練業	9	600		包飯	315	1673	
釘書			1	爆業	43	255	1
製藥廠業	9	75		皮毛油骨業	64	534	1
製造電燈槽板	28	58		皮絲煙	13	71	1
製茶業	34	69		筆墨	43	183	1
潮糖雜貨	45	458	1	漢産雜糧			2
鐘表業	52	487	2	旱烟	26	136	1
綢緞業	179	2087	15	鹹魚	49	1511	1
綢緞印花業	26	169		航業	66	519	10
珠玉	87	266		海味雜貨	54	629	1
酒菜館業	202	3840	2	海味號			1
소계	2,108	18,609	52	소계	2,054	15,349	40

368

동업공회	회원	사용인	대표	동업공회	회원	사용인	대표
竹業	137	997	1	香業	97	173	1
竹行業	18	105		鞋皮釘槌	48	117	1
中國呢絨工廠	7			紅木拆料業	22	105	2
中西木器業	39	107	1	花邊抽繡業	73	387	1
證券			2	花粉	67	433	1
地毯業	43			華商捲烟廠	49	644	2
芝蔴蔴油	46	84	1	華商蔴業	8	67	
紙業	111	1654	2	華商洋燭業	7	80	1
地貨	30	607	2	華商雜糧油餠	120	2712	3
織物機器材料	22			華商皀業	28	184	1
茶食	44	396	1	花樹	60	400	
茶葉業	65	539		華洋雜貨業	34	433	1
菜蔬行業	51	153		火油	27	371	
彩印	45	820	2	化粧品	77	1049	1
採辦布正雜貨	10	46		火腿業	68	402	
鐵業	21	226	1	花板椅			1
青藍布染坊業	42	639	1	花行			1
草呢帽業	10	743	1	黃沙軋石業	53	213	2
草蓆業	40	171	1	燭業	52	258	1
衣業	115	731	5	出租汽車業	75	531	1
針織	98	1000	2	漆業	62	431	1
打鐵	350	967	1	輪船業	26	93	
彈花	179	251		呢絨工廠			3
彈黃椅業	28	165	1	駁運船業			1
絲邊業			1				
소계	1,551	10,401	26	소계	1,053	9,083	28
총계	20,490	135,774	345				

출전 上海市檔案 Q201-1-609, 669, 671; 『上海市年監』(1935); 『商業月報』10卷 7號 등을 참조하여 작성.

■ 상회에 파견하는 대표인수가 변한 업종도 있으나 그 변동폭이 크지 않아 주로 3차 대회에 파견한 대표자수를 기준으로 삼았다. 3차 대표대회에 기록이 없는 경우는 그외의 대표대회를 참조로 기록했다.

■ 상회에 다수의 대표자를 파견했던 업종의 대표자수 변화는 표3을 참조.

표 6 1934년 노동조합과 회원수

회원 구성 노동자단체명	회원 총수	남회원		여회원		소년공		취업회원		실업회원	
		인수	%	인수	%	인수	%	인수	%	인수	%
上海市輪船木業 職業工會	1,400	1,400	100					1,400	100		
上海市出版業産業 工會整委會	10,300	8,000	77.67	2,300	22.33			5,300	51.46	5,000	48.54
上海市水泥工程 職業工會	353	353	100					353	100		
上海市石印業 産業工會	797	797	100					797	100		
上海市斛米業 職業工會	152	152	100					152	100		
上海市煤氣業 産業工會	507	507	100					492	97.04	15	2.96
上海市製革業 産業工會	125	125	100					125	100		
上海市牙刷業 産業工會	175	150	85.71	25	14.29			160	91.43	15	8.57
上海市紅白木業 職業工會	521	521	100					315	60.46	206	39.54
上海市臘味業 職業工會	130	130	100					100	76.92	30	23.08
上海市軍服業 職業工會	3,600	2,500	69.44	600	16.67	500	13.89	3,600	100		
上海市第一區橡膠業 産業工會	960	470	48.96	490	51.04			750	78.02	210	21.98
上海市第一區造紙業 産業工會	405	195	48.15	210	51.85			405	100		
上海市第一區水電業 産業工會	708	708	100					708	100		
上海市第三區水電業 産業工會	514	514	100					512	99.61	2	0.39

노동자단체명 \ 회원 구성	회원 총수	남회원		여회원		소년공		취업회원		실업회원	
		인수	%	인수	%	인수	%	인수	%	인수	%
上海市第三區棉絲業產業工會	3,900	1,200	30.77	1,700	43.59	1,000	25.64	3,900	100		
上海市第四區淸潔業職業工會	136	136	100					136	100		
上海市第五區水木業職業工會	500	500	100					500	100		
上海市第五區造紙業產業工會	200	170	85	20	10	10	5	200	100		
上海市第五區捲煙業產業工會	6,817	2,664	39.08	3,803	55.79	350	5.13	6,817	100		
上海市第五區火柴業產業工會	1,178	466	39.56	712	6.44			1,125	95.50	53	4.50
上海市第六區水木業職業工會	1,118	1,118	100					834	74.59	284	25.41
上海市第八區水木業職業工會	280	280	100					280	100		
上海市第十區棉紡業產業工會	4,000	1,500	37.50	1,500	37.50	1,000	25	4000	100		
上海市碼頭工會整委會	70,000	70,000	100					70,000	100		
海員工會上海分會維持會	10,647	10,647	100					10,210	95.65	464	4.35
上海市製帽業職業工會	724	724	100					524	72.30	200	27.70
上海市製墨業職業工會	610	610	100					180	34	430	66
上海市香業職業工會	766	591	77.13			175	22.87	625	81.59	141	18.41
上海市簡簿業職業工會	465	407	87.50			58	12.50	282	60.60	183	39.40
上海市鹽業職業工會	4,600	4,600	100					4,000	87	600	13

회원 구성 노동자단체명	회원 총수	남회원		여회원		소년공		취업회원		실업회원	
		인수	%	인수	%	인수	%	인수	%	인수	%
上海市報館業 職業工會	600	600	100					300	50	300	50
上海市第二區針織業 産業工會	533	255	47.50	278	52.50			533	100		
上海市藥行職員聯益社	830	830	100					730	88.10	100	11.90
上海市藥行業 職工會	303	303	100					283	99.30	20	0.70
上海市第一區淸潔業 職業工會	204	204	100					204	100		
上海市第一區運馭業 産業工會	270	270	100					220	81.50	50	18.50
上海市第一區造船業 産業工會	334	334	100					334	100		
上海市第三區繰絲業 産業工會	10,050	1,700	16.92	6,000	59.70	2,350	23.38	5,050	50.25	5,000	49.75
上海市第四區繰絲業 産業工會	10,500	1,000	0.95	8,300	97.95	1,200	1.10	5,000	45	5,500	55
上海市第六區繰絲業 職業工會	28,200	8,000	28.37	10,200	36.17	10,000	35.46	16,000	56.74	12,200	43.26
上海市第五區棉織業 産業工會	451	225	50	226	50			77	17	374	83
上海市第四區捲煙業 産業工會	2,904	2,904	100					2,904	100		
上海市第九區藥皀業 産業工會	367	194	53.27	173	46.73			367	100		
上海市電力公司工會 籌備會	2,628	2,628	100					2,628	100		
上海市藥業 職業工會	3,100	3,100	100					3,100	100		
上海市醬業 職業工會	1,000	1,000	100					700	70	300	30

회원 구성 노동자단체명	회원 총수	남회원		여회원		소년공		취업회원		실업회원	
		인수	%	인수	%	인수	%	인수	%	인수	%
上海市第二區水電産業工會	832	832	100					832	100		
上海市第二區絲織業 産業工會	207	207	100					207	100		
上海市琴業 産業工會	未詳										
上海市第四區絲織業 産業工會	416	416	100					416	100		
上海市第四區造船業 産業工會	950	950	100					950	100		
上海市第六區捲煙業 産業工會	未詳										
上海市第六區搪瓷業 産業工會	未詳										
上海市第六區棉織業 産業工會	未詳										
上海市第六區針織業 産業工會	292	292	100					292	100		
上海市第七區棉紡業 産業工會	1,270	1,270	100					1,270	100		
上海市第八區棉紡業 産業工會	5,350	5,350	100					5,200	97.20	150	2.80
上海市裝訂業 職業工會	941	941	100					941	100		
上海市猪鬃業 職業工會	未詳										
上海市第一區針織業 産業工會	234	234	100					234	100		
上海市第一區水木業 職業工會	632	632	100					632	100		
上海市四菜業 職業工會	未詳										

회원 구성 노동자단체명	회원 총수	남회원		여회원		소년공		취업회원		실업회원	
		인수	%	인수	%	인수	%	인수	%	인수	%
上海市菜食業 職業工會	340	340	100					340	100		
上海市製履業 職業工會	222	222	100					222	100		
上海市木器業 職業工會	1,833	1,833	100					1,833	100		
上海市六區公共汽車業 職業工會	未詳										

출전 『上海市年鑑(1935)』, Q16~Q20면. 상해의 각업 노동조합은 1927년에 절정에 달해 약 500여 개가 있었으나, 이후 국민당의 동일구역 동일산업 1개 노조의 원칙에 따라 정리된 결과, 1934년 당시에 85개가 존재했고, 국민당이 조사를 마친 것이 위의 67개이다.

【참고문헌】

1. 資料

檔案史料

全宗號 Q114 「上海慈善團體聯合會」, 上海市 檔案館 所藏.

全宗號 Q201 「上海市商會」, 上海市 檔案館 所藏.

全宗號 Q222 「上海特別市商民協會」, 上海市 檔案館 所藏.

全宗號 S253 「上海市百貨商業同業公會」, 上海市 檔案館 所藏.

新聞・雜誌

『동아일보』 1989.

『조선일보』 1989.

『國聞週報』, 上海: 國聞週報社 1926~1932.

『大公報』 1927.

『東方雜誌』, 上海: 東方雜誌社, 1924~1935.

『民國日報』, 上海: 1924~1926.

『社會月刊』, 上海: 大東書局 1929~1931.

『商業月報』 8~17卷, 上海 1928~1937.

『生活週刊』 1930~1932.

『時報』 1926~1927.

『申報』 1911, 1922~1937.

『寧波旅滬同鄉會月刊』 1930~1931.

『錢業月報』 1928~1932.

『上海總商會月報』1923～1927.

『布爾塞維克』

『嚮導週報』

China Weekly Review, 1928～1932.

Shanghai Minicipal Archives, *The Minutes of Shanghai Municipal Council* Vol.
XXV, Shanghai Classics Publishing House 2001.

年鑑·文集·統計集 등

國民黨中央黨府國民經濟計劃委員會 編『十年來之中國經濟建設』, 1937.

國民政府法制局 編輯『國民政府現行法規』, 上海 1928.

駱傳華『今日中國勞工問題』, 上海 1933.

羅志如『統計表中之上海』, 中央研究院社會科學研究所 1932.

戴季陶『國民革命與中國國民黨』, 1928.

戴季陶『孫文主義之哲學的基礎』, 上海: 民智書局 1925.

戴季陶『青年之路』, 上海: 民智書局 1928. 2.

屠詩聘『上海市大觀』上·下, 中國圖書出版公司 1948.

馬超俊(中國勞工運動史編纂委員會 編)『中國勞工運動史』, 臺北: 中國勞工福利出
版社 1959.

柏格森『中國勞動運動的現狀』, 上海: 樂山書店 1930.

北平社會調查所『第二次中國勞動年鑑』, 1932.

查建瑜 編『國民黨改組派資料選編』, 河南人民 1986.

司馬仙島『北伐後之各派思潮』, 北平 1930.

『上海公共租界工部局年報』, 1930.

上海工會整理委員會 指導科 宣傳股 編輯『上海工聲主義宣傳號』, 1928.

上海社會科學院 經濟研究所 編『英美烟公司在華企業資料匯編』1～4, 北京: 中華
書局 1983.

上海社會科學院 經濟研究所 編『榮家企業史料』上, 上海人民 1980.

上海市檔案館 編『一九二七年的上海商業聯合會』, 上海人民 1983.

上海市檔案館 『五卅運動』 1~3, 上海人民 1991.

上海市民地方維持會 『上海市民地方維持會報告書』, 上海市地方協會 1932.

上海市社會局 『近五年來上海之勞資糾紛』, 上海: 中華書局 1934.

上海市社會局 編 『公益慈善法規彙編』, 1932.

上海市年鑑委員會 『上海市年鑑』, 上海 1935.

上海市政府社會局 『上海市工人生活程度』, 1934

上海市政府社會局 編 『近十五年來上海之罷工停業(1918~1932)』, 中華書局 1933.

上海市地方協會 『民國二十二年編上海市統計』, 上海: 商務印書館 1933.

『上海公共租界史稿』, 上海人民 1980.

『上海指南』, 商務印書館 1930.

上海總商會 『上海總商會會員錄』, 上海: 上海總商會 1928.

上海通社 編 『上海研究資料』, 上海書店 1984年 重印本.

上海通社 編 『上海研究資料續集』, 上海書店 1984年 重印本.

徐國楨 編著 『上海生活』, 上海: 世界書局 1933.

徐雪筠 等 譯編 『上海近代社會經濟發展概況(1882~1931)』, 上海社會科學院 1985.

『孫中山全集』 9卷, 北京: 中華書局 1986.

施福康 主編 『上海社會大觀』, 上海書店 2000. 1.

實業部工商訪問局 『工商半月刊』 3卷 19號, 1931. 10.

沈伯經 『上海市指南』, 中華書局 1934.

嚴諤聲 編 『商人團體組織規程』, 上海市商會 1936.

榮孟源 『中國國民黨歷次代表大會及中央全會資料』, 北京: 光明日報出版社 1985.

王均安 編著 『商會法・工商同業公會法釋義』, 上海: 世界書局 n.d.

『汪精衛集』 4卷, 上海 1930.

王清彬・王樹勳・林頌河・樊弘 『一次中國勞動年鑑』, 北平社會調查部 1928.

郁慕俠 『上海鱗爪』, 上海書店 1998.

李次山 「上海勞動狀況」, 『新青年』 7-6, 1920.

張廷灝 『中國國民黨勞工政策的研究』, 上海: 大東書局 1931.

周康燮 主編 『胡漢民事跡資料彙輯』 2冊, 香港: 大同圖書公司 1980.

朱懋澄 『調查上海工人住屋及社會情形記略』, 中華基督教青年會全國協會 職工部

　　　　1926

朱邦興・胡林閣・徐聲 編『上海産業與上海職工』, 上海工人運動史料委員會 校訂,
　　　　上海人民 1984.

周佛海『三民主義之理論的體系』, 上海: 新生命月刊社 1928.

中共中央書記處 編『六大以前』, 北京: 人民出版社 1980.

中國科學院上海經濟研究所・上海社會科學院經濟研究所 編『上海解放前後物價資
　　　　料匯編』, 上海人民 1958.

中國國民黨中央民衆運動指導委員會 編『上海工人運動史』1935.

中國國民黨 中央委員會 黨史史料編纂委員會 編『革命文獻』22輯, 中央文物供應
　　　　社 1955.

中國國民黨 中央委員會 黨史委員會『胡漢民先生文集』, 臺北 1978.

中國國民黨 中央執行委員會 西南執行部 秘書處 編『中國國民黨中央執監委員非
　　　　常會議紀要』, 1932.

中國商務學會『上海行名簿(1917)』, 商務印書館 1917

中國銀行總行・中國第二歷史檔案館 合編『中國銀行行史資料匯編』上編 一~三,
　　　　南京: 檔案出版社 1991.

中國人民大學中共黨史系 中國近現代政治思想史教研室『國民黨改組派資料選輯』,
　　　　1983.

中國人民銀行 上海市分行 編『上海錢莊史料』, 上海人民 1960.

中國人民銀行上海市分行金融研究所 編『上海商業儲蓄銀行史料』, 上海人民 1990.

中國人民政治協商會議 上海市委員會 文史資料工作委員會 編『舊上海的幫會』, 上
　　　　海人民 1986.

中國第二歷史檔案館 整理『中央黨務月刊』, 南京: 南京出版社 1994.

中國第二歷史檔案館 編『中國國民黨第一・二次全國代表大會會議史料』, 江蘇古
　　　　籍出版社 1986.

中國第二歷史檔案館 編『中華民國史檔案資料彙編』5輯, 江蘇古籍出版社 1994.

中國第二歷史檔案館・中國海關總署辦公廳 『中國舊海關史料(1859~1948)』, 京
　　　　華出版社 2001

中央檔案館『中共中央文件選輯』1~5卷, 北京: 中共中央黨校出版社 1989.

中華全國總工會 中國工人運動史研究室 編『中國工運史料』17, 20, 21, 23期, 北京: 工人出版社 1981~1983.

『陳公博・汪精衛最近演說集』, 上海: 三民公司 1929.

『陳公博先生文集』, 香港: 遠東圖書公司 1967.

『陳光甫與上海銀行』, 北京: 中國文史出版社 1991.

彭明 主編『中國現代史資料選輯』第2冊, 北京: 人民大學出版社 1988.

彭澤益 主編『中國工商行會史料集』下, 中華書局 1995.

韓德光『商民協會章程釋義』, 上海: 中央圖書局 1927.

胡祥翰『上海小誌』, 上海古籍 1989.

東亞同文會 編『支那經濟全書』4輯, 東京: 東亞同文會 1909.

南滿洲鐵道株式會社 上海事務所『浙江財閥』, 大連 1929.

滿鐵上海事務所『上海ニ於ケル排日排貨運動ト直接間接ノ關係ヲ有スル民衆團體ノ解剖』, 滿鐵上海事務所 1928

『滿鐵調查月報』6卷 10號, 1926. 10. 25.

上海日本商工會議所 編『時局と上海の勞動風潮』1~2, 1927.

西川喜一『中部支那勞動者の現狀と全國勞動爭議』, 上海: 日本堂書店 1924.

永野賀成『一九二七年度上海を中心とする支那の勞動運動』, 滿鐵社長室 人事科 1928.

宇高寧『支那勞動問題』, 國際文化研究會 1925.

長永義正『支那經濟物語』, 東京: 大阪屋號書店 1929.

The Shanghai Incident, Shanghai: the Press Union 1932.

2. 研究書, 研究論文

研究書

閔斗基『中國 初期 革命運動의 研究』, 서울: 서울대학교출판부 1997.

裵京漢 『蔣介石研究——國民革命時期의 軍事的・政治的 擡頭過程』, 서울: 일조각 1995.

白永瑞 『中國現代大學文化研究』, 서울: 일조각 1994.

王育民・呂希晨 『中國現代哲學史』 1, 이승민 역, 서울: 청년사 1989.

유용태 『지식청년과 농민사회의 혁명: 1920년대 중국 중남부 3성의 비교연구』, 서울: 문학과지성사 2004.

이택후 『중국현대사상사의 굴절』, 김형종 역, 서울: 지식산업사 1992.

전인갑 『20세기 전반기 上海社會의 地域主義와 勞動者』, 서울대학교출판부 2002.

정문상 『中國의 國民革命과 上海學生運動』, 서울: 혜안 2004.

池田誠 外 著 『中國工業化의 歷史』, 金泰丞 譯, 서울: 신서원 1996.

찰머스 A. 존슨 『중국혁명과 농민민족주의』, 서관모 역, 서울: 한겨레 1985.

체스타 탄 『中國現代政治思想史』, 閔斗基 역, 서울: 지식산업사 1979.

최장집 『韓國의 勞動運動과 國家』, 서울: 나남 1997.

霍塞(美) 『出賣上海灘』, 上海書店 2000.

羅玆 墨菲 『上海——現代中國的鑰匙』, 上海社會科學院 歷史研究所 編譯, 上海人民 1986.

唐振常 『上海史』, 上海人民 1989.

梅朋(法) 等著 『上海法租界史』, 倪精蘭 譯, 上海譯文出版社 1983.

上海社會科學院 經濟研究所 城市經濟組 『上海棚戶區的變遷』, 上海人民 1962.

上海社會科學院 政治法律研究所 社會問題組 編 『大流氓杜月笙』, 北京: 群衆出版社 1965.

上海住宅建設誌 編纂委員會編 『上海住宅建設誌』, 上海社會科學院 1998.

徐鼎新・錢小明 『上海總商會史(1902~1929)』, 上海社會科學院 1991.

薛理勇 主編 『上海掌故辭典』, 上海辭書出版社 1999.

沈以行・姜沛南・鄭慶聲 主編 『上海工人運動史』, 遼寧人民 1991.

蘇知良・陳麗菲 『近代上海黑社會研究』, 杭州: 浙江人民出版社 1991.

伍江 編著 『上海百年建築史(1840~1949)』, 上海: 同濟大學出版社 1997.

王家貴・蔡錫瑤 編著 『上海大學(1922~1927)』, 上海社會科學院 1986.

于醒民『上海, 1862』, 上海人民 1991.

熊月之 主編『上海通史』5～10, 上海人民 1999.

魏永理『中國近代經濟史綱』下, 瀾洲: 甘肅人民 1990.

劉惠吾 主編『上海近代史』下, 上海: 華東師範大學出版社 1987.

任建樹『現代上海大事記』, 上海辭書出版社 1996.

任建樹・張銓『五州運動簡史』, 上海人民 1985.

張開敏 主編『上海人口遷移研究』, 上海社會科學院 1989.

章君穀『杜月笙傳』, 臺灣: 傳記文學社 1981.

張同新『國民黨新軍閥混戰史略』, 哈爾濱 1982.

張仲禮『近代上海城市研究』, 上海人民 1990.

鄭祖安『百年上海城』, 上海: 學林出版社 1999.

朱劍・汪朝光 編著『民國影壇』, 江蘇古籍 1997.

朱信泉・嚴如平 主編『民國人物傳』4卷, 北京: 中華書局 1984.

中國社會科學院 經濟研究所 主編『上海市綿布商業』, 中華書局 1979.

中國銀行行史編輯委員會 編『中國銀行行史』, 北京: 中國金融出版社 1995.

『陳光甫與上海銀行』, 北京: 中國文史出版社 1991.

鄒依仁『舊上海人口變遷的研究』, 上海人民 1980.

祝慈壽『中國近代工業史』, 重慶出版社 1989.

鮑杰 主編『論近代寧波幫』, 寧波: 寧波出版社 1996.

忻平『從上海發現歷史——現代化進程中的上海人及其社會生活』, 上海人民 1996.

忻平・胡正豪・李學昌 主編『民國社會大觀』, 福州: 福建人民 1991.

田中忠夫『革命支那農村の實證的研究』, 東京 1930.

高橋孝助・古厩忠夫 編『上海史——巨大都市の人人の營み』, 東方書店 1995.

橘樸『支那社會研究』, 東京: 日本評論社 1936.

橘樸『支那思想研究』, 東京: 日本評論社 1936.

根岸佶『上海のギルド』, 東京: 日本評論社 1951.

山田辰雄『中國國民黨左派の研究』, 東京 1980.

小浜正子『近代上海の公共性と國家』, 東京: 研文出版 2000.

Pott, F. L. Hawks 『上海の歴史: 上海租界發達史』, 帆足計・濱谷滿雄 共譯, 東京: 白揚社 1940(원제 *A Short History of Shanghai: Being an Account of the Growth and Development of the International Settlement*, 1928).

橫山宏章 『中華民國史──專制と民主の相剋』, 東京: 三一書房 1996.

Bergere, Marie-Claire. *The Golden Age of the Chinese Bourgeoisie 1911~1937*. Cambridge: Cambridge University Press 1989.

Coble, Parks M. *The Shanghai Capitalists and the Nationalist Government, 1927~1937*. Cambridge: Harvard University Press 1986.

Eastman, Lloyd E. *The Abortive Revolution: China under Nationalist Rule, 1927~1937*. Cambridge: Harvard University Press 1978.

Fewsmith, Joseph. *Party, State, and Local Elite in Republican China: Merchant Organization and Politics in Shanghai, 1890~1930*. Honolulu: University of Hawaii Press 1985.

Goodman, Bryna. *Native Place, City, and Nation: Regional Networks and Identities in Shanghai, 1853~1937*. Berkeley: University of California Press 1995.

Honig, Emily. *Creating Chinese Ethnicity: Subei People in Shanghai, 1850~1980*. New Haven: Yale University 1992.

Honig, Emily. *Sisters and Strangers: Women in the Shanghai Cotton Mills, 1919~1949*. California: Stanford University Press 1986.

Kuhn, Philip A. *Rebellion and Its Enemies in Late Imperial China: Militarism and Social Structure, 1876~1864*. Cambridge: Harvard University Press 1970.

Lin Wei-ying. *The New Monetary System of China*. Chicago 1936.

Martin, Brian G. *The Shanghai Green Gang: Politics and Organized Crime, 1919~1937*. Berkeley: University of California Press 1996.

Perry, Elizabeth J. *Shanghai on Strike: the Politics of Chinese Labor*. California: Stanford University Press 1993.

So Wai-chor. *The Guomintang Left in the National Revolution 1924~1931*. Hong Kong 1991.

Williamson, Peter J. *Varieties of Corporatism*. Cambridge: Cambridge University Press 1985.

研究論文

姜抮亞 「1930年代 廣東省의 輸入米 課稅論爭과 南京政府」, 『東洋史學研究』 75 집, 2001. 7.

金承郁 「北伐時期 上海自治運動에 관한 一考察」, 『東洋史學研究』 46집.

金一柱 「韓國의 Corporatism——Corporatism의 一般的 理論과 韓國에서의 Corporatism의 諸作用 變數에 관한 一研究」, 고려대 석사학위논문 1995.

金泰丞 「1930年代 以前 上海 公共租界의 支配構造와 華人參政運動」, 『東洋史學研究』 58집, 1997.

金泰丞 「1920年 前後 上海勞動者와 勞動運動」, 고려대 박사학위논문 1993.

閔斗基 「國民革命期 陳公博의 革命理論과 政治活動」, 閔斗基 編 『中國國民革命指導者의 思想과 行動』, 서울: 시식산업사 1988.

閔斗基 「戊戌改革期에 있어서의 改革과 革命」, 『東洋史學研究』 8·9합집, 1975.

閔斗基 「現代中國에 있어서 敎科書와 時代狀況」, 『東洋史學研究』 41집, 1992. 10.

閔斗基 「戊戌改革運動과 上海의 商人그룹」, 『中國近代改革運動의 研究——康有爲 中心의 1898年 改革運動』, 서울: 일조각 1985.

白永瑞 「戴季陶의 國民革命論의 構造的 分析」, 閔斗基 編 『中國國民革命指導者의 思想과 行動』, 서울: 지식산업사 1988.

白永瑞 「中國 國民革命期 西山會議派의 性格 再檢討——鄒魯와 廣東大學紛糾를 中心으로」, 『歷史學報』 121집, 1989. 3.

白永瑞 「中國에 市民社會가 形成되었나?——歷史的 觀點에서 본 民間社會의 궤적」, 『아시아文化』 10호, 1994.

尹惠英 「袁世凱帝制運動의 歷史的 性格——執權體制와 分權傾向의 갈등을 중심으로」, 『東洋史學研究』 15집.

尹世哲 「胡漢民의 淸黨參與過程과 理念的 基礎」, 閔斗基 編 『中國國民革命指導者의 思想과 行動』, 서울: 지식산업사 1988.

李丙仁 「1920年代 上海의 同鄕關係와 社會團體」, 『歷史學報』 164집, 1999. 12.

李丙仁「1920年代 初半 上海 各路商界總聯合會의 政治的 成長과 上海社會」,『東
　　洋史學研究』54집, 1996. 4.

李丙仁「1930年代 上海 公共租界의 商圈, 居住地, 地域社會」,『靑藍史學』8집,
　　2003. 8.

李丙仁「1930年代 上海市商會의 構成과 位相」,『東洋史學研究』85집.

李丙仁「1930年代 上海의 區域商圈과 消費生活」,『中國近現代史研究』17집.

李丙仁「改組同志會의 國家建設構想과 政治活動(1927～1930)」,『中國現代史研
　　究』1집, 1995. 12.

李丙仁「恐慌과 國民政府의 棉業統制政策」,『歷史敎育』80집, 2001. 12.

李丙仁「國民政府의 勞動政策과 上海 勞動界」,『東洋史學研究』75집, 2001. 7.

李丙仁「國民政府의 營業稅 導入과 上海市商會」,『中國學報』49집, 2004. 6.

李丙仁「國民革命期 各路商界總聯合會의 政治的 動向」, 고려대 석사학위논문 1994.

李丙仁「中國 近代化와 民族資本家」,『時代轉換과 歷史認識』, 서울: 솔 2001.

李丙仁「中華民國時期 上海의 交易네트워과 物流」,『中國史研究』28집, 2004. 2.

李昇輝「1920年代初 上海總商會의 政治的 性格」,『東洋史學研究』20집.

李昇輝「北伐期 上海商工階層의 政治的 對應」, 閔斗基 編,『中國國民革命運動의
　　構造分析』, 서울 1990.

李昇輝「國民革命期 上海 商工階層의 政治的 動向」, 서울대 박사학위논문 1994.

高綱博文「在上海的日本人」,『上海研究論叢』8輯.

顧德曼(美)「三十年代上海同鄕會——兼談公共領域與市民社會的問題」,『上海研究
　　論叢』9輯, 上海社會科學院 1993.

顧炳權「試論浦東同鄕會的浦東開發工作」,『上海研究論叢』9輯, 1993.

高洪興「近代上海的同鄕組織」,『上海研究論叢』5輯, 1990.

孔如軻(美)「西方列强與二十年代上海民族革命時期的上海問題」,『上海研究論叢』
　　3輯, 1989.

郭蘭馨「杜月笙與恒社」, 中國人民政治協商會議 上海市委員會 文史資料工作委員
　　會 編『舊上海的幫會』, 上海人民 1986.

郭緒印「國民黨統治時期的上海幫會勢力」,『民國檔案』, 1989. 3.

郭緒印 「評舊上海幫會勢力的演變」,『上海研究論叢』9輯, 1993.

郭旭 「杜月笙與戴笠及軍統的關系」, 中國人民政治協商會議 上海市委員會 文史資料工作委員會 編『舊上海的幫會』, 上海人民 1986.

羅蘇文 「1920～1927年國共兩黨在上海的政治影響」,『上海研究論叢』4輯, 1989.

羅蘇文 「20至30年代上海産業工人隊伍構成的特點及生活狀況」,『史林』1989年 增刊(總16期).

盧漢超 「上海租界華人參政運動述論」,『上海史研究』2卍, 上海: 學林出版社 1988.

董啓俊 「寧波旅滬同鄉會」,『寧波幫企業家的崛起』, 杭州: 浙江人民 1989.

裴宜理(美) 「上海工人罷工與無産階級的政治潛力」,『上海研究論叢』4輯, 1989.

白吉爾 「上海銀行公會」,『上海研究論叢』3輯, 1989.

卞杏英・許玉芳 「試論上海特別市市民政府的蘊釀與建立」,『上海師範大學學報: 社科版』, 1984. 4.

徐鼎新 「舊上海工商會館・公所・同業公會的歷史考察」,『上海研究論叢』 5輯, 1990.

徐鼎新 「近代上海新舊兩代民族資本家深層構結透視」,『上海研究論叢』3輯, 1989.

徐鼎新 「社會革新潮流的推進與上海商會的興衰」,『上海研究論叢』6輯, 1991.

薛永理 「舊上海棚戶區的形成」,『舊上海的房地産經營——文史資料選輯 54』, 上海 1990.

小浜正子 「關于上海公共租界中國人參政運動」,『上海研究論叢』8輯, 1993.

小浜正子 「中國近代都市的公的領域——關于民國時期上海的救火會」『中國近代城市企業・社會・空間』, 上海社會科學院 1998.

宋國群 「論舊上海娼妓制度的發展及其特點」,『上海研究論叢』4輯, 1989.

宋鑽友 「一個傳統組織在城市近代化中的作用——上海廣肇公所初探」,『中國近代城市企業・社會・空間』, 上海社會科學院 1998.

王渭泉・毛育儀 「上海租界財稅考」,『上海研究論叢』10輯, 1995.

余子道 「國民政府上海都市發展規劃述論」,『上海研究論叢』9輯, 1993.

饒景英 「30年代上海的幫會與工會」,『史林』1993. 3.

熊月之 「論近代上海特殊的市政格局」,『上海研究論叢』9輯, 上海社會科學院 1993.

伊羅生 「國民黨與工人」下,『史林』, 上海社會科學院 1990. 1.

伊羅生 「流氓幫會與工人階級」,『史林』1990. 2.

李丙仁 「北伐與上海社會」,『檔案與史學』1997. 6.

李丙仁 「20世紀30年代上海的區域商業圈和消費生活」,『檔案與史學』2003. 6.

任建樹 「上海工人武裝起義與市民自治運動」,『檔案與歷史』1987. 3.

張銓 「上海工人三次武裝起義新證」,『上海社會科學院學術季刊』1987. 3.

張濟順 「論上海政治運動中的學生群體(1925～1927)」,『上海研究論叢』4輯, 1989.

田驊 「開埠以後上海乞丐群體成因初探」,『上海研究論叢』 9輯, 上海社會科學院
     1993.

鄭祖安 「國民黨政府'大上海計劃'始末」,『上海史研究』, 上海: 學林出版社 1984.

鄭祖安 「1927～1930年 上海市政府的市政新措施」,『上海研究論叢』3輯, 上海社
     會科學院 1989.

曹祥華 「1928年上海工潮資料」, 中國科學院 歷史研究所 第三所 編『近代史資料』
     18(1958年 1期).

曹峻 「寧波旅滬同鄉會研究」,『上海研究論叢』 11輯, 上海社會科學院 1997.

朱劍良・許維之 「張嘯林的一生」, 中國人民政治協商會議 上海市委員會 文史資料
     工作委員會 編『舊上海的幫會』, 上海人民 1986.

周永祥 「評國民黨御用工具——上海工總會和上海工總會」,『史林』1987. 2.

周振鶴・傅林祥 「上海行政建置沿革述略」,『上海研究論叢』 10輯, 1995.

朱學范 「上海工人運動與幫會二三事」, 中國人民政治協商會議 上海市委員會 文史
     資料工作委員會 編『舊上海的幫會』, 上海人民 1986.

陳立儀 「上海的寧波幫」,『浙江文史資料選輯』39, 1989.

陳衛民 「解放前的幫會與上海工人運動」,『史林』1993. 3.

陳子彝 「舊上海的油糧業」, 上海市文史館・上海市人民政府參事室 文史資料工作委
     員會 編『上海地方史資料』3, 1984.

平襟亞 「舊上海的娼妓」, 上海文史研究館 編著,『舊上海的烟賭娼』, 香港: 中原出
     版社 1990.

賀蕭 「上海娼妓(1919～1949)」,『上海研究論叢』4輯, 上海社會科學院 1989.

韓起瀾 「論對上海的蘇北人的偏見」,『上海研究論叢』4輯, 1989.

許念暉 「上海股市話舊」, 李堯臣 等著『人在江湖』, 香港: 中原出版社 1990.

洪維清 「張仁奎與仁社」, 『舊上海的幫會』, 上海人民 1986.

黃漢民 「近代上海行業管理組織在企業發展與城市社會進步中的作用」, 『中國近代
　　　城市企業・社會・空間』, 上海社會科學院 1998.

古山隆志 「上海市社會局ズトライキ統計の紹介と業種別再集計」, 『中國勞動運動
　　　史研究』 13號, 1984.

廣田寬治 「南京政府工場法研究序說」, 『中國勞動運動史研究』 10號, 1982.

久保亨 「1920年代末中國の黃色工會──上海郵務工會の事例分析」, 『中國勞動運
　　　動史研究』 2號, 1978. 1.

久保亨 「1930年代中國關稅政策と資本家階級」, 『社會經濟史學』 47卷 1號, 1981.

久保亨 「國民政府による關稅自主權の回復過程」, 「東洋文化研究所紀要」 98冊,
　　　1985.

久保亨 「南京政府成立期の中國國民黨」, 『アジア研究』 31-1, 1984.

久保亨 「中國國民政府による關稅政策決定過程の分析──1932~1934年」 『東洋
　　　文化研究所紀要』 92冊, 1983.

金子肇 「商民協會と中國國民黨(1927~1930)──上海商民協會を中心に」, 『歷史
　　　學研究』 598號, 1989.

金子肇 「上海における攤販層と國民黨に關する覺書──商民協會の結成とその廢
　　　止をめぐつて」, 『廣島大學東洋史研究室報告』 10號, 1988.

金子肇 「上海資本家階級と上海商業聯合會──四・一二クーデターをめぐつて」,
　　　『史學研究』 168號, 1985.

金子肇 「上海資本家階級と國民黨統治(1927~29)──馮少山追放の政治史的意義」,
　　　『史學研究』 176號, 1987.

大野三德 「國民革命期にみる江浙地域の軍閥支配──軍閥孫傳芳と‘大上海計劃’」,
　　　『名古屋大學東洋史研究』 6, 1980.

三谷孝 「南京政權と‘迷信打破運動’(1928~1929)」, 『歷史學研究』 455輯.

上野章 「上海製絲業と勞動運動──1927~1928」, 『中國勞動運動史研究』 14號,
　　　1985.

笹川裕史 「南京國民政府成立期の農村土地政策と地主層」, 橫山英・曾田三郎 編

『中國の近代化と政治的統合』, 廣島: 溪水社 1992.

小浜正子 「南京國民政府下における上海ブルジョア團體の再編ついて」, 『近きり在りて』13號, 1988. 5.

小浜正子 「南京國民政府の民衆掌握——上海の工會と工商同業公會」, 『人間文化研究年譜』14號, 1990.

小浜正子 「民國期上海の都市社會と慈善事業」, 『史學雜誌』103-9, 1994.

小浜正子 「民國期上海の民間慈善事業と國家權力」, 『東洋學報』76卷 1・2號, 1994.

野澤豊 「沈玄廬の死——1920年代末中國農村問題」, 『人文學報』118號, 東京道立大學.

笠原十九司 「江浙戰爭と上海自治運動」, 野澤豊 編 『中國國民革命史の研究』, 東京 1974.

笠原十九司 「上海市政府の成立基盤」, 中國現代史研究會 編 『中國國民政府史の研究』, 東京: 汲古書院 1986.

佐騰明子 「中國紡績業における工頭制の檢討——工頭の役割を中心して」, 『中國勞動運動史研究』2, 1978.

中嶋太一 「國民黨官僚資本に關する若干の理論的問題」, 藤井昇三 編 『1930年代中國の研究』, 東京: アジア經濟研究所 1975.

中田昭一 「恐慌下の中國における銀行融資——信用リスクの增大と中國銀行業」, 『史學研究』222號.

坂野良吉 「武漢國民政府論序說」, 中國現代史研究會 編 『中國國民政府史の研究』, 東京: 汲古書院 1986.

坂野良吉 「上海三次暴動と中國共産黨——上海革命の歷史的點檢」, 『東洋史研究』39-3, 1980.

横山宏章 「孫文の憲政論と國民黨獨裁」, 藤井昇三・横山宏章 編 『孫文と毛澤東の遺産』, 東京 1992.

後藤春美 「上海の排日貨と日本海軍陸戰隊の出動」, 『歷史學研究』700號, 1997. 8.

Bergere Marie–Claire. "The Shanghai Bankers' Association, 1915～1927: Modernization and the Institutionalization of Local Solidarities." Frederic

Wakeman, Jr. and Wen-hsin Yeh eds. *Shanghai Sojourners*. Berkeley: University of California 1992.

Chamberlain, Heath B. "On the Search for Civil Society in China." *Modern China* 19-1(1993. 1).

Chan, Anita. "Revolution or Corporatism? Workers and Trade Union in Post-Mao China." *The Australian Journal of Chinese Affairs* 29(1993. 1).

Dirlik, Arif. "Mass Movement and the Left Kuomindang." *Modern China* 11-1 (1985. 1).

Fung, Edmund S. K. "Anti-Inperialism and the Left Guomintang." *Modern China* 11-1(1985.1).

Feuerwerker, Albert. "The Foreign Presence in China." John K. Fairbank ed. *The Cambridge History of China 12*. Cambridge University Press 1983.

Geisert, Bradely K. "From Conflict to Quiescence: The Kuomintang, Party Factionalism and Local Elite in Jiangsu, 1927·-1931." *The China Quarterly* 108(1986. 12).

Goodman, Bryna. "New Culture, Old Habits: Native-Place Organization and the May Fourth Movement." Frederic Wakeman, Jr. and Wen-hsin Yeh eds. *Shanghai Sojourners*. Berkeley: University of California 1992.

Hershatter, Gail. "Regulating Sex in Shanghai: The Reform of Prostitution in 1920 and 1951." Frederic Wakeman, Jr. and Wen-hsin Yeh eds. *Shanghai Sojourners*. Berkeley: University of California 1992.

Honig, Emily. "The Contact Labor System and Women Workers." *Modern China* 9-4(1983).

Huang, C. C. Philip. "Public Sphere/Civil Society in China?: the Third Realm between State and Society." *Modern China* 19-2(1993. 4).

Kuhn, Philip A. "Local Self Government under the Republic." F. Wakeman and C. Grant eds. *Conflict and Control in Late Imperial China*. Berkeley 1975.

Madsen, Richard. "The Public Sphere, Civil Society and Moral Community: A Research Agenda for Contemporary China Studies." *Modern China* 19-

2(1993. 4).

Mann, Susan Jones. "The Ningpo Pang and Financial Power at Shanghai." Mark Elvin and G. William Skinner. *The Chinese City between Two Worlds*. California: Stanford University Press 1974.

Pye, Lucian W. "How China's Nationalism was Shanghaied." *The Australian Journal of Chinese Affairs* 29(1993. 1).

Rankin, Mary B. "Some Observations on a Chinese Public Sphere." *Modern China* 19-2(1993. 4).

Unger, Jonathan and Chan, Anita. "China, Corporatism, and the East Asian Model." *The Australian Journal of Chinese Affairs* 33(1995. 1).

Wakeman, Frederic, Jr. "The Civil Society and Public Sphere Debate: Western Reflectio on Chinese Political Culture." *Modern China* 19-2(1993. 4).

White, Gordon. "Prospects for Civil Society in China: A Case Study of Xiaoshan City." *The Australian Journal of Chinese Affairs* 29(1993. 1).

Yeh, Wen-Hsin. "Progressive Journalism and Shanghai's Petty Urbanites: Zou Taofen and the Shenghuo Weekly, 1926~1945." Frederic Wakeman, Jr. and Wen-Hsin Yeh eds. *Shanghai Sojourners*. Berkeley: University of California 1992.

소설

夏衍 「包身工」, 유중하 역 『중국현대문학전집 10—한 노동자의 수기』, 서울: 중앙일보사 1989.

【찾아보기】

394